アメリカ人の物語1

青年将校
ジョージ・ワシントン

George Washington : Guardian of the Frontier

西川秀和
Hidekazu Nishikawa

悠書館

歴史とは、すなわち人間である。

なぜアメリカは超大国になれたのか。
ここに本当のアメリカ史がある。
アメリカ人の魂がある。

史実に基づく物語。

第1巻『青年将校　ジョージ・ワシントン』

第1章

ワシントン家の人びと

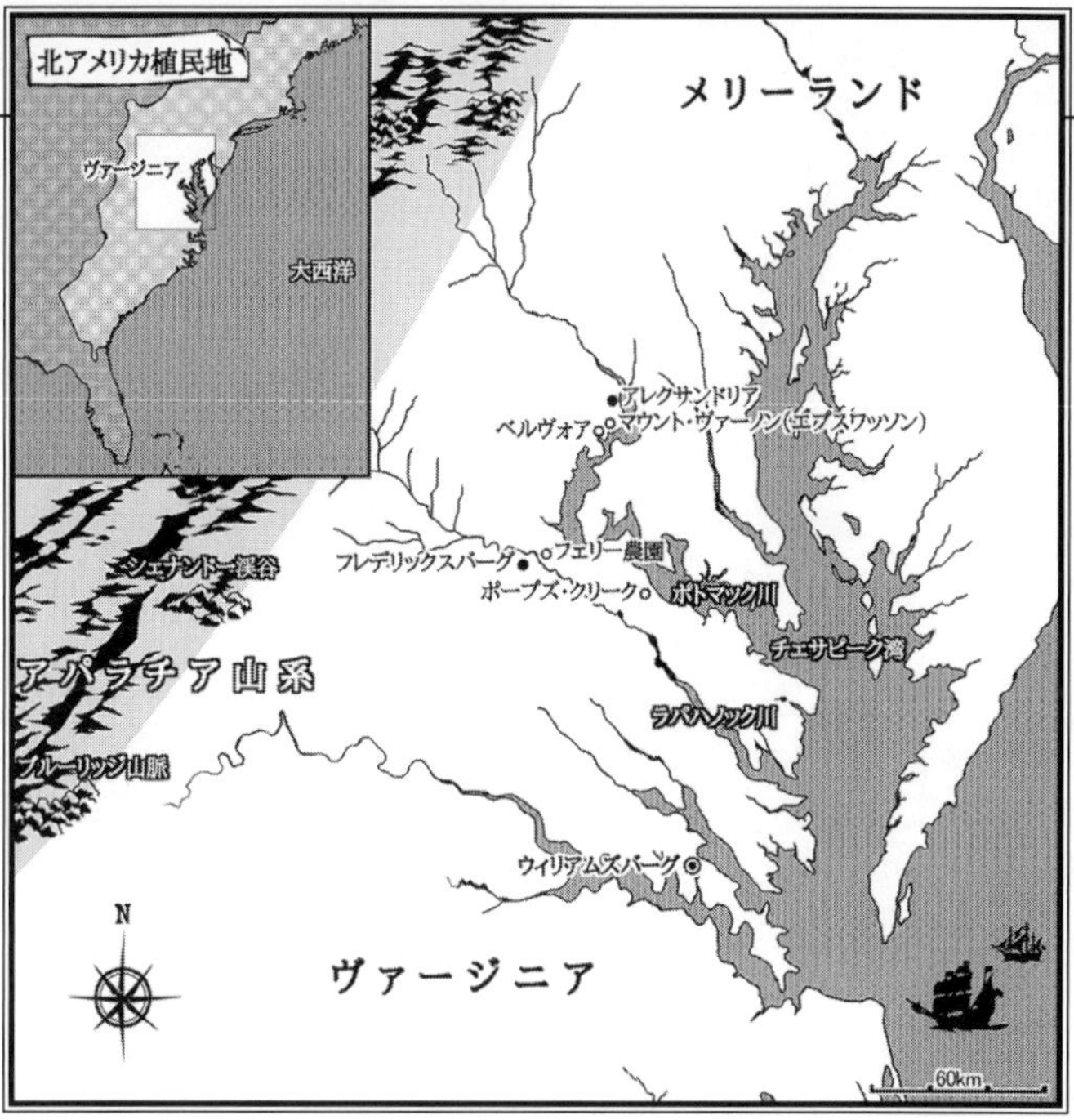

物語の舞台

主人公はワシントン。ワシントンは誰でも知っている人物であるのにもかかわらず、その人生はアメリカ人以外にあまり知られていない。私は敢えてここで問う。ジョージ・ワシントン、史上初の大統領になった男。彼はどのような人物であったのか。何を思っていたのか。考えていたのか。悩んでいたのか。どう行動したのか。そして、どのようにして独立戦争を勝ち抜いたのか。さらに独立戦争後にどのように国家の基礎を作ったのか。

ワシントンを通じて時代を見ることで建国期のアメリカの実像が浮かび上がる。アメリカ人の生きざまがわかる。理想に燃える美しい一面と利権を奪い合って争う現実的で醜い一面。それは昔も今も変わらない。

そういった点をあなたに伝えたいと思って私は筆を執る。そして、あなたにも改めて考えてほしい。アメリカがどのような国家であり、指導者には何が求められるかを。

まずワシントンの知られざる少年時代を追いながら植民地時代のアメリカを描く。

銀のスプーン

ささやかではあるが、歴史がジョージ・ワシントンの名前を初めて記したのは、ワシントン家に代々伝わる聖書である。古びた聖書に流麗な字体で次のように書かれている。

ジョージ・ワシントンは、一七三一／三二年二月十一日朝十時頃にオーガスティンとその妻メアリの息子として生まれ、四月五日、教父のベヴァリー・ホワイティング氏とクリストファー・ブルックス大尉、そして、教母のミルドレッド・グレゴリーの導きで洗礼を受けた。

新生児は体重がかなりあったことを除けば、とりたてて変わった点はなかった。灰色がかった青い瞳は、この世で初めて見た太陽の光に戸惑っているかのようだ。後に成人となったこの赤児の肖像画を描いた画家は、その瞳の古色蒼然とした色合いを「数百年経ってようやく明るい色に移ろう」と表現している。まだ満足に生えそろわない髪の色は榛色《はしばみ》だった。

ワシントンの生誕地は、ヴァージニア植民地ウェストモーランド郡ポープブズ・クリーク（現ウェイクフィールド）である。海岸地帯の一角にあるノーザン・ネック地方に属する。

新生児を迎えた小さな家屋は、ポトマック川の西岸にあって、対岸のメリーランドを遥かに見渡せる。塩性湿原が広がり、木立がそこかしこに千切れ雲のように散っている。何の変哲もないヴァージニアの風景だ。

ワシントンが生まれた頃のアメリカは、その後の激動がまったく予想できないほど、平穏な時代であった。北アメリカ植民地の中でもヴァージニアは黄金期を迎えている。人口は実に十二万人に達し、海岸地帯では、草創期における困難はすでに遠い昔の話になっている。ただ西方に聳《そび》えるアパラチア山系の向こう側には、白人がまだほとんど分け入っていない土地が広がっている。

ワシントン家は、一六五六年にヴァージニアに漂着したジョン・ワシントンに始まる。ジョンは、ワシントンから見て曽祖父にあたる。農園主の娘と結婚して社会の階梯を登り、ヴァージニアの上流階層に食い込むことに成功する。

ワシントンの父オーガスティンについてわかっていることはあまり多くない。なぜならワシントン自身が父についてほとんど言及していないからだ。それでもある程度のことはわかっている。

オーガスティンはイギリスで教育を受けた後、ヴァージニアに戻って成人する。その時、すでに父親が亡くなっていたので、一、七〇〇エーカー（約七〇〇ha）の土地を相続する。そして、一七一五年に最初の妻と結婚する。結婚相手は農園主の娘である。

オーガスティンを突き動かしたのは野心である。ワシントン家の人びとは、清教徒革命で落魄して国を追われたという記憶を代々受け継いでいる。家運を隆盛させることがオーガスティンの何よりの目標だ。着実に富を築こうとオーガスティンは土地の購入を続ける。当時のことわざに「王はあなたを貴族に叙することができるが、あなたを紳士にすることができるのは神と土地のみである」とある。土地が最も価値ある財産であり、尊敬を集める手段であり、権力の源泉である。未開の土地を安く購入して高く売る。それは土地投機と呼ばれる。ヴァージニアの農園主は、良い土地がないか常に目を光らせていた。

オーガスティンは、土地投機の他にも鋳鉄所の経営に携わる。鋳鉄所の開設には多額の費用が必要となる。したがって、共同事業者の協力が不可欠である。一七二九年、オーガスティンはイギリスに渡って共同事業者と交渉をおこなう。そして、帰国してみると妻が亡くなっていたことを知る。それから間もなくしてオーガスティンは再婚する。相手はメアリ・ボール。彼女が最初の子供としてワシントンを産むことになる。

オーガスティンには、初婚と再婚を含めて十人の子供がいる。当時のヴァージニアでは、どの家庭でも子供の数は多い。例えば同じヴァージニア生まれであるトマス・ジェファソンの兄弟も十人であり、ジェームズ・マディソンにいたっては十二人兄弟である。このように多産であったために、ヴァージニア植民地の人口は一七三〇年代から一七六〇年代にかけて約三倍に増えている。

オーガスティンは体躯に優れていた。二人の男の力でようやく持ち上がる荷馬車を一人で持ち上げたと伝わっている。ワシントンによれば、オーガスティンは「背が高く、均整のとれた優れた体躯を持ち、子供が好きだった」という。そうした優れた身体的特徴は、息子のワシントンにも受け継がれている。オーガスティンを知る者は、後に成長した息子を見て、親子が非常に似ていたと述べている。身長も六フィート（約一八三㎝）を超えていたらしい。ワシントンの体格はオーガスティンの遺伝によるものだろう。

ワシントンが三歳になった頃、一家はポープズ・クリークからポトマック川をさらに六〇マイル（約九七㎞）さかのぼったエプスワッソンに移る。ワシントン一家が移った家は、蛇行するポトマック川を遥か遠くまで望める丘の上にあった。

屋内は、中央の廊下によって四つの部屋に分けられ、四つの暖炉が設けられている。二階には小さな寝室がいくつかあり、ワシントンの後に生まれた子供たちを収容した。現代の基準で見れば小さな家に思えるが、当時の基準では恵まれた住宅環境だ。

エプスワッソンで生活を始めた家族は五人である。父、母、ワシントン、そして、妹と弟。ワシントンには年上の異母兄弟が全部で四人いたが、二人は早逝し、残る二人は本国に遊学していてここにはいない。

一七三五年、鋳鉄所の経営に問題が起きる。これまで管理に携わっていた鍛冶師が亡くなったので、鋳鉄所をこれからどうするのか見直さなければならない。鋳鉄の生産を継続できるだけの鉄鉱石をこれから確保できるかどうかもわからない。事業を継続するべきか、それとも廃業するべきか。そうした問題の答えを求めて、オーガスティンは再び本国に渡る。共同事業者と相談するためである。

夏に帰って来た時、オーガスティンの手には前よりも有利な条件の契約書が握られていた。ただそれは鋳鉄所から上がる利潤の取り分が増えるだけではなく、仕事も増えることを意味している。エプスワッソンから鋳鉄所までの距離は三〇マイル（約四八㎞）もある。所有する農園を管理するかたわら、鋳鉄所を監督するには少し遠い。

一七三八年四月二一日、オーガスティンは、『ヴァージニア・ガゼット紙』に掲載されている広告に興味を抱く。それは、ラパハノック川のほとりにある二六〇エーカー（約一一〇ha）の地所が売りに出されているという広告である。そこから鋳鉄所は近く、さらにフレデリックスバーグにも簡単に行ける距離なので、子供たちを学校に通わせるにも便利である。オーガスティンは、その地所を購入して家族を連れて転居する。

小高い丘の上に建つ新居は、二階建ての板葺きの屋根に煉瓦の煙突を持った建物だ。新しい生活の場は、ラパハノック川から少し離れていたが、小さなせせらぎがあって生活用水には困らない。薪を集めるのに便利な雑木林がなだらかな畑の中に点在している。ワシントンが七歳の誕生日を迎えたのは、このフェリー農園と呼ばれる地所であった。そして、一七五四年までフェリー農園はワシントンの住居になる。

ワシントン一家の住居には、陶器のティー・セットや銀のスプーン、鏡などささやかながら富の片鱗をうかがわせる調度品が備え付けられている。どれもが贅沢品である。当時の一般的な家庭は、ティー・セットはおろか食器さえろくに持っていない。せいぜい木製か白目製のコップが数個、木皿が数枚である。もしデザートがあれば、皿をひっくり返して使っていない側を使う。食器は家族で同じ物を使い回す。銀のスプーンも普通の家庭には見られない。木や貝を加工したスプーンが一般的である。つまり、陶器や銀製食器は上流階級のものであって、庶民はそのようなものには縁がない。例えばベンジャミン・フランクリンは次のように言っている。

私の朝食は長い間、パンと牛乳であった（紅茶はない）。そして、私はそれを土器の皿から白目のスプーンを使って食べていた。しかし、家庭に贅沢品が入って来ることで進歩を知ることができる。ある朝、朝食に呼ばれた私は、銀のスプーンで陶製の皿から食べるようになったのだ。

フランクリンは貧しい職工の家に生まれ、年季奉公人から身を起こして財を成した。それを食器が変化したことで実感したというわけだ。

普通の人びとにまでイギリスで生産されたさまざまな製品が普及し始めるのは一七三〇年代以降である。すなわち、ワシントンが成長した時代は、普通のアメリカ人がごく当たり前に多様な日用品を使うようになる消費革命が静かに進行し始めた時代と重なる。

いずれにせよ、少年時代のワシントンの住居を見れば、ワシントン家が曲がりなりにも上流階級に属していたことがわかる。着実に富を増やしたオーガスティンは、約五〇人の奴隷と約一万エーカー（約四、〇〇〇ha）の土地を所有するまでになった。最上層とは言えないが、辛うじて一流の郷紳と言えるだろう。

ワシントン一家が住んでいた地所は、渡し舟を使えばすぐにフレデリックスバーグに行くことができる。フレデリックスバーグは、一六七一年に入植が始まった街である。ヴァージニアの主要都市の一つに数えられる。植民地を南北に貫く道が通っている。祭日や郡庁が開かれる日には、決まって街を訪れる多くの旅人がフェリー農園を行き交う。

フレデリックスバーグの様子を見ることとは、イギリス帝国がどのように運営されているか垣間見ることである。波止場からタバコ、穀物、鋳鉄など植民地の産品を満載した船が出港するかと思えば、川下から波止場に向けて本国製の日用雑貨や工業製品を船載した船が入港する。そうした品々は、フレデリックスバーグから海岸地帯だけではなく山麓地帯、そして、遙か先のフロンティアへ流通する。ワシントンは大西洋貿易の一端をその目で見ていた。

フレデリックスバーグは、フロンティアと大西洋という二つの広い世界を結ぶ場所である。ワシントンの前にはその二つの世界が選択肢として示されていた。これからワシントンはどちらの世界を選ぶことになるのか。

カルタヘナの英雄

小さな街にすぎないフレデリックスバーグの光景でさえ、まだ幼いワシントンにとって広い世界だ。しかし、それよりもっと広い世界への扉を開ける人物とワシントンは出会う。異母兄ローレンスである。

ワシントンがローレンスに初めて会ったのは一七三八年のことである。それまでローレンスは、ワシントン家のしきたりに従ってイギリス本国で教育を受けていた。それは富裕な家庭ではよくあることだ。実に九年近くもローレンスは本国に滞在している。

兄と弟が初めて対面した時、ワシントンは六歳でローレンスは二〇歳。先述のようにオーガスティンの子供は全部で十人を数えるが、成年まで達することなく三人が夭折している。ローレンスが生き残った子供の

中で最年長である。十人中三人も夭折しているのは、現代の基準からすれば奇異に見えるかもしれない。しかし、それは珍しいことではない。この当時は子供の死亡率が非常に高く、歩けるようになるまでに四分の一の子供が命を失い、さらに四分の一が九歳を迎える前に亡くなっていた。

ローレンスは、イギリスでの教育を通じて優雅な物腰を身に付けている。肖像画によれば、ローレンスは大きな黒い瞳と丸い顎を持った柔和な人物である。軍服を纏っているが粗野な軍人という感じはまったくなく、洗練された都会人のように見える。事実、ローレンスは非常に社交的な人物である。それは当時の社会では、高い政治力を有していたことを意味する。

ワシントンは、今まで顔も知らなかった兄にたちまち魅了される。十四歳も離れている兄である。まだ子供のワシントンに比べてずっと大人であり成熟している。遠く見知らぬイギリス本国の話をワシントンは兄にせがんだのだろう。そうした話に加えて少年の心を奪ったのは戦争や軍隊の話だ。平和な時代だったとはいえ、戦争や軍隊とまったく無縁ではない。ワシントンが住んでいるノーザン・ネック地方は、早くから発展した海岸地帯に属したが、それでも二、三日、馬に乗って西に進めば、未開の原野が広がっている。そこには部族間で抗争を繰り広げるインディアンの姿が見られた。

ワシントンの兄への敬意がさらに増す出来事が起きる。一七四〇年のカルタヘナ出征である。カルタヘナ出征は、カリブ海を制圧するための作戦であり、ジェンキンズの耳戦争の一環として知られている。真偽は定かではないが、ジェンキンズという男がスペイン官憲によって耳を切り取られたと訴えたことが戦争の火種になった。

一七三九年七月十九日、エドワード・ヴァーノン中将率いる艦隊は、スペインと戦端を開くように命令を受けて、西インド諸島に向けて出発する。十月十九日までに正式に宣戦布告がおこなわれる。ジャマイカ島のポート・ロイヤルから出航したイギリス艦隊は、パナマ沿岸のポルト・ベロ（現ポルトベロ）を攻撃する。ポルト・ベロはわずかな時間で降伏。この成功は植民地人の心をも沸き立たせる。

さらにヴァージニア人を興奮させたのは、引き続く作戦に三、〇〇〇人の植民地人が民兵として召集され、アメリカ連隊が結成されるという報せであった。そして、兵員提供の義務を負う植民地総督が士官を任命するという。軍隊で名を上げようと志す富裕な農園主の息子たちは、自分こそ士官に任命されるのにふさわしいと夢見る。もちろんそれはローレンスも同じだ。

もし士官になりたければ、一番の近道は自ら兵士を募ることだ。そうした兵士は、イギリス軍士官によれば、「鍛冶屋、仕立屋、床屋、靴屋、そして、あらゆる種類のならず者」からなっていたという。たとえならず者であろうが、数さえそろえば問題ない。総督もイギリス軍から求められた数の兵士を集めるのが楽になるからだ。

ローレンスが十分な数の兵士を募集した痕跡はない。兵役に魅力を感じる者がほとんどいなかったからだ。

浮浪人、掏摸《すり》、元受刑者などが集められたが、まともに軍服を着ているのは五、六人に一人という惨状である。それでもローレンスの名前は、部隊を率いる四人の士官の名前の中で筆頭に置かれていた。ローレンスは、イギリスで教育を終えて帰って来たばかりの青年で軍事経験はまったくない。ではなぜそのような厚遇を得ることができたのか。オーガスティンとローレンスが有力な後援者を得ていたからである。

一七四一年二月、八、〇〇〇人のイギリス兵と三、七〇〇人のアメリカ連隊は、ヴァーノンの艦隊に乗り込んでジャマイカ島を発つ。そして、一ヶ月の航海を経て、カルタヘナ沖に到着する。カルタヘナは、現コロンビアの北部にある港町で、十六世紀以降、スペインの最も重要な投錨地であり、新大陸から集められた金銀が集積され本国に積み出されている。その重要性から早くから要塞が築かれていた。つまり、カルタヘナを攻略することは、スペインの新大陸における植民地全体を抑えるのに等しい。

港の攻略はすぐに成功する。しかし、要塞をどのように攻略するかについてヴァーノンとトマス・ウェントワース将軍は意見を違える。水陸両軍が連携しなければ作戦はうまくいかない。議論が続いている間、待機していた兵士たちは赤痢やマラリアに苦しめられる。議論が終わって最終的に方針が決定する。要塞に強襲を仕掛ける。それが結論であった。

四月九日に強襲が敢行された時、ローレンスはヴァーノンの旗艦からそれを見ていた。アメリカ連隊は足手まといだという理由で船に閉じ込められたままで活躍の場を奪われていたからだ。

結局、強襲は失敗に終わる。それから後の作戦は悲惨そのものである。軍医は懸命に努力したが、病気や怪我が悪化して生命を落とす兵士が絶えない。軍規は乱れ、士官たちは殺気だった兵士たちを恐れて避ける始末である。船の上から死体が投げ捨てられる。ヴァーノンの艦隊は、膨れ上がった死体を南国の美しい海に点々と残しながら撤退する。実働兵士数は、イギリス兵が二、〇〇〇人とアメリカ連隊が一、一〇〇人まで落ち込む。出征した時の半分にも達しない。

毎日、兵士たちの遺骸が海に投げ込まれるのをローレンスは見ていた。喜ぶのは海の中の鮫だけだろう。誰もが自分も同じ運命をたどるかもしれないと暗鬱な気分になるのも仕方ない。暗鬱な気分を振り払おうとローレンスは、郷里に宛てて手紙を書く。

敵軍はわが軍の六〇〇人を殺害し、多くの者を負傷させ、気候がさらに多くの者の命を奪いました。各連隊に大幅な変更が加えられました。いくつかの連隊は兵士の数が三分の二になるほど弱体化しています。［中略］。我々の連隊は、期待通りには扱われませんでしたが、そうした任務にも耐えなければなりません。実際、戦争は想像以上に大変恐ろしいものです。我々はここで通常の日課を過ごすことに慣れ、騒音や砲声を聞くことにも慣れました。

もちろんワシントンも兄の手紙を読んだはずだ。ただ自分が兄よりもずっと長く兵馬倥偬《へいばこうそう》の中に生きることになるとは、この時はまだ想像すらできなかっただろうが。

この手紙が書かれてしばらく後、アメリカ連隊は解散される。ヴァーノンとウェントワースがカリブ海を制圧する作戦を断念したからだ。そもそもカリブ海を征服する作戦を実行するためにアメリカ連隊は編成された。作戦自体が取り止めになれば、もはや存在理由はない。

結局、アメリカ連隊はカルタヘナまで何をしに行ったのだろうか。その疑問に答えられる者は誰もいない。しかし、実情を知る者は少なく、カルタヘナに出征した者は植民地で英雄として迎えられる。

この戦争で一つ重要なことは、植民地から出征した民兵が「植民地人」や「属州人」という言い方ではなく、公式に「アメリカ人」と呼ばれるようになったことだ。アメリカ人がアメリカ人として最初に戦った戦争、それがジェンキンズの耳戦争である。

ローレンスの従軍経験が少年の心をどのように動かしたかは明らかではない。しかし、ローレンスに対する敬慕は、後にワシントンが軍務に入る大きな要因になったのは間違いないだろう。人間は尊敬する人物の影響を大きく受けるものだ。ワシントンにとって軍務こそ栄誉を得て社会の階梯を登る近道であった。

兄の影響を受けてか、少年は、学校で友人たちを兵隊に見立てて進軍や閲兵をしたり戦争ごっこをしたりして遊んだという。その時からすでにワシントンは「総司令官」であった。

喪失こそ成長の糧

一七四二年六月、次兄のオーガスティン（愛称「オースティン」）が本国での教育を終えて帰国した。次兄に会うのはこれが初めてである。ワシントンは次兄にもすぐに親しみを感じたが、カルタヘナの要塞をその目で見て、砲声をその耳で聞いたローレンスに優る兄は他にはいない。

次兄が帰国したこと、そして、自分の年齢を考えて、今度は自分がイギリスに渡って勉強する番だとワシントンは期待したに違いない。しかし、その期待は裏切られた。父が亡くなったからだ。

それはワシントンが親戚の家を訪ねていた時のことであった。楽しい夕餉《ゆうげ》の席に、世話係のピーターがオーガスティンの急病の報せを持って駆け込んで来る。それは時の流れによってすべての人にもたらされる喪失であり、ワシントンが経験した多くの喪失の中で最初に心に残る喪失であった。少年はその報せを聞いて畏怖のような感情を抱いたが、状況がどれほど深刻かをまだわかっていない。

少年はピーターの後ろに騎乗して帰宅する。そして、放心状態になっている母を見つける。母は少年を父のベッドの脇に連れて行き、「お父さんが死にかけている」と泣き叫ぶ。激しい痛みに呻き声を上げながらもオーガスティンは、周りの子供たちに順番にキスをして、「お母さんに良くしてやってくれ」と少年に言う。ワシントンは、「一生、母を守る」とベッドの脇で泣きながらひざまずいて誓う。

その夜、オーガスティンは亡くなった。享年四九歳。急死の原因はよくわからないが、嵐の中で馬に乗っていて体調を崩したのが原因であったという。

こうした喪失は人の成長を促すと私は思う。少年時代、私は、永遠に変わることなく祖父が祖父であり、祖母が祖母であり、父が父であり、母が母であると無邪気にも思っていた。今から思えば少年時代の幸福は、そうした幼い意識にあったように思う。しかし、祖父が亡くなった時、私は、祖父が、かつては子供であり、親となり、祖父となり、そして、この世を去っていったことを改めて悟った。ごく当然の事実だが、少年時代の無邪気な私にとって、それは大人になるための一歩であった。人は成長して変化していくものだと、私は祖父の死で現実的に理解した。

ワシントンも同じように思ったかもしれない。オーガスティンの死によって、あまりに早かったが、ワシントンは心の中でその少年時代を終えた。時に一七四三年四月十二日のことであった。オーガスティンの一生は、家運の興隆を目指して地位と富、そして、栄誉を得るために捧げられた。

オーガスティンの遺産の大半は、限嗣相続に従って異母兄ローレンスが相続する。オーガスティンが子供たちに遺した土地は、すべて合わせると一万エーカー（約四、〇〇〇ha）を超えていた。もう少し手を伸ばせば、一流の郷紳だと誰に言っても恥ずかしくないだろう。

ワシントンには、二一歳になった時に二六〇エーカー（約一一〇ha）のフェリー農園、フレデリックスバーグの三区画の土地、そして、十人の奴隷が分与されることになっている。フェリー農園は、オーガスティンが遺した土地の広さからするとずいぶん狭いように思える。しかし、当時の農園の平均的な広さであるから、もしワシントンが普通の農園主として身を立てるのであれば十分な広さである。

父の死後、ワシントンは十四歳年上のローレンスを父親代わりにして成長する。この一回り以上も年上の兄は、子供に質問されるとそれを無視せずに仕事の手を止めて優しく答えるような男であった。頻繁にマウント・ヴァーノンに顔を出す弟を温かく迎え入れる。このマウント・ヴァーノンは、オーガスティンが息子のために建てた家屋で、ローレンスの希望によってヴァーノン中将に敬意を表して名付けられた。

ワシントンにとってマウント・ヴァーノンはまたとない社交の場になる。ワシントンの目を新しい世界に向けさせ、社交に必要な礼儀作法を学ぶのに、ローレンス以上に親切な教師はいなかった。

十八世紀という時代において、自分の心の中にある欲望や感情を礼儀正しさで用心深く包み隠すことは、教養ある人物だと評価されるための重要な条件であった。そうした評価こそ社会で頭角を現そうとする者に成功をもたらす財産であった。マウント・ヴァーノンで早くから社交を学んだことはワシントンにとって大きな資産となる。

ローレンスは、ヴァージニア植民地で勢力を持つフェアファックス家の姻戚となり、その後援を得て、ヴァージニア植民地全軍の総務将校の地位を得た。総務将校は実質的に司令官と言ってよい。ローレンスが結び付いたフェアファックス家は、実に五〇〇万エーカー（約二〇〇万ha：四国全体とほぼ同じ面積）にわたる広大な土地を支配するヴァージニアきっての名家である。国王から特許状を拝領した「領主」と呼ばれる貴族の家柄だ。

ローレンスの仲介のおかげでワシントンは、フェアファックス家と親交を深めることができた。そうした有力者とのつながりは、当時のヴァージニアでは無視できない要素である。なぜなら地位や昇進、契約などを得るのにそうしたつながりが不可欠であったからだ。どのような道に進もうとも、成功するためには私的なつながりが鍵であった。植民地時代のアメリカは確かに本人の実力も重要であったが、それだけで成功することはなかなか難しかった。

兄の結婚以後、ワシントンの訪問先にフェアファックス家が居住するベルヴォアが加わる。ベルヴォアは、マウント・ヴァーノンから下流に四マイル（約六・四㎞）の場所にある美しい農園だ。その主は、ローレンスの舅のウィリアム・フェアファックスである。この頃、まだマウント・ヴァーノンは今のような壮麗な姿ではなかったが、ベルヴォアはフランス語で「美観」という名にふさわしい煉瓦造りの壮麗な邸宅であった。この邸宅は、本国から輸入された豪華な絨毯や高級な家具、壁紙、鏡、楽器、書籍などで飾られ、フェアファックス家の栄光を伝えている。

少年は、まだ見ぬ旧世界の華やかで典雅な世界をベルヴォアで垣間見る。兄夫婦はマウント・ヴァーノンとベルヴォアを行き来して暮らしていたので、少年がベルヴォアに顔を出す口実はいくらでもある。後にワシントンは、「ベルヴォアの一家と仲良く暮らすことは我々のような若者に非常に役に立つ」と弟ジョンに書き送っている。

兄ローレンスはすべてを持っていた。イギリス本国で身に付けた洗練された物腰、豊かな教養、従軍経験、美しい妻、有力な後ろ盾、そして、財産。ワシントンにとって兄は輝かしい存在であった。羨ましくはない。兄が自分とはまったく違う存在なのだと少年は思っていたからだ。ワシントン家の中では兄が太陽であり、自分はその周りを回る惑星にすぎない。

海の呼び声

一七四六年九月八日のことである。ワシントンは、フレデリックスバーグに所用で滞在していたウィリアム・フェアファックスと会う。フェアファックスの手には、マウント・ヴァーノンにいるローレンスからの手紙が握られている。手紙を渡す時にフェアファックスは、手紙をよく読んで考えるようにワシントンに忠告する。はたしてローレンスの手紙はどのような用向きであったのか。

ローレンスは、弟の将来をまるでわが子のように案じていた。弟をこのまま小さな農園主にするのは惜しいと考えたのであろう。ローレンスは、ウィリアム・フェアファックスと協力してイギリス海軍の少尉候補生になるようにワシントンに勧める。かつてカリブ海へ出征したローレンスにとって、海へ乗り出すことは成功を手にする早道だ。

ワシントン自身は、海軍に入ることが本当に自分の望みかどうかよくわかっていない。あまりに急な話で実感が湧かなかったのだろう。しかし、尊敬する兄の言うことならきっと素晴らしいことに違いないと思って、兄の勧めに乗ってみることにした。しかし、まだ十四歳の少年は、進路を自分だけで決定できない。広い世界に旅立つには母メアリの同意が必要だ。

メアリにとって息子がイギリス海軍に入る利点は、息子の将来よりも息子が受け取る給与であった。そうした現金収入があれば家計の足しになるだろう。それでも詳しいことがわからなかったメアリは、ロンドンに住む親戚に手紙を送って意見を求める。

親戚の返信によれば、海軍ではイギリス本国の生まれではない植民地人は「奴隷や犬のように」扱われ、昇進も縁故がなければ望めない。商船員になっても強制徴用の危険にさらされる。強制徴用はその言葉通り、

海軍が人員を補充するために船員を強制的に徴用する行為である。海に進路を求めるより堅実な農園主になったほうがよいというのが結びの言葉であった。

親戚の助言に加えて、おそらくメアリは、自分が産んだ子供の中で最年長で頼りになるワシントンを手元に置いておきたかったのだろう。こうして少年が自立する道は絶たれた。

少年の世界はまだ狭かった。しかし、それは当時にあって珍しいことではない。自分の植民地を一度も出ずに一生を終える人も珍しくなかった。せいぜい馬で二、三日で行ける範囲にいる親戚の家を訪ねたり、最も近くにある都市に行く程度である。

ワシントンの胸の中には、母の面倒を一生見るという亡父と交わした誓いがある。もちろんワシントンが成年に達するまで親戚が手を貸してくれるが、それに頼ってばかりもいられない。したがって、誓いを守るために、母の下を去って海に旅立つことはできない。そうした決断は十四歳の少年にとって過酷なものだ。

女性が男性に比べて少なかった植民地では、寡婦の再婚は当然だと考えられていた。葬儀に出されたご馳走の一部をそのまま再婚の祝宴に流用する女性がいたくらいである。しかし、母メアリは再婚していない。当時の基準によればオーガスティンとの結婚は晩婚であったが、それでもまだ三〇代半ばである。再婚してもおかしくない年齢である。

再婚しなかった理由は明らかではないが、自分が持つ財産が取り上げられてしまうのを恐れたからかもしれない。当時の法では、女性は再婚すると財産の管理権を夫に委ねなければならない。もしメアリが再婚していれば、家庭と農園の責任は再婚相手が担ってくれていただろう。しかし、メアリが再婚しなかったために、そうした責任は父の庇護を失ったばかりのワシントンに委ねられた。フェリー農園の最年長の男としてワシントンは、幼い兄弟姉妹の世話や農園の管理に気を配らなくてはならない。もしその後の動乱がなければ、ワシントンは自分の小さな農園を耕して母の面倒を見ながら静かに一生を終えて、歴史に名を残すことはまったくなかっただろう。

揺るぐことなき北辰

ワシントンがどこで学んだかはよくわかっていない点が多い。ヴァージニアには現代のような義務教育はなく、基礎教育をおこなう公立学校のような存在もなかったからだ。わずかな例外を除いて、地域の人びとが共同で設けた「空き地」学校と呼ばれる学校しかない。しかし、大切なのはどこで学んだかではなく、何を学んだかである。

ワシントンはどのような勉強をしていたのか。残された史料から克明にわかっている。それは当時のアメリカ人がどのようなことを学んでいたのかを示す興味深い一例となっている。ある程度、経済的に余裕ある家の子供であれば、程度の差こそあれ、ワシントンと同様の教育を受けていたと言える。

「手習い帳」と呼ばれるワシントン自身が勉強の際に書いたノートが残っている。ノートの文面を見ると、非常に丁寧に書かれた図形や字で埋め尽くされている。几帳面な性格をうかがわせる。良く言えば、整然とした秩序がある。悪く言えば、子供らしい自由闊達な奔放さがない。その大部分が為替手形、証文、借用証書など法定書式の筆写や測量、幾何、代数、定理、図形などの数学の問題に占められ、主に農園主として必要な知識と社会規範から構成されている。こうした訓練によって、ワシントンは農園の管理や公文書の起草などの基礎を養った。

「手習い帳」には、有名な『交際と会話における礼儀作法』も筆写されている。これは、十六世紀末にイエズス会がフランス貴族の作法の手本として書いた規律集で、イギリスを経てヴァージニアにもたらされた。

その内容は、大きな声で話したり笑ったりしすぎてはいけないというマナー、感情を抑制することが大事であるといった教訓、健康法、外見に至るまで多岐に及ぶ。当時の上流階級の礼儀作法がどのようなものであったのか具体的に知ることができるので興味深い。

ただ『交際と会話における礼儀作法』が単なる子供の躾ではないことに注意しなければならない。ワシントンが生きていた十八世紀という時代は、上流階級の仲間入りをするために礼儀作法が非常に神聖視された時代であった。なぜなら礼儀作法は、立場の上下を明確にする手段だからだ。

確かに『交際と会話における礼儀作法』は礼儀を学ぶためのものだが、道徳律に影響を与えるものとして重要である。「道義的リーダーシップ」という言葉があるように、道徳律はリーダーシップを論じる際に欠くことができない要素である。後年、ワシントンも甥に宛てて次のような手紙を書いている。

善良な道徳的性質は人間にとって最も不可欠なものです。若い頃に身に付けた習慣はいつまでも消えずに残ります。そこ［大学］でのあなたの行動は、生涯を通じたあなたの性質に痕跡を残すことになるでしょう。したがって、教養を身に付けるだけではなく、徳を養うように努力することが非常に大切です。

道徳律は人間の内面の力である。それによって何が正しいかを判断でき、知識が行動に結び付く。北極星のように揺るぎない道徳律を持てば、状況に左右されることなく正しいことを貫く勇気が得られる。

勉強の中でもワシントンが最も熱中したのが測量である。ワシントンは、父が使っていた測量器具を倉庫から引っ張り出して測量に励むようになる。少年の手によって描かれた図面は畑の境界や面積が緻密に記入されていて、非常に見事なものだ。十八世紀当時、測量技術はきわめて重要な技術であった。なぜなら、いまだに境界が定まっていない地所を正確に測量して領域を確定する必要があったからだ。ワシントン自身も、測量技術は「大きな地所を所有する者にとって何よりも必要な」技術であると書いている。

ワシントンが学校に通っていたのは十四歳か十五歳までだと考えられる。最後の記録の日付は一七四七年である。基礎教育を修めたワシントンであったが、その当時、外交の場でよく用いられていたフランス語や文学を学ぶ機会に恵まれず、さらに大学に進学する機会も得られなかった。

当時は現在のように大学進学率はあまり高くなく、また農園の管理を生業にするつもりであったワシントンにとって、大学教育は必須ではない。そのためワシントンが十八世紀の紳士のたしなみとして必須のラテン語や古典文学などを学んだ形跡はほとんどない。

長じて後にワシントンは、自分の教育が不完全であったと認めている。親戚の若者に向かって「誤って使ったすべての時間は永遠に失われ、あなたの人生で失われた日々は将来、取り戻すことができない」と諭している。確かにラテン語や古典文学に関する高い教養は、ヨーロッパ文化を知る主要な手段だったので、大学教育を受けた者からすれば、ワシントンは田舎者に見えたかもしれない。後に第二代大統領のジョン・アダムズは、ワシントンを「その身分にしては無学すぎるし、読み書きが下手で教養がない」と酷評している。

このように一見すると十分な教養を持たなかったワシントンが、各植民地の枠組みを超えてアメリカという一つの大きな物差しで物事を考えられるようになったのは驚くべきことである。ワシントンの視野を広めたのは、さまざまな経験を通じて得られた経験知であった。経験知こそ思索で得られた知識よりも尊いという考え方はアメリカ人の中で脈々と受け継がれる哲学である。

星の娘を狩る

アメリカ人は、イギリス本国の貴族を見る機会にめったに恵まれなかった。多くの貴族たちは植民地にやって来ても、自分たちの土地を管理する事務所を設立するだけで、実務を管理人に委任して本国にすぐに帰ってしまうのが常であったからだ。貴族たちからすれば、アメリカはすべて未開の荒野であり、住みたいと思える場所ではない。

この当時、北アメリカ植民地に居住する貴族が一人だけいた。その名前を第六代キャメロン男爵トマス・フェアファックスという。フェアファックス卿は、五〇代半ばを過ぎた男で、丈高く痩身、灰白色の瞳と鉤鼻を持つ。ヴァージニアの広大な地所は、母方の祖父がチャールズ二世から拝領したものである。ヴァージニアの風物とそこに住まう人びとを気に入ったフェアファックス卿は、老後を植民地で過ごそうと考えて渡来する。その滞在先は、従兄弟のウィリアムがいるベルヴォアであった。

ワシントンは、この爵位を持つ正真正銘のイギリス貴族に会える機会を逃そうとはしなかった。鋭い観察力を持つフェアファックス卿は、少年の中に奥深く潜む本性をどうやら見抜いていたようで、「彼が癇癪を抑えられればよいのだが、怒りや激発の発作を時に正当な理由もなく起こしがちである」と記している。

狐狩りがフェアファックス卿とワシントンを結び付けた楽しみであった。狐狩りはイギリス貴族のたしなみである。そして、ヴァージニアで狐狩りをするためには、荒野を走る馬をうまく御する技術が必要とされる。フェアファックス卿は、ワシントンが馬術に優れているのを認め、狐狩りを楽しむ時はいつもワシントンを伴った。

こうしたフェアファックス卿との親交は、ワシントンに貴重な機会をもたらす。フェアファックス卿が所有する西部の土地の大部分は、まだ正確に測量されていない。さらに無断居住者が入り込んでそうした土地を勝手に占有している。無断居住者を追い出すか、それとも適当な賃貸契約を結ぶように同意させるには、まず土地がどのような状態にあるのか確認する必要がある。確認とは、土地を測量して販売や賃貸に適した大きさに分けることである。

フェアファックス家を代表して、ウィリアム・フェアファックスの子ジョージ・フェアファックスが測量団に参加する。ワシントンも、測量技師の助手として測量団に同行することになった。

一七四八年三月十一日は、ワシントンの少年時代にとって記念すべき日である。その日、ワシントンとフェアファックスは測量団に随行するために旅立つ。家から遠く離れて旅する初めての機会であり、フロンティアをその目で見る初めての機会でもあった。当時の植民地はまだ内陸部深くまで発達しておらず、ヴァージニア西部は発展途上にある。未開の地を行く旅はこれまでの経験にないことだ。

ワシントンは十六歳を迎えたばかりであったが、その身体は父の体躯を受け継いで、すでに大人と変わらない大きさである。それに測量の基礎は完全に頭の中に入っている。馬術も大人顔負けの巧みさであり、良い土地を見きわめる目を持つ。それでいて決して老成した様子でもなく、若者らしい活気に溢れている。それがワシントンという若者であったが、まだその稟質を知る者はごく少数に限られていた。

測量団は順調に旅を続けてブルー・リッジ山脈の尾根に到達する。ブルー・リッジ山脈はアパラチア山系の一部であり、遠方から望むと青く霞んで見えることからその名がある。眼下には、これまで見たこともないような美しい光景が遙か南の地平線まで広がっている。すぐ近くまで迫った青みがかった山々の頂を見れば、踏み荒らされることのない雪が陽光を反射して銀色に輝く。しかし、麓にはすでに春が訪れている。まるで忘れられた庭園のように名もない花々が峡谷を彩る。雪解け水で嵩を増した渓流がサトウカエデの林を縫って峡谷を潤す。そして、緩やかなうねりが重なる地形は農地として豊かな実りを約束している。インディアンは、あまりの美しさにその渓谷をシェナンドー、すなわち彼らの言葉で「星の娘」と呼んでいた。

目的地に到着したワシントンは測量作業に精を出す。そこはシェナンドー川とポトマック川の合流地点から少し離れた場所である。無断居住者が思い思いに開墾の手を伸ばしていたが、彼らの粗雑な耕作でさえ驚くべき豊かな収穫をもたらしている。

粗末な夕食の後、ワシントンは服を脱いで寝床に潜り込む。驚いたことに、それは藁を掻き集めただけの代物で、シラミやノミといった害虫で重さが二倍になった擦り切れた毛布の他はシーツさえもない。それまでワシントンは、寝床というのはシーツがあるのが当然だと思っていた。仕方なくワシントンは起き上がって服を着て、他の人たちがやっているのを真似てそのままで横たわる。

ワシントンの日記には、荒野での生活が淡々と綴られている。そうした箇所を読み飛ばして、三月二三日の日記を見てみよう。

その日の午後、ようやく雨が止み、空は晴れわたる。しかし、川の水嵩は高く、道がぬかるんでいたので旅路は捗らない。意気消沈する測量団の前に、どこからともなく、たった一枚の頭皮をぶら下げた戦争帰りらしき三〇人余りのインディアンが姿を現す。

この当時、インディアンの勢いはいまだに衰えていない。北アメリカ植民地の近隣に居住するインディアンの人口は十万人程度であった。ただインディアンと一口に言っても、多くの諸部族に分かれている。インディアン諸部族は、時には優れた指導者の下で大同盟を組むことがあったが、離合集散を繰り返すのを常とした。アメリカ人との関係も一概に敵対的であったわけではない。もちろん一部には徹底的に白人を排除しようとする部族もあったが、交易に喜んで応じる部族もあり、イギリスやフランスと手を組んで同盟者として戦う部族さえあった。

測量団は蒸留酒をインディアンに与える。蒸留酒は白人によって持ち込まれ、嗜好品としてまたたく間にインディアンに広まっていた。蒸留酒を飲んで上機嫌になったインディアンは、ワシントンの前で戦争の踊りを披露する。

インディアンは広がって大きな輪を作り、中心に大きな火を焚く。それからその周りに座る。話し手が現れて何やら話している。どうやら戦士たちの武勲を褒め称えているようだ。さらに焚き火の周りに座った者たちに踊り方を教えているようだ。

話が終わった後、最も優れた踊り手が、滑稽な感じで、まるで眠りから覚めた者が跳び上がるように、人の輪の周りを走りながら跳び上がる。その後に残りの者が続き、奏者が楽器を叩き始める。楽器は、水を半分程度入れた容器で鹿皮がぴんと張ってある。叩き棒は、カタカタと音が鳴るようになっていて、見栄えが良くなるように馬の尻尾の一部が付けられている。にぎやかな音とともに踊りがいつ終わるともなく続く。

そうした光景は、測量団の多くの者にとって特に珍しいものではない。しかし、ワシントンにとって初めて目にする光景だ。ワシントンは、飽くことなく踊りの輪を見つめている。少年の心に浮かんだ思いは何か。その筆致からうかがい知れるのは、驚きと純粋な好奇心である。

インディアンと別れを告げた後の日記をさらに読み進めよう。特筆すべき点は、測量団のテントにやって来たドイツ系入植民の話だ。

ワシントンは、彼らのような入植民を見たのは初めてだったので、何事も見逃すまいと詳細を追っている。

ただ彼らが英語をほとんど話せないのには辟易したようで、「彼らがインディアンと同じくらい無知な人びとの群れのようだと私は本当に思った。彼らはまったく英語を話せず、話せるのは［ドイツ語を除けば］オランダ語だけであった」と記している。おそらくこのドイツ系入植民は、オランダ近縁から海を渡って来たのだろう。フロンティアにはそういう人びとがいた。フロンティアは、ワシントンが住む海岸地帯とまったく異なる社会と言える。

最後に旅の終わりを簡単に見ておこう。

四月七日午後、雨が止み、空に虹がかかる。食料調達に行った男たちを探しに一行から離れていたフェアファックスが近くまで戻って来ているという報せが届く。さっそくワシントンは友を迎えに行く。そして、二人で入植者の小屋に泊まる。その日の日記には、久しぶりに「家の中で眠った夜になった」と誇らしげに記されている。

男たちは結局、見つからなかった。測量団に戻った二人は、空腹を抱えながらテントに残って物悲しい気分に浸る。旅の最初の頃に感じた興奮と期待は飢えと渇きによって色褪せていくようであった。フロンティアはもうたくさんだと二人は思う。そろそろ潮時だろう。

夕方、食料を見つけた男たちが戻って来て、二人はようやく胃袋を満たす。元気を取り戻した二人はわが家に向けて出発する。

四月十三日に少年の旅は終わりを告げる。この三三日間の旅は、これまで少年が経験した中でも最も有益な体験であった。旅は人を成長させる。ワシントンはフロンティアをその目で実際に見て、その身で実際に感じた。フロンティアでの体験は、生涯を通じて忘れられない貴重な体験になる。

フロンティアでの不便な生活に耐えられるか、そして、測量を着実にこなす手際の良さを持っているか、それら二つが測量技師として必要な資質である。はたして少年は測量技師として十分な資質を持っていることを示せたのか。その答えはまだ出ていないが、この測量旅行で少年の心の中に忍耐強く正確に物事をおこなう精神が培われたことは確かである。そうした精神は、生涯にわたってワシントンを導き、幾多の困難を乗り越えさせた。どのような局面に対しても、どのような仕事に対しても、決してその重荷を投げ出すことなく、たゆまず前進する精神。それこそワシントンが持つ最も重要な資質である。

第2章

若き日のワシントン

物語の舞台

青年に成長したワシントンが兄の遺志を継ぐ。新世界の覇権をめぐってイギリスとフランスの対立が本格化する。

そうした中、ワシントンは、フランス軍に最後通牒を通告する任務を受ける。青年将校は、使命を胸に抱いて、遥か北に旅立つ。

使命を果たした後、青年将校は初陣を飾る。ワシントンは総督代理の命令を受けて、一隊を率いてフロンティアに赴く。そして、イギリスとフランスの全面対決の火種となる事件を引き起こす。

フランスがオハイオ川分岐にデュケーヌ砦を建設したのに対抗して、ワシントンは南方にネセシティ砦を建設する。そこへフランス軍が大挙して襲来する。青年将校の運命はどのように開けていくのか。

湧きいずる希望の源泉

測量に魅せられたワシントンは、それを生業にしようと真剣に検討し始める。当時、現金収入が得られる仕事は非常に限られていた。それにワシントンが相続することになっている農園は、換金作物を育てて十分な現金収入を得るほどには大きくない。またワシントンには、上流階級の若者が身を立てるのに最も便利な弁護士になるために必要な法学の知識が欠けていた。その点、測量の知識であれば十分に身に付けていたし、ある程度の現金収集も見込めた。それに測量の依頼を受けることで有力者とのつながりを持つこともできた。経済的な面でも人脈の面でも測量技師という職業は、当時の若者が身を起こすのに最適の職業であった。

ワシントンは、測量を通して西部の土地がどの程度、農業に適しているかを見きわめようとした。そもそもそうした西部の土地への強い関心はどこから生じるのか。

ヴァージニアの農園主は、タバコ栽培で富を得ている。しかし、海岸地域でタバコ栽培を続けることは難しい。タバコは、同じ土地に植え続けると土地の滋養を奪い取ってしまう。したがって、タバコ栽培を継続するためには土壌改良をおこなうか、新しい土地を西部で獲得する必要があった。土壌改良は、現在のように農業技術が進歩していないのであまり効果を期待できなかった。そうなると西部の新しい土地でタバコを栽培するしかない。ヴァージニアの農園主は、絶えず土地を求めるように運命づけられている。

一七五二年十月までにワシントンは、シェナンドー渓谷を中心に一九〇回もの測量をおこなう。測量に励むかたわらワシントンは、しばしば「緑路の園」、すなわちグリーンウェイ・コートの客となる。グリーンウェイ・コートは、フェアファックス卿によって築かれた美しい林に囲まれた農園である。世間から離れて悠々自適の生活を送ることがフェアファックス卿の夢であった。

ベルヴォアに滞在していた時と同じく、フェアファックス卿がワシントンとともに狩猟を楽しんだことは言うまでもない。ただフェアファックス卿は、自分の隠遁所に閉じこもっているだけではなかった。農園で必要な分以上に作物ができると周辺の貧しい家庭に配った。そして、なかなか開墾の成果が出ずに困窮している入植民を見つけると、グリーンウェイ・コートに雇い入れて働かせた後、新たな土地を与えて再出発できるように取り計らった。

フェアファックス卿は孤独な男であったが、狷介ではまったくなかった。さらにフェアファックス卿は、教養に富んだ優れた話し手であって、ワシントンの心をいつも楽しませる。こうしてワシントンは、フェアファックス卿の感化を受けて、荒野にありながらも粗野な風習に染まることなく、郷紳に求められるような教養と典雅な振る舞いを身に付けるように心掛ける。

ワシントンは、測量の仕事で貯めたお金を使って、この頃から西部の土地の購入を始めている。小さな農園しか受け継ぐことができなかったワシントンは、今や自ら土地を手にしたのである。「土地は永遠の物であり、価値がすぐに上がり、自立するためには大切な物になる」という信条がワシントンにはあった。

しだいにワシントンは、北アメリカ植民地を西部へ拡大するべきだという明確な観点を持つようになる。ヴァージニアの南北の境界はほぼ定まっていたが、西部についてはまだ制限がない。太平洋に向けて大きく広がっている。イギリスの北アメリカ植民地が存続できるか否かは、フロンティアを支配できるかにかかっている。フロンティアを支配できれば、広大な土地を獲得できる。もはやヨーロッパには主なき未開の地はほとんど残されておらず、土地を持たない者にとって、フロンティアは希望の源泉であった。アメリカが独立した後もワシントンは、西部にこそ国家繁栄の将来があると確信していた。そうした考えは、西部で測量をおこなった経験によって養われた。

広大な土地が遙か西に向けて果てしなく続いていることを自分の目で確認するよりも印象深い経験はない。地図だけでは得られない貴重な実地経験である。そして、ワシントンのフロンティアでの経験は、単なる個人的経験にとどまらず、アメリカという国家が進むべき方針を示す貴重な経験になる。

白いペスト

測量技師として順調にキャリアを積みつつあったワシントンであったが、それが中断される事態が起きた。兄ローレンスの病気である。ローレンスは一七四四年から植民地議会議員を務め、重要な委員会に所属していた。しかし、絶えず咳に苦しめられ目立って体力が衰える。結核である。結局、ローレンスは病状が悪化して一七四八年十二月に植民地議会議員を辞す。

有史以来、最も多くの人命を奪った病気はおそらく結核である。それは新大陸でも同じである。結核は、インディアンの間では知られていなかったようなので、ヨーロッパ人が持ち込んだのだろう。当時、治療法は確立されておらず、結核は不治の病であった。原因さえまったくわかっていなかった。医師が考えた結核の病因は、熱い飲み物を頻繁に飲んだからだとか、羽根布団で寝る習慣のためだとか、肉の食べ過ぎや酒の飲み過ぎのためだとか、現代から見れば荒唐無稽な病因ばかりであった。

ワシントンは、ウィリアムズバーグから帰って来た兄を心配して、その冬の間、マウント・ヴァーノンで大半の時間を過ごす。ただワシントンにもたらされたのは、兄の病気という悲しい出来事だけではない。ベルヴォアで慶事があった。それはジョージ・フェアファックスの結婚である。花嫁は、農園主の娘サラ・ケアリー（愛称「サリー」）、芳紀、まさに十八歳。フェアファックスは、花嫁をベルヴォアに連れ帰り、親しい隣人のワシントンに紹介する。サリーのような美しい女性をワシントンはこれまで見たことがない。なだらかな肩と長い首を持ち優美な衣装を身に纏った貴婦人の姿に、ワシントンの心は人知れず高鳴る。サリーはフランス語を流暢に話すことができ、高い教養を持つ。

サリーを迎えることでベルヴォアは、ワシントンにとって最も輝かしい場所に姿を変える。ベルヴォアに足繁く通う中で、サリーの明るく輝く瞳と親しみやすい性格は、たちまち二歳年下の青年を魅了する。彼女の姿を見てしまうと、フェリー農園に帰るのがとても物憂く思われるほどだ。

マウント・ヴァーノンで養生していたローレンスであったが、健康は回復しない。一七四九年春、病状の悪化に悩まされたローレンスは、ヴァージニアから離れることを検討し始める。

ローレンスの容態を心配するワシントンは、次のような手紙を送っている。現存しているワシントンの手紙の中で最も初期に書かれたものである。兄を気づかう気持ちがありありと述べられている。

　あなたの咳が最後に会って以来、良くなっていればと願います。もしそうであれば、あなたはヴァージニアを離れずに済むでしょう。

ローレンスを悩ませたのは自分の健康状態だけではない。ローレンスの子供たちが次々と亡くなった。一七四四年に長女が夭折したのを初めとして、一七四七年には長男が、そして、一七四九年には次女が幼くして命を失った。まるでマウント・ヴァーノンを死の影が覆っているようだ。

もはやローレンスの結核は地元の医者の手に負えるものではない。そこでローレンスは、腕の良い医師の診断を受けるためにイギリスに渡る。もちろん植民地にも医師はいたが、大学医学部卒のれっきとした医師となると数が限られる。船に乗ってニュー・ヨーク、ボストン、そして、フィラデルフィアに医師を探しに行くこともできるが、どうせ海を渡るのであればロンドンまで足を伸ばしたほうがよい。富裕なヴァージニア人の農園主の感覚では、他の植民地の都市よりロンドンのほうが身近に感じられる。それはロンドンからもたらされる最新の流行の品々に親しんでいたからだ。

ローレンスが留守の間、ワシントンは兄嫁のアンを手紙で励まし続ける。なぜマウント・ヴァーノンに直接出向かなかったかと言えば、ワシントンもマラリアによる高熱で苦しめられていたからである。ワシントンがマラリアから回復した一方で、ローレンスは何の望みもなくイギリスから帰国する。

当時の結核の治療法は主に転地療養であった。それはローマ時代から続く西洋医学の伝統である。ローマの著述家ケルススは海上の空気が結核に良いと勧め、ギリシアの医学者ガレノスはナポリに保養所を設けた。

時代が下って十七世紀のイギリスの医学者クリストファー・ベネットは、温和で乾燥した空気が結核の治療に最適であると提言している。都会の汚れた空気が悪い影響を及ぼすと信じられていたために、結核に罹患した人びとは新鮮な空気を求めて田舎に移った。

そこで転地療養先としてバルバドス島が選ばれる。アメリカ本土から遠く南に離れたバルバドス島の熱帯海洋性気候が結核に効果があると考えられたからだ。さらに島には、フェアファックス家の縁者もいたので、ローレンスにとって心強い。

ローレンスの妻は、産まれたばかりの娘が病弱だったので側から離れられず、今回もワシントンが兄に付き添う。長期間にわたってヴァージニアから離れれば、測量で得られるはずの報酬が手に入らないばかりか、有望な土地を獲得する機会を失うことにもなる。それはワシントンにとって大きな経済的痛手であったが、それを匂わせるような日記や手紙は何も残されていない。家族としての義務が最優先であり、ローレンスは信頼できる介助者が必要である。それだけで理由は十分であった。お金はこれからいくらでも稼げるが、愛する兄の身体に代えられるものは何もない。

受け継がれる遺志

一七五一年九月二八日、兄弟を乗せたサクセス号はポトマック川を下る。サクセス号は客船ではなく、バルバドス島へ交易品を運ぶ船である。乗組み員は八人。海岸沿いに南東に進んだサクセス号は、バルバドス島を目指して大西洋を一路、東に向かう。

ワシントンの日記には、ヴァージニアから二、二〇〇マイル（約三、五〇〇km）離れたバルバドス島に到着するまでの三七日間が記されている。二時間ごとに風向、経緯、進路、天候、通り過ぎる商船、帆の扱い方などをワシントンは克明に記録している。船旅は平穏で特筆すべきことはほとんど何もない。

十一月三日、サクセス号は無事に大西洋を渡り終えて、バルバドス島のカーライル湾に滑り込む。バルバドス島の一番大きな街は、カーライル湾に面するブリッジタウンである。珊瑚を建材に使った瀟洒な家が建ち並び、多数の居酒屋が軒を連ねるにぎやかな港街だ。兄弟は宿屋に逗留して、翌日に地元の医師の診断を受ける手筈を整える。ブリッジタウンには、肺病の治療に豊富な経験を持つ医師がいる。

医師がローレンスを診断している間、ワシントンは外で待つ。いかなる結果が出るか気を揉んでいたワシントンの前にローレンスがようやく姿を現す。ローレンスの顔は心なしか晴れ晴れとしているようだ。病根があまり深くまで達していないので根治も可能だという。診断結果を聞いて、ワシントンに旅を楽しむ余裕ができる。

バルバドス島は、ヴァージニア人にとって異花奇草の地である。熱帯の色鮮やかな花々や深緑の木々がワシントンの目を驚かせる。蒼穹に浮かぶ入道雲にどこまでも続く白い砂浜。そして、空の色を溶かし込んだ群青の海。頭を殴り付けるような強い日差しにもかかわらず、椰子の木陰に入れば一陣の風が涼をもたらす。街の喧騒を離れれば、寄せては返す波の音と吹き抜ける風の音しか耳に響かない。

常夏の島で兄弟は、馬車を借りてサトウキビ畑やトウモロコシ畑を抜け、その先にある熱帯樹林を巡った後、夕涼みを楽しむ。これまで兄の病状を心配してふさぎがちであった心は、この美しい島の風景に出会って解放されたかのようだ。

しばらく土地の名士の家に滞在した後、二人は逗留を続けるのに良い場所はないかと探す。医師は街の中を離れて静養するように勧めている。しかし、街の外には宿屋は一軒もない。そこで個人の家を借りる。二人が選んだのは、海を見下ろす絶好の場所にある家だ。陽光が窓から屋内に入り込んで松材の床をまだらに染めている。熱気を帯びたそよ風が天蓋付きベッドを覆う蚊帳を巻き上げる。そうした風情は、ヴァージニアの建物とまったく異なるものであった。

立地は申し分ない。騒がしい街中から少し離れていて、しかも景色がすばらしい。ワシントンは、「見晴らしは広々としていて、海は気持ち良い。我々はカーライル湾を一望でき、我々の目にはあらゆる船が出入りするのが見える」と記している。ただ賃借料が思ったよりも高い。洗濯代や酒代を別にして月額十五ポンド（十八万円相当）である。

バルバドス島は辺陬《へんすう》の孤島ではなく、砂糖の一大生産地として繁栄し、ヴァージニアよりもずっと文化的な土地である。ワシントンが初めて演劇を観賞した地はバルバドス島だという。演目は『ロンドンの商人、あるいはジョージ・バーンウェルの経歴』と記されている。これは、商人の日常生活を扱った最初の市民悲劇である。

残念なことに、ローレンスは医師の命令でほとんど外出できず、ワシントンと一緒に演劇を楽しめなかった。その後、演劇は生涯にわたってワシントンの娯楽となる。唯一兄弟が一緒に楽しめたのは、「ビフテキと牛の胃クラブ」である。大仰な名前が付いているが、要は地元の人びとによる晩餐会である。

晩餐会のテーブルにはその題目通り、ビフテキや牛の胃が並んだが、それよりもワシントンの目を引いたのは色とりどりの南国の果物だ。赤紫のパッション・フルーツ、真紅のザクロ、黄土のサポジラ、明黄のザボン、黄緑のグアヴァ、明緑のスイカ、深緑のアボカドなど、これまで見たことさえない果物が並ぶ。

地元の名士たちは、ヴァージニアから来た客人を競って饗応する。ただ「ほとんど蛆に喰われてしまったパン」が出されることもあったようだ。食品衛生が現代のように徹底されていない当時では特に珍しいことではなかったが。

穏やかな南の海を眺めながら兄弟は何を話し合ったのだろうか。おそらく何も話さなかったと思う。時に沈黙のほうが雄弁なことがある。窓からはカーライル湾を航行する船だけではなく、街の要塞で訓練する兵士たちの姿が見える。まるで玩具の鉛製の兵隊人形のようだ。そうした景色をぼんやりと眺めている兄の姿をワシントンはただ見守っていたのだろう。

島に到着してから約二週間経った十一月十七日朝、ワシントンはこれまで感じたことのない奇妙な悪寒に襲われ高熱を発する。夜になるまでに激しい頭痛に襲われ、背骨と腰にも疼痛が走る。翌日も症状は変わらない。天然痘である。いつ感染したのか。その手がかりは十一月四日の日記にある。

今朝、クラーク少佐からバルバドス島への到着を歓迎し、朝食をともにしたいという招待状が届いた。私自身は彼の家族が天然痘にかかっているのを知って、あまり乗り気はしなかったが、我々は招待に応じた。

天然痘の潜伏期間は、一般的に七日から十六日であることから辻褄は合う。赤い斑点が額から頭皮まで侵食し始める。数時間後、斑点は膿胞に変わる。それからさらに三週間続いた病臥の後、膿胞は乾燥して剥がれ落ちた。鼻に痘痕が少し残ったものの、免疫を得たことによって、後々の長い軍隊生活の中でワシントンは天然痘に罹患せずにすんだ。天然痘で容貌が崩れることもよくあったので、幸運だったと言える。ワシントンの痘痕を確認できる肖像画はほとんどない。おそらく画家が気を利かせて描かなかったのだろう。

十二月二日に医師から完治宣告を受けたワシントンは、島内をつぶさに見て回る。ワシントンの興味は、地質、産物、要塞、風習などさまざまな対象に向けられている。その中でもワシントンが最も関心を寄せたのはバルバドス島の農園経営だ。

西インド諸島でイギリスの入植者は、ある換金作物で島のあらゆる場所を覆った。その作物の需要は底無しであった。作れば作るほど、飛ぶように売れた。それはサトウキビである。十八世紀半ばまでにバルバドス島は、ジャマイカ島とともに莫大な砂糖をイギリス本国に輸出する二大産地になる。それはイギリスが経験した商業革命の一環であった。すなわち、アジアからは生糸や紅茶を、新大陸からはタバコや砂糖を大量に輸入するという貿易の質的・量的変化である。

東洋からもたらされた紅茶に、カリブ海で生産される砂糖を入れて飲む。海洋帝国であるイギリスだからこそ実現できた贅沢である。実にイギリス人は十八世紀の半ばには、フランス人と比べて一人当たり八倍から九倍の砂糖を消費する国民になっていた。

バルバドス島にもたらされた砂糖革命はすべてを変えた。砂糖は「白い黄金」と呼ばれる。農園主は労働力として奴隷を大規模に導入し、最も利潤をもたらすサトウキビ栽培に特化する。そして、食料を輸入に依存した。輸入先は北アメリカ植民地である。砂糖精製の副産物である糖蜜もバルバドス島の重要な産物である。北アメリカ植民地ではラム酒が非常に好まれていたので、その原料である糖蜜には莫大な需要があったからだ。海洋帝国イギリスにとってバルバドス島は、北アメリカ植民地全体に匹敵するほど貴重な植民地であった。

兄弟は毎晩のように晩餐会の招きに応じたが、十二月十三日から二〇日の間は二人きりで過ごしている。今後について話し合わなければならなかったからだ。

バルバドス島へ来てもう一ヶ月以上になる。ローレンスの病状は急激に悪くなっていないものの、良くもなっていない。それよりもローレンスの心の中で、ヴァージニアに残してきた妻のアンと娘に会いたいという気持ちが日増しに募る。バルバドス島の温順な気候さえも、それが単調だということでローレンスの気を滅入らせる。何よりもまず病状を良くしなければならない。そこでさらにバミューダ島に移ることになった。その一方でワシントンは、ヴァージニアに戻って兄嫁を連れて来ることを約束する。

十二月二二日、ワシントンは、兄やバルバドス島の友人たちに別れを告げて、ヴァージニアに帰る船に乗り込んだ。このバルバドス島への旅は、ワシントンの最初で最後の海外訪問である。

ワシントンを乗せたインダストリー号は激しい嵐に翻弄された後、ヨーク川の河口に到着する。船の中で船酔いに苦しめられ朦朧としていたワシントンは、財布からお金を抜かれてしまった。一七五二年一月二八日、ほうほうの体で船から降りたワシントンは、馬を借りてウィリアムズバーグに立ち寄る。

ウィリアムズバーグはヴァージニア植民地の首府である。ヨーロッパの大都市を見慣れた旅行者の目からすれば、単なる地方都市にすぎなかったが、ヴァージニア人の誇りである。ヨーク川とジェームズ川に挟まれた平坦な土地に開けたこの街は、総督が座を占める場であり、総督参事会や植民地議会が招集される場でもある。

ウィリアムズバーグが正式に街になったのは一七二二年のことである。それから三〇年経って、約二〇〇軒の家屋が建ち並び、人口は一、〇〇〇人を数えていた。家屋の多くは、地方の郷紳が植民地議会の開会中に滞在するために建てられた。郷紳の富を誇るかのような豪奢な邸宅は、小綺麗な庭園を持ち、街をうろつく犬や豚が入り込まないように柵で囲まれている。

特に旅人の目を引いたのはグロースター公爵大通りだろう。グロースター公爵大通りは、煉瓦で舗装された側道を持ち、幅は一〇〇フィート（約三〇ｍ）、長さはほぼ一マイル（約一・六㎞）に及び、薬種商、宝石商、銀細工師、鬘師、靴職人、雑貨屋、鞍職人、鍛冶屋、帽子屋、鉄砲鍛冶、指物師などが軒を連ねている。その当時、ヴァージニア植民地唯一の印刷所も鎮座している。つまり、ウィリアムズバーグは、政治の中心であるだけではなく、文化の中心でもあったということだ。

ヴァージニアの前途ある若者が首府を訪れる理由は一つしかない。政治的にも社会的にも強い影響力を持つ人びとに縁故を求めることだ。有力者の縁故を得て社会の階梯を登る。それは十八世紀において野心的な若者が選択する一般的な方法であった。

ワシントンの目的も他の野心的な若者と変わらない。ワシントンが縁故を得ようとした相手は、ヴァージニア総督代理ロバート・ディンウィディである。ディンウィディは正式には総督代理であるが、実質的に総督である。名目上の総督はアルブマール伯爵という人物だが、それは恩典のような名誉職であり、本国から離れることはない。したがって、植民地統治の実務はディンウィディに委ねられている。

ワシントンが訪れた時、ディンウィディはあいにく不在であった。しばらく経って帰還したディンウィディは、ワシントンを食事に招いてローレンスの病状を親しく聞く。これがディンウィディとワシントンの初めての会話になった。以後、ディンウィディは、フェアファックス家と同じくワシントンの後援者の一人になる。

総督官邸を後にしたワシントンはマウント・ヴァーノンに赴いて、バルバドス島から帰還したことを兄嫁に知らせる。そして、兄がバルバドス島で待っていると伝える。

弟と別れたローレンスはバルバドス島に冬の間ずっと滞在していたが、三月になってかねてからの計画通りバミューダ島に移る。しかし、病状は悪化する一方であった。

ローレンスは治療の方針について迷っていた。一年間、バミューダ島に滞在するので弟とともに一緒に来てほしいと妻に書き送ったかと思えば、バルバドス島に戻るか、それとも南フランスに行くのがよいかもしれないと書き送ったりしている。どうすればよいのか本当にわからなかったのだろう。ローレンスの手紙の末尾には、「これまで苦悩してきた不運な健康状態によって帰郷に不安を覚えます。もし私の病状がさらに悪くなれば、墓へと急ぎ帰ることになるでしょう。もし病状が良くなれば、私は治療に万全を期すためにここに長く留まることになるでしょう」という言葉が記されていた。

結局、死期を悟ったローレンスは、「墓へと急ぎ帰る」ことになる。一七五二年七月二六日、転地療養から戻ったローレンスは、マウント・ヴァーノンで家族と友人たちに看取られて亡くなった。享年三四歳。ローレンスの死は、ワシントンにとって父の死に等しいものであった。ローレンスがワシントンに与えた影響は大きい。その進取性に満ちた精神と優れた教養は、常にワシントンの手本であり導き手であった。

ワシントンは遺言執行人の一人に任命され、フレデリックスバーグの地所の分与を受けた。マウント・ヴァーノンはローレンスの幼い娘に遺された。もしその娘と寡婦のアンが相続人を得ることなく亡くなれば、ワシントンに譲られることになった。そうした財産よりもワシントンの心を捉えたのは、兄の遺言に書かれた一言であろう。遺言には、「愛する兄弟ジョージ・ワシントンのために」という一言が添えられていた。

これまで一人で総務将校を務めてきたローレンスの死は、総務将校の職掌を改めて検討する機会を総督参事会に与えた。総督と総督参事会は協議の末、一人の総務将校にすべての責務を委ねるのは荷が重過ぎるという判断を下す。その判断に基づいて、ヴァージニアは四つの軍管区に分けられ、それぞれに総務将校が配置されることになった。

一七五二年十一月六日、軍事経験がまったくないのにもかかわらず、ワシントンは南部管区の少佐および総務将校に任命され、一〇〇ポンド（一二〇万円相当）の俸給が約束された。当時、その額は決して薄給ではない。これはローレンスの遺産の一部とも言えるだろう。死期を悟ったローレンスは、弟が自分の代わりにこの職を得られるように運動していたのである。もしローレンスが健康で長生きしていれば、この官職はワシントンに回ってこなかったはずだ。

こうしてワシントンは、兄の未完の生涯を引き継いだ。家名を隆盛させるという野心は、父オーガスティンからローレンスに受け継がれ、今、ワシントンに伝えられた。皮肉にも愛する兄の死によって、さらなる人生の展望がワシントンに開けたと言える。それは森の中でこれまで日光を独占してきた老木が倒れ、若木が新たに成長する余地を見つけたかのようであった。

しかし、現段階ではワシントンは未熟な青年でしかない。どのような人物であれ、最初から成熟している人物はいない。鉄が鍛冶屋の手によって鋭利な刃物に鍛えられるように、才能は試練という金床で鍛えられる。これからワシントンは多くの経験を通じて成長する。時には未熟な故の失敗もある。読者はどうか焦らずにワシントンの成長を見守ってほしい。

禁断の実を摘まざる者

愛してもそれを隠すことは、ああ、なんと私を苦しめることか。長らく愛することを願ってきたが、決してそれを明かそうとは思わない。たとえ愛が私にとって苦痛だと激しく感じられようとも。

これは二〇歳になる前のワシントンが作った詩である。ワシントンの女性に対する態度は堅苦しく不器用であった。ワシントンは一時期、「低地地方の美人」なる女性に心を奪われたこともあったが、名前すらわかっていない。また別の女性、今度は「中部地方の美人」に捧げた次のような詩もある。

君の明るく輝く瞳に僕は動転させられる。太陽よりも透き通った光を君は持つ。昇る陽光の至福の最中に、君の美しい装いに優るものは何もない。君の静かな汚れのない心は変わることなく、君のような人に匹敵する人は誰もいない。君のようなみずみずしさを誰が得ることができよう。ああ、恋してそれを隠す苦しみは僕のもの。僕はそれを決して表に出したくないとずっと願ってきた。たとえ過酷な恋の苦しみを感じても。クセルクセス大王でさえキューピッドの矢からは逃れられない。そして、すべての偉大な英雄さえ油断できない。

この詩作の各行の頭文字を並べるとFRANCESALEXAとなる。これは意中の女性の名前である。フランシス・アレグザンダーという。しかし、NDERの四文字が足りない。残念なことに次の頁が破り取られていて、結局、詩作が完成したかどうかわからない。

この時、ワシントンは、よもや自分がクセルクセス大王を超えるような「偉大な英雄」の仲間入りをするとは思ってもいなかっただろう。ただワシントンがクセルクセス大王の名前を挙げたのは、特に尊敬していた人物だからというわけではない。他にXで始まるような単語（クセルクセスはXerxesと綴る）を思い付かなかっただけだと考えられる。

ワシントンの詩作はどうだろう。技巧云々よりも青春の恥ずかしさが全面に出ているような感じがする。こうした詩が時代を超えて後世の人びと、それも遙か遠くの日本にいるあなたの目にも触れるとは夢想だにしなかったに違いない。

しかしながら、私はワシントンを笑えない。私も少年の頃、好きな人を思って詩のようなものを書いた経験があるからだ。あなたにも大なり小なりそうした経験があるのではなかろうか。プラトンも「恋をしている時は誰でも詩人である」と言っている。

ワシントンも詩人になったが、残念なことに幸福の詩人ではなく苦悩の詩人であったようだ。ワシントンは、拒絶されることを恐れて若い女性からできる限り離れているように努めていた。この頃、親類に宛てた手紙にはそんなワシントンの心境がよく表れている。

私は若い女性から身を引いて暮らし、気持ちを心の中に隠すことで悲しみを和らげ、厄介な情熱を忘却の淵に沈め、永遠に忘れようとしています。というのは、それが私を回復させてきた唯一の解毒剤であり治療薬であり、休息こそが癒しと救いをもたらすことを私は十分に確信し、私が何を試みても、不安に悲しみを加えるだけの拒絶しか得られないと十分に納得しているからです。

この手紙からは、ワシントンの恋の悩みがありありと見てとれる。後年の謹厳なワシントンのイメージからは思いもよらない。しかし、こうした感情の吐露は、ワシントンのような偉人であっても、我々と同じように血の通った感情を持っていたのだという温かい思いであなたを満たしたのではないか。

ワシントンは多くの女性に魅了されたが、最も心惹かれた女性がジョージ・フェアファックスの妻サリーであることは多くの歴史家が認めている。私もそれに異論はない。人生の夜明けに人の心を魅せ惑わせる幻、それがサリーであった。ワシントンの秘かな恋心は結婚するまで続いた。いや、もしかすると生涯にわたって続いたかもしれない。

わずかに残された肖像画や一族の伝承などから、サリーはヴァージニアで一、二を争う臈長《ろうた》けた美女であったらしい。それを物語る逸話が残っている。

サリーが結婚する前の話である。サリーはウィリアムズバーグに夜遅く帰って来た。それを見とがめた歩哨がサリーの行く手を遮って合言葉を求める。突然のことで驚いてしまったサリーは、どう答えたらよいかわからず、とっさに自分の名前を口走る。すると歩哨は「通れ」と言って、そのまま何事もなかったかのように去って行く。

サリーは合言葉を知らなかったのになぜ通行を許可されたのか。実はその日の合言葉は「サリー・ケアリー」、すなわちサリーの旧名であった。おそらく当直の者がサリーの美しさに敬意を示したのだろう。

恋愛遍歴を並べると、ワシントンがまるで女性を追いかけてばかりいたように思えたかもしれない。後年、ワシントンは、「かつて女性が我々［男性］を魅惑したせいで我々は禁断の実を食べてしまいましたが、その結果がどうであれ、我々の欲望を抑止できるものなどありません」と恋の魔力について語っている。

巨人相打つ

一七五三年秋、ヴァージニア総督代理ロバート・ディンウィディは、執務室で最新の報告を読んでいる。窓からは紅葉で燃えるような木立がグロースター公爵大通りに向けて延びるのが見える。玻璃瓶のように澄んだ空は、色づいた木立をくっきりと浮かび上がらせている。ウィリアムズバーグの紳士淑女は、きっと馬車で優雅にピクニックとしゃれこんでいるだろう。ディンウィディは、報告に目を通さなければならないので、執務室からしばらく出られない。報告には、気がかりなフロンティアの動静が書かれている。

イギリスとフランスは、北アメリカの覇権をめぐって十七世紀初めから争っていた。約一五〇〇年に及ぶ宿命の対決である。ワシントンが生まれる頃までにイギリスは、北アメリカの東海岸のほとんどを支配していた。南部を占めていたスペインは国勢が衰えていて深刻な脅威ではない。真の脅威はフランスである。

イギリス植民地はフランス植民地の十倍以上の人口を擁していたが、海岸地帯の狭い地域に集中している。内陸部への入植は始まったばかりであった。イギリスが海岸地帯から西部へ植民地を広げようとする動きに対して、フランスはそれを南北から挟み撃ちにしてオハイオ地方で抑え込もうとしていた。

フランス植民地はニュー・フランス（ヌーベル・フランス）と呼ばれ、北部のケベックを中心とするカナダ、そして、南部のルイジアナから主に構成されている。南北の植民地は、ミシシッピ川とオハイオ川を利用すれば互いに行き来が可能である。オハイオ地方には肥沃な土地が広がるとともに、内陸部との交通を確保するうえで重要な水流が数多く走っている。

フランスが最も恐れたのは、イギリスがオハイオ地方を抑えてカナダとルイジアナの連絡を絶つことであった。もし連絡が絶たれれば、ルイジアナはイギリスに容易に征服されてしまう。なぜならルイジアナはカナダに比べて著しく発展が遅れていたからだ。

新大陸の覇権をめぐるイギリスとフランスの大きな戦いは三度、繰り返される。いずれの戦争も、両国ともに相手に決定打を与えるまでに至らない。

最後のジョージ王戦争の結果、締結されたアーヘンの和約は一時的な平和であり、その後の状態は、これまで激しく取っ組み合いを演じてきた二人の巨人が引き分けとなって息を整えているようなものだ。最終的な決着はまだついていない。両者ともに再戦を期している。

イギリスとフランスは新大陸だけではなく世界を舞台にして覇を競っていた。その中でもアメリカが熾烈な争奪の的になったのは、巨額な利益をもたらす毛皮に加えて、その他にも重要な交易品である鰊、砂糖、米、インディゴ、そして、針葉樹から採れるテレピン油や樹脂など海軍の維持に必要な物資の産地であったからだ。アーヘンの和約では紛争の火種が取り除かれず、そのまま放置されていた。

先に動いたのはフランスである。一七四九年、フランスは二一〇人の遠征隊をオハイオ地方に派遣する。口実は互いに争っているインディアンの部族を調停して平和をもたらすことだ。しかし、フランスの目的はそれだけではない。インディアンに贈り物をばらまき、今後は決してイギリスと交易しないように警告する。遠征隊は、オハイオ川とその支流の合流地点に「川の両岸地域は支流の源に至るまで、過去と同じくこれからもフランス国王に属する」と記した鉛板を埋め込んだ。これは明確な領有宣言である。

フランスに対抗するイギリスの伝統的な方針は、イロクォイ六部族連合と組むことだ。イロクォイ六部族連合とはどのような存在か。それはアメリカ東部で最も強力な部族連合である。人口は一万人から一万二、〇〇〇人を数え、戦士の数は四、〇〇〇人に達する。

十七世紀の初め以来、イロクォイ六部族連合は、フランスとイギリスが対立を深める中、中立を維持して自分たちの勢力をうまく拡大してきた。そして、イギリスが通商のみに従事する限り、その主権を認めていた。その結果、イギリスはイロクォイ六部族連合との中立関係で利益を得ることができた。もちろんそうした関係は両方が利益を得なければ長続きしない。

まずイギリス側は何を手に入れるか。強力な同盟者である。「分割し、統治せよ」という有名な原則は、統治者が被支配者を統制するうえで有効な原則として言及されることが多い。その原則はイギリスの植民地経営にも当てはまる。イギリスが最も恐れた事態は、すべてのインディアンが大連合を組んで白人を追い出そうとすることだ。そうさせないようにするためにはどうすればよいか。諸部族の中から友好的な部族を選んで同盟者にする。もちろん完全に味方になってくれることが望ましいが、中立でも十分である。そうすれば他の部族やフランスが攻撃してきても対抗できる。

その一方で、イロクォイ六部族連合にとってイギリスと組むことに何か利点があるのか。イギリスから贈り物を受け取れば、指導者たちはそれを戦士たちに配分して歓心を買うことができ、影響力を保てる。さらにマスケット銃や弾薬が手に入る。そうすれば他の部族に対する戦争が有利に進む。

基本的な方針としてヴァージニア植民地は、イギリス本国と協力してフランス勢力と戦っている。ヴァージニアの北西部領域がフランスに侵される危険があったからだ。

ヴァージニア人は、ロンドンの商人たちと協力して一七四九年にオハイオ会社を結成する。会社の設立目的は、オハイオ地方の獲得である。オハイオ会社の出資者には、フェアファックス家、リー家、カーター家などのヴァージニアの名家に加えてワシントン家も名を連ねている。

オハイオ会社は測量技師を送り出して西部につながる通路を探検し、入植に適当な場所を探索する。イギリス本国は十年にわたって地代を免除する代わりに、入植者の募集だけではなく、防衛のために砦を築く義務をオハイオ会社に課す。つまり、オハイオ会社は単なる私営企業ではなく、言うなれば国策企業であった。

事業は、ディンウィディ総督代理がオハイオ会社の社長に就任することでさらに促進される。ディンウィディは、職権を使ってオハイオ会社の利益を守ろうと努め、新たな土地をどのようにしてヴァージニア植民地に組み入れようかと知恵を絞る。

フランスは、オハイオ地方まで勢力を拡大しようとするヴァージニアの姿勢を決して認めようとせず、イギリスの交易商人を追放したり交易所を破壊したりした。さらに一七五二年八月、ニュー・フランス総督に着任したデュケーヌ侯爵は、「オハイオ地方を獲得せよ」と記された命令書を携えて来た。

一七五三年春、一、五〇〇人のフランス軍がエリー湖の南岸に上陸してプレシキル砦を築き、周辺に道を整備する。道を整備することは、すなわち、補給線の確保である。さらに南にル・ボーフ砦とマショー砦が築かれる。水路で固く結ばれた三つの砦は、フランスの南北植民地をつなぐ通廊を守る防衛線の要になった。

フランスが攻勢に乗り出そうとしているのは明らかである。もしこのままフランス軍を放置すれば、オハイオ地方がフランスの支配下に入り、イギリスの交易商人や入植者はさらに妨害を受けることになる。
こうした事態に危機感を抱いたオハイオ会社は、フランスに対抗して前哨基地をフロンティアに築く。その一方でイギリス本国の枢密院は、フランスの行動に関する報告を送るようにディンウィディに求める。ディンウィディは、フランスがオハイオ地方に砦を築こうとしていると指摘したうえで、それに対抗してイギリスも砦を築くべきだと本国に進言する。
一七五三年十月二一日、ディンウィディは国王の返事を受け取った。書面には、砦の建設の承認に加えて以下のような文面が含まれていた。

［フランスが］カナダより軍を南下させて、イギリス国王の領土を侵犯したのは、いかなる権限および指示によるものか説明するように要求する。平和裡の撤退を求めること、そして、両国の間で育んで維持すべき調和と相互理解の著しい妨げとなる計画の遂行を思い留まるように求めるのが私の義務である。

誰かがフロンティアに赴いてフランス軍に退去を勧告しなければならない。しかし、ディンウィディは老齢であり肥満体であった。もともと商人あがりでヴァージニアに赴任する前は主にバミューダ島で徴税官を務めていた。ディンウィディは頭の先から爪先まで文官であって、自ら銃を担いでフロンティアに分け入ることなどできるはずがない。自分の代わりにフロンティアに足を踏み入れてフランス人に出し抜かれることなく交渉できる人物がいないだろうか。

紅顔の使者

背がまっすぐで均整の取れた青年がディンウィディの前に立つ。青年の身長は六フィート（約一八三cm）、体重は一七五ポンド（約七九kg）。たくましい肩に広く厚い胸。靴は十三号（約三一cm）で手も強健で大きい。鼻梁が高く、灰青色の瞳が落ち着いた表情をたたえている。深い褐色の髪は額から撫で付けられ、後ろで束ねられている。

使者としてフロンティアに赴きたいという青年の願いをディンウィディは聞く。そして、総督参事会が、ワシントンに与える命令の作成にすぐに取りかかる。命令は次の通りである。

即刻、イロクォイ六部族連合の拠点であるログスタウンに向かって、フランス軍の砦に向かう旅を円滑に進めるために、族長たちに協力を求めよ。フランス軍の砦に到着したら、イギリスの領土から退去を求める総督代理の手紙を渡すように。返事を受け取ったら、安全を期すためにフランス軍に護衛を頼んで、できる限り迅速に帰還せよ。またカナダからの増援の可能性、要塞の分布、守備隊の規模などフランス軍の様子を探るように。

一七五三年十月三一日、ワシントンは首府ウィリアムズバーグを単騎で出発する。時節は穏やかな初秋から雨の多い晩秋に変わろうとしている。これから旅をするには憂鬱な季節である。しかし、青年の胸中は誇りで溢れている。このように重大な任務を他の誰が与えられただろうか。

まずワシントンは、同行者を探すためにフレデリックスバーグに立ち寄る。フレデリックスバーグには友人のジェイコブ・ヴァン・ブラームがいる。フランス軍の司令官と交渉するために当然のことながらフランス語が必要となる。ワシントンにはフランス語の知識がない。ヴァン・ブラームがフランス語の通訳として

N
プレシキル砦
ル・ボーフ砦
フレンチ川
ヴェナンゴ
マザーリング・タウン
アレゲーニー川
ログスタウン
オハイオ川
シャノピンズ・タウン
フレーザーの小屋
ペンシルヴェニア
メリーランド
モノンガヒーラ川
ギストの集落
ヨコゲニ川
ウィルズ・クリーク
ウィンチェスター
アレクサンドリア
ベルヴォア
マウント・ヴァーノン（エプスワッソン）
フェリー農園
フレデリックスバーグ
ポープズ・クリーク
シェナンドー渓谷
ポトマック川
ヴァージニア
チェサピーク湾
ラパハノック川
ウィリアムズバーグ
50km

同行する。

ヴァン・ブラームは、オランダ生まれの元軍人でローレンスと旧知の仲であり、しばしばマウント・ヴァーノンの客になったこともある。一年ほど前からヴァージニアに移り住んで、青年たちに剣術の手解きをして生計を立てている。もちろん好機を見逃すようなワシントンではない。道すがらヴァン・ブラームによる剣術の訓練がおこなわれる。当時、将校にとって剣術は必修科目である。

二人は、フレデリックスバーグを出発してアレクサンドリアで物資を買いそろえた後、ウィンチェスターに向かう。ウィンチェスターはシェナンドー渓谷にある街で、その先にはアパラチア山系の峰々を縫うインディアンの道が南西に延びている。入植者が住み始めて日が浅い。十五年ほど前には二軒の丸太小屋しかなかった。植民地議会によって街の設置が認められたのはわずか一年前のことだ。フロンティアの玄関口となっている。

ウィンチェスターを過ぎれば、本格的にアパラチア山系に入る。アパラチア山系は、北アメリカ大陸東部を南北に貫く天然の障壁である。人間が北アメリカ大陸に住み着くずっと前から続く風化によって、峰々はなだらかになっていたが、威容は失われていない。標高はそれほどでもないが、稜線が延々と連なり、急峻な斜面や流れ落ちる急湍が複雑な地形を織り成している。

目前に広がる雄大な山脈にはカエデ、トチノキ、マツが太古から手つかずのまま残り、鬱蒼と茂っている。木々は朝日に照らされ黄金の輝きを放ち、夕日に染められ濃い陰を落とす。星霜を経た巌《いわお》が時に切り立った崖になって人の接近を容易に許さない。その間を縫う細い道を知っているのは、インディアンと駄馬を牽いて西に向かう毛皮商人だけである。

この広大な山脈の中から総督代理の手紙を渡すのにふさわしい司令官を探し当てなければならない。地理に詳しい人物が必要である。ワシントンはウィルズ・クリークに向かう。

ウィルズ・クリークに到着したのは十一月十四日のことである。すぐ近くに小屋があり、クリストファー・ギストがそこで待っていた。ワシントン少佐に同行せよという総督代理の手紙を受け取ったギストは、命令に従うことに同意する。インディアンと交渉するには、経験豊かなギストの手助けが絶対に必要だ。その他にさらに四人の随員が雇われる。七人になった一行は、雪を戴《いただ》く峰々に向かって出発する。

標高が高い山岳地帯はすでに冬を迎えている。ギストは「雪がくるぶし辺りまである」と記している。旅には過酷な気候だ。荒野に続く道なき道は密生した森を避けて蛇行し、岩石の間を流れる川を渡り、険しい尾根をたどる。行く手に狭い峡谷が続くかと思えば、今度は稜線に至る道が開ける。困難な道程を男たちはできる限りの速度で北に進む。黙々と道を進む一行を激しい雨雪が襲う。

ギストは非常に優秀な案内人であり、方位磁石を適切に使って迷うことなく一行を導く。なすべきことを完全に弁《わきま》えている案内人以上に信頼できる者はいない。フロンティアでの経験を豊富に持つワシントンもギストから学ぶことは多い。

十一月十九日、七人はヨコゲニ川を渡る。その三日後、一行はタートル川がモノンガヒーラ川と合流する地点に到達する。そこでワシントンはジョン・フレーザーという交易商人に出会う。フレーザーが言うには、この先のヴェナンゴで交易所を営んでいたが、フランス軍によって追放された。さらにこれまで友好的であったインディアンがやって来て、親睦の証に用いられる貝殻玉を返却して、ヴァージニア総督代理への伝言を頼んだという。

フレーザーがインディアンから預かった伝言は、フランスに友好的な三つの部族がイギリスに敵対することを決意したという内容である。インディアンの動静に注意するように警告しながらフレーザーは、ワシントンに貝殻玉を託す。これは由々しき事態だ。フロンティアの防衛にはインディアンの協力が不可欠だからである。とはいえ、ここでワシントンができることは何もない。総督代理に報告することを約束して、ワシントンはフレーザーと別れた。

モノンガヒーラ川は増水している。渡れそうにない。他の者たちが騎乗したままで冷たい川の中に入るのをためらう一方で、ワシントンだけは馬をせかせて激しい流れの中に身を投じる。他の者たちは、ワシントンが見事に川を渡り切るのを見ていたが、自分たちも急流を安全に渡り切れるとはどうしても思えない。そこでカヌーで川を渡る。

アパラチア山系に分け入って六日後、一行はアレゲーニー川とモノンガヒーラ川が合流するオハイオ川分岐に到達する。吹き荒れる風が無人の地をなぶっている。ワシントンは次のように観察している。

私はカヌーの前に降り立つと、しばらくの間、川の流れの分岐点の地形を眺めて時を過ごした。この地点は、二つの川を展望し、要塞を築くには絶好の場所であるように思えた。［中略］。川は双方とも四分の一マイル（約四〇〇m）幅か、またはそれよりやや広く、アレゲーニー川は北東から、モノンガヒーラ川は南東から、ここでほぼ直角に合流している。

オハイオ会社が砦を建設しようと考えている地点は、今立っている地点から二マイル（約三・二㎞）ほど離れた場所であったが、ワシントンはオハイオ川分岐こそ最適の場所だと考える。後にこの場所には、フランス軍の手によってデュケーヌ砦が築かれることになる。

青紫の貝殻玉

十一月二四日、ワシントン一行はオハイオ川に沿って進む。左手には氾濫原が広がり、右手には険しい尾根が続く。日没直前、夕日に照らされた数十軒の丸太小屋が見えた。ログスタウンである。

ログスタウンは、イロクォイ六部族連合の主要な集落である。現代では往年の面影はないが、在りし日のログスタウンは、オハイオ川の東岸にある豊かな盆地に位置していた。最盛期には非戦闘員も加えれば、数千人規模の集落であったと考えられる。ログスタウンは単なる集落ではなく、交易をおこなう商業都市であり、イロクォイ六部族連合の会合をおこなう政治都市でもあった。

この地域で最も有力なイロクォイ六部族連合の動静を知ることは、来たるべきフランスとの戦いに備えるためにどうしても必要なことだ。正式な参戦が最も望ましかったが、少なくとも中立、すなわちフランスを支援しないように求めなければならない。

ワシントンは、ログスタウンで最も影響力を持つハーフ・キングと面会する予定であったが、あいにく狩猟小屋に行って留守であった。ハーフ・キングの代わりに他の族長たちがワシントンと面談する。族長たちに貝殻玉やタバコを贈った後、ワシントンは通訳を介してオナイダ族の族長のモナカトゥーカ（「偉大なる矢」の意）に、自分が総督代理から命令を受けてフランス軍の砦に向かう使者であることを伝え、フランスに味方するインディアンから身を守るために必要な案内人を貸してくれるように求める。

モナカトゥーカはワシントンを温かく迎え入れ、案内人の提供を快諾する。その代わりに、フランスや敵対するインディアンから攻撃された場合に支援するように求める。ワシントンにはそのような約束をする権限はなかったが、協力を得るためにやむを得ず約束した。それからワシントンは、ハーフ・キングをすぐに呼び戻すようにモナカトゥーカに依頼する。モナカトゥーカは、すぐに使者を送ると応じる。

翌日午後三時頃、ハーフ・キングがログスタウンに戻る。さっそくワシントンはこの偉大なる族長をその住居に訪ねる。ハーフ・キングは五〇歳過ぎの勇敢で率直な男であり、その深い洞察力で知られている。白人に関する知識も豊富で、白人の戦い方もよく知っている。フランス語の知識もある。

ワシントンは、最近の情勢についてハーフ・キングと語り合う。ハーフ・キングは、自分たちの土地に侵入しないようにフランス軍に抗議しに行った時の情景を語って聞かせる。事前に準備した演説をフランス軍の指揮官の前で読み上げたという。それはオハイオ地方からただちに撤退するようにフランス軍に求める内容であった。演説を終えた後、ハーフ・キングは、友好の証としてフランスからかつて授与された貝殻玉を突き返そうとした。するとフランス軍の指揮官は、顔をしかめて侮辱の言葉をハーフ・キングに浴びせたという。

ハーフ・キングから顚末を聞いてワシントンは喜ぶ。なぜならハーフ・キングが腹を立てれば、イロクォイ六部族連合がフランスに味方することはないと思ったからだ。

さらにワシントンは、フランス軍が着々と勢力を強めているのをハーフ・キングから直接聞き取ることができた。最後にハーフ・キングは、ワシントンに協力するか否か決定する会議を開くつもりだと告げる。

十一月二六日午前九時、会議用のロングハウスに族長たちが集う。その席でワシントンは族長たちと友好関係を築こうと考えて演説をおこなう。演説の内容は、ギストの勧めに従って考案された。特にインディアンを「兄弟」と呼び、「助言と支援」を求める姿勢は、インディアンの慣習に詳しいギストならではの発案である。

兄弟たちよ、私は会議中、あなた達をそう呼びたい。あなた達の兄弟であるヴァージニア植民地総督の命令によって、私は、あなた達の兄弟―敢えて言えば友人であり同盟者―であるイギリス人にとって非常に大切な手紙をできるだけ早くフランス軍司令官に届けるために派遣されたことをあなた達に伝えたいと思います。あなた達の兄弟である総督は、私があなた達、イロクォイ六部族連合の族長を訪問してそれを伝え、さらにフランス軍の所に至る最も近くて最善の道を進めるように助言と支援を求めるように望みました。兄弟たちよ、だからこそ私はこれまで旅を続けてきました。閣下は、道案内を務める若い男性と道中の食料、そして、フランス側に味方して我々に斧を振りかざすインディアンからの保護を私があなた達に求めるように望みました。あなた達兄弟にこのように私が話すのは、我々の総督があなた達を良き友人かつ同盟者として扱い、あなた達に重きを置いているからなのです。私が言っていることの証として、この一連の貝殻玉をあなた達に捧げます。

ワシントンの演説が終わった後、族長たちはしばらく沈黙を守っていた。言葉をじっくり反芻するためなのか、それともワシントンにさらなる発言の機会を与えるためなのかはわからない。するとハーフ・キングが立ち上がって語り始める。

我々はイギリス人と兄弟である。私はフランス軍の所に再び赴いてオハイオ地方から退去するように明言するつもりである。

ハーフ・キングはワシントンのほうに向き直ると、戦士たちを集めてさらに協議したいから時間が欲しいと告げる。族長たちは討議に入る。それをワシントンは苛立ちながら眺めていた。ワシントンの苛立ちをよそに、族長たちは事態を長々と検討し始める。そもそも案内人を務められる者は今、狩猟に出かけていて不在である。すぐに出発できない。

長い協議の後、ようやくハーフ・キングの意見が通って、ワシントン一行に同行することが決まる。出発は十一月二九日。しかし、その日の早朝、ハーフ・キングとモナカトゥーカがワシントンのテントを訪ねて来て、もう一日待ってほしいと言う。

翌日、ワシントンの前に姿を現したのはわずかに四人。ハーフ・キングは、同行者がなぜ少人数に限られたのかを説明する。

族長たちは旅程と随員の数について審議した。大勢を派遣しないほうがよい。それが彼らの結論である。もし人数を多くすれば、何か悪いことを企んでいないかとフランスが誤解して攻撃を仕掛けてくる恐れがあるからだ。その結果、彼らの中から代表として四人だけがワシントン一行に同行することになった。その中にはハーフ・キングも含まれている。

ワシントンは族長たちの心配を杞憂だと思ったが、反対を唱えればまた議論が長引くと考えて彼らの意見を受け入れる。ただ心の中では、イロクォイ六部族連合が本当にイギリスに協力するつもりがあるかどうか疑っていた。

案内人によれば、目的地に到達するための最善の道は、雨が大量に降ったために通行不可能である。そのためハーフ・キングはヴェナンゴを通って行く道を勧める。ヴェナンゴは、かつて交易商人のジョン・フレーザーの拠点であった。

十二月四日、ワシントン一行はヴェナンゴに到着する。百合の紋章を縫い取ったフランス国旗が翻る家がある。それはフランス軍の兵士たちがフレーザーを追い出して占拠した家であった。ワシントンは、ヴァン・ブラームとギストを従えて建物の入口にゆっくりと歩みを進める。入口には三人の士官が立っていて、その中の一人がフィリップ・ジョンケール大尉と名乗る。ジョンケールは、ワシントンたちを家の中に丁重に招き入れる。

この大尉はインディアンの女性とフランス人の間に生まれた人物である。交易所を運営して巨利を博し、親仏的な部族に強い影響力を持っていた。できるだけ多くの部族をフランスに取り込もうと動いている。

ジョンケールはヴェナンゴで最も階級が高い士官であったが、総督代理の手紙を受け取って返信する権限を持たないと言う。ワシントンは士官たちの招きに応じて食事をともにする。フランス軍に関する情報が何か摑めるのではと期待したからだ。ワシントンの日記には、「彼らの会話の中で最初に見られた緊張はすぐに解け、「ワインが」彼らの舌をなめらかにして、感情をより自由に吐露させた」と記されている。さらに日記は続く。

彼らは、どのようなことがあろうとも、オハイオ地方の主権を奪取するつもりであり、それを「判読不能」によって成し遂げるのだと言った。というのは、フランス人一人に対してイギリス人は二人の兵力を準備できるだろうが、イギリス人の行動は遅鈍で緩慢であり、フランス人の計画を阻止できないと彼らは承知しているからだと言った。

ワシントンは、陽気なフランス人たちと乾杯する役目をヴァン・ブラームに任せる。そして、彼らが乱痴気騒ぎを繰り広げる中、聞き耳を立てて情報収集に努める。フランス人たちは、軍事機密であるはずの砦の位置、フランス軍の配置、補給の方法まで洗いざらいぶちまけた。ワシントンはそうした発言が敵を惑わすための故意の漏洩ではないかと疑ったが、真偽を確かめる術はない。

翌日、激しい雨のためにワシントン一行は、出発を延期しなければならなかった。その間に族長たちは、ヴェナンゴ付近に住むデラウェア族の指導者たちと会合を開く。ハーフ・キングは、フランス人に貝殻玉を返すようにデラウェア族の指導者に求める。つまり、手切れを宣告せよということだ。しかし、指導者たちを説得するまでに至らない。

老獪なジョンケールは、会合が開かれたことを知ったばかりか、ワシントンに族長たちが同行していることに気づく。ワシントンは、ジョンケールが族長たちを籠絡することを恐れて、その存在を隠すために昨日の招待に連れて行かなかった。族長たちの存在をそのまま見過ごすようなジョンケールではない。ジョンケールはさっそく族長たちに使者を送って招き入れる。

ジョンケールの態度は、かつてハーフ・キングを侮辱した司令官の態度とは掌を返したように違っている。まるでずっと会えなかった親友を歓迎するかのようにジョンケールは両手を広げて族長たちを迎え、「インディアンの兄弟たちよ。こんなに近くまで来ていながら、なぜ私に会いに来なかったのですか」と言って、すかさず贈り物を手渡す。贈り物はブランデーである。

酒はインディアンの最大の弱点だ。時代を経るにつれて、インディアンが衰退する大きな原因は、もちろんアメリカ人が次々に西部に進出したこともあるが、ブランデーと天然痘の影響も無視できない。どんなに誇り高い族長でもブランデーの魔力には負けてしまう。それは仕方ないことだ。遺伝的にインディアンの多くは、穀物から蒸溜されるエチル・アルコールにアレルギーに似た強い反応を示す体質を持っている。族長たちが完全に酔わされてしまうのも無理はない。ハーフ・キングもフランスに退去を求めると誓った言葉を忘れてしまったかのようだ。

雨の中、苦々しい思いを抱きながらテントに戻ったワシントンは、今まさに自分がインディアンの友誼をめぐってフランスと外交戦をおこなっているのだと悟る。なんとかして彼らの友誼をイギリス側につなぎ止めなければならない。

翌朝、酔いから覚めたハーフ・キングはワシントンのテントに姿を現して、ここでフランス人に対して一席ぶつつもりだと述べる。ワシントンは、またの機会に演説を取っておくようにハーフ・キングに勧める。ジョンケールの奸計にはまってアルコールの魔力に再び負けてしまうのではないかと心配したからだ。それを避けるためには、ハーフ・キングをジョンケールに会わせないようにするのが良策である。しかし、ハーフ・キングの決意は揺るがない。ハーフ・キングが言うには、ジョンケールこそフランス人を代表して取引をおこなっている人物であるから演説を聞かせないわけにはいかない。仕方なくワシントンはハーフ・キングの決定に同意する。

午前十時頃、会合が開かれ、前置きや儀式が延々と続いた後、ようやくハーフ・キングの演説が始まる。それはフランスとの決別を示す演説であった。その内容はこれまでの主張と変わらない。自分たちの土地から出て行けということだ。演説の最高潮を迎えたハーフ・キングは、貝殻玉を取り出してジョンケールに突き出す。

ジョンケールは穏やかに、しかし、きっぱりと受け取りを拒む。ジョンケールの申し立てによれば、自分には受け取る資格がないので、自分よりも上級の司令官に貝殻玉を持って行くべきである。

それからジョンケールは、約一〇〇マイル（約一六〇㎞）離れたル・ボーフ砦に行くようにワシントンに助言する。そこに行けばディンウィディ総督代理の手紙を受納する権限を持つ司令官がいる。ジョンケールがそう勧めたのは、おそらくフランスが戦備を整える時間を稼ぐために違いない。

いざ出発しようとした時、族長たちの姿がどこにも見えないことにワシントンは気づく。そこでギストが彼らを探しに行く。

午前十一時頃、ギストは四人を連れて戻る。四人の酒臭い息を嗅げば何があったかは明らかだ。ジョンケールは彼らに酒を飲ませて出発を遅らそうとした。結局、ヴェナンゴで四日間が無駄に費やされた。

人間の顔をした悪魔

オハイオの荒野を行くワシントンの旅先に暗雲が立ち込めている。森の中に深々と雪が降りしきるかと思えば、今度はしとしとと雨が降る。すると地面は泥濘と化して足の踏み場がなくなる。それでも旅は這うように進み、ワシントンは、十二月十一日の日没後、ル・ボーフ砦の対岸に到着する。ル・ボーフ砦は、エリー湖から南に十五マイル（約二一㎞）下ったフレンチ川の中洲に築かれた要塞である。銃眼をうがった隔壁の内部に兵舎や礼拝堂、その他の建物が配置され、外部には馬小屋や鍛冶場などがある。

ワシントンは、フランス語を話せるヴァン・ブラームを先行させて、一行の到着を砦に知らせる。数人のフランス軍士官たちがカヌーでフレンチ川を渡って来て一行を砦に招く。その日は特に公式な交渉はおこなわれなかった。

翌朝、ワシントンは、フランス軍の司令官ルガードゥアー・ド・サン・ピエールから歓迎を受ける。副司令官がワシントンを正しい軍礼で上官の所まで先導する。サン・ピエールは隻眼の老騎士であり、前任者の死去の後、ル・ボーフ砦に着任してまだ七日しか経っていない。

ワシントンはヴァン・ブラームの通訳で来訪の意を述べた後、信任状とディンウィディの手紙をサン・ピエールに手渡す。すぐにワシントンは交渉に入ろうとしたが、サン・ピエールは、英語に堪能な大尉が帰還するまで待ってほしいと言う。

昼過ぎに問題の大尉が到着して、総督代理の手紙が正式に受理される。フランス軍士官たちは、奥の一室に引き下がって大尉が翻訳するのを見守る。

翻訳が終わると、士官たちはワシントンとヴァン・ブラームを部屋に招じ入れ、翻訳の確認を求めた。ヴァン・ブラームがフランス語に訳された文書を読んで若干の修正を加える。

ディンウィディの手紙には、フランス軍がオハイオ地方に不法に侵入して、イギリスの領土であるヴァージニア北西部領域に要塞や入植地を築いていることへの抗議が記されていた。すなわち、フランス軍はどのような権限があってこのような侵略行為をおこなったのか。両国の衝突を煽るような計画を止めて即時撤退するようにフランス軍に要求する。

翻訳の確認が終わった後、ワシントンはできるだけ早く返答するように求める。サン・ピエールは問題を協議するために会合を開きたいと答える。ワシントンはそれに同意して返答を待つ。その間にワシントンの目は、ル・ボーフ砦の防備に注がれ、その面積や強度などが克明に記録される。さらにフランス軍が準備している多くのカヌーがワシントンの目に留まる。そこでワシントンは、カヌーの数を確認するように随員の一人に命令する。

その数は、カバ材のカヌーが五〇隻にマツ材のカヌーが一七〇隻であった。そのような多くの数のカヌーを何に使うのか。導き出される結論はただ一つである。どうやらフランス軍は、アレゲーニー川を使ってル・ボーフ砦からさらに南に勢力範囲を伸ばすつもりのようだ。おそらく翌春に作戦が開始されるだろう。ヴァージニアは、何らかの対抗策を迅速に講じなければならない。きっと総督代理は、ここまで事態が急を告げているとは認識していないはずだ。一刻も早く総督代理に事情を知らせる必要がある。

英仏間の関係を象徴しているかのように天候は荒れ模様だ。雪がますます激しくなり、帰途の安全が危ぶまれる。

サン・ピエールは、ここからさらにケベックに向かってはどうかと提案する。ケベックにはニュー・フランス総督がいる。ニュー・フランス総督に面会して通告するのが筋ではないか。

サン・ピエールの提案はフランス側の時間稼ぎだとワシントンは察知する。返書が戻って来るまでディンウィディは目立った行動を取れないだろう。それを見越してフランスが先手を打つかもしれない。そう考えてワシントンはサン・ピエールの提案を拒み、返書をすぐに渡すように要求する。

時間稼ぎをしようとしただけではなく、サン・ピエールは、イロクォイ六部族連合とイギリスの仲を割こうと族長たちにしきりに接近を試みる。ラム酒を振る舞ったうえに交易品を商うことを約束することで、族長たちをワシントンと一緒に行かせないように画策する。ワシントンさえいなくなれば、彼らをラム酒で酔わせてフランスに都合が良い約束を何でも結ばせることができるだろうとサン・ピエールは企んでいる。

ワシントンは、族長たちが籠絡されて六部族連合がフランス側につくのではないかと一抹の不安を感じる。そこでサン・ピエールと同じく族長たちを酔わせることにした。そして、強い言葉で、あらかじめ決めていたようにフランス人に貝殻玉を返し、これ以上、出発を延ばさずに一緒に帰るように説得する。この作戦は成功した。すぐに出発するとワシントンに誓約したハーフ・キングは、サン・ピエールに会見を要求する。

十二月十四日夕刻、サン・ピエールはわずか数人の士官を伴って会見の席に現れる。これはハーフ・キングにとって不満なことであった。大勢の人間が見守る公式な場できちんとフランスとの決別を明らかにしたいと思っていたからだ。ハーフ・キングは貝殻玉を返そうとしたが、サン・ピエールは言を左右して受け取ろうとしない。それどころか、友好の証として何か品物をログスタウンに送ろうと申し出る。それは品物の運搬にかこつけてイギリス商人の所在を探り出して追放する企みではないかとワシントンは疑う。

その夜、ワシントンはサン・ピエールからようやく返書を受け取る。返書には封がされているために内容はわからない。しかし、「オハイオ川の掌握を強く望んでいる」と士官から聞かされたので内容は容易に予想できた。おそらくフランスには撤退する意思はない。

それでも翌日、サン・ピエールは、ワシントン一行に二隻のカヌーを提供したばかりか、たくさんの蒸留酒と食料を積み込むように命じるなど、表向きは親切であった。しかし、ワシントンはサン・ピエールの外面の良さをまったく信用していない。ワシントンの日記には次のように記されている。

彼［サン・ピエール］はとても愛想が良いように見えたが、悪魔のような人間しか思い付けないようなあらゆる策謀をめぐらせていた。我々とインディアンを仲違いさせるためか、我々が出発するまで彼らを行かせないつもりのようだった。彼や士官たちは、贈り物や報酬などあらゆるものを抜け目なく［インディアンに］提供した。この問題で感じた不安よりも強い不安を感じたことは今までの人生の中でなかったと言える。

ここで族長たちを放置してしまえば、イロクォイ六部族連合はフランス側に味方してしまうかもしれない。意を決したワシントンは、ハーフ・キングに出発を強硬に迫る。ところがハーフ・キングは、サン・ピエールが明朝まで束縛を解いてくれないだろうと答える。そこでワシントンはサン・ピエールに会見して「彼らは我々一行の一翼を担っているので、彼らを引き留めることは、結局、私を抑留することになる」と真っ向から抗議する。そして、用事が済めば族長たちをすぐに解放してくれるのかと迫る。

抗議を受けてサン・ピエールは、できる限りワシントンの出発を支援すると約束する。また「インディアンを引き留めたこともなく、また彼らがなぜ滞在しているかも知らなかった」と主張する。

サン・ピエールの言葉は真っ赤な嘘であった。族長たちがすぐに出発しなかったのは、翌朝まで待てば銃を贈ろうとフランス人が約束したからだ。銃は、酒を別にすればインディアンにとって最も効果的な贈り物だ。毛皮と交換で入手されるようになり、十七世紀以降、インディアンの間で広く普及していた。

わずか数挺の銃によって、フランスとイギリスのどちらがオハイオ地方を手にするか運命が決まるかもしれない。そう思うとワシントンは暗澹たる気分になったが、族長たちは一日だけ待ってほしいとしきりにせがむ。結局、どのようなことがあろうとも、翌朝に出発するという条件で妥協せざるを得なかった。もし銃が約束通り翌朝に贈られれば、族長たちも満足して出発するだろう。反対にフランスが銃を渡そうとしなければ、約束を破ったことを族長たちの前で非難すればよい。

雪原の逃避行

十二月十六日、銃は儀式とともに友誼の言葉を添えて族長たちに贈呈された。サン・ピエールは何食わぬ顔をして酒を準備するように命じる。それをワシントンは黙って見過ごすようなことはしない。もしここで酒を飲んでしまえば、四人のインディアンは泥酔してしまって、今日も出発できなくなるだろう。それがサン・ピエールの目的であることをワシントンは十分に承知している。

すぐに出発するように説得を受けた族長たちは、しばらく未練がましく酒瓶を眺めていたが、ついに立ち去る準備を始める。準備が整い、カヌーは彼らを乗せて滑り出す。族長たちの友誼をつなぎ止めるための最後の戦いにワシントンは勝利した。

十二月二二日、一行はようやくヴェナンゴまで戻る。ここでワシントンは族長たちとともに旅するのを諦めなければならなかった。族長の一人が体調を崩したのでとても荒野の旅に耐えられそうにない。陸伝いに旅を続けるか、それともカヌーを使ってこのまま水路を行くか族長たちに相談すると、ハーフ・キングはカヌーを使いたいと答えた。ヴェナンゴで数日間休息すれば、なんとかカヌーで出発できるだろう。

唯一、気がかりであったのは、ヴェナンゴにいるジョンケールが族長たちを籠絡してしまわないかということだ。時間がないので、ジョンケールの毒牙から族長たちを守るために留まることはできない。ワシントンができることは、ジョンケールに注意せよとハーフ・キングに警告することしかない。結局、兄弟であるイギリスの信頼を裏切ることはないというハーフ・キングの力強い言葉を信用するしかなかった。

十二月二五日、ワシントンは、族長たちを残してマザーリング・タウンに向けてヴェナンゴを出発する。荷物を運ぶ駄馬は寒さで弱り疲弊しきっている。そこで一行は乗馬から降りて徒歩で進む。乗馬に荷物を振り分けるためだ。そうすれば駄馬の負担が減って倒れずに済むだろう。

本格的な冬の到来を迎えて寒気は強くなる一方である。馬の脚には小刻みに震えが走り、もうそろそろ限界であることを示している。その日、一行が夕暮れまでに進むことができた距離は、わずか五マイル（約八㎞）にすぎない。

翌朝、一行の中で三人が凍傷を患ったせいで、行程がますます遅れ始める。総督代理に一刻も早く報告しなければならない。そう考えたワシントンは、帰路を少しでも早めるために徒歩で森を突破してオハイオ川分岐に出るのはどうかとギストに相談する。

それは危険だと考えたギストは、なんとかしてワシントンを思い留まらせようとする。厳しい寒さの中、あらゆる場所が凍っているので水を確保するのも一苦労である。それに駄馬なしで先に進むのは無謀ではないか。

それでもワシントンの決意は変わらず、結局、ギストは二人で先行することに同意する。残る一行の指揮はヴァン・ブラームに委ねられた。ワシントンはできる限り荷物を減らす。持って行く物は食料、お金、銃、そして、最も大切な返書である。

雪が降り積もる森の中を十八マイル（約二九㎞）進む。夜を迎えた二人は、インディアンの小屋を見つけて潜り込む。

午前二時、二人は強行軍を再開してマザーリング・タウンまで到達する。そこから最短経路は、オハイオ川分岐から三マイル（約四・八㎞）上流のシャノピンズ・タウンに出る道程だ。この気候であればアレゲーニー川は氷結しているはずなので、カヌーがなくても渡れるだろう。道程と言っても、森林の中の道なき道をたどって行かなくてはならない。

マザーリング・タウンでインディアンの一団に出会う。ギストは、その中にいる男を以前、ジョンケールのもとで見かけたような気がした。もしそれが本当であればフランス軍の罠かもしれない。まさにその男が喜色を浮かべながらギストをインディアンの間だけで通用する名前で呼んだ。そして、一行の動向について執拗に質問する。疑念を強めたギストは、できるだけ情報を与えないように細心の注意を払って返答する。

それでもシャノピンズ・タウンに行くためには道案内が必要だということでワシントンとギストの意見は一致していた。そこで男に、アレゲーニー川の浅瀬まで最も近い道がわかるかと質問する。男は知っていると答えて、案内したいと申し出る。

こうしてインディアンを加えて三人になった一行は、原野に足を踏み入れる。難路をたどるのに疲れきっていたワシントンは道案内に荷物を預けた。インディアンは荷物を軽々と運び、最短距離だと称する道を先頭に立って進む。

十マイル（約十六㎞）進んだ所で、ワシントンは露営をしようと二人に呼びかける。強行軍で疲労がたまり、足が痺れている。しかし、インディアンは、疲れていれば銃も自分が持つので先に進もうと反対する。もちろんワシントンは断る。銃を完全に信頼できない人物に預けることができようか。

提案を拒絶された道案内の男は、いささか語気を荒げて言葉を続けた。男の説明によれば、森の中に住んでいるオタワ族が焚き火を見ればここに近寄って来て、我々に不意打ちを仕掛けて頭皮を剥ぐかもしれない。旅を続けたほうが賢明である。自分の小屋までたどり着ければ、二人の安全を保障できる。

どうやら進路が違う方向に逸れているようだと感じたギストは、道案内が何か悪い意図を持っているのではないかと疑い始める。そこでギストはしきりに目配せしたが、ワシントンは一向に気づかない。

案内人の導くままに二人がさらに先に進むと、遙か北の方角から銃声が聞こえる。案内人は、仲間が撃った銃の音に違いないと言って、特に気に留めることなくそのまま足を進める。しかし、ワシントンは、敵対するインディアンが待ち伏せをしているのではないかと恐れた。今度は鬨《とき》の声が聞こえる。「もう遠くはない」と案内人は言うだけで、鬨の声をまったく気にかける様子がない。

一行はさらに二マイル（約三・二㎞）の道程をたどる。足に擦り傷を負っていたワシントンはギストに言う。

「次の水場で足を止めたい。次の水場で止まるようにインディアンに伝えよう」

ワシントンもどうやら案内人が間違った方向に誘い込もうとしているのではないかと疑い始めたようだ。

しかし、案内人はひたすら前を歩き続ける。

雪深い森林の中から開けた場所にさしかかると突然、道案内は走り始める。そして、後ろを振り返ったかと思うと、ギストに向かって十五歩もない距離から発砲する。

驚いたワシントンが叫ぶ。

「撃たれたか」

「いいや」

ギストはすぐに返答する。

幸いにも銃弾は外れていた。男は白いオークの巨木の陰に隠れて銃弾を込め直している。二発目の銃弾が発射される前にギストは、男に摑みかかって地面に押さえ付ける。ギストの銃が無言で男に向けられ、今にも発射されそうになる。ワシントンはギストを遮って、男から武器を取り上げるだけにとどめた。

二人はしばらく息が整うまで待ったが、やがて案内人を前に立たせて歩き始める。小川を見つけた二人は、男に焚き火を燃やすように命じる。その間、二人は銃を持って男を監視する。男の様子に油断なく目を配りながらギストは、「あなたが奴を殺させなかったので、我々は奴を行かせなければならないし、夜通し歩かなければならなくなった」とささやく。ワシントンはそれに同意する。

罠が仕掛けられているかもしれない。なんとかして逃げなければならない。単に物を奪おうとして男は発砲したかもしれないが、フランス軍の差し金という可能性もある。ワシントンを暗殺してしまえば、フランス軍は軍備を整える時間を稼げるし、内情を知られなくて済む。本当のところはわからないが、男をどう処遇するかで二人の運命が変わるかもしれない。

そこでギストが男を騙すことになった。ギストは表情を和らげて、「誰かを狙って発砲したのではなく、道に迷って仲間に合図するために撃ったのではないか」と男に声をかける。ギストの言葉に安心したのか男は釈明を始め、「自分の小屋までもう少しだ」と答える。ギストはさらに言葉を続ける。

「そうか、おまえは先に行ってくれないか。我々は疲れてしまったのでね。朝になったらおまえが歩いた跡をたどって行くよ。ここにおまえのためのパンがある。翌朝、今度はおまえが我々にご馳走してくれ」

自分が殺されるのではないかと怯えていた男は、ギストの言葉に喜んでその場を離れる。用心深いギストはしばらくの間、男の後を追跡して、本当に男が去って行ったかを確かめた。ワシントンは凍えた身体を焚き火で暖めながら待つ。

戻って来たギストは、すぐに他の場所に移るべきだとワシントンを促す。先ほどの男が仲間を連れて襲撃するために引き返して来るかもしれない。

それから二人は半マイル（約〇・八㎞）ほど進んだ場所で焚き火を燃やす。そして、炎に照らし出された方位磁石を見て方角を確かめると、その場で露営したように見せかけるために焚き火をそのまま残してすぐに出発する。

疲労でもうこれ以上歩けないとワシントンは思っていたが、恐怖に駆られて夜通し歩き続ける。雪の上に足跡が残るので、もし追跡を試みる者がいれば容易に追跡できる。二人にできることは、追い付かれないようにできる限り距離を稼ぐことだ。

十二月二九日も二人は一日中、足を止めることなく歩き通す。そして、夕方、アレゲーニー川のほとりに着く。予想外にもアレゲーニー川は完全に凍結していなかった。岸から五〇フィート（約十五ｍ）まで氷が張っていたが、中央部は氷結しておらず、川が増水していて徒歩で渡れそうにない。もう襲撃の恐れはないと安心した二人は疲れきっていたので、その夜はそのまま川岸で露営する。

早朝に目を覚ましたワシントンは、川を睨んで渡る方法を考える。二人は、筏で乗り越える以外の方法を思い付かなかった。しかし、荒野の真っ只中で筏などどこにも見当たらない。無い物は作るしかない。そうしなければ進めない。

筏を作るには材木が必要であるが、都合良く材木が落ちているはずがない。立木を切り倒すしかない。二人の手元にあったのは、小さな手斧が一挺だけだ。それでも二人は諦めずに仕事に取りかかり、日没直後に筏を完成させる。

二人は筏に乗って出発する。しかし、半ばも行かないうちに氷に阻まれる。流氷に次々とぶつかった筏は、今にもばらばらになって沈みそうだ。ワシントンは、棒を川底に突き刺して筏を止めて氷をやり過ごそうとする。その時、氷の間を流れる急流が荒々しく筏にぶつかったために、棒を強く握っていたワシントンは水の中に放り込まれる。

水の冷たさが肌を刺す。身体に衣服が泥のようにまとわり付く。このまま川底に引きずり込まれてしまうのか。ワシントンの手は丸太の一本を摑む。吹き荒れる風の中を飛ぶ凧のように激流で身体が揺さぶられ、寒さで徐々に握力が奪われていく。

ギストが手を差し伸べる。二人の手が固く結ばれる。肺に入った水を押し出そうと激しく咳き込みながら、ワシントンはなんとか筏の上に攀じ登る。

奔流に弄ばれて対岸に渡ることも戻ることもできない。筏を捨てざるを得ない。幸いにも身を寄せられそうな小さな中洲がある。軋《きし》む筏をなんとかその中洲に寄せる。そして、二人は凍える寒さの中、水に濡れた身体を乾かすこともできず、そこで一夜を過ごす。荷物は無事だったが、ギストの指は凍傷でほとんど動かなくなった。

朝日が昇った時、幸運の女神が微笑む。寒く厳しかった夜も忘れて、ワシントンは目の前の光景に驚く。川面にまぶしく輝く光の橋が架かっている。昨日、そのような物はまったくなかった。目を凝らしてよく見ると、それは流氷がつながって一夜にしてできた天然の橋であった。

対岸に渡った二人は、疲れきった身体に鞭打って十マイル（約十六km）を踏破する。フレーザーの小屋にたどり着いてようやく身を休められたのは、その日の夕暮れのことであった。

フレーザーによれば、インディアンがグレート・カナワ川のほとりの入植地を襲撃して白人を虐殺したという。ワシントン一行がたどった旅路からかなり離れていたが、その話はワシントンを慄然とさせるのに十分であった。

それから約二週間の旅の後、ワシントンは首府ウィリアムズバーグに赴いて総督代理に任務の完了を報告した。数々の危難を乗り越えて踏破した距離は、実に五〇〇マイル（約八〇〇km）に及ぶ。フロンティアでの過酷な使命は、ワシントンに不屈の勇気と危機の際に的確な行動を選択する判断力、そして、軍事的に物事を見る認識力を与えた。恵まれた状況に甘んじることなく、ワシントンは使命を積極的に引き受けることで自ら名を成そうと努めた。そうした決意と野心が若きワシントンを抜きん出た存在にする。

総督代理の立腹

ディンウィディは、ワシントンが苦難の末、持ち帰ったサン・ピエールの返信を開封する。

私に撤退するように求める勧告は、考慮する余地もないものである。あなたがいかなる勧告を私におこなっても無駄である。私がここに駐在するのは上官の命令によるものであって、最も模範的な将校に期待されうるあらゆる規律と決意をもって、その命令に従うことこそ私の念願とするところである。この点に関する一切の疑念は無用のものと考えていただきたい。

フランスの進出に備えて今後の方針を決めなければならない。そこでディンウィディは、総督参事会に提出するための報告書を翌日までに作成するようにワシントンに命じる。

眠い目を何度もこすりながら青年は、明滅する蠟燭の灯りの下で報告書を書く。小さなテーブルの上には、インク壺に紙、鵞鳥の羽ペン、そして、砂入れがある。他にはこれまで集めてきた記録や書きためられた日記が広げられている。

苦心の末に完成した報告書は約七、〇〇〇語の長さである。整理する時間がなかったせいか、読みにくく、曖昧な箇所も多い。しかし、フランスの軍事行動に関する観察や防衛施設の詳しい図面など重要な情報が含まれていた。それはまさに今、ヴァージニアが最も必要としている情報であった。ワシントンは、フランスがヴェナンゴを支配下に置くことでオハイオ地方全体をヴァージニアから切り離そうとしているという見解を示している。もしそうなれば、オハイオ会社は事業を継続できなくなるだろう。

報告を読んで事態が重大だという認識を新たにしたディンウィディは、対抗策を迅速に講じなければならないと判断する。もしイギリスがすぐにオハイオ地方を抑えなければ、フランスが先手を打つに違いない。先手を打たれれば、オハイオ会社の入り込む余地がなくなってしまう。そこで本来、四月十八日から始まる予定であった植民地議会が二月十四日に招集されることになった。

議会の開会を待つ間、ディンウィディは、フランス軍が春の到来とともにオハイオ地方を制圧する準備を進めつつあるという確信を固める。一月下旬、オハイオ川分岐に砦を建設するためにオハイオ会社から派遣された労働者を警護する任務が、ワシントンとウィリアム・トレント大尉に与えられた。

まずトレント率いる部隊が、建設途中の要塞を完成させるためにオハイオ川分岐に急行する。その一方でワシントンは、アレクサンドリアで部隊を編成し、後方から弾薬やその他の物資を補給する任務に当たることになった。

戦雲たなびく

フランスの脅威に対抗するために、ディンウィディ総督代理は、他の植民地の総督と連携しようと努める。まず総督代理は、フランス軍に味方する部族に対抗するために、南部の部族と同盟を締結しようとする。インディアンをもってインディアンを制そうという考え方である。また各植民地がそれぞれ部隊を出征させて大きな兵力を結集させれば、その勢いを恐れてイギリスに味方する部族も増えるだろう。ニュー・ヨークやマサチューセッツが北方に攻撃を仕掛ければ牽制になる。そうすればフランスはその対応に追われて、オハイオ地方の制圧を断念せざるを得なくなる。

しかし、この頃の各植民地は、それぞれ完全に独立した主体であり、利害の一致を見ない限り、共同して事に当たるという意識をまったく持っていない。それどころか、境界が不明なフロンティアをめぐって争うことさえ珍しくはない。事実、オハイオ地方の帰属をめぐってヴァージニアとペンシルヴェニアは対立関係にある。そうした対立関係はよくあることだ。ある旅人は、「北アメリカの各植民地は火と水が相容れないようにまったく異なっている」と言っている。

ある植民地が軍資金の不足を理由に要請を断るかと思えば、別の植民地は国王の命令なしでフランスとの戦争に至るような行動をとることはできないと言う。また係争地から遠く離れた植民地にとって、ディンウィディが訴える危機は対岸の火事でしかない。こうして各植民地と連携しようというディンウィディの目論見は失敗する。

ただイギリス本国は手をこまねいていたわけではない。もともと「分割し、統治せよ」という原則に基づくイギリス本国からすれば、植民地の連帯は歓迎できることではなく、むしろ警戒すべきことだ。しかし、各植民地がばらばらにインディアンと交渉したり、フロンティアの土地をめぐって争うことは合理的ではない。そうなれば一致団結してフランスの脅威に対抗できなくなる。イギリス本国の肝煎りで植民地の連帯を協議する会議が開催される。世に言うオールバニー会議である。

出席者の一人がベンジャミン・フランクリンである。偉大なアメリカ人の伝記となると、リンカンやワシントンに並んでフランクリンの人気は高い。それは、もしある信念や行動が幸福を獲得するために役立つのであれば善であるが、役に立たないのであれば悪であるという実用性の原理を自ら体現した人物であり、近代資本主義の精神をアメリカ人として最初に合理化した人間だからである。フランクリンには、人間は神に救いを求めるだけの存在ではなく、自分自身の努力で自己を改善できる存在だという強い哲学がある。だからこそフランクリンは、進取の気質を持ち、金儲けと立身出世を肯定するアメリカ人の象徴となった。

フランクリンは、植民地の連帯を積極的に支持している。もしこのままなす術もなく傍観すれば、やがてフランスはオハイオ地方を支配下に置いて、インディアンとの交易を独占するだろう。そうなればフロンティアに領土を拡大して新たな帝国を作るという大望が実現できなくなる。フランクリンの考えによれば、インディアンでさえイロクォイ六部族連合のような連合組織を形成しているので、全植民地が同様に連帯することは決して無理な話ではない。全植民地の連合組織があれば、フランスが攻撃してきても撃退できるはずだ。

オールバニー会議でフランクリンは、各植民地に高度な自治権を与えるだけではなく、各植民地議会から選ばれた代表と行政権を持つ勅任長官から構成される連合政府を樹立する案を提出する。すべての植民地が協力して陸海軍を維持し、フロンティアに砦を築き、インディアンと協定を結ぶ。フランクリンの提案はオールバニー会議によって採択されたが、各植民地議会からもイギリス本国からも支持を受けられなかった。あまりに革新的な提案であったからだ。

各植民地議会は、連合政府の樹立によって、かえって自分たちの独立性が脅かされるのではないかと警戒心を抱く。それにフロンティアの土地をめぐる植民地間の対立関係もある。

その一方で、イギリス本国は、植民地に高度な自治権を与えるのは危険だと考える。各植民地の政策を調整するくらいであればかまわない。しかし、それよりさらに進んで高度な自治権を与えれば、植民地が本国の統制の下から離れてしまうのではないか。そうイギリス本国が思ったのも無理はない。北アメリカ植民地の成長は驚異的であったからだ。いつ本国の統制を振り切ろうとしてもおかしくない。

内外から反対を受けた結果、フランクリンの提案は実現しなかった。植民地の連帯が当てにならなければ、正規軍を当てにするしかない。しかし、それも簡単なことではない。この当時、北アメリカ植民地で展開するイギリス軍は非常に少数であり、総勢二、五〇〇人にすぎない。それだけの人数で、日本よりも広大な面積を守らなければならない。逆に言えば、これまでわずかな常備軍の配置で済んでいたということは、北アメリカ植民地の統治がうまくいっていたということだ。

では安全保障の責任は誰が負うのか。イギリス本国が最終責任を負うが、各植民地も民兵制度で安全保障の一端を担う。しかし、民兵制度は必ずしも有効に機能したわけではない。たとえばヴァージニア植民地は名目上、三万六、〇〇〇人もの民兵を擁していたが、「その数の半分以下しか武装しておらず、武装している者の武器も口径がまちまちであった」という状態であった。それに民兵が素直に召集に応じるかどうかわからない。たとえ召集に応じたとしても、軍事作戦が継続する期間中、彼らに弾薬や食料を支給しなければならない。当然、軍資金が必要になるが、植民地議会がその拠出を認めなければ、総督は軍を動かすことさえできない。つまり、たとえ三万六、〇〇〇人もの民兵が名簿に記載されていても張子の虎であって、まったく当てにならない。

もちろんそうした事情をワシントンも知っていたが、与えられた任務を勝手に放棄できない。ワシントンはアレクサンドリアで部隊の編成に取りかかるが、兵士がなかなか集まらない。そこで仕方なくワシントンは、総督代理に事情を説明するためにウィリアムズバーグに向かう。

ワシントンがウィリアムズバーグに到着した頃、ヴァージニア植民地議会が開会の日を迎える。最初の登院日にディンウィディは、ワシントンの使命の概要とオハイオ地方が今、置かれている状況を議会に説明する。ディンウィディの言葉によれば、春になれば一、五〇〇人のフランス軍がオハイオ地方に砦を建設するために進出して来ることは間違いない。ディンウィディが植民地議会に求めたのは、軍資金の拠出である。

議員たちの姿勢は消極的であった。議員たちの中には、オハイオ地方に対する国王の領有権に疑問を投げかけた者さえいる。総督代理は、そのような疑惑は、国王への不敬であって僭越であると強く反駁する。また他の議員たちは、戦争に発展する恐れがある軍事行動に予算を認めることに異議を唱えたり、そもそもオハイオ会社の利益を守るためになぜ軍資金を拠出しなければならないのかと指摘したりする。オハイオ会社と総督代理が実質的に一心同体であることを知らない者は誰もいない。

それでも最終的に、フロンティアの入植者を防衛するという名目でようやく一万ポンド（一億二、〇〇〇万円相当）の予算が認められる。ただし総督代理に予算の使途を決める権限が完全に委ねられたわけではない。予算の使途を総督代理と協議する委員会が設立された。そうすることによって議会は総督代理の独断専行を抑えようとした。財政を握ることで植民地議会が総督を掣肘する。それが植民地時代の政治のあり方である。もちろんディンウィディは、そうした掣肘を快く思っていない。本国に送られた報告には、「残念なことに彼らはまるで共和政のような考え方をしています」と綴られている。

とにかく財源を確保した総督代理は、各五〇人の部隊を六つ編成して、すぐに係争地へ送り込むことにする。部隊を指揮する士官の任命は総督代理がおこなう。新しい部隊の編成を知ったワシントンは、是非ともその一翼に加わりたいと思って、総督参事会の一員に手紙を送って昇進を求める。謙譲の端々から若者の過剰な自信と野心が見え隠れしていて興味深い。

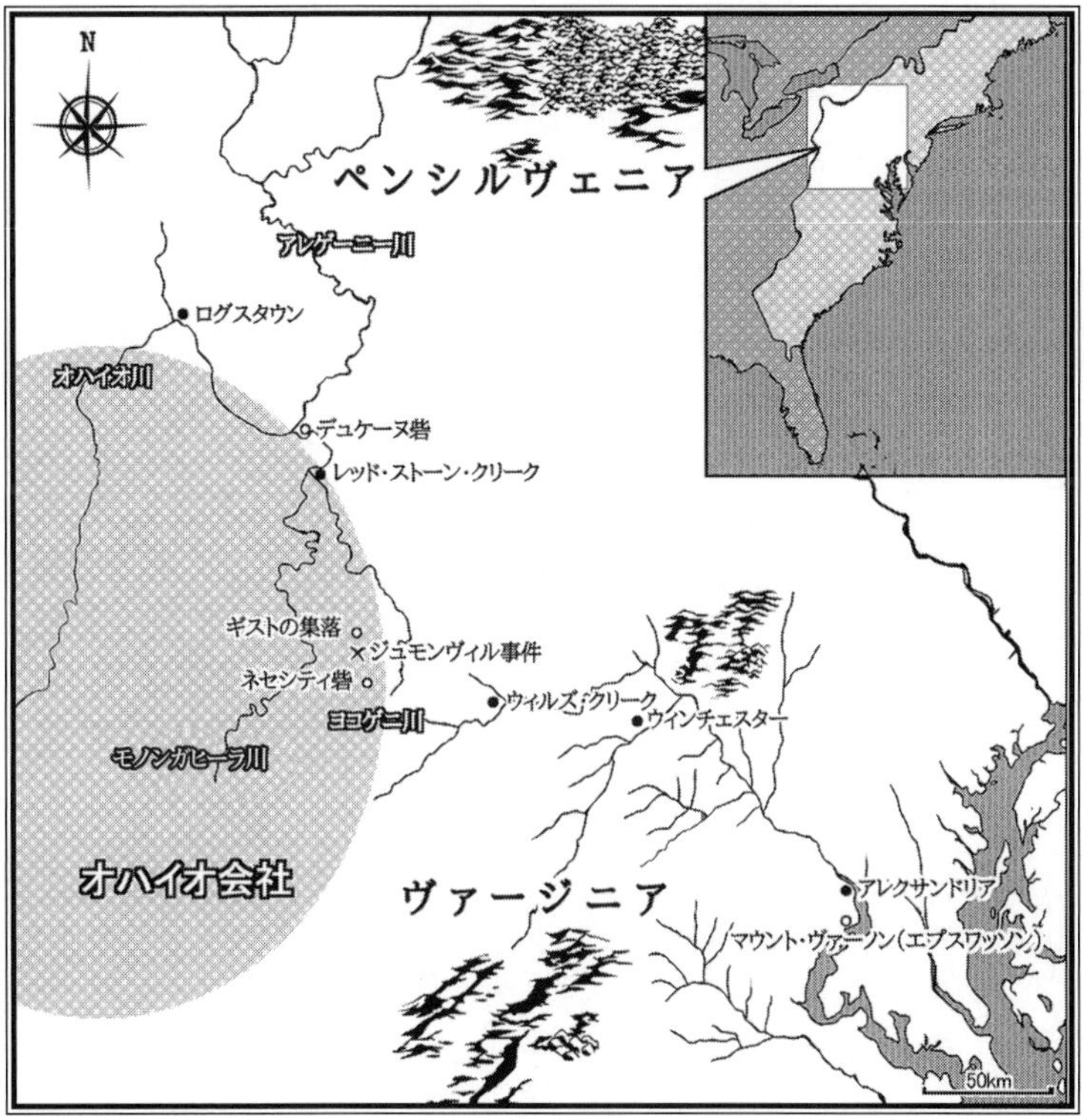

もし私が中佐の地位にふさわしいとあなたがお考えであれば、その旨を士官の任命の際に［総督代理に］言上していただければ嬉しく存じますし、あなたのご親切を心から感謝するでしょう。

一七五四年三月十五日、ワシントンは念願通り中佐に任命され、新しく編成された軍に副将として配属された。主将はジョシュア・フライ大佐である。

フライは地元の名士であったが、元数学教授で戦闘経験は皆無に等しい。元数学教授という経歴がなぜ司令官に抜擢される根拠になったのか。その当時、数学は士官にとって必須の教養だと考えられていたからである。またフライには、測量の知識やインディアンと交渉をおこなった経験があったようだ。

戦闘経験がない点ではフライと同じであったが、まだ若いワシントンが副将に任命されたことは、ディンウィディの期待やフェアファックス家の影響力がいかに大きかったかを示している。このような重要な地位が戦闘経験を持たない若輩者に与えられたことは、現代の我々からすれば驚くべきことだ。本国に比べれば植民地では、出自の違いは絶対的なものではなかったが、それでも士官になろうとすれば、出自やそれに伴う教養が重要であった。そうした条件を満たさずに下士官以上に昇進できた者は稀である。ワシントンが士官に任命されたのは、本人の資質も確かに重要であったが、それよりも有力者の支援を受けた郷紳階級の出自であったことによる。

郷紳という存在は士官に適した存在であった。まずヴァージニアの郷紳はたしなみとして狐狩りを楽しんだ。狩りは軍事訓練の意味合いを持つ。獲物を追い込むのに最適な場所に猟犬を配置して、自らは馬で狩場を駆け巡る。そして、獲物を仕留めるために銃を使う。猟犬が味方の兵士、獲物が敵の兵士に変われば、それはすなわち戦闘である。つまり、狐狩りを通じて郷紳は自然に軍事訓練を積んでいたことになる。それに郷紳は、農園を管理する際に、奴隷や年季奉公人を指図するのに慣れていた。他人に命令するという行為は、慣れていなければなかなかうまくできない。

遠征に出発する前にまず兵士を集めなければならない。アレクサンドリアに帰ったワシントンは、さっそく募兵に取りかかったが、一週間経っても集まった兵士の数は一〇〇人に満たない。それも大半が「ぶらぶらと浮浪している人びと」であった。貧しい彼らは、自前の武器どころか、靴や衣服さえ満足に持っていない。

どうすれば兵士を集められるか。まず規定の給料は著しく低い。それだけで安全な家を離れて危険な軍隊生活に身を投じる誘因とはなりえない。強力な誘因を他に探さなければならない。それは土地以外にない。軍務を勤め上げれば土地が分与される。それさえわかれば、喜んで軍隊生活に身を投じる者が増えるだろう。そこでオハイオ会社の管理下にある土地を兵士たちに分配することが決定された。

もちろん士官たちも土地の分与を受ける。しかも兵士たちよりもずっと広大な土地を。オハイオ地方への遠征は、ワシントンにとって軍功をあげるだけではなく、多くの土地を獲得する好機でもある。

すでにオハイオ渓谷に入っていたトレントから危急を告げる手紙が舞い込む。手紙には、フランス軍の脅威がすぐそこまで迫っているので、できるだけ迅速に進軍を開始してほしいと書かれてある。ディンウィディからもすぐに出撃せよという命令が届く。ディンウィディがワシントンに下した命令は以下の通りである。

国王陛下の名の下に我々のフロンティアの入植地の後背地からオハイオ川に至るまでのすべての土地を占領せよ。もしそれを妨害する外国の軍隊があれば、まず彼らに退却するように求める使者を送るように。もしそれでも彼らが砦の建造を妨害しようとする場合、武力には武力で抗せよ。

ようやく出発の準備が整う。とはいえ物資は途中のウィンチェスターに行く分しかない。荷馬車も足りない。迅速な進軍が必要だと判断したワシントンは、とりあえずアレクサンドリアを出発して、ウィンチェスターで必要な物資や荷馬車を追加で調達すればよいと考える。文字通り見切り発車である。

四月二日朝、一二〇人の一隊は、アレクサンドリアから西方のオハイオ川分岐に向けて先発する。配下にはアダム・スティーヴン大尉や軍医のジェームズ・クレイク、そして、ジェイコブ・ヴァン・ブラームが入る。

スティーヴンは、三〇代半ばのスコットランド出身の男で、大学で医学を修め、軍医として海軍に従軍した経験を持つ。興味の赴くままに各地を見聞した後、ヴァージニアに移住してフレデリックスバーグで開業した。医師としてまずますの成功を収めたようだが、血気盛んな性格で、戦雲たなびくを知ると軍に身を投じた。後にスティーヴンは、独立戦争の際に指揮官としてワシントンとともに戦うことになる。

クレイクもスティーヴンと同じく独立戦争に従軍している。それだけではなくワシントンの生涯の友となり、その最期を看取ることになる。

この出兵の具体的な目的は、オハイオ川分岐にプリンス・ジョージ砦を築く作戦の支援である。後方に留まったフライは、残りの兵士を集め終われば、ただちに大砲を引きずって後に続く手筈になっている。

難路と補給の困難からワシントンの部隊の歩みは停滞する。ウィンチェスターに到達するまで一週間以上も要した。目的地までまだ半分以上の道程が残っている。進軍速度のあまりの遅さに業を煮やしたハーフ・キングから、もし部隊が早急に到着しなければ、オハイオ渓谷をフランスに明け渡すことになるという警告が届く。

スティーヴンが集めた兵士たちとウィンチェスターで合流する。その他にやるべきことは、荷馬車を徴発して輸送手段を確保することだ。物資を運ぶ手段がなければ、これ以上、先に進めない。荷馬車を準備するように事前に通告がなされていたが、それを実行した者は誰もいなかった。そこでワシントンは自ら数十台の荷馬車と馬を供出するように命じたが、一週間もかけて手に入ったのはわずか数台の荷馬車と十頭の馬だけだ。しかもその馬は痩せ馬ばかりで、急勾配にさしかかると途端に息を切らせ始めるので、兵士たちが荷馬車の牽引に手を貸さなければならない。

機先を制してフランス軍の動きを封じなければならない。一刻も進軍を遅らせることはできない。しかも後続部隊が大砲を容易に運べるように道を補修する必要もある。そうした作業のせいで余計に進軍速度が鈍る。

四月十八日、スティーヴンの手勢を合わせて一五九人になったワシントンの部隊は、オハイオ川分岐に向けてウィンチェスターを出発する。しかし、フランス軍の動きのほうが迅速であった。

一人の男が馬に乗ってワシントンのもとに到着する。トレントからの手紙を持っていた。それによれば、八〇〇人のフランス軍がオハイオ川分岐に接近中であるという。そして、わが部隊が攻撃を受ける恐れがあるので、できる限りの速度でオハイオ川分岐に来援されたしと書かれている。

四月二〇日、ウィルズ・クリークでワシントンはトレントと落ち合う。しかし、駄馬を準備するという事前の約束は守られていない。一頭の駄馬さえいない。これでは迅速な進軍は不可能である。いったいこれからどうしようかとワシントンは悩む。

二日後、エドワード・ウォードという一人の旗手がウィルズ・クリークに現れる。そして、前線の状況を語る。それはハーフ・キングの警告がまるで現実のものとなったかのようであった。

ウォードによれば、建設途中の砦に一、〇〇〇人の兵士と十八門の大砲からなるフランス軍が船とカヌーで襲来したという。プリンス・ジョージ砦はまだ半分も完成していない。フランス軍は川から上陸するとすぐに包囲陣を布いて降伏を迫った。そこにいた兵士はわずかに五〇人余りにすぎなかった。指揮官であるトレントはウィルズ・クリークに行ってしまって不在である。残る兵士たちを預かるウォードは、要塞の建設を手伝うインディアンを束ねるハーフ・キングに相談する。相談を受けたハーフ・キングは、上官が到着するまで回答を待ってもらえるようにフランス軍に要求すべきだと助言した。そこでウォードは、ハーフ・キングとともにフランス軍の陣営に足を運んで猶予を求めた。しかし、フランス軍は猶予を認めず、建築用具を持って撤退することしか認めなかった。その後、プリンス・ジョージ砦は破壊され、フランス軍によって新たにデュケーヌ砦が建設された。

こうしてオハイオ地方を制圧するためにオハイオ川分岐に戦略拠点を築くという当初の作戦目標は失敗に終わる。ワシントンは、オハイオ地方をめぐる最初の競争に破れた。歴史家のフランシス・パークマンは、フランス軍が砦を建設中の部隊を追い払うことで事実上の「戦闘行為の開始」になり、ディンウィディとワシントンは「宣戦布告がおこなわれた」と見なすようになったと述べている。

抑えきれない熱情

状況は最悪だ。フライ率いる後続部隊が進発したという報せは届いていない。ワシントンは孤立無援の荒野で、質・量ともに優る敵軍に対峙しなければならない。要塞を襲撃したフランス軍の他にも敵軍がいる。別働隊がオハイオ川を遡行し、六〇〇人からなるチペワー族とオタワ族の戦士たちも進軍中との報せが入る。

軍事的に未経験であるのにもかかわらず、ワシントンの心の中には「大きくなりつつある熱情」が沸き起こる。ワシントンは今、できる限りのことをやっておこうと決意を固める。もしここで引き下がれば、友好的なインディアンはイギリスを見捨ててしまうだろう。そうした事態を避けるためには、なんとしてでも踏みとどまらなければならない。

ワシントンは作戦会議を開く。士官たちは敵軍の近くまで進軍するべきだと提言する。オハイオ川分岐から約四〇マイル（約六四㎞）南のレッド・ストーン・クリークが次の目的地になる。そこにはオハイオ会社の倉庫があるので補給には困らない。とりあえずレッド・ストーン・クリークを要塞化して後続部隊の到着を待つのが良策である。敵のあらゆる動きに対応できるだけではなく、後続部隊が到着すれば水路を使えるので、大砲を運ぶのも容易である。そうなればオハイオ川分岐に陣取ったフランス軍に対抗できる。

四月二九日、ワシントンは部隊を率いてウィルズ・クリークを出発する。しばらく進むと、先発して道路を整備していた部隊の姿が見えた。現代のように重機がない時代なので、大砲を運搬するために原野を切り開いて道路を整備する作業は容易ではない。こうした作業のために一日の進軍距離は、わずかに四マイル（約六・四㎞）に落ち込む。日によっては、朝に出発した地点から夜になっても二マイル（約三・二㎞）しか進んでいない日もあった。ウィルズ・クリークから二〇マイル（約三二㎞）離れたリトル・メドウズにようやく到達したのは五月九日のことである。

進軍を続ける遠征隊のかたわらを交易商人が何人も通り過ぎて行く。財産を駄馬に載せて奥地から引き揚げてきたようだ。商人たちは戦乱の匂いを敏感に嗅ぎ付ける。異口同音に、フランス軍が着々とオハイオ地方の軍備を増強していると語る。一人の交易商人は、ギストの集落でフランス軍の一隊を見かけたと話した。たいした数ではないようだが、彼らが何のためにそこにいるかが問題である。名目は脱走兵の探索である。しかし、交易商人によれば、明らかに周辺地域の偵察をおこなっているようだ。

さらにフランス軍が抜け目なく贈り物をばらまいて多くのインディアンを味方につけようと活動しているという報せも入る。その一方で明るい報せもあった。ハーフ・キングが五〇人の戦士を率いて発ったという報せである。そこでワシントンは、二五人の兵士をスティーヴンに預けてハーフ・キングを迎えに行くように命じる。戦況は刻一刻とイギリスの不利に傾いていたが、ワシントンの作戦にかける意気込みは変わらない。ここで撤退することは絶対にできない。

五月二三日、インディアンの斥候がフランス軍の情報をもたらす。それによれば、フランス軍の一隊が夜の闇に紛れて秘密裡にどこかに向けて出発したという。さらに翌日、ハーフ・キングから以下のような通信が届いた。

フランス軍がワシントン少佐［中佐］を求めて前進しつつあるという情報が入っている。わが同胞よ、彼らは最初に発見したイギリス軍を攻撃しようとしているので警戒を怠るべきではない。彼らは二日間にわたって前進を続けている。その数は不明である。ハーフ・キングとその他の族長たちは、会議を開くために五日以内にあなたと合流するつもりである。

夕刻、フランス軍の部隊がヨコゲニ川を十八マイル（約二九㎞）上流で渡っているという情報が入る。そこでワシントンはグレート・メドウズまで部隊を移動させた。ウィルズ・クリークよりさらに西に約五〇マイル（約八〇㎞）の地点である。ワシントンは、「良好な守備拠点を得て、草地の藪を切り払い敵軍を迎えるのに素敵な戦場を整えました」とディンウィディに報告している。

斥候が偵察に出たが、敵影を発見できなかった。その代わりに一人の交易商人がやって来て、前日にフランス人の姿を見たと言う。敵意を持った部隊がこちらに進軍していることは確かなようだ。

夜間に歩哨は何か不審な物音を聞いた。味方の兵士が脱走しようとしているのか、それともフランス軍が秘かに接近して様子を探りに来たのか。恐怖に駆られた歩哨が闇の中に向かって発砲したので、ワシントンは夜が明けて事情がはっきりするまで発砲を禁止する。翌朝、点呼をおこなうと六人の兵士の姿が見当たらない。どうやら脱走した兵士たちが立てた物音だったようだ。

燎原の火

五月二七日、ギストがワシントンのもとに姿を現す。ギストは、自分が住んでいる集落にフランス軍の一隊が侵入したと語った。その数は五〇人余りで、明らかに敵対的な意思を持っているようだ。そこでワシントンに警告するために馬を走らせた。その途中、ここから五マイル、(約八㎞)ほど離れた場所で多くの足跡を見つけたという。

午後九時、ギストの話を裏づけるかのように、フランス軍の小部隊が接近しているという報せがハーフ・キングから届く。ハーフ・キングは、少数の戦士たちを連れて六マイル(約九・六㎞)ほど離れた場所に露営していた。その近くで二人のフランス人のものらしき足跡を発見したという。ワシントンは、発見された足跡をフランス軍のものだと判断して、ハーフ・キングと合流することにした。

午後十時少し前、グレート・メドウズから四〇人の分遣隊が出撃する。先頭に立つのはワシントンである。小糠雨が降りしきる中、分遣隊は暗夜の中を歩く。兵士たちは道から足を踏み外さないように一列縦隊になって進む。互いの姿を視認することさえ難しい闇のせいで森の中に誤って踏み込んでしまう。しばらく元の道に戻れず、ただ時間だけがいたずらに過ぎる。七人が隊列を離れて行方不明になったが、捜索している暇はない。

少ししか離れていないのにハーフ・キングとようやく合流できたのは夜明け間近である。ハーフ・キングとモナカトゥーカが両手を広げてワシントンを迎える。通訳を交えてすぐに話し合いがおこなわれ、接近中のフランス人を協力して攻撃することが決まった。ワシントンと兵士たちは、敵の足跡が発見された場所まで案内される。さらに族長の命令を受けて二人の戦士が足跡をたどってフランス軍の行方を探る。しばらくしてフランス軍の居場所を突き止めた戦士たちが帰還する。敵の居場所はここから半マイル（約〇・八㎞）も離れていないという。

木々の間に朝日が差し込む中、ワシントンはフランス軍の野営地を見下ろしている。野営地は、岩に囲まれた小さな峡谷にある。どうやらフランス軍の小部隊は、敵軍の接近にまったく気づいていないようだ。朝食のために火を熾《おこ》そうとしているが、昨夜の雨で薪が湿っているせいで手こずっている。

ワシントンは、ハーフ・キングとモナカトゥーカに相談する。二人の族長は、戦闘態勢を取りながら野営地を囲んで一斉に襲撃するべきだとワシントンに助言する。それはインディアンが森林の中で戦う伝統的な戦術だ。

まずスティーヴンが二〇人の兵士を引き連れて一方を固める。ワシントンは残りの兵士を率いてもう一方に陣取る。そして、インディアンの戦士たちは背後に回って野営地から一〇〇ヤード（約九〇ｍ）の距離までにじり寄る。ワシントンはすべての手筈が整うのを固唾を呑んで待つ。早鐘のように心臓が打っている。

一斉に襲撃しようと決めていたのにもかかわらず、七人のインディアンの戦士は一向に攻撃を仕掛けようとしない。攻撃を開始したのは正面に回った兵士たちだ。隠れ場所から立ち上がってワシントンは攻撃命令を下す。静寂を破って銃声が響き渡る。フランス軍の兵士たちは銃を取ろうと慌てふためく。

銃弾がワシントンをかすめて、すぐ隣にいた兵士を貫く。その兵士は声もなく倒れ、再び立ち上がることはない。

ワシントンの命令に従って二度目の一斉射撃がおこなわれ、フランス兵が次々に倒れる。スティーヴンの一隊もフランス兵を取り囲んで何人かを捕える。

逃げようとしたフランス兵は、両手を頭上に挙げながら戻って来る。背後にインディアンの戦士たちが忍び寄っていたのに気づいて、彼らの手に落ちるよりはイギリス人に降伏したほうがましだと考えたようだ。

インディアンの戦士たちは結局、ほとんど攻撃に加わらず、倒れたフランス軍の兵士たちの頭皮を脇目もふらず剥いでいる。やがて銃火が止み、生き残りのフランス人はすべて武器を降ろす。ワシントンは彼らの降伏を受け入れる。

このわずか十五分間の交戦でフランス軍は、指揮官のジョゼフ・クーロン・ド・ジュモンヴィル少尉を初め十人の死者と一人の負傷者を出し、二一人が捕虜になった。どうやら逃れることができたのは一人だけのようだ。ジュモンヴィルにとどめを刺したのは、他ならぬハーフ・キングであった。ハーフ・キングは、ジュモンヴィルの頭蓋骨をトマホークで打ち砕き、溢れ出た脳味噌に手を浸した。

イギリス側の損害は、一人の死者と二、三人の負傷者のみであった。戦闘が終わった時、太陽は完全に昇り、勝利を誇る兵士たちの顔を赤々と照らし出していた。

インディアンの戦士たちが戦闘にあまり手を出さなかったのは、ワシントンの部隊が信頼できるか試すためであった。その一方でハーフ・キングが自らジュモンヴィルの息の根を止めたのは、フランスに敵対する意思を示すためのデモンストレーションであった。

アメリカ人がアメリカ人にとって当然だと思う論理を持っていたように、インディアンにもインディアンなりの論理がある。しかし、ワシントンは、インディアン独自の論理を理解できず、戦士たちが戦いにほとんど加勢せずに、ひたすら頭皮を剥ぐのを不信の目で見るだけであった。

フランス側はこの戦闘をジュモンヴィル事件と呼び、「残虐なワシントン」による暗殺だとして非難することになる。ジュモンヴィルはイギリスに退去を求めるために派遣された外交使節であったから、奇襲を仕掛けて殺害することは背信行為に他ならず、暗殺であるという論理だ。その一方でイギリス側は、ジュモンヴィル一行を戦闘準備のための偵察部隊だと見なして先制攻撃をおこなったと主張する。

イギリス側とフランス側の主張のどちらが正しいか。それは非常に難しい問題である。奇襲を仕掛けるというワシントンの判断は正しかったのか。それとも卑劣な「暗殺」だったのか。

一つ思い出してもらいたいことがある。出征する前にワシントンがディンウィディから受け取った命令だ。重要なので再確認しておこう。

国王陛下の名の下に我々のフロンティアの入植地の後背地からオハイオ川に至るまでのすべての土地を占領せよ。もしそれを妨害する外国の軍隊があれば、まず彼らに退却するように求める使者を送るように。もしそれでも彼らが砦の建造を妨害しようとする場合、武力には武力で抗せよ。

この命令をワシントンは守っているだろうか。特に「彼らに退却するように使者を送るように」という指示はどうだろう。ワシントンがそれを守っていないことは明らかである。なぜならワシントンがジュモンヴィルの部隊に事前の警告なしで奇襲を仕掛けたことは、ワシントン自身の記述も含めてほぼすべての史料が一致して認めているからだ。

ただその後の戦闘の推移については意見が食い違っている。ワシントン自身が残した史料によれば、フランス軍は降伏するまで組織的に抵抗したとある。つまり、ワシントンの言い分は、正々堂々と銃撃を交わしたということだ。しかし、フランス側の見解は真っ向から対立する。それは戦闘に参加した一人の兵士の証言による。

イギリス側が一斉射撃をおこなった後、ジュモンヴィルは停戦の合図を送ったという。するとイギリス人たちはその周りに集まって、ジュモンヴィルがフランス国王の勢力圏からただちに退去するように求める旨を布告するのを聞いた。それにもかかわらずジュモンヴィルは殺害された。

結局、イギリス側とフランス側のどちらの主張が正しいか答えは出ていない。ただ一つだけ言えることは、ワシントンが故意にジュモンヴィルを「暗殺」しようとしたわけではないが、総督代理から受けた命令の範疇を越えて攻撃したことは確かである。そのことについてワシントンは批判を免れることはできない。ジュモンヴィル事件がワシントンの軍歴における大きな汚点であることは間違いない。

こうしてジュモンヴィル事件はフレンチ・アンド・インディアン戦争の最初の流血となった。正式な宣戦布告は少し後のことになる。

フレンチ・アンド・インディアン戦争は、一七五六年から一七六三年におこなわれた七年戦争の一環である。七年戦争は最初の世界大戦とも言うべき戦争であり、その範囲は南北アメリカ、カリブ海、大西洋、インド、ヨーロッパに及んだ。その名前が示す通り、フレンチ・アンド・インディアン戦争は、アメリカ人が本国と協力してフランス人とインディアンを相手に戦った戦争である。ただ「フランス人」と言っても、そのほとんどがカナダ生まれのフランス人、つまり、カナダ人である。

フランス啓蒙期の代表的な思想家ヴォルテールは、「アメリカでの一発の砲撃がヨーロッパを一面火の海にする合図になった」と書いている。またイギリスの著述家ホーレス・ウォルポールは、「一人の若いヴァージニア人によるアメリカの茂みからの一斉射撃が世界に火を付けた」と記している。その時は知る由もなかったが、ワシントンは世界的な戦争を誘発する引き金を引いていたのである。

急ごしらえの砦

ワシントンは、自分が今、置かれている状況を振り返る。状況が不利なことは変わっていない。おそらくジュモンヴィルの偵察によって、グレート・メドウズに駐留する兵力が少ないことがフランス軍に露見しているだろう。それにジュモンヴィルの部隊が攻撃されたことを知れば、フランス軍はきっと反撃に出るに違いない。ワシントンはディンウィディに手紙を書く。

私はきわめて劣勢をもって敵に立ち向かわなければなりませんが、いつでも敵を迎える覚悟です。我々が後退を余儀なくされれば、インディアンが離反する恐れがあるので、五対一という状況になるかもしれません。この情報を伝えるために私はすぐに使者をフライ大佐に送って、できる限り速やかに増援を派遣してくれるように頼みました。敵がいかなる時を選んで攻撃に出ようとも、私は不意を突かれることなく、あなたの面目を保つ所存です。それが約束できるすべてです。

その一方でハーフ・キングは、先の襲撃で剥ぎ取ったフランス兵の頭皮を同盟者に送って、戦士たちを早急に集めるように檄を飛ばした。ハーフ・キング自身も、多くの戦士たちを連れて帰ることを約束してワシントンのもとをいったん去った。

五月三〇日、グレート・メドウズでネセシティ砦の建造が始まる。このネセシティ砦は、デュケーヌ砦から南方約六〇マイル（約九七㎞）の地点に位置する。デュケーヌ砦攻略の前哨基地としてちょうど良い場所である。

四日後、ワシントンは砦の完成を宣言した。その名前の通り、急ごしらえの砦である。ワシントンの考えでは、砦は五〇〇人の攻撃に十分に耐えられる設計であった。ワシントンは弟ジョンに次のような手紙を送っている。

毎時、我々は優勢な敵の攻撃を予期しています。もし敵が一日でも攻撃を延期すれば、我々は彼らを迎える準備をさらに進められます。［中略］。塹壕はすでに完成して、今、柵を巡らしている最中ですが、これも今日中に完成するでしょう。

砦は完成したものの、気がかりなことがあった。物資の不足である。

ハーフ・キングが約束した通り、インディアンが到着した。しかし、その姿を見てワシントンは失望する。老人の他に女性と子供ばかりであったからだ。つまり、非戦闘員である。戦士の数はごくわずかだ。非戦闘員はワシントンからすれば迷惑以外の何物でもない。戦力にならないどころか食べる口がさらに増えるだけだ。特に小麦粉の不足が深刻である。輸送の手違いもあって六日間も小麦粉なしで過ごさなければならない。

さらにワシントンのもとに凶報が届く。小麦粉の備蓄が尽きた日に、ギストがフライの訃報をもたらした。フライは落馬して首の骨を折り、五月三一日に死去したという。

フライの後任に、ノース・カロライナ植民地の部隊を率いてウィンチェスターに駐留しているジェームズ・イネス大佐が任命された。しかし、ノース・カロライナの部隊はまったく動こうとしない。ネセシティ砦の指揮権は、フライがいなくなったことでワシントンの一手に委ねられた。

六月九日、フライに代わってジョージ・ミューズ少佐が一八一人からなる増援部隊を率いてネセシティ砦に到着する。心強いことに、増援部隊は九門の旋回砲を伴っていた。それはネセシティ砦に初めて配備された大砲になった。砦の兵力は三〇〇人以上に増強された。ただ増援軍は少量の弾薬を携えて来ただけで、他の物資をほとんど持って来なかった。結局、物資の欠乏は解消されない。輸送効率を上げるために五〇頭の馬が後方に派遣される。そして、もっと大砲を調達するように求める書簡がギストに送られる。それから数週間は、インディアンとの協議、食料の捜索、環濠の強化、そして、さらなる大砲を運ぶために道を整備する作業に費やされる。

ワシントンはミューズから総督代理の手紙を受け取っている。手紙でディンウィディは、死去したフライに代わってワシントンを大佐に任命し、ミューズを中佐に、スティーヴンを少佐に昇格させる旨を伝えた。またイネスが全軍の司令官に任命されたことも記されていた。さらに総督代理は、ネセシティ砦に独立中隊が応援に向かっていると告げた。最後に、独立中隊の指揮官と問題を起こさないようにという注意書きが添えられていた。

今度、来援することになっているジェームズ・マッケイ大尉は正規軍の階級を持っている。そうなると民兵隊の大佐と正規軍の大尉のどちらが上なのだろうか。マッケイは素直に命令に従ってくれるのか。ワシントンは疑問を抱きながら独立中隊の到着を待つ。

総督代理の手紙に加えてミューズは、ハーフ・キングへの貝殻玉、族長たちへのメダル、そして、その他の戦士たちへの贈り物を預かっていた。それはワシントンが総督代理に先に提案しておいたことであった。

インディアンを喜ばせるために贈り物を渡す儀式がおこなわれる。装身具で身を覆ったインディアンが一堂に会する。総督代理の言葉が読み上げられた後、ワシントンは進み出て、族長たちと戦士たちの胸をメダルで飾る。さらにハーフ・キングにはディンウィディの名前が与えられた。その名前が「すべての長」を意味すると説明されて、ハーフ・キングは満足そうであった。

六月十日、約九〇人の部隊が接近中という報せが入る。ワシントンは、一五〇人の兵士を選抜して迎え撃つ準備をする。ミューズは旋回砲を砦に据え付けて防備を固めるように命じられる。勇躍して部隊を進発させたワシントンであったが、間もなく斥候の報せが誤報であるとわかる。九〇人ほどの部隊の正体はわずか九人の脱走兵であった。

尋問を受けた脱走兵は、知り得た情報を語る。曰く、すでにフランス軍はオハイオ川分岐に砦を完成させて、ニュー・フランス総督の名前に因んでデュケーヌ砦と命名した。砦は陸側からの砲撃を除けば、あらゆる攻撃に耐えられる。守備隊の数は、現在五〇〇人程度であるが、他に二〇〇人程度が巡回に当たり、さらに九〇〇人が二週間以内に増援として到着するという。脱走兵の言葉が正しければ、現時点でワシントンは敵対するインディアンを除いても、五倍以上の敵軍に対峙していることになる。

六月十四日、食料が尽きる寸前、マッケイ率いる独立中隊が軍需物資とともにようやく来援する。それでも軍需物資は不足している。

マッケイ大尉の到着は、指揮系統の問題をワシントンにもたらす。まずマッケイをどのように扱えばよいのかわからなかったワシントンは、とりあえず戦友として処遇することにした。マッケイは、ワシントンからまるで友人を迎えるような挨拶を受けた。特に命令は下されなかった。

マッケイの考えでは、正規軍の辞令を持つ士官が、民兵の辞令以外に何も帯びていないワシントンの命令に従う道理はない。しかもマッケイはすでに十五年以上の軍歴を持っている。軍事経験もほとんどないワシントンの下知に従えるはずがない。

内心、ワシントンはマッケイの態度に不満を抱きながらも、できる限り厄介事が起こらないように配慮した。その一方でワシントンは、自分とマッケイ大尉の上下関係を明確にしてほしいと嘆願する手紙を総督代理に送る。こうした序列に関する問題は、ワシントンを引き続き悩ませることになる。

六月十六日朝、ワシントンは配下の兵士たちを集めて、当初の目的地であったレッド・ストーン・クリークに向かって進軍を開始する。

ワシントンはマッケイとどのような関係を築けばよいのか困ってしまい、独立中隊がどこか別の場所に行ってくれたらよいのにとさえ思っていた。マッケイがこの場を動かないのであれば自分が動けばよい。そう考えてワシントンは、マッケイの独立中隊をネセシティ砦に残して、レッド・ストーン・クリークを目指す。指揮権をめぐって争うくらいであれば、砦で大人しく留守番をしてもらうほうがありがたい。

ワシントンが率いる部隊は、道路を補修しつつ山越えの難路を這うように進む。フランス軍が接近している恐れがあったので、斥候が四方に散って常に警戒に当たる。

ネセシティ砦から十三マイル（約二一㎞）離れたギストの集落まで来た時、脱走兵が語っていたように、デュケーヌ砦に増援が到着したという諜報が入る。どうやらその大部分がこちらに進軍中のようだ。

さらに悪いことに、デラウェア族とショーニー族が敵に回ったという噂が流れる。そこでワシントンは、貝殻玉を持たせた使節をデラウェア族とショーニー族に送って、ギストの集落で会合をおこなおうと呼びかける。彼らの動向を把握しておかなければならない。

ワシントンの呼びかけに応じて、デラウェア族とショーニー族の使者がやって来る。さらにログスタウンから八人のミンゴ族の戦士が慌てた様子で姿を現して、ただちに協議しなければならないことがあると告げた。切迫した様子の戦士たちを見て驚きを隠せなかったワシントンであったが、とにかく事情を説明させる。彼らがあまりに詳しくフランス軍の事情を説明するばかりか、いろいろと忠告しようとするので、ワシントンは彼らがフランス軍の間諜ではないかと疑いを抱く。そうなると事を急がず慎重に対処するほうがよい。そこでミンゴ族に、ハーフ・キングが姿を見せるまでこれ以上、説明を聞くことはできないと答える。同様にデラウェア族とショーニー族にも、ハーフ・キングを待つように伝える。

ハーフ・キングが到着した後、イギリス人と四〇人のインディアンの間で会合が開かれる。長い演説とその翻訳に時間を要したので、会合は実に三日間にわたって延々とおこなわれた。ワシントンも演説している。

イギリス人はあなた達や同盟者を傷つけようとは考えていません。［中略］。フランス人は巧みに話してすばらしいことを約束しますが、すべて口だけのことです。彼らの心は腐敗していて蛇の毒で満たされています。あなた達は彼らの子供でした。そして、彼らはあなた達のためにさまざまなことをしてきましたが、すぐに自信満々になってあなた達をこの土地から追い出そうとするようになりました。その一方でイギリス人はあなた達の本当の友人です。［中略］。ヴァージニアとペンシルヴェニアの総督は、あなた達の権利を守るために、あなた達の土地を取り戻すために、あなた達の妻や子供を守るために、フランス人を追い出すために、軍隊を派遣しました。それこそ、今、イギリス人が達成しようとしている目的なのです。

このようにワシントンは言っているものの、インディアンのために出兵しているわけではないことはわかっていたはずだ。イギリス人はオハイオ地方をイギリス人自身の手に収めるために戦っている。

会合の間中、八人のミンゴ族は、フランス軍の規模について、これまで判明した情報とはまったく異なる情報を広めようとした。彼らがフランス軍の密偵であると確信したワシントンは、友好的なインディアンを使って、こちらからもフランス軍に密偵を送ることにした。

それからミンゴ族の密偵を騙すために一芝居打った。まずレッド・ストーン・クリークに向かう道路を整備する作業をいったん止めさせた。そして、ここで我々は増援軍を待つことにするとミンゴ族に教えた。しかし、彼らが去ったのを確認すると、ワシントンはすぐに工事の再開を命じた。偽情報を与えて一杯食わせたのである。

結局、会合はたいした成果を収めることができなかった。最初、なんとかフランスと戦うように族長たちを説得しようとしたハーフ・キングも、舌鋒が鈍り始める。族長たちと同じく、本当に勝てるのかどうか不安を払拭しきれなかったからだ。結局、ハーフ・キングも部下の戦士たちとともにその場を去る。つまり、ハーフ・キングはこれ以上先には進軍しないという意思を示した。

ハーフ・キングが冷淡な態度をとるのにはもっともな理由があった。以前からハーフ・キングは、ネセシティ砦がまったく役に立たないとワシントンに警告していた。そして、砦にこもることなく森林の中で奇襲を仕掛けるべきだと進言した。高い見識を持つハーフ・キングは、ワシントンを優れた素質を持つとはいえ未熟な指揮官だと見ていた。その一方でワシントンは、インディアンに対して奴隷を扱うように一方的に命令することが多く、たまに協議することはあっても、積極的に助言を仰ごうとしない。またワシントンは、インディアンの戦士たちを毎日のように偵察に駆り出し、敵を襲撃するように命じた。こうしたワシントンの命令は、不必要な犠牲を厭い、イギリスと対等な同盟関係にあると考えている族長たちにとって侮辱的であった。

インディアンはワシントンを置いて続々と立ち去った。家族を連れている者も多かったので、インディアンが自らの安全のために危険な場所から逃れることは妥当な選択だ。これまでの経緯からすれば、インディアンが立ち去ったことにとりたてて非難すべき点はないだろう。

こうした顚末があった数ヶ月後、ハーフ・キングは病死するが、中立を維持しようとするイロクォイ六部族連合で孤立する中で「イギリスと生死をともにする」と言ってはばからなかったという。最期までイギリスに忠実であった。戦士たちは、ハーフ・キングの死をフランス軍の呪詛によるものだと信じた。

六月二八日、モナカトゥーカから衝撃的な報せが舞い込む。報せには、二日前、デュケーヌ砦の近くで増援軍の到着を目撃したとある。さらにフランス人が、八〇〇人の兵士と四〇〇人のインディアンでイギリス軍を攻撃する準備を進めていると話すのを聞いたという。ワシントンの判断では、そうした情報は十分に信頼できるものであった。優勢なフランス軍が攻勢を仕掛けてくるのではないかという不安は確信に変わる。

兵士たちは塹壕を掘って堡塁を築くように命じられ、食料調達部隊が送り出される。兵士たちが慌ただしく防衛準備を進める一方、士官たちはギストの家で作戦会議を開く。

彼らは共通認識を示す。ただでさえ少ないわが軍が各地に分散しているのは愚策である。すぐにこの集落に全軍を集結させるべきである。マッケイの部隊と道路の整備に当たっている部隊にすぐに合流せよという急信が送られた。

ネセシティ砦は盤石な要塞ではなかったが、補給の点からすればギストの集落よりもずっと好立地である。それにギストの集落に留まった場合、敵軍に迂回される恐れがある。もし背後に回られれば補給線が絶たれてしまう。それは敗北を意味する。したがって、ギストの集落で敵を迎え撃つ作戦は論外だという見解で士官たち全員の意見が一致する。採るべき選択肢は戦略的撤退である。

ギストの集落から南方への後退が始まる。それは容易なことではない。なぜなら駄馬が不足している。十分な物資を運ぶことができない。仕方なくワシントンは自分の乗馬を降りて、物資の輸送にその馬を提供する。そして、特別手当を支払って、自分の荷物を兵士に運ばせた。それを見た他の士官たちもワシントンに倣う。兵士たちは炙ったトウモロコシをかじりながら、森の中を撤退する。

この遠征が始まってからずっと輸送手段の欠如は頭が痛い問題であった。こうして撤退するにも、進軍するにも、補給するにも効率的な輸送手段なしでは何事もうまくいかない。これはワシントンにとって一つの教訓になった。

山中の蒸し暑い空気の中、九門の旋回砲を引きずって悪路を歩かされ、しかも満足に食料を与えられなかった兵士たちは士気を完全に失う。兵士たちの足を辛うじて動かしていたのは恐怖である。森の中に取り残されれば、待ち受けるものは敵軍の銃弾による死である。運が悪ければ、インディアンに生きたまま頭皮を剥がれてしまう。

ワシントンの指揮下にある兵士たちにとって腹立たしいことに、マッケイの指揮下にある独立中隊の兵士たちは、旋回砲の運搬や障害物の撤去などその他の雑事にまったく手を貸そうとしない。彼らからすれば、そのような作業をおこなう義務は独立中隊の兵士にはない。ワシントンも彼らの意思に反した作業を強制する権限を持たない。

七月一日、ワシントンとマッケイは、兵士たちを率いてネセシティ砦に帰還した。ワシントン配下の兵士たちは、疲労と空腹、そして侮辱に耐えかねて、さらなる進軍を拒む。そこでワシントンは、ネセシティ砦に籠城して補給と増援を待つことにした。

その夜、補給の荷馬車が到着したが、途中で物資が奪われたせいで、残っているのは数袋の小麦粉だけであった。後方のウィルズ・クリークに物資の搬送を求める急使が送られる。

雨中の血戦

七月三日朝、一発の銃声が響き渡る。それは敵軍の接近を知らせる警報であった。まだ眠気が覚めない兵士たちはただちに武器を取るように命じられる。

空には暗雲が垂れ込めていた。やがて雨が降り始める。それから五時間も男たちは雨に濡れながらただひたすら待った。ワシントンは、兵士たちの間を回って、弾薬を湿らせないように注意する。降り続く雨のせいで砦の中まで泥まみれになり、塹壕は水を満々とたたえている。

未明、フランス軍はデュケーヌ砦から出撃する。フランス軍を率いるのは、ジュモンヴィルの異母兄であるルイ・クーロン・ド・ヴィリエール大尉。弟の仇を討つために自ら指揮官を買って出た。フランス軍は、ギストの集落に築かれた堡塁を包囲して銃撃を加える。反撃はなく、もぬけの殻だった。ヴィリエールはすでに敵軍が退却したと悟り、攻撃が空振りに終わったと思って、デュケーヌ砦に軍を返そうとした。そこへヴィリエールにとって幸運なことに、一人の脱走兵によって、ワシントン率いる部隊がグレート・メドウズに滞陣しているという情報がもたらされる。

篠突く雨の中、フランス軍はグレート・メドウズに向けて進軍を再開する。皮肉なことにワシントンが切り開くように命じた道が格好の進軍路となる。途中、ジュモンヴィルが奇襲を受けた峡谷で一隊は停止する。

そして、同胞の遺体が野ざらしにされているのを見る。埋葬されずに放置されたのか、もしくは野獣に掘り返されたのかはわからない。ヴィリエールは、頭皮を剥がれた弟の無残な遺骸を見つけて悲嘆に暮れる。復讐心が激しい炎となって胸を焦がす。卑怯にも弟を謀殺した敵に、それが非道な行為であったと思い知らせなければならない。

迫り来るフランス軍に備えてワシントンは、ネセシティ砦を補強するために忙しく兵士たちに下知して回っている。とにかく増援が到着するまで持ちこたえられるように砦の防備を強化しなければならない。ネセシティ砦の他に防御に適した場所を探している余裕はない。

グレート・メドウズはその名を訳せば「大草原」となるが、実際は猫の額ほどの平原にすぎない。最も幅広い場所でもせいぜい二五〇ヤード（約二三〇m）程度だ。ネセシティ砦は、平原のほぼ中央にある少しくぼんだ場所に位置する。周囲の塹壕も含めて一〇〇フィート（約三〇m）四方の敷地である。塹壕は幅八ヤード（約七・二m）。深さは膝が隠れるくらいしかない。砦の総面積はせいぜい八、〇〇〇平方フィート（約七四〇㎡：テニスコート三面分）。その中央に直径四〇フィート（約十二m）、高さ七フィート（約二・一m）の円状の柵がある。建物と辛うじて言えるような物は、柵の内側にある十フィート（約三m）四方の小さな丸太小屋しかない。

平原が切れて森になる辺りは銃撃の射程範囲に入っている。つまり、森から敵が姿を現せば格好の的になる。砦というより防御陣地と言ったほうが実情に近いかもしれない。守備兵の数からすれば、かなり手狭である。

ネセシティ砦は、最初にワシントンが思ったほど防御に適した場所ではない。しかし、地面が湿ってぬかるんでいるために、白兵戦を仕掛けようとしても南西側からしか仕掛けられないという利点がある。

午前十一時頃のことである。砦のすぐ近くまで迫った敵軍を発見した歩哨が警告のためにマスケット銃を放つ。フランス軍は三列になって行進して来る。その周囲をインディアンが散開して固めている。

攻撃はなかなか始まらない。ヴィリエールがネセシティ砦の位置を読み誤っていたからだ。戦列の再配置が命じられる。おかげでネセシティ砦は最後の準備を整えることができた。ネセシティ砦に立てこもった兵士は、増援も合わせて約四〇〇人。その三分の一は病気で戦えず、残りの兵士たちも飢えがちという状況なので、実働兵士数は二八四人。対する連合軍は、フランス兵が五〇〇人にインディアンが三〇〇人である。

襲来と言っても敵の姿がすべて見えたわけではない。ヴィリエールが兵士たちに「森の中で戦うのに最も好都合な場所」を選んで布陣するように命令していたからである。白人の鬨《とき》の声にインディアンの不気味な叫び声が重なる。砦の中の兵士たちは、敵の姿を見なくても、周囲から沸き起こる恐ろしい声で、自分たちが圧倒的な数の敵軍に囲まれているのを知った。

連合軍は、六〇〇ヤード（約五四〇ｍ）の距離から銃撃を開始する。ワシントンは、それが森の中に誘い込む策略だと考える。そこで整列させた兵士たちを砦前面に配置して、敵が接近するのを待つように指示する。そして、弾薬を節約するために、敵が接近するまで撃ち返さないように命じる。銃声がしだいに近づいて来る。一番手前にある森は砦から六〇ヤード（約五四ｍ）離れている。どうやら敵は森の端まで軍列を進めたようだ。

ワシントンは、敵がそのまま砦に突撃を仕掛けるものだと思っていた。そして、狭い草地を通って向かって来る敵に一斉射撃を浴びせて大きな損害を与えれば撤退するだろうと目論んでいた。だからこそ兵士たちをわざわざ前面に押し出して戦闘陣形を取らせた。

戦場がヨーロッパならばワシントンの目論見通りになっただろう。ヨーロッパの戦場では、開けた場所で兵士たちが密集して隊列を組む。本来であれば、何らかの障害物で敵の機動力を奪って、その隙に一斉射撃で打撃を与えるのが防御の原則である。したがって、ワシントンの作戦は完全に正しいはずだ。しかし、ここはヨーロッパではなくフロンティアである。戦略は教科書通りに進むとは限らない。地形や敵の変化に応じて戦略を変えなければならない。

ヴィリエールは経験豊富で賢明な指揮官だ。ワシントンの誘いには乗らない。そもそもフランス軍は、大砲を一門も持って来ていなかったので砦を強襲できない。それに安全な森の中から出て正面切って砦を攻撃すれば多くの犠牲が出る。犠牲をできる限り少なくすることを最優先するインディアンは、そのような指示を決して受け入れない。

連合軍は木々と岩場の背後に散開して銃弾を放つ。敵が身を隠してしまうと、ネセシティ砦からいくら一斉射撃をおこなっても遮蔽物のせいで効果はほとんどない。その一方でネセシティ砦は、満足な遮蔽物がなかったために連合軍の格好の的になる。胸墻《きょうしょう》に据えられた旋回砲も砲手がすぐに倒されて沈黙する。その結果、三〇人の死者と七〇人の負傷者が出た。以前、ハーフ・キングは有効な遮蔽物を設けるように進言していたが、不幸にもその予想は当たった。

イギリス側が多くの損害を出す一方で、フランス側はわずかに二人の死者と十七人の負傷者を出したのみである。普通、砦の攻防に際して大きな犠牲を出すのは攻撃側のはずだ。それが著しく逆転していることから、いかにワシントンの戦術が失敗であったかを示している。

さらに激しい驟雨によって砦は泥の海と化す。塹壕に入っていた兵士たちの銃は、どんどん上昇する水嵩のせいで湿ってしまい、ほとんど使用できなくなる。最も乾いた場所に大切に保存されていた弾薬も濡れてしまってもはや役に立たない。もしフランス軍が砦に突撃を敢行すれば、泥濘は防御の助けとなったかもしれない。しかし、フランス軍は周りを取り囲んで銃撃を執拗に浴びせるだけで近寄って来ない。その一方で、反撃の手段を失った砦側は完全に静まり返る。

戦闘は夜まで続く。フランス軍は、目に入る物を片っ端から攻撃する。牛も馬も犬も容赦されない。ネセシティ砦にはもはや満足に戦える兵士もほとんどなく、食料も乾いた弾薬も尽きた。小麦粉はすでに最後の一袋まで開けられ、ベーコンは小さな欠片さえ残っていない。その他の食料も夏の暑さのために完全に駄目になっている。

ヴィリエールが心配していたのは、砦の守備兵が自暴自棄になって突出することであった。そうなればフランス軍も大きな損害を受ける可能性がある。そこで束柴を並べて防備を固める。

困ったことにインディアンの指導者たちが、どうやら敵の大規模な援軍が接近しているようなので翌朝には撤退すると申し入れてきた。もしそれが本当だとすれば、今度はヴィリエールが窮地に陥ることになる。そこでヴィリエールは、ネセシティ砦に降伏を勧告することにした。

午後八時、フランス語で「話をしたい」と砦に呼びかけがおこなわれる。フランス軍は銃撃の手を止めてしばらく待つ。そして、塹壕に向けて、「フランス語を話せる士官を協議のために寄こすつもりはあるか」と怒鳴る。フランス軍には、英語を話せる士官は一人もいなかった。

十八世紀においてフランス語は、ヨーロッパ諸国の外交で最も広く流通した国際言語であった。したがって、フランス軍士官は、英語を学ぶ必要性をまったく認めていない。もしイギリス軍と交渉する必要があっても、国際言語であるフランス語をそのまま使えばよいと考えていた。

フランス兵の呼びかけを聞いた砦の中の兵士たちは、もう戦闘が終わったのだと早合点して、ラム酒をあおって半分以上が酩酊して腰も立たない状態になってしまう。フランス軍が砦の内部に密偵を送り込んでくるかもしれないと警戒したワシントンは、協議に応じるのを躊躇する。その一方でフランス軍は、身の安全を保障するので交渉をおこなうために誰か士官を送るように再び要請する。

ようやく協議に応じる決意を固めたワシントンは適役を探す。ワシントン自身はフランス語を話せないので選から漏れる。部隊の中でフランス語を話せる士官は、ヴァン・ブラームとウィリアム・ラ・ペイロニーという名前の士官の二人だけだ。二人の士官は、フランス軍が何を提案するつもりか聞くために塹壕を出て森の中に入る。

彼らはすぐに戻って来て、フランス軍が要求していることは、我々を捕虜にすることではなく撤退であるとワシントンに報告する。もし要求を拒めば、フランス軍は砦に強襲を仕掛ける。そうなれば守備兵の頭皮を剥ぎたがっている戦士たちを制止できない。これは明白な脅迫だ。

ワシントンは、フランス軍が提示した条件を拒んで、再協議のためにもう一度、フランス軍の陣営に向かうように二人に求める。しかし、負傷していたラ・ペイロニーは昏倒してしまって任務が果たせなくなる。そこでヴァン・ブラームだけが続けて任務に当たる。一人でフランス軍の陣営に赴いたヴァン・ブラームは、砦の明け渡しを要求する文書を持って戻って来る。

ワシントンのテントに集まった士官たちの前でフランス語の文書の翻訳がおこなわれる。あいにく筆記用具が手元になく、訳文を書き取れない。仕方なくヴァン・ブラームは、フランス語を目で追いながらそのまま通訳する。ヴァン・ブラームの手元を照らす蠟燭を囲んで士官たちは、読み上げられる条文を立ったまま黙って聞いている。

条文の中には、砦を明け渡す際に、すべての「軍需品」をフランス軍に引き渡すという条文があった。ワシントンはこの条文に反対して、ただちに修正するように求める。「軍需品」という言葉の中には当然ながら弾薬も含まれている。もし弾薬を引き渡してしまえば、帰路は丸腰になってしまう。敵対的なインディアンに襲われても抵抗できない。

ワシントンの要望に従ってヴァン・ブラームは、「軍需品」という言葉の削除を求めてフランス軍の陣営に向かう。今度で三度目となる。ヴァン・ブラームが帰還するまで、それほど時間はかからなかった。ヴィリエールは、ワシントンの説明を聞いて納得し、すぐに問題の文言を抹消した。最終的に両軍の間で合意に至る。

真夜中、雨の音を聞きながら蠟燭の灯りの下、ワシントンとマッケイは降伏文書に署名する。こうして戦いは終わった。

持って行けない物を破棄するのに真夜中から数時間を要した。ラム酒や塩漬け肉の入った樽が打ち砕かれたが、死者は葬られずにそのまま残された。

翌朝十時、ワシントンと兵士たちはネセシティ砦を退出した。それは決して不名誉な退出ではない。彼らは武器を持ち、太鼓を打ち鳴らし、戦旗を振りながら行進する。

その様子を見ていたインディアンは輜重を略奪した。インディアンからすれば、それは勝者が行使すべき当然の権利であった。

フランス軍はインディアンを敢えて止めようとしない。フランス軍の考えでは、降伏文書はフランス軍とイギリス軍の間で交わされたのであって、インディアンの行動まで与《あずか》り知らないというわけだ。ただ降伏文書には、インディアンが勝手な振る舞いに及ばないようにフランス軍が監視すると書かれてあったのだが。それにフランス兵の中にも略奪に加わった者がいる。

自分の旅行鞄を持ち去ろうとしているフランス兵を見たスティーヴンは、怒りをあらわにして奪い返しに行く。そして、遠慮なくフランス兵を蹴り付ける。そこへフランス軍士官が割って入り、そうした行為は降伏文書に違反していると咎める。

それを聞いたスティーヴンは、顔も手も泥だらけの姿で眦《まなじり》を決して、先に約束を破ったのはフランス軍だと罵る。するとフランス軍士官は、そのような惨めな姿をした士官など見たことがないと嘲る。憤然としたスティーヴンは、従僕に旅行鞄を開かせ、豪奢な連隊服を摑み出すと、泥で汚れるのも構わず上から羽織って見せたという。

このまま放置すれば結局、軍需物資をすべて奪われてしまうと考えたワシントンは、肩に担げない荷物をすべて破棄するように兵士たちに命じる。戦闘の中で駄馬をすべて失ってしまったので運搬手段がない。敗北を喫した今、屈辱に黙って耐えるしかない。

インディアンは、退却する部隊に執拗に付きまとって妨害を続ける。負傷した兵士たちが次々と隊列から脱落する。戦士たちは十人の脱落者を捕えてヴィリエールのもとに連行した。ヴィリエールは、そのような行為は降伏文書で定められた約束に反するとして、戦士たちを叱責して脱落者を解放するように求めた。戦士たちは三人の頭皮を剥いだが、残りの七人は逃げるにまかせた。ワシントンの部隊が撤退するのを見送った後、フランス軍はネセシティ砦を焼き払って完全に更地に戻す。

その頃、ワシントンはネセシティ砦からわずか三マイル（約四・八㎞）しか離れていない場所に露営して、脱落した兵士たちの捜索をおこなっていた。後方で立ち昇る煙を見てワシントンが何を思ったのかは伝わっ

ていない。

翌朝、点呼をおこなった時、総勢で二九三人しかいなかった。さらにその数は減り続け、最後には一六五人に減少する。戦闘が始まった時の半分以下の人数だ。死者と負傷者を引いてもずいぶん足りない。どうやら一〇〇人以上が脱走してしまったようだ。

ネセシティ砦をめぐる戦いは、ワシントンの完全な勇み足であったし、戦略的な過ちである。ハーフ・キングの助言を素直に聞くべきであった。プリンス・ジョージ砦の建設失敗、つまり、初期の戦略目標の喪失後、善後策を協議するために、いったん後方に撤退するべきであった。兵力差で優る敵軍を前にして孤立することは危険である。天才でもない限り、十分な経験を持たない者が正しい判断を下せる可能性はきわめて低い。それにジュモンヴィル事件を引き起こすことで、ワシントンは自ら敵軍をネセシティ砦に招き寄せてしまった。ヴィリエールは、戦略上の必要性よりも復讐のためにネセシティ砦を攻撃したからだ。いずれにせよ、ジュモンヴィル事件とそれに引き続くネセシティ砦の失陥は、ワシントンの軍歴の中でも最大の汚点として数えられる。

しかし、警鐘を高らかに鳴らして本格的な戦争に本国を引きずり込もうとワシントンが考えていたのであれば、ネセシティ砦の敗北はまったく無駄ではなかった。つまり、捨て石である。捨て石とは、囲碁をたしなむ読者ならばご存知だろうが、後々の局面で自分の形勢を有利にするためにわざと相手に取らせるように打つ石のことである。

またたとえ一時的であろうともフロンティアから撤退することは望ましくなかった。なぜならイギリスと同盟関係にあるインディアンがそれを知れば、意気阻喪して完全に手を引いてしまう恐れがあったからだ。

それにワシントンは、ネセシティ砦の攻防の洗礼を受けることで、フロンティアでの戦い方を身をもって学んだ。また防衛拠点が兵士たちにとって死地になる場合、固守しても無駄であるという教訓をワシントンは得た。ワシントンの優れた点は失敗から学ぼうとした点である。「過ちは発見されればすでに半分以上は改善されている」という言葉がワシントンのお気に入りの言葉であった。

このようなことを考え合わせれば、ネセシティ砦の攻防はまったく無駄ではない。とはいえ「アメリカ歴史学の父」として知られるジョージ・バンクロフトは、ネセシティ砦の失陥によって、「ミシシッピ川のすべての渓谷からアレゲーニー川の源流までフランスの戦旗以外に翻る旗はなくなった」と記している。このままアメリカ人は、オハイオ地方、そして、そこから先に広がるフロンティアを失ってしまうのだろうか。

幾星霜を待たず

敗残兵を導いてワシントンはウィルズ・クリークまで戻る。まるで天も彼らを見放したかのように雨を間断なく降らせている。森の中を細々と続く道は泥にまみれ、しばしば増水した小川が行く手を阻む。兵士たちは傷ついた仲間を助けながら進む。どの顔にも濃い疲労の色が浮かぶ。

とにかく進まなければならない。食料が欠乏しているうえに、いつ敵対するインディアンが襲って来るかわからない。というのは、多くの部族が頭皮剥ぎのナイフをフランスために振るうことを誓っていたからだ。

腹を空かせた兵士たちは、ウィルズ・クリークの倉庫に蓄えられていた食料でようやく飢えを満たす。兵士たちをウィルズ・クリークに残して、ワシントンはウィリアムズバーグに向かう。ネセシティ砦の攻防から二週間が経っていた。

自分の立場を守るためにディンウィディは、ワシントンが命令に従わなかったと主張した。しかし、それ以上、ワシントンを責めなかった。それどころか「九〇〇人のフランス人とインディアン」が相手では勝つ見込みは最初からなかっただろうと慰めた。ディンウィディの非難の矛先は他の植民地に向かう。他の植民地が早々に出兵に協力してくれれば、事態は異なった展開になったはずだとディンウィディは考えたからだ。確かにその通りである。

しかし、過ぎたことを悔やんでも仕方ない。ディンウィディは、今後に備えるべき方策を考える。敵軍に優る兵力を確保してからオハイオ川分岐へ進軍するべきだ。そこでウィルズ・クリークに六ヶ月分の物資を備蓄できる要塞を築いて次の機会に備える。指示を受けたイネスも総督代理の方針に同意する。ウィルズ・クリークは、後に重要な拠点に姿を変えてカンバーランド砦と呼ばれるようになる。

ウィリアムズバーグは、フロンティアの戦火に関する話でもちきりだ。ジュモンヴィルの部隊に対する奇襲は非難されるどころか、勇気ある行為として賞賛されている。またネセシティ砦を明け渡したことでワシントンを非難する者はほとんどいない。

ヴァージニア植民地議会は会期中ではなかったので、ワシントンと士官たちに公的な賞賛をすぐに授与できなかった。しかし、総督代理と総督参事会の判断で前会期中に認められた軍資金の中から報奨金を与えることはできた。

八月初旬、アレクサンドリアに移動していた兵士たちは、ウィリアムズバーグから帰ったワシントンを迎える。兵士たちの状態はこれまで以上にひどいものだ。半数が裸足で毛布も持っていない。しかも十分な給与の支払を受けていないことで不満を募らせている。軍営で騒ぎを起こす者がいるかと思えば、武器を持って脱走してしまう者もいる。

彼らの惨状を救うためにワシントンができることは、「フランスとの最近の交戦における勇敢な行為の報奨として」拝領したばかりのお金を配って彼らをなだめるくらいであった。ワシントンは、兵士たちがこれ以上、不満を募らせないようにきちんと給与を支払うように総督代理に要請する。

こうした不遇な状況にあったのはワシントンの部隊だけではない。イネス率いるノース・カロライナの部隊も軍資金の不足のせいで瓦解寸前であった。マッケイの部隊は比較的良好な状態を保っていたが、あまりに数が少なすぎた。はたしてこのような状態でフランスに対して反撃できるだろうか。仮に軍隊の状態が正常に保たれていたとしても、他にも問題はある。輸送手段の確保である。輸送手段がなければ補給線を確立できない。それでも進軍を強行すれば自滅以外に待ち受ける運命はない。

十月二一日、ワシントンは、軍務について協議するためにウィリアムズバーグに総督代理を訪ねる。ディンウィディは貴顕を饗応したり、作戦の準備をおこなったりと大忙しのようであった。総督代理の心の中で今後の見通しは明るい。植民地議会は二万ポンド（二億四、〇〇〇万円相当）の支出を可決した後、四日前に閉会していた。

さらにノース・カロライナ総督がウィリアムズバーグにやって来て、本国から託された一万ポンド（一億二、〇〇〇万円相当）の軍資金をディンウィディの手に預けた。他にも二、〇〇〇人分の武器が本国から届けられることになっている。

ノース・カロライナ総督に続いて、メリーランド総督ホレーショ・シャープがウィリアムズバーグに到着する。三人の総督の間で今後の作戦に関する協議がおこなわれる。彼らの共通認識は、オハイオ地方のフランス軍が減少している今こそイギリス軍が勢いを盛り返す好機だということである。作戦の大筋は、フランス軍が増援部隊を送り込んでくる前に、シャープが七〇〇人の兵士を募って独立中隊とともにデュケーヌ砦を攻略するという作戦である。

総督たちの作戦を聞いたワシントンは、性急さは否めないと思う。さらにワシントンを驚愕させる計画が公表される。それは、ヴァージニアの部隊を十個の独立中隊に分割するという軍制の変革である。そして、総督代理が国王に独立中隊を正規軍として採用するように推挙する。本国の規定によれば、独立中隊の指揮官に与えられる階級は大尉である。なぜそのような変革がおこなわれたのか。

ディンウィディは、階級の上下をめぐる争いを解決するために全員を大尉にしてしまおうと考えたのである。全員が国王から辞令を与えられた独立中隊の大尉になれば同等になって階級の上下はなくなる。そうなれば誰も争わなくなるだろうとディンウィディは思った。しかし、それはディンウィディが軍隊という組織をまったく理解していないことを示している。軍隊は指揮系統が重要である。すべての部隊をまとめて命令を下す指揮官が必要である。そのような指揮官が存在しなければ、指揮系統が混乱して軍隊は機能しなくなる。

ワシントンにとってこの軍制改革は大いに不満であった。これまで大佐であったのに大尉に降格されるからである。正規軍の大尉になれればまだよいが、それが正式に国王に認可されるかどうかはわからなかった。いずれにせよ、ワシントンにとって正当な理由のない降格は、最も重んじられるべき名誉に対する甚だしい侮辱であった。

さらに本国は、国王直属の部隊が植民地の民兵とともに行動する際、国王直属の士官に優越権を認めるという指示を出す。ワシントンにとって、とうてい納得できる指示ではない。憤然としてワシントンは十一月五日付で辞表を提出する。ここでワシントンの軍歴は一時中断する。

フレンチ・アンド・インディアン戦争の間、ワシントンは自らが与えられるのにふさわしい対価が与えられないとしばしば不満を述べている。それだけではない。ワシントンは他の者の失敗を明るみに出し、もし自分が異なったやり方をすれば、もっと良い結果を出せると批判するようなところがあった。それは未熟な青年の態度である。まだ短い人生で小さな成功を収めたことで自信過剰になった傲慢な若者の姿勢でもある。しかし、ワシントンは決してそのまま成長したわけではない。ワシントンの野心に溢れた自信過剰な姿勢は将来につながる道を開いたが、それは名声を得るにつれてしだいに薄れ、その代わりに威厳が備わるようになる。

幾星霜を待たずして、この未熟な青年をすでに高く評価していた者もいる。メリーランド総督シャープである。シャープは、これまでともに戦ってきた兵士たちと一緒に軍務に留まるようにワシントンを諭す。有用な人材が軍務を離れてしまうのを惜しいと思ったからだ。ワシントンが提案を拒むと、メリーランドに帰ってからまた良案を考えようとシャープは約束する。

第3章

新世界の覇権

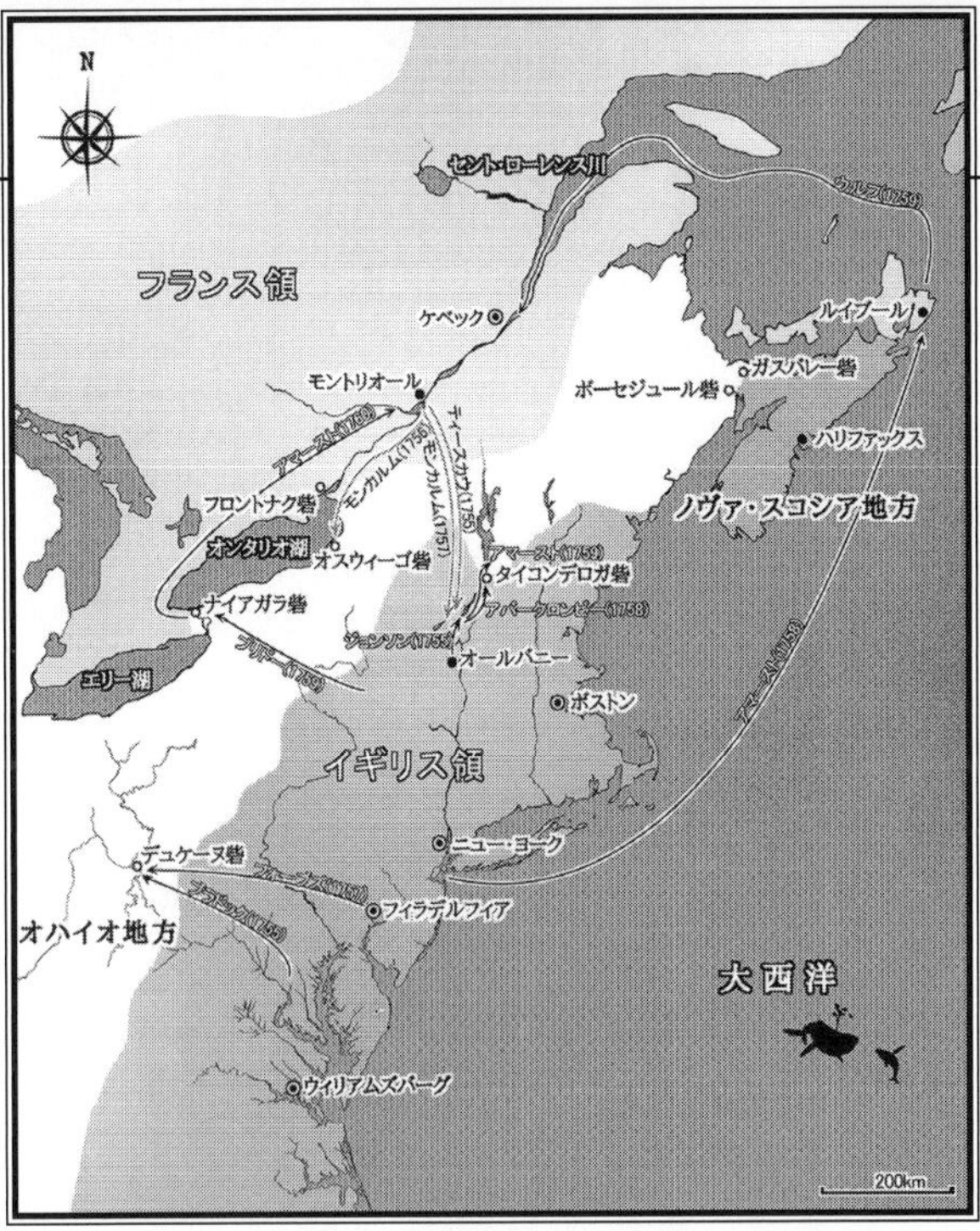

物語の舞台

ついにフレンチ・アンド・インディアン戦争が本格的に始まる。新世界の覇権を賭けて死闘を繰り広げるイギリスとフランス。ワシントンは、エドワード・ブラドック将軍の副官として軍務に復帰する。しかし、モノンガヒーラの戦いでイギリス軍が大敗、ブラドックは戦死する。

ヴァージニアは自らフロンティアの防衛に乗り出し、ワシントンを司令官に任命する。フロンティアでワシントンが孤軍奮闘を続ける中、イギリス軍は相次ぐ敗退でフランスの後塵を拝する。イギリス軍は活路を見いだせるのか。

「偉大なる平民」ウィリアム・ピットが登場して、イギリスの頽勢を一気に覆す。各方面でイギリス軍の反攻が始まる。ワシントンはフォーブズ遠征に従軍して、デュケーヌ砦の陥落を見る。

名将ジェームズ・ウルフは、類い稀なる戦術で最重要拠点のケベックを奪取するが、劇的な戦死を遂げる。

ケベックの陥落によって、新世界の覇権をめぐる争いに決着がつく。ただそれは、イギリスにとって大きな代償を伴う出来事であった。それは新しい時代にどのような影響を及ぼすのか。

これまでワシントンはフランス軍と戦ってきたが、実は正式な戦闘行為ではない。まだ宣戦布告がおこなわれていなかったからだ。フレンチ・アンド・インディアン戦争はこれから始まる。ワシントンが活躍できる場はあるのか。

メリーランド総督がワシントンを慰留しようとしたのにもかかわらず、ディンウィディは特に何も言わずに辞表を受け取る。あっさりと辞任が受理されたことに半ば失望を感じながら、ワシントンは軍服を脱ぎ捨てて、もはや用のない首府を去る。

十一月十五日、ベルヴォアの一室にワシントンの姿がある。煉瓦造りの壁に白く塗られた漆喰が燭台の上で揺らめく蠟燭の光を淡く反射している。マントルピースの上には、舶来品の陶器が麗々しく飾られ、フェアファックス家の富の片鱗をうかがわせる。イギリス本国でウェジウッドが創業を開始したのはこの頃だが、ここにあるのはオランダで焼かれたデルフト陶器だ。

眼下に広がるポトマック川を眺めながらワシントンは、これまでのことを思い返す。思えば、新しい軍服に袖を通したのは今から二年前のことであった。それからいかに多くの出来事があったことか。晩秋から冬にかけてフロンティアを踏破してル・ボーフ砦に総督代理の手紙を届けた苦難の旅路。インディアンとの不慣れな交渉。初めて一隊を任されたフロンティアへの出征。ジュモンヴィルを討ち取った血の湧き踊るような戦闘。ネセシティ砦で経験した飢餓。離反するインディアン。復讐に燃えるフランス軍を相手にした血と泥に塗れた攻防。

課せられた責務をいつも全力で果たしてきた。それなのに与えられた報酬は何か。降格という不名誉な仕打ちだ。しかし、いつまでも過ぎたことを悔やんでいても始まらない。どうだろう。ポトマック川の先にどこまでも続くこの空の広さは。たとえ人生という道で立ち止まることがあっても、空は綺麗な青さでいつでも待っていてくれる。だから何があっても挫けない。青雲の志は遙か高みを目指すものなのだから。

マホガニー材の瀟洒な机の上には一通の手紙が載っている。それはシャープからの手紙だ。ワシントンの進退について考えようという約束をシャープは守ったのである。

シャープは青年を軍務に復帰させようと最善を尽くした。手紙には、シャープからディンウィディに口添えする文書まで同封されていた。

総督の地位にある者からこれほどの好意を受けることはめったに望めないことだ。しかし、ワシントンの答えは決まっていた。否である。確かにシャープの厚情は理解できるが、大佐から降格されるという最も不満に思う点が解消されていない。

農園主として暮らそうとワシントンは決めていた。フロンティアの戦雲は晴れそうにない。軍功を立てて青雲の志を遂げる機会はまた訪れるだろう。それまで時機を待つ。

十二月十七日、ワシントンは、兄ローレンスと死別してから再嫁していたアンからマウント・ヴァーノンを賃借する契約を結んだ。マウント・ヴァーノンを離れたアンは管理ができなかったからだ。

マウント・ヴァーノンに居を定めたワシントンは、ベルヴォアのフェアファックス夫妻の隣人になった。今後、四〇年以上にわたってマウント・ヴァーノンは、ワシントンにとって心の拠り所となる。

しかし、ワシントンが軍を離れていたのは束の間であった。植民地をめぐる情勢が変化したのである。そうした変化をワシントンは注意深く見守る。

以前からディンウィディ総督代理とシャープ総督は、一七五五年の作戦でオハイオ地方を取り戻す作戦を練っていたが、植民地だけではなく本国の支援を視野に入れて考えるようになっていた。植民地の力だけで作戦を成功させられそうにない。ではどうすればよいか。精強な正規軍を中心にしてオハイオ地方に進軍すれば、フランス軍の砦を容易に攻略できるはずだ。そう期待してディンウィディは本国に支援を要請する。

ディンウィディの期待は裏切られなかった。作戦を遂行できる十分な規模を持つ軍隊を出征させるという確約が本国から届いたのである。本国ではこれまでの消極論に代わってフランスに対する強硬論が台頭していた。イギリス軍総司令官のカンバーランド公爵は、北アメリカを制圧する作戦を立案した。

すなわち、四つの侵攻路からフランス植民地を攻略する作戦である。四つの侵攻路の中で最も重要なのは、デュケーヌ砦を攻略する侵攻路である。他の三つの侵攻路は、カナダ北東岸のボーセジュール砦、オンタリオ湖畔のナイアガラ砦、そして、シャンプレーン湖畔のクラウン・ポイント砦に振り向けられる。

もしすべての作戦が成功すれば、イギリスは、オハイオ地方だけではなく、五大湖周辺を支配下に置くことができる。カンバーランド公爵の作戦は、後に修正が加えられるものの、フレンチ・アンド・インディアン戦争におけるイギリスの基本戦略になる。そして、歴戦のエドワード・ブラドック将軍が北米イギリス軍最高司令官に任命される。

一七五五年二月二〇日、ブラドック将軍は、ヴァージニアのハンプトン・ローズに上陸する。『ヴァージニア・ガゼット紙』は、ロバート・オーム大尉が副官として、マサチューセッツ総督の子であるウィリアム・シャーリーが書記官としてブラドックに随従していると伝えている。

ワシントンはその記事を読んで、歴戦の将軍の下で親しく仕える若者たちの境遇を羨ましく思う。自分も同じような立場にあれば、きっと多くの軍事知識を学べるに違いない。ネセシティ砦の防衛に失敗したことで自分に軍事知識が不足していることを痛感した。とにかく軍事知識を習得する機会が欲しい。

軍隊には味方のインディアンも参加する予定になっている。インディアンの取りまとめに奔走したクリストファー・ギストは、少なくとも四〇〇人のインディアンがカンバーランド砦でイギリス軍に加わるだろうとブラドックに請け合う。さらにギストは、食肉用の牛を集める手配が整い、ペンシルヴェニア植民地議会が小麦の供給を約束したと将軍に伝える。それは、輸送船の船倉にある物資と合わせれば、四、〇〇〇人を半年間、養える量だ。

こうした物資を運ぶための手段を確保しなければならない。それも心配はないように思われた。ブラドックに先立って視察をおこなった主計総監代理のジョン・セント・クレアによって、二〇〇台の荷馬車と二、五〇〇頭の馬がカンバーランド砦に搬入される手筈が整っている。またメリーランド総督シャープも、ポトマック川のほとりに一〇〇台以上の荷馬車を準備すると約束している。ワシントンがネセシティ砦に遠征した時に苦しめられた輸送手段と補給の不備は解決されるように思えた。


二月二四日、ジョン・ペイトン植民地議会議員は、ディンウィディ総督代理の招きを受けてウィリアムズバーグに赴く。デュケーヌ砦への遠征を支援するためにどのような準備を進めればよいか相談するためである。ウィリアムズバーグは、ブラドックを迎えてにわかに活気を帯びていた。

ペイトンのもとにラルフ・バートン中佐というイギリス軍士官が紹介状を持って訪ねて来る。バートンは、ブラドックとともに海を渡って来たばかりである。バートンからペイトンは、ロンドンの親戚の消息を尋ねるとともに最新情勢を聞く。

バートンによれば、イギリス議会は、インディアンの間で影響力を強めているフランスに警戒心を抱いている。そうした背景から今回の派兵が決定された。さらに植民地人の中から兵士が集められ、作戦に参加する。

ペイトンはバートンに伴われて、主計総監代理のジョン・セント・クレアが催した晩餐会に参加する。そこでブラドックに会う。作戦について話を聞いたペイトンは、ブラドックがフロンティアでどのように作戦を進めるべきかまったく理解していない様子に不安を感じる。それにインディアンの戦法についてもよく知らないらしい。しかし、ペイトンの不安は、晩餐会の席上にワシントンがいるのを見て和らげられる。きっとワシントンも今回の作戦に参加するのだろう。そうなれば、フロンティアに関する知識不足をブラドックは補える。

翌日、ワシントンはペイトンを訪問して、今回の作戦に参加しようと考えている最中だと告げる。ワシントンと初めて親しく話したペイトンは、親戚に次のように書き送っている。

彼は二三歳で、表情は穏やかで晴朗で叡智と判断力に優れている。彼は端正で立ち居振る舞いには威厳があり、同時に自信と決意を持っている。彼を見て私は、類い稀なる資質を感じ、きっとわが国で重要人物になるように運命づけられていると思った。

手配が遅滞なく進んでいると確信してブラドックは、ウィリアムズバーグを離れてアレクサンドリアに入る。四月十四日、ブラドックは各植民地の総督を集めて戦略を伝達する。作戦会議の会場になった邸宅の家主は、「この大陸でかつておこなわれた会議の中でも最も大規模な会議」と記録している。そこでカンバーランド公爵の方針に従って四つの侵攻路が発表される。

まずオハイオ川を扼するデュケーヌ砦の攻略にはブラドック自身が当たる。その他の三つの侵攻路は次のように決定された。

ボーセジュール砦を担当するのはロバート・モンクトン中佐である。まずボストンから海路でノヴァ・スコシア地方に向かう。そして、ボーセジュール砦を攻略する。ボーセジュール砦は、ノヴァ・スコシア地方と大陸を結ぶ地峡部分にある。すなわち、カナダ北東海岸を制圧しようとすれば避けて通れない要衝である。

マサチューセッツ総督ウィリアム・シャーリーは、階級でブラドックの次位に置かれる。まずオールバニーに兵士を集結させ、それからモホーク渓谷を西進してオンタリオ湖畔のオスウィーゴ砦に至る。さらにオンタリオ湖南岸を進軍してナイアガラ砦を突く。もしデュケーヌ砦の攻略が首尾良く終わっていれば、ブラドックの部隊が合流する手筈になっている。

同じくオールバニーからウィリアム・ジョンソン大佐が民兵隊とイロクォイ六部族連合の戦士たちを率いて北方のクラウン・ポイント砦を目指す。

もしすべての侵攻ルートが成功を収めれば、フランスの勢力圏は全面的に後退を余儀なくされるだろう。もちろんフランスもフランスなりの戦略を考案していた。フランスの最優先課題は、人口が多いカナダの防衛である。そこで本国からケベックとルイブールに増援軍を派遣することが決定された。

フランス軍の当面の作戦目標はジョージ湖の制圧である。ジョージ湖を抑えれば、ニュー・ヨーク植民地の北方の要衝であるオールバニーに容易に到達できる。さらにハドソン川を下れば、その先はニュー・ヨーク市である。

こうしたフランスの動きにイギリスは警戒を強めていた。しかし、イギリス海軍は、援兵を満載したフランスの船団が大西洋を渡るのを妨害しようとしたが失敗する。こうしてフランスは、北アメリカでイギリスに対抗する準備を着々と整える。

武器や兵士を満載した船舶が帆に風を孕みながら誇らしげにポトマック川を遡上して行く。来る日も来る日もワシントンは、はやる思いを抱きながら、そうした盛観をマウント・ヴァーノンから見ていた。軍隊の集結地であるアレクサンドリアは、マウント・ヴァーノンのすぐ上流にある。ワシントンは、馬に乗ってしばしば軍隊の様子を見に行く。

街は喧騒に溢れている。太鼓や鼓笛の音が勇ましく流れ、物資を運ぶ荷馬車が慌ただしく往来する。軍旗が翻る中、兵士たちが行進する。まるでアレクサンドリアは一夜にして要塞と化したかのようだ。戦雲がまさに広がろうとしている。この機会を逃せば、軍で栄光を手にする機会は失われるだろう。

ワシントンは、再び軍に身を投じようと決意を固める。大尉に降格されてまで軍務に就きたいとは思わないが、それでも将来のために軍事経験と知識を習得しておきたい。先述のようにワシントンは、ウィリアムズバーグに出向いて、ブラドックとすでに面識を得ている。自分から副官になりたいと申し出るようなことはなかったが、できれば自分のような人間がいることを知っておいてもらいたいと考えて挨拶状を送った。

ブラドックは、ワシントンがオハイオ地方の地理に詳しいことに目を留める。おそらく最も効果があったのは、ワシントンが自ら作成したフロンティアの地図だろう。測量技師の経験を持つワシントンだからこそできたことである。そこでブラドックは、副官のオームを通じてワシントンを招聘する。ついにブラドックの副官となってデュケーヌ砦攻略に参加する機会が与えられた。ブラドックの求めに応じて、ワシントンは従軍を快諾する。

従軍を決めたのはよいが一つ問題がある。マウント・ヴァーノンの管理である。マウント・ヴァーノンは借りものだ。マウント・ヴァーノンの経営を軌道に乗せて賃借料を滞りなく収めなければならない。そのためには信頼できる管理人が必要である。もしこのまま管理人を任命せずに農園を放置すれば、経営が破綻する。そこでワシントンは、弟ジョンが信頼できる管理人として適任だと考えた。

それを聞き付けた母メアリが激怒してマウント・ヴァーノンに姿を現す。あまつさえメアリは、ワシントンがブラドックの軍に参加するのを妨げようとする。メアリにとってワシントンが従軍することは許し難いことなのだ。メアリの口から次から次へと嵐のように息子への非難の言葉が飛び出す。

国家への義務、そして、栄誉にいったい何の意味があるのか。それよりも母に対する義務はどうなるのか。もしワシントンがマウント・ヴァーノンをジョンに任せて行ってしまえばどうなるのか。誰がフェリー農園の管理を手伝うのか。自らの栄光のために親兄弟を飢えさせてもよいのか。

とりあえずワシントンは、今後のことを相談するために副官のオームと面談する約束があるので出かけなければならないと母を説得しようとする。しかし、それで引き下がるようなメアリではない。時間を気にするワシントンを尻目に、メアリは持論を滔々とまくし立てる。そして、もう約束にはとても間に合わない時間になると、メアリはさっさと荷物をまとめ、呆気にとられたワシントンを残して去って行った。

最終的に、ジョンが今後三年間にわたってマウント・ヴァーノンとフェリー農園の両方の面倒を見ることになった。それでもメアリは不満だった。メアリの目からすれば、血のつながらないローレンスが築いたマウント・ヴァーノンは余所者の農園であって、自分たちの農園のほうがずっと大事であった。

武人の憂鬱

ブラドックの司令部を目指す道中、ワシントンは一通の手紙を書く。その手紙の宛名は誰か。「フェアファックス夫人、親愛なる夫人」とある。ワシントンは、機会が許す限り手紙を書くことをサリーに約束していた。そして、「このような種類の通信が私に与える喜びは伝える必要がないほどです」と語っている。夫を持つ女性にそうした手紙を書くことは、なかなか大胆な振る舞いである。

サリーはどうやらワシントンの秘めた思いに気づいたようだ。それと言うのもサリーは、第三者を通じて手紙をやり取りするようにワシントンに伝えたからである。やましいことがなければ、わざわざそんなことをする必要はない。サリーの申し出にワシントンは、「あなたが悪い意図に基づいていない」ことを了解し、第三者を通じてもかまわないので、これまでと同じく通信を望んでいると答えた。もしかするとサリーは、ワシントンの気持ちを試そうとしたのかもしれない。

司令部に到着したワシントンを待っていたのはブラドック将軍であった。すぐに接見がおこなわれる。将軍は威厳があるが少し傲慢なようだ。そうワシントンは思った。

その一方でブラドックは、ヴァージニア人の青年を一目見て気に入ったようで、名誉進級大尉の階級を与えようと申し出た。それが自分の権限で与えられる最高の階級だと慎重に言い添えるのをブラドックは忘れない。

ワシントンが次に向かったのは軍営である。士官たちがどのように過ごしているのか雰囲気を確かめておくのも悪くないと思ったからだ。オームやシャーリーといったあまり年が離れていない若い士官たちがワシントンを迎える。彼らのような愉快で前途有望な若者たちと一緒に働ければ、きっと楽しいに違いない。しかし、名誉進級大尉の階級を与えるという将軍の申し出にどのように答えればよいか。

退役する前に保持していた大佐の階級のままで従軍することは許されない。植民地人の士官を降格する命令が出ていたからだ。ワシントンが求めていたのは正規軍の士官の地位であった。しかし、先述のように、ブラドックがワシントンに与えられるのは、最も上位でも名誉進級大尉であり、ワシントンにとって満足できる階級ではない。

そこでワシントンは、志願兵の立場で副官として従軍することにした。そうすれば階級の問題は棚上げされる。今後の身の振り方についてワシントンは、弟ジョンに手紙で知らせている。ワシントンの抜け目なさが示されている。

将軍は私を副官の一人に任命しました。副官の性質は私がこの軍事作戦に参加するのに十分に好ましいものであり、将軍の命令を除いて私はすべての命令から免除されますし、将軍の命令に無条件に従うように皆に伝えるだけです。今、私は軍隊の中で成功を築くために後々に役に立ちそうな縁故を得る良い機会を得たので、それを無視するつもりはありません。

先述のようにアレクサンドリアには、ブラドックの招聘で四人の総督が集まっていた。他にもウィリアム・ジョンソン大佐の姿がある。四月十四日の作戦会議では、軍事作戦のルートの他に軍資金の調達について議論された。

総督たちは、植民地議会に対して応分の負担を求めたが、色良い回答を得られなかったと異口同音に報告する。イギリス本国は軍資金の負担を各植民地に期待していたが、どうやらそれは望み薄のようだ。総督たちは、イギリス本国が積極的に支援に乗り出すべきだと提案し、当座の軍資金を借款で賄うようにブラドックに進言する。

作戦会議が終わった後、ブラドックはすぐに進軍を開始しようと西方に出立する。しかし、ブラドックの思う通りに進軍準備は整っていなかった。事前の予想とは裏腹に軍需物資がほとんど集まっていない。調達を委託された商人たちはしばしば約束を守らなかった。約束を守ったとしても、届けられた品々を見ると、まったく役に立たない物が溢れているという始末である。

ネセシティ砦の攻防でワシントンが学んだことは、作戦の成功には、輸送手段の確保が不可欠だということだ。そして、山岳地帯を越えようとすれば、駄馬による輸送が最適であるとワシントンは結論づけていた。荷馬車が支障なく通れるような道を切り開く作業は困難を極める。

ワシントンの意見を聞いたブラドックは、大規模な軍隊の行軍について何も知らない若い士官の戯言《たわごと》だと一顧だにしなかった。荷馬車による輸送こそ最も効率的であると信じていたからだ。

確かに平野部ではそうである。駄馬の輸送力は一頭当たり二〇〇ポンド（約九一kg）であるのに対して、四頭立ての荷馬車の輸送力は二、〇〇〇ポンド（約九一〇kg）である。しかし、山岳地帯の悪路では荷馬車の輸送力は低下する。その一方で駄馬は荷馬車よりも悪路に強く、速く進め、ロープでつないで一群にまとめられるので、御者の数も少なくて済む。すなわち、山岳地帯では駄馬による輸送のほうが適しているというワシントンの考えのほうが正しい。

イギリス軍ではすでに駄馬が使用されていたが、それは士官の個人的な品々を運ぶためのもので、軍需物資を運ぶためのものではなかった。ブラドックからすれば、荷馬車の使用が軍隊の常識だ。ブラドックは頑迷固陋であり、自分の考えを容易に変えるような人物ではない。

もちろんブラドックもフロンティアの戦いが平野部の戦いと同じだと考えていたわけではない。その証拠に短剣やその他の重い装備を携行せず、支給された新しい軍服を着用するように兵士たちに対して命令が出されている。それにもかかわらず、フロンティアというイギリス兵にとって不慣れな戦場に適応する訓練はおこなわれなかった。

さらに問題は他にもあった。荷馬車や大砲を伴った大規模な軍隊をどのようにしてデュケーヌ砦まで到達させるかである。カンバーランド砦までの移動は容易である。ポトマック川を水路として利用できるからである。しかし、その先には利用できるような水路はない。カンバーランド砦とデュケーヌ砦の間にはヨコゲニ川が流れているが、水路として使うには不向きである。したがって、陸路を切り開くしかない。

困ったことに、ペンシルヴェニア植民地が建設を請け負った道路は未着工であり、先に約束した食料も届いていない。さっそくペンシルヴェニアに厳しい督促がおこなわれる。また二〇〇台の荷馬車と二、五〇〇頭の馬がカンバーランド砦で待機しているはずであったのにもかかわらず、実際にはほとんど何も準備が整っていない。このように兵站が満足におこなわれないのを知って、ブラドックは苛立ちを深める。

さらにブラドックを落胆させる事実が判明する。当初、デュケーヌ砦に至るまでに踏破しなければならない距離は、五〇マイル（約八〇㎞）程度だと見積もられていたが、実は九〇マイル（約一四五㎞）もあるとわかったのだ。

落胆してばかりもいられない。まずメリーランドから荷馬車を徴発するために一隊が派遣される。メリーランドの農夫は、遠く離れた場所まで荷馬車を持って行かれるのを嫌がる。しかし、フロンティアに大砲を運ぶためには荷馬車がどうしても必要だ。交渉を任せた士官から良い報告がなかなか返ってこないことに業を煮やしたブラドックは、メリーランドのフレデリックに自ら赴く。そして、荷馬車を準備するために何ができるかを探る。

フレデリックでは、兵士たちの食用となる牛の姿もなく、荷馬車にいたっては影も形もない。それにあら

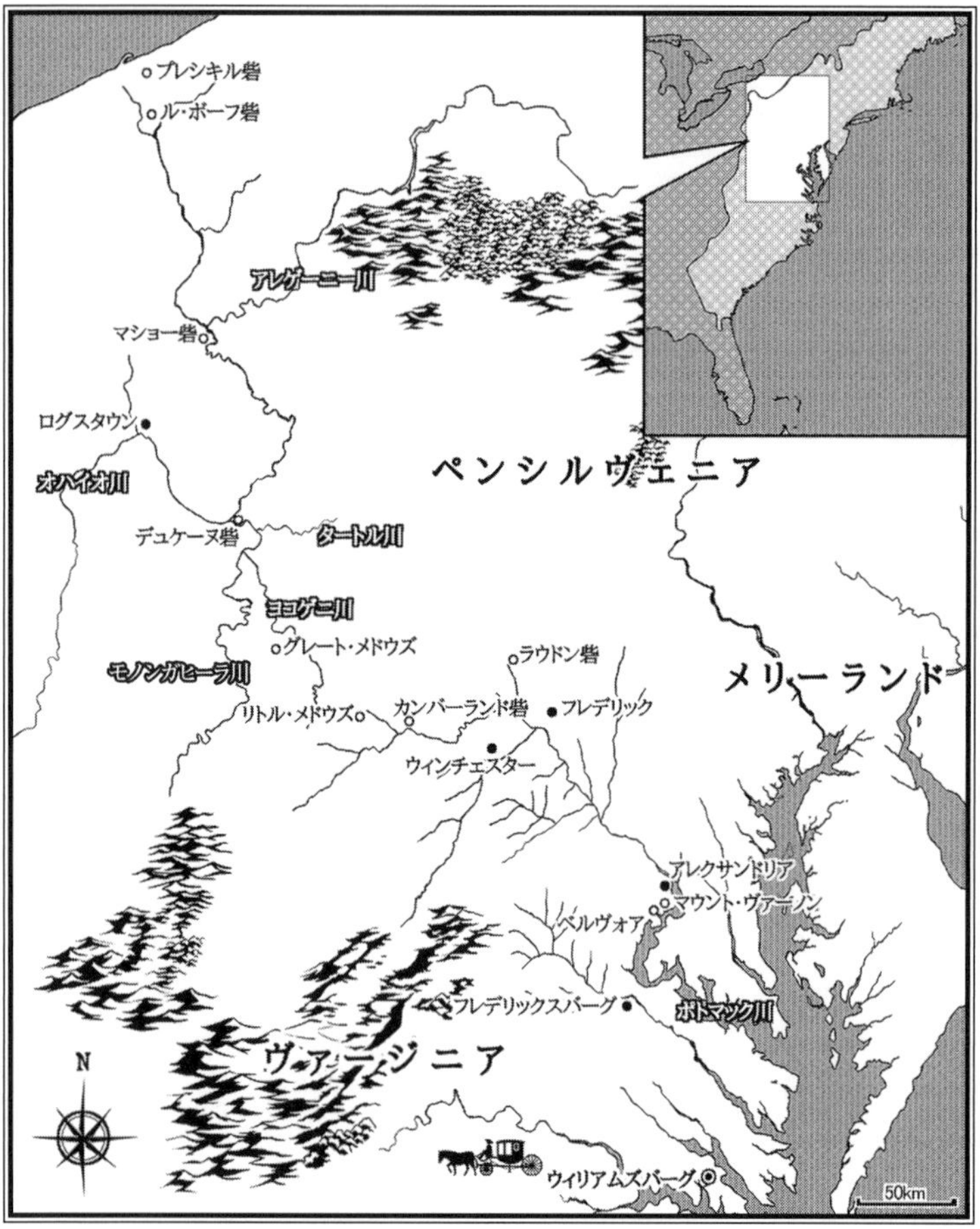

プレシキル砦
ル・ボーフ砦
アレゲーニー川
マショー砦
ログスタウン
オハイオ川
ペンシルヴェニア
デュケーヌ砦
タートル川
ヨコゲニ川
グレート・メドウズ
モノンガヒーラ川
ラウドン砦
メリーランド
リトル・メドウズ
カンバーランド砦
フレデリック
ウィンチェスター
アレクサンドリア
マウント・ヴァーノン
ベルヴォア
フレデリックスバーグ
ポトマック川
ヴァージニア
N
ウィリアムズバーグ
50km

ゆる物価が高騰していて、牛を購入するだけでもブラドックが借り入れた軍資金はみるみる減った。

カンバーランド砦にようやく集められた荷馬車はわずかに二五台であった。それも大半がとても悪路を進めそうにないお粗末な物だ。ブラドックは、切歯扼腕して、少なくとも一五〇台の荷馬車がなければ遠征を断念するしかないと嘆く。

そこへベンジャミン・フランクリンがやって来る。すっかりおかんむりのブラドックの前にまかり出たフランクリンは、当時、北アメリカ郵便総長代理とペンシルヴェニア植民地議会議員を務めていた。今回、フランクリンがやって来たのは、軍隊内部での通信の改善に協力しようと考えたからであった。またペンシルヴェニアを代表してさまざまな作業の遅れを弁解するためでもある。

フランクリンを前にしてブラドックは豪語する。

「デュケーヌ砦を攻略した後、私はナイアガラ砦に進軍するつもりだ。そして、ナイアガラ砦を攻略して、もし季節が許せばフロントナク砦を攻略する。デュケーヌ砦の攻略には三、四日以上はかからないだろう。その後はナイアガラ砦へ進軍する我々を妨げるものは何もない」

しかし、フランクリンは、そう都合良く作戦が進まないだろうと考えて進言する。

「確かに、もしあなたがデュケーヌ砦の前に十分な砲兵を伴う精兵を到着させられれば、いかに砦が完全に要塞化され強力な守備兵で防衛されていたとしても、おそらく短い抵抗しか受けないでしょう。あなたの進軍の障害になるかもしれないと私が心配しているのは、絶えず訓練に勤しみ機敏に地に伏せたり現れたりできるインディアンの奇襲です。あなたの軍のほぼ四マイル（約七・二㎞）にわたる細長い軍列が不意に側面から攻撃されれば、糸が切れるようにばらばらに断ち切られてしまうかもしれません。そうなると距離が離れているので、互いに救援しようとしても間に合わないでしょう」

それを聞いたブラドックは、軍事知識が足りないとフランクリンを嘲笑う。

「そうした野蛮人は、アメリカの未訓練の民兵にとって手強い敵かもしれないが、国王の訓練された正規兵には歯が立たない」

フランクリンの進言とブラドックの返答のどちらが正しいかは後に明らかになる。ついでながらフランクリンはブラドックについて次のように記している。

「おそらくブラドックは、ヨーロッパの戦争では優れた才能を持っているかもしれない。しかし、彼は自信過剰である。正規軍の有効性を過信している。そして、アメリカ人とインディアンの有効性を軽視している」

もちろんフランクリンは、そのような意見をブラドックに伝えることはなかった。余計なことを言って怒らせても何も益するところはない。

それからブラドックは、ペンシルヴェニア植民地議会が約束を守ろうとしないとフランクリンを責め始める。憤慨している将軍を前にして、ペンシルヴェニアの代表としてフランクリンは一肌脱ぐことにする。輸送手段の確保をブラドックに申し出る。フランクリンは、八〇〇ポンド（九六〇〇万円相当）の支度金を受け取り、五月十日までに一五〇台の荷馬車と一、五〇〇頭の馬を調達することを約束してブラドックの陣営を去る。

五月十日、礼砲に迎えられてブラドックは、新しく完成したばかりのカンバーランド砦に入る。カンバーランド砦は、これからデュケーヌ砦を攻略する作戦の基地となる。総計二、九〇〇人の兵士が勢ぞろいする。カンバーランド砦でワシントンは正規軍の日常を学ぶ。各中隊の点呼は朝昼晩の三度、必ずおこなわれ、武器と服装の検査が厳しく実施される。兵士たちは戦列の展開と射撃の訓練に励む。酩酊した兵士は厳罰に処され、窃盗罪の宣告を受けた兵士は一、〇〇〇回の笞刑の後、追放される。そして、日曜日には従軍牧師の手で礼拝がおこなわれた。

ブラドックに副官として随従する中でワシントンは、将軍として避けるべき過ちをいくつか発見した。ブラドックの最大の欠点は頑迷さであり、臨機応変に対処する能力に欠けている。さらにもう一つの欠点は、助言を聞き入れようとしないことだ。自分の主張に固執して植民地の総督としばしば衝突する。「将軍は興奮せずに議論できなかったし、もし理性や常識と相容れない場合にも、頑として自説を捨てなかった」とワシントンは記している。

ワシントンとブラドックも何度も衝突した。その度に将軍は怒りを遠慮なくぶちまけたが、二人の仲が決裂することはなかった。それどころかブラドックは、作戦が成功したあかつきには正規軍の士官として採用されるように口利きをしようとワシントンに約束する。不思議と馬が合ったのだろう。

デュケーヌ砦への進軍はなかなか開始されなかった。補給線を維持するためには荷馬車が通れる道路が必要である。しかし、道路の完成が遅れている。

ペンシルヴェニア当局は、敵対するインディアンから道路工事に従事する人びとを護衛する部隊を出すようにブラドックに要請した。しかし、ブラドックは、インディアンの脅威をまったく気にかけず、要請を真摯に受け止めなかった。重ねてペンシルヴェニアの役人は、もしインディアンが進軍を妨害すれば、デュケーヌ砦に到達できないだろうとブラドックに警告する。それでもブラドックは、気に留める様子はなかったが、道路工事の進捗が遅れるのを懸念して、護衛隊の配置をしぶしぶ承諾する。

また十分な輸送手段が確保できず、苛立ちを募らせていたブラドックであったが、ようやくフランクリンが約束した荷馬車と馬が届く。フランクリンはきちんと仕事をやり遂げたのだ。荷馬車や馬だけではなく、秣用《まぐさ》の六、〇〇〇ブッシェル(約二二〇㎘)のオーツ麦とトウモロコシまで手配している。ブラドックは、フランクリンが植民地で最も実直で有能な人物だと褒めちぎる。こうして輸送手段と物資が確保された。

陰森凄幽を往く

ブラドックの最終目標はデュケーヌ砦の攻略であったが、それ自体は簡単だと考えられていた。デュケーヌ砦は堅固な要塞ではなく、木材で築かれただけの構造物にすぎない。十分な数の大砲を砦の前まで持って行けば、文字通り木っ端微塵にできる。

防壁さえ破壊できれば後は難しいことは何もない。正規軍の戦闘力をもってすれば、守備兵を容易に圧倒できよう。したがって、重い大砲を引きずって荒野を乗り越えることさえできれば、作戦はほとんど成功したも同然である。デュケーヌ砦を陥落させた後、さらに北に進軍してマショー砦、ル・ボーフ砦、そして、プレシキル砦を続けて奪えば、フランス軍の脅威をオハイオ地方から完全に排除できるはずだ。ブラドックの脳裏にはこのような薔薇色の計画が描かれていた。ただ現実はいつもうまくいくとは限らない。

一七五五年五月二九日、カンバーランド砦から五〇台の荷馬車を伴った六〇〇人の部隊が先発する。その部隊の目的は、本隊に先行して、とりあえずリトル・メドウズまで幅十二フィート（約三・七m）の道路を切り開くことだ。

六月十日、続いてブラドックも本隊とともに出発する。当初の予定よりも一ヶ月以上も遅れている。まさにこの地は陰森凄幽《いんしんせいゆう》、すなわち、繁茂した樹木が太陽を遮る暗く静まり返った森という表現がふさわしい。道路の建設は非常に難しい作業であった。ブラドックは、現場に自ら足を運んで作業の進捗を督促する。そして、さらに三〇〇人を作業に当てるように命じる。本隊には、兵士たちに加えて数百人の非戦闘員が随行している。案内人、運搬夫、荷馬車の御者、馬方、牛追い、料理人、洗濯女、商人、従者など軍隊は数多くの非戦闘員を必要とする。それはイギリス軍が向かう先であれば、どこでも見られた光景だ。

ダニエル・モーガンという若者がいる。荷馬車の御者をしている。身長は六フィート（約一八三㎝）、体重は二〇〇ポンド（約九一kg）はあろうか。見るからに精強な体躯をしている。腕一本で世を渡って来た男の風貌を持つ。

それにしても荷馬車の御者の苦労は絶えない。なにしろ険しい山岳地帯を縫う悪路を進まなければならない。気を抜けば馬が石で蹄を傷つけたり、道の脇に転げ落ちたりする。馬は大事な財産だ。失うわけにはいかない。

荷馬車には御者が乗れる場所がない。したがって、御者は荷馬車の横を歩くか、馬に乗っていた。牽引用の馬は四頭だ。四頭もの大型馬を御すのは楽な作業ではない。

この当時、水路がない内陸部で大量に何かを運ぶには、荷馬車以外にほとんど手段がない。競争相手がいないので荷馬車による運送業は旨味のある仕事であった。モーガンは二年かけてお金を貯めて、自分の馬と荷馬車を買った。そして今、こうしてヴァージニア連隊の物資を運んでいる。

荷馬車の列は、延々と三マイル（約四・八㎞）も続く。一台の荷馬車が止まれば、それに続く多くの荷馬車が立ち往生するというありさまで、進軍は遅々として捗らない。実に進軍速度は、一日わずか二マイル（三・二㎞）に落ちた。ここまで進軍速度が遅いのはなぜだろう。もう少し考えてみよう。

まず明らかに不必要だと思われる物資が運ばれていた。例えば一頭の駄馬が背負っていた物資を見てみよう。砂糖、茶、コーヒー、チョコレート、マデイラ・ワインなど嗜好品が積まれている。こうした品々は、フランクリンがペンシルヴェニアとかけ合って調達した物だ。もちろん他の種類の積荷を背負っている駄馬もいたが、少なくともここで名前が挙がっている品々はどうしても必要な物ではない。嗜好品を楽しめたのはおそらく士官以上に限られただろうが、それでも輸送手段が限られている中では無駄としか言えない。

進軍が捗らなかった理由は他にもあった。行軍陣形である。ブラドックが命じた行軍陣形は、歩兵を中心とした直列状の陣形である。密集した銃火を浴びせるのに適している。しかし、戦略的柔軟性がなく、奇襲に対しては弱い。高度に階層化された指揮系統を持ち、攻撃の開始は常に士官の命令によっておこなわれた。それは、もし士官が真っ先に倒れれば、有効な攻撃命令を下す者がいなくなることを意味している。

危機感を覚えたワシントンは、インディアンと同様に兵士たちに鹿革の上下を着せて散開陣形を組むようにブラドックに勧めた。しかし、ブラドックはあくまで密集陣形にこだわった。

もちろんブラドックは、奇襲にまったく何の対策も講じていなかったわけではない。奇襲を警戒するために前衛部隊が先行していたし、側面には散兵が配置されていた。ヨーロッパの開けた戦場であれば、用意周到だと評価されただろう。しかし、鬱蒼とした森林に覆われたフロンティアでは、そうした対策だけでは不十分である。開けた場所と違って先がほとんど見通せないからだ。それに散兵は、本隊から孤立して襲撃されるのを恐れて、道路から遠く離れようとしなかった。必要なのは、遙か遠くまで潜行して正確な情報を探り出して来る斥候であった。

斥候に最適なのは、やはりフロンティアで生活するインディアンである。幸いにも、軍列には少数だがインディアンも参加している。しかし、ブラドック将軍は、地理や情勢に不案内にもかかわらず、インディアンの助言に耳を貸さず、まるで犬のように扱った。インディアンにとって戦士を厚遇しないブラドックは「悪い男」であった。

それでもインディアンの戦士たちは、奇襲に遭う危険性を指摘したが、ブラドックは受け入れようとしない。そのため多くの戦士たちが姿を消した。彼らからすれば、危険を無視して邁進することは愚かな行為であって、それに付き合う道理はない。したがって、無断で戦列を離れても非難されるいわれはない。最後までブラドックの下に残った戦士たちの数は十指に満たない。

森の中を縫う細い道をたどる隊列は、四マイル（約六・四㎞）に及ぶ。赤い外套を着た正規兵と青を主体に赤い縁取りを施した軍服を纏った民兵が行く。兵士たちは、自分たちがどこかから誰かに常に見張られているのではないかと神経を尖らせる。それは兵士たちの思い過ごしではない。

フランスに協力するインディアンの戦士たちは、密かにイギリス軍の様子を探り出してデュケーヌ砦に報告していた。そうした報告によれば、イギリス軍の数は三、〇〇〇人で十四門から十五門の大砲を伴ってグレート・メドウズに向かっているという。

フランス軍士官は、偵察を続行してさらに正確な情報を探り出し、もし可能であればイギリス軍の進軍を妨害するようにインディアンに命じる。インディアンを補助戦力として活用するという点では、フランスのほうが一日の長がある。

六月十六日、軍列はようやくリトル・メドウズに達する。本隊がカンバーランド砦を出発してから一週間経っても、進めた距離は二二マイル（約三五㎞）にすぎない。行程のまだ半分もこなしていない。その夜、今後の方針を検討するための作戦会議が招集される。

インディアンをまったく信用しようとしなかったブラドックであったが、フロンティアをその目で確かめたことで少し考えを変えたのか、ようやくワシントンの忠告を聞き入れるつもりになった。そこで作戦会議の前にワシントンに個人的な意見を述べるように求める。

進軍目標のデュケーヌ砦の防備が手薄であるという情報が伝わっている。旱魃によって川の水位が下がったことで船が使えず、フランス軍は補給と増援部隊の派遣を円滑におこなえず困窮しているという。

こうした情報を踏まえてワシントンの進言はおこなわれた。すなわち、援軍が到着する前にデュケーヌ砦を奪取すべきである。時間が経過すればするほど、デュケーヌ砦は強化され攻略が難しくなる。とにかく敏速な行動が今、求められている。ではどのようにすればよいか。必要最小限の大砲と物資だけを持って迅速に進軍する先行部隊と、軍需物資を預かる後方部隊に分ける。

ワシントンの進言を聞いた後、ブラドックは作戦会議を開く。その席でブラドックは、「何らかの改善策なしでこのまま進軍を続けることは不可能である。これまで諸君が軍務に対して偉大な精神と献身を示してきたように私を助けてくれると思っている」と言う。改善策とは何か。増援部隊が到着する前にデュケーヌ砦を叩くということだ。今の進軍速度では間に合わない。身軽になって急ぐ必要がある。ブラドックは、絶対に必要な荷物以外はすべてカンバーランド砦に送り返すと告げる。

全軍を再編して足早に進める者を一、二〇〇人選抜して先行部隊とする。残りの兵士たちは、トマス・ダンバー大佐の指揮下に入って、後方部隊として軍需物資を守りながら進む。デュケーヌ砦に援軍が駆け付ける前に先行部隊が素早く連絡を遮断して包囲を開始する。大砲を使った本格的な包囲は、後方部隊が到着してからおこなえばよい。概ねワシントンの進言に沿った内容だ。

身軽になった先行部隊は進軍を開始する。大砲の数は半分程度になり、荷馬車は弾薬運搬用のみに限られた。余った馬を振り分けることで牽引力が高められた。三五日分の糧食を積んだ駄馬が後に続く。

ワシントン自身は高熱を発し、ほぼ三週間も後方部隊に下がっていなければならなかった。原因は赤痢である。騎乗できなくなったワシントンは幌馬車で病臥した。悪路を走る幌馬車は激しく揺れるので、病人にとって快適な乗り物とは言えない。暗い森の中を進む幌馬車の中でただ寝ているしかない。このまま臥せっていれば、軍功を立てるまたとない機会を逃すのではないかとワシントンは焦躁に駆られる。デュケーヌ砦への攻撃を開始する前に本営に呼び戻すというブラドックの約束だけが頼りだ。オームもワシントンに前線の状況を逐一報告すると約束した。

ワシントンが離れた後も先行部隊は進軍を続ける。六月二四日、敵軍の陣営跡が発見される。それはどうやらインディアンの残した物のようだ。フランス語の落書きがあったことから、フランス兵もいたようだ。馬を呼びに行った四人の御者が殺害されて頭皮を剥がれているのが茂みの中で見つかった。敵は意外に近くに潜んでいる。

翌日、軍はグレート・メドウズの近くを過ぎる。森の中に不審なインディアンが数人いたので、追跡隊が派遣されたが捕まえられなかった。その日の宿営は、グレート・メドウズから二マイル（約三・二㎞）進んだ場所に設けられた。敵の斥候が接近を試みたようだが、歩哨に銃撃されて姿を消す。士官たちは、どうやら敵の兵力が予想よりも多いようなので進軍を一時停止したほうがよいとブラドックに助言する。しかし、ブラドックは助言を受け入れない。勇気は確かに美徳ではあるが、時に無謀に変わることがある。

六月二六日、悪路のために四マイル（約六・四㎞）しか進めない。日中の軍旅は無事に終わり、宿営が築かれる。そのかたわらにはインディアンの野営地の跡がある。野営地では焚き火がまだ燃えていて、どうやらそれはこの周辺を哨戒しているインディアンが残した物のようだ。不気味なことに、まるで警告するかのように野ざらしにされた頭皮が風に吹かれて乾いた音を立てている。歩哨の数が増やされ、厳重な警戒がおこなわれる。

七月三日、主計総監代理のジョン・セント・クレアが、先行部隊と後方部隊が離れすぎているのではないかとブラドックに注意を促す。いったん進軍を停止して、さらに後方部隊の進軍を速めるために必要な馬を戻すべきではないか。

ブラドックは作戦会議を開いて士官たちに意見を求める。後方部隊が追いつくまで待てば、かなりの時間を要する。待っている間、何もしなければ物資が無駄に費やされてしまう。それならば敵の増援部隊が到着する前にデュケーヌ砦の包囲を開始したほうがよいのではないか。ブラドックの問いに対して士官たちは、このまま先に進むべきだという意見で一致する。

提案を斥けられたセント・クレアは唇を噛む。自分の提案が通らないことに我慢ならないのだ。主計総監代理は、行軍を円滑に進めるためにあらゆる準備をおこなわなければならない。そういう仕事には、関係者とうまくやっていく人間が適任だが、セント・クレアはまったく向いていない。

翌日、デュケーヌ砦にかなり接近したと確信したブラドックは、まだ残っていたインディアンに斥候として砦の様子を探りに行くように命じる。しかし、戦士たちは命令に従おうとしない。敵対するインディアンに捕まって木に縛り付けられたモナカトゥーカが救い出されたのはつい先日のことだ。それはおそらく警告であろう。次に捕えられた者が同様に助命されるとは限らない。

モナカトゥーカは、これ以上進軍せずにモノンガヒーラ川のほとりに留まって、敵の動きを十分に探るべきだと進言する。もしそうしなければ、敵に不意を突かれて殲滅され、イギリス軍は一兵たりとも無事に帰れないだろう。

いずれにせよ、デュケーヌ砦の様子を探り出す必要がある。しかし、戦士たちは自発的な行動を好み、命令ではなく説得によって動く。偵察を命じることはできない。仕方なくブラドックは、贈り物で戦士たちの歓心を買おうとしたが、偵察に行こうと言い出す者は誰もいなかった。インディアンから見れば、ブラドックは戦士たちの誇りを大切にしようとしない「悪い男」なのである。そのような男のために働こうとは誰も思わない。

地理に不案内な中で進軍することは危険きわまりない行為である。そこでギストが名乗り出て、二人の戦士を連れて偵察に出た。ブラドックの命令であれば聞くつもりはないが、ギストの個人的な頼みであれば話が違うというわけだ。

七月六日、ギストと戦士たちが「フランス軍士官の頭皮」と称する物を携えて帰還する。彼らの情報によると、デュケーヌ砦にはほとんど何も増強が施されておらず、守備兵の数も少ないようだ。周辺にも敵影はない。

隊列の後尾で銃声が響く。敵対するインディアンの襲撃だ。三人の兵士が犠牲になる。すぐに擲弾兵の一隊が駆け付け一斉射撃する。しかし、戦士たちの姿は森の中に溶け込んで瞬時に消える。何事もなかったかのように進軍が再開される。しばらくして今度は右腹背から銃声がこだまする。兵士たちはすぐにマスケット銃を構えて反撃を試みるが、やはり手応えがない。

こうした襲撃が日々繰り返され、兵士たちの士気をやすりのように削る。そして、不慮の事故が起きる。森の中に消えた敵を追って味方のインディアンが隊列から離れていた。結局、敵に追い付けずに戻って来る。味方の一隊を目にして、彼らは木の枝を掲げて武器を地面に置く。味方同士だと示すための合図である。不運なことに先刻の襲撃を受けて神経を尖らせていた兵士たちは、敵のインディアンと勘違いして彼らに発砲する。一人の戦士が朱に染まって倒れた。誤解が解かれた後、死者の顔を確認すると、それはモナカトゥーカの息子であった。兵士たちは、どうしたらよいのかわからず、遺骸を宿営まで持ち帰る。

事故を知ったブラドックはモナカトゥーカを呼ぶ。そして、丁重な弔辞を述べて、補償として十分な贈り物を渡す。さらに軍礼をもってモナカトゥーカの息子を埋葬する。モナカトゥーカは黙して語らず、不満を述べることはなかった。しかし、この事件は、イギリス軍に味方するインディアンの心をさらに遠ざける。

さて、ワシントンはどうしているのだろうか。先行部隊が直面した困難についてワシントンは、オームが約束したように状況を伝えてくれていたので十分に知っていた。七月三日、そろそろデュケーヌ砦の攻略に取りかかる日が近いのではないかと思ったワシントンは、護衛とともに幌馬車で前線に向かう。そして、五日後の夕刻、ブラドック率いる先行部隊にようやく追い付く。

これまでイギリス軍は、十六回も敵対するインディアンの偵察部隊に遭遇していた。小規模な戦闘が起きたが損害は軽微である。相次ぐ襲撃に兵士たちは神経を磨り減らせて疲弊し、十分な食料が支給されなかったことで半ば飢えてもいたが、勝利を確信していた。デュケーヌ砦まであともう少しである。包囲戦はすぐに終わるだろう。たいした戦闘はないに違いない。とにかく砦にたどり着きさえすれば、もう勝ったも同然だ。もしかするとフランス軍は砦を放棄しているかもしれない。我々は十分な兵力と大砲を持っている。フランス軍が逃げ出してもおかしくない。

先行部隊は細長い峡谷にさしかかる。長さは三マイル（約四・八㎞）に及ぶ。周囲には険しい丘陵が広がる。もし敵が奇襲を考えていれば最適の場所である。ブラドックは奇襲に備えてあらゆる予防措置を講じる。ラルフ・バートン中佐率いる部隊が腹背を固める。さらにピーター・ハルケット大佐率いる擲弾兵の一隊が先行して小高い丘に立ち、前方の警戒に当たる。

陸続と峡谷を進む隊列の足音や駄馬の嘶《いなな》きの他に聞こえるのは鳥の鳴き声だけである。辺りは森然と静まり返っている。人の気配すらない。馬上に身を預けながらブラドックは一人悦に入っている。もしフランス軍が奇襲を企んでいれば、この峡谷以上に最適な場所はないだろう。どうやら敵はデュケーヌ砦の防衛を諦めて撤退してしまったか、それともイギリス軍の数に恐れをなして逼塞しているようだ。フランス軍は恐れるに足りない。

本営に到着したワシントンを、オームやシャーリーを初め若い士官たちが温かく迎える。デュケーヌ砦攻略の手筈を整えるためにブラドックの幕僚は、周辺の地理の把握と作戦の立案に忙しく働いていた。

デュケーヌ砦周辺の地形を一言で説明すれば、北を上にしたY字で説明できる。川がY字に流れていて、その交差の広角の東側に砦が位置する。イギリス軍は東岸に宿営していた。デュケーヌ砦まで八マイル（約九・六㎞）である。そのまま東岸を進軍すれば、モノンガヒーラ川を渡らずにそのまま砦に到達できる。一見すると、それが最も簡単な経路のように思える。しかし、地図で見ると平坦に見えても、実際に歩いてみるとそうではないことは多い。

東岸に沿って砦に向かえば、途中で二マイル（約三・二km）ほどの狭隘な道に出る。左手には川が迫り、右手には山がせり出している。さらにタートル川という支流が行く手を遮る。タートル川自体はあまり幅の広い川ではないが、川岸の勾配が急であるために渡河には向かない。したがって、大砲や荷馬車を通せない。

困ったブラドックは、別の経路はないかと案内人を呼んで相談する。案内人は、モノンガヒーラ川を第一の浅瀬で渡って西岸に移り、そのまま五マイル（約八km）進んでから第二の浅瀬を渡って東岸に戻る経路を勧める。そうすれば狭隘な道もタートル川も避けられる。案内人の提案に従って経路が決定される。

こうしてデュケーヌ砦攻略を準備するとともに、ブラドックはそれから先の作戦も考えている。フランクリンに話したように、デュケーヌ砦を奪取した後、マサチューセッツ総督ウィリアム・シャーリー率いる部隊と合流してナイアガラ砦とフロントナク砦を攻略すべく北上する。作戦がすべて成功すれば、オハイオ地方だけではなく五大湖周辺もイギリスの支配下に入る。


イギリス軍がデュケーヌ砦のすぐ近くまで迫る一方で、フランス軍はどのように動いていたのか。指揮官として着任したばかりのダニエル＝イヤサント・ボージュ大尉は、インディアンの斥候から敵軍の動きについて詳細な報告を受けていた。デュケーヌ砦が攻略対象になっているのはもはや疑いようのない事実である。そこで作戦会議が開かれ、どのようにイギリス軍に対処するかが話し合われた。フランス軍には二つの選択肢しかない。砦を爆破して撤退するか、徹底抗戦か。士官たちは最後まで戦うことを選択した。

インディアンの士気も高い。もしフランス軍が破れてデュケーヌ砦から追われれば、自分たちもイギリス人に土地を奪われると信じていたからだ。つまり、自身の存亡がかかっている。危急存亡の瀬戸際に立たされた者以上に強い者はいない。

戦意はある。ではいつどこで戦えばよいか。勝機を高めるためには、防備が脆弱な砦にこもるよりも、奇襲を仕掛けたほうがよい。デュケーヌ砦は、イギリス軍が引きずってくる大砲に抗しえないだろう。奇襲を仕掛けたほうがインディアンの戦士たちを有効活用できる。

しかし、砦から離れた場所で戦えば補給の問題が生じる。それに長い距離を行軍すれば、敵に察知される恐れが大きい。したがって、砦に近い場所で待ち伏せて攻撃する策が最善である。

奇襲作戦の詳細が決定される。ボージュ自ら若干の正規兵とカナダ民兵、そしてインディアンの戦士たちを率いて砦から出撃する。イギリス軍が渡河しようとしている時を狙って奇襲を仕掛ける。

作戦の方針が決まった後、次にすべきことは戦士たちに協力を求めることだ。インディアンに命令することはできない。説得して彼ら自身の意思で動いてもらう必要がある。やはりここはインディアンの指導者たちから一目置かれているボージュの出番である。ボージュは、彼らが協力して当然だという態度を決して見せてはならないと知っていた。彼らのイギリスに対する反感と自尊心をくすぐるのが得策である。

ボージュは、イギリス軍を奇襲するという決定をインディアンに伝え、ともに戦ってくれるように求める。ボージュが披露した戦いの歌でその場が盛り上がるが、一人だけ沈黙を保っている男がいる。戦いの歌が終わると、その男が代表してボージュに返答する。

「父よ、あなたは我々を死なせて犠牲にしようとしている。イギリス軍は四、〇〇〇人を超えると聞く。我々は八〇〇人しかいない。それにもかかわらず、イギリス軍を攻撃しようと言う。もちろんあなたは、無理なことを我々に求めているとわかっているだろう。決心を固めたいので明日まで待ってほしい」

翌朝、兵士たちを率いたボージュは、戦士たちと合流すべく野営地に向かう。ボージュを出迎えた指導者たちは、残念ながら同行できないと伝える。それに対してボージュは心の底から驚いたような顔をして言う。

「あなたは父を独りで行かせようとするのですか。きっと私は奴らを打ち破りますよ」

それからボージュの説得が続く。曰く、イギリスは共通の敵であるから協力して撃破しなければならない。もし父であるフランスをここで見捨てれば、戦士たちにとって不名誉なことになるだろう。

説得を受けた戦士たちは、作戦に参加することに同意する。その数六三七人。ボージュ率いる兵士の数は、士官を除いてフランス兵が七二人にカナダ民兵一四六人。つまり、戦力の大部分はインディアンである。

インディアンの説得に時間がかかったので、ボージュの出撃は予定よりも遅れた。その結果、渡河の最中に生じる隙を狙って攻撃するという計画は破棄された。

屍山血河

七月九日未明、イギリス軍の軍営から三〇〇人の前衛部隊が先発する。率いるのは「正直なトム」として兵士たちから親しまれているトマス・ゲージ中佐である。このゲージは、後に北米イギリス軍最高司令官として、独立戦争で最初に植民地人の矢面に立つことになる。その任務は、前もって通路を確保することだ。

ゲージの部隊のすぐ後にホレーショ・ゲイツ大尉が副将を務めるニュー・ヨークの独立中隊が続く。独立中隊はセント・クレア指揮下の二五〇人の作業部隊を警護している。そして、二門の六ポンド砲と荷馬車の列が二〇〇ヤード（約一八〇ｍ）にわたって伸びる。

日が昇った後、ブラドック率いる本隊が出発する。赤痢の後遺症で著しく衰弱しながらもワシントンは、やっとのことで騎乗して将軍に扈従する。おそらく敵はモノンガヒーラ川を見張っているはずだ。イギリス軍は最大限の威容を示して第一の浅瀬に足を踏み入れる。

壮観。それ以外にこの光景を伝える言葉があるだろうか。赤の外套に身を包んだイギリス兵がマスケット銃をきらめかせ、銀の鱗のように陽光を反射する川面に割って入る。勇壮な軍楽が山野にこだまする。兵士たちの顔には疲労の色が見えるが、まるですでに勝利を得たかのような喜色も微かに浮かんでいる。

時刻は午前六時。敵が特に何かを仕掛けてくる様子はない。輝くばかりの軍容で進むイギリス軍に感銘を受けたワシントンは、オームに賞賛の言葉を述べる。しかし、インディアンが奇襲を仕掛けてくるのではないかという一抹の不安がワシントンの心の中でくすぶっている。

正午頃、前衛部隊に続いて本隊が第二の浅瀬を渡る。案内人の説明によれば、第二の浅瀬は難所ではなかったはずだが、そうではなかった。川幅と水深は問題ないが川岸が思ったよりも険しい。高さ十二フィート（約三・六m）はある。作業部隊が緩やかな勾配を築く。大砲や荷馬車を通すためにどうしても必要な作業だ。作業が完了するまで戦闘隊形を取って、兵士たちは不断の警戒に当たる。

川岸で作業部隊を指揮していたセント・クレアは、このまま前衛部隊とともに六ポンド砲を運ぶべきかとゲージに問う。それに対してゲージは断言する。

「いいえ、その必要はないと思います。我々が大砲を使う機会はないでしょう。道を十分に切り開かずに、大砲を引きずって前進するのは大変です」

これまで敵には奇襲を仕掛ける好機が何度もあった。第二の浅瀬の渡河が終わってしまえば敵は好機を失うはずだ。きっと砦に籠城して出撃しないつもりだろう。

それでも心配になったセント・クレアはブラドックに忠告に赴く。先に見える小高い丘が迫る道を指しながら言う。

「あそこは最前線から半マイル［約〇・八㎞］も離れていませんが、敵が攻撃を仕掛けてくるかもしれません」

セント・クレアの言葉に対してブラドックは質問を返す。

「いったいどのような諜報を得たのか」

「閣下がインディアンの族長から得た諜報と同じ諜報です」

ブラドックは少し機嫌を損ねたようで、聞く耳を持たない。将軍の判断を信じられないのか。その一方でセント・クレアは、他人がどう思おうとも気にするような男ではない。セント・クレアの言葉が続く。

「敵は我々の数と配置を十分に知っているはずです。もし自分がフランス人であれば、きっとこの先で攻撃を仕掛けるでしょう。フランス軍士官も同じように考えるはずです」

なおもブラドックは聞き入れようとしない。セント・クレアは懇願する。

「では私が二〇〇人を率いて先にデュケーヌ砦まで偵察に行って正確な情報を持ち帰ります」

これまで軍内で何かといざこざを起こしているセント・クレアをブラドックは快く思っていない。結局、セント・クレアの懇願は拒絶される。

こうしている間に緩やかな勾配を築く作業が完了する。これで先に進める。ブラドックは、行軍隊形に戻って前進を再開するように命じる。すでに前衛部隊は、露払いを務めるために先発していた。道路を整備する作業部隊がそれに続く。

ワシントンも渡河を無事に終えて、川岸に立つ一軒の廃屋を見た。その廃屋は交易商人のジョン・フレーザーの家で、かつてワシントンが使者としてル・ボーフ砦に赴いた行き帰りに立ち寄ったことがあった。今は焼け落ちて見る影もない。

五〇〇人の本隊は軽騎兵隊を先頭に砲兵隊が続き、その次にブラドックが幕僚とともに馬を進める。そして、最も多くの兵士たちに左右を守られて、牛、駄馬、荷馬車、そして、五〇人の女たちがゆっくりとブラドックの後を追う。彼女らの大半は兵士の妻だ。

ハルケット率いる部隊が後詰を務める。名目上の指揮官はハルケットであるが、実質はアダム・スティーヴン大尉率いるヴァージニア兵から構成される。さらに軽騎兵が周囲に散って警戒に当たっている。

強い日差しが木々の間を貫いて兵士たちの背中を焼く。渡河が無事に終わって兵士たちは緊張を緩めている。

「敵兵。敵兵が二〇〇ヤード（約一八〇m）先に」

先頭を進んでいた案内人が青ざめて戻って来る。

一人の士官がすぐに馬を走らせて前方を視察する。そして、三〇〇人程度の敵軍がいるのを確認する。士官の目に、インディアンの戦士のように肌脱ぎになったフランス軍士官の姿が映る。士官の証である新月形の頸章を身に付けていることからそれとわかる。フランス軍士官は帽子を振って攻撃の合図を送る。それは指揮官のボージュであった。

すぐに戦闘が始まる。ゲージは、ただちに銃剣を装着するように擲弾兵に命じる。擲弾兵は命令に従って地面に膝を付き、素早く銃剣を装着する。そして、戦闘陣形が組まれ、一斉射撃がおこなわれる。一斉射撃を受けたカナダ民兵は恐慌に陥り、「各自で身を守れ」という命令を聞いて、塹壕から後退して左右に散る。

擲弾兵の斉射は三回を数える。その中の数発が陣頭指揮を執っていたボージュの生命を奪う。残りの敵軍も森の中に姿を隠してしまった。擲弾兵は「国王万歳」と喝采を上げる。

ボージュが戦死したことで、全軍の指揮はダニエル＝ジャン・デュマ大尉に引き継がれた。デュマは奇襲が失敗に終わったと思ったが、それでも諦める気はない。そこでまだ落ち着きを保っている兵士たちと戦士たちに「ともに踏みとどまって戦おう」と呼びかける。ボージュを慕っていた戦士たちは復讐を誓う。兵士たちと戦士たちは、三々五々に散開して銃撃を再開する。インディアンの恐ろしい鬨《とき》の声が響く中、飛来する銃弾に気圧されて、擲弾兵は喝采を上げるのを止めた。

擲弾兵の一斉射撃を浴びて後退した者たちも、仲間が奮戦しているのを知って戻って来る。イギリス軍が警戒に当たらせるために側面に配置していた軽騎兵が真っ先に犠牲になる。見えない敵からの銃撃にさらされて、イギリス軍の前衛部隊に混乱が広がり始める。今が好機と見たデュマは、そのままイギリス軍を三方から包囲するように命令する。

前衛部隊から四分の一マイル（約〇・四㎞）後方にいたブラドックも、銃声と兵士たちの喝采を聞いて戦闘が起きたことを悟った。どうせ少数のインディアンが襲撃を仕掛けてきただけで、きっと前衛部隊が蹴散らしてくれるだろうと高を括っていたブラドックであったが、念のために戦闘陣形を取るように命じる。副官が前方の様子を視察するために馬に一鞭入れる。

すぐに戦闘が終わるだろうと思っていたブラドックであったが、一向にその気配はない。それどころか銃声は激しくなる一方だ。ブラドックは、ラルフ・バートン中佐に一隊を率いて増援に向かうように指示する。そして、残りの部隊に荷馬車と駄馬を守って待機するように命じる。副官はなかなか帰って来ない。苛立ったブラドックは自ら前方に馬を飛ばす。ブラドックの後にワシントンやオームなど幕僚が続く。ハルケットが代わって残りの部隊の指揮を執る。

前方では、ゲージが後方から届いた六ポンド砲で葡萄弾を発射するように命じていた。しかし、姿を隠した敵にはほとんど効果はない。葡萄弾は虚しく宙を叩く。敵の所在を示すのは立ち昇る硝煙だけだ。

前衛部隊の隊伍は、森の中からの狙撃の格好の的になる。一斉射撃をおこなうための密集陣形が弱点に変わる。敵影に怯えた擲弾兵は、規律を失って、姿が見えない敵に向かって勝手に発砲し始める。士官が制止しても無駄であった。擲弾兵は、なす術もなく次から次に折り重なるように倒れる。

ゲージは陣形を立て直そうと、いったん後退するように命じる。そこへ本隊から派遣されたバートン率いる増援部隊が到着する。後退しようとする前衛部隊と戦闘陣形を組もうとする増援部隊が衝突して混乱が起きる。

この混乱をフランス軍とインディアンが見逃すはずはない。暗い森の中から銃弾が無慈悲に降り注ぎ、イギリス軍の損害はじわじわと増える。作業部隊が道を切り開いていたせいで、イギリス兵はインディアンの銃撃から身を隠す物を見つけられない。

それでもイギリス軍士官たちは、戦旗を振るってどうにかして混乱を収拾しようと努める。しかし、戦旗の下で兵士たちを叱咤激励する士官たちはすぐに狙撃されて地面に崩れ落ちる。

戦場に到着したブラドックは、兵士たちを小隊に編成し直して前進させようと檄を飛ばすが、混乱を収拾できない。なにしろ道幅は十二フィート（約三・六m）しかない。その狭い場所に、できる限り森の端から離れようと兵士たちがひしめき合っている。

敵が同じ木の陰にずっと留まることはない。ある木の陰から一発銃弾を撃つと、別の木の陰に移って銃弾を再装塡し、さらにまた別の木の陰に移って銃弾を放つ。あるイギリス軍士官は、「ある場所から別の場所へ走って移動するという「フランス軍とインディアンの」異例の戦術によって、我々は右へ左へ引っ張り回された」と記録している。こうした戦術に幻惑されたイギリス軍は、敵の正確な配置や数を把握することさえできない。

そもそも両者は基本的戦術で異なっている。イギリス軍は密集陣形を組んで火力を集中させ、一斉射撃で敵を怯ませ、銃剣突撃でとどめを刺す。個別に敵を狙撃するという発想ではない。銃剣突撃は、マスケット銃が再装塡に長い時間を要することから採用された戦術である。もちろん一斉射撃をおこなわず、小隊に別れて交互に射撃して間断なく銃撃を浴びせるという戦術もあった。ただしそれは隊列が維持され、士官の命令が適切に行き渡る時に限られる。それに対してフランス軍とインディアンは、散開陣形を取って個別に敵を狙撃する。

どちらの戦術にも一長一短がある。イギリス軍の戦術は、開けた場所で正面切って会戦を挑む場合に有効である。そのような戦場では、いかに火力を適切な場所に集中させるかが勝敗を分けるからだ。しかし、森の中のような見通しが悪い戦場では、そもそも火力を集中させるべき適切な場所がない。そのような場所では散開陣形が有効である。火力を集中できないが、確実に一人ひとり敵を狙えば戦力を削げる。

もちろん密集陣形の欠点に気づいた者はイギリス軍の中にもいた。ヴァージニアの民兵たちは、各自で散開して樹陰に身を隠して敵の狙撃を避けようと試みた。ワシントンは、正規兵の部隊も同様の戦法を採用するようにブラドックに進言した。しかし、ブラドックは頑として自説を変えようとしない。その間にも兵士たちは、見えない敵からの銃火に絶えずさらされて次々に斃死する。

ハルケットは、後方から馬を飛ばしてブラドックのもとに駆け寄り、左側に大きく突出して活路を開こうと進言する。しかし、ブラドックは進言を聞き入れず、「持ち場に戻れ」と命令するだけであった。それを聞いてハルケットは決然として言う。

「もし有益な目的のために捧げられれば、自分の生命を惜しいとは思いません。しかし、私の目の前で勇敢な兵士たちが無駄に倒れていくのをただ見ていることはできません」

もはやイギリス軍は一斉射撃すらおこなっていない。恐怖に駆られた兵士たちが命令もなく勝手に発砲する。狭い場所で押し合いへし合いしながら発砲するので、誤射が頻繁に起きる。後に負傷者の手当てをした軍医によれば、摘出した銃弾の中にはイギリス軍の銃弾が多数あったという。

セント・クレアは肩に深い銃創を負う。鮮血が溢れ出る。傷をもろともせず、セント・クレアは乗馬に鞭打ち、ブラドックの姿を探し当てて訴える。

「敗北です。このままでは全滅してしまいます」

ブラドックは戦場の興奮に捉われて耳を貸そうとしない。セント・クレアは憤然と言う。

「傷から鮮血が溢れ出しているので、私の身は長くもたないでしょう。したがって、偽りを言えません」

言い終わるとセント・クレアは、従僕の手を借りて馬の背に戻る。出血で気を失ってしまう恐れがあるので、従僕は主人の身体を馬に縛り付ける。


フランス軍とインディアンはしだいに包囲の環を広げ、後方で荷馬車と駄馬を守っていたハルケットの部隊にも攻撃を仕掛ける。ハルケットは戦闘陣形を組み、十二ポンド砲を発射するように兵士たちに命じる。しかし、前衛部隊と同じように、十二ポンド砲は森の中に潜む敵にはまったく効果がない。

戦いの最中、膝に銃弾を受けて負傷した一人の戦士が木の陰で座り込んでいる。戦士の目に陣頭指揮を執るハルケットの姿が映る。戦士は苦痛に顔を歪めながら銃を構え、狙いを定める。

クリストファー・ギストがそれに気づく。しかし、今、銃弾を発射したばかりだ。ギストが再装塡している間に戦士は発砲する。戦士が放った銃弾はハルケットに致命傷を与える。次の瞬間、ギストの銃が火を噴き、戦士の生命を奪う。

末息子のジェームズ・ハルケットが致命傷を負った父を助けようとして駆け寄る。しかし、容赦なく降り注ぐ銃弾を頭に受けて、あえなく戦死する。そして、まるで銃弾から庇おうとするかのように倒れた父の上に覆い被さる。

日はかなり傾いている。時刻は午後四時を回っている。戦闘が始まってから三時間以上経つ。

兵士たちを自ら叱咤するブラドックは、当然ながら何度も狙われた。将軍の華麗な軍装は兵馬倥偬《へいばこうそう》の中でも目立つ。五度もブラドックは馬を失った。生き残った士官たちも勇敢に戦おうとしたが、何をどのように命令すればよいのか混乱しているようだ。多くの兵士たちは、互いを盾にしようとただ身を寄せ合って、狙いも定めずに熱病に浮かされたように銃弾を発射し続けている。

なんとか苦境を打破しようとブラドックは、一五〇人を割いて右手にある小高い丘を占領するようにバートンに命じる。高台さえ占拠すれば形勢を覆せるかもしれない。丘を登ろうと試みたバートンの一隊であったが、激しい敵の抵抗を受けたうえに、混乱の中で敵軍と誤認され、友軍から銃撃を受ける。銃弾がバートンを傷つける。士官たちは、なおも兵士たちに丘を目指すように叱咤する。しかし、兵士たちは動こうとしない。あまつさえ十二ポンド砲まで奪われる。

おどろおどろしい鬨《とき》の声が耳を聾するがごとく響く。兵士たちは、戦う前からインディアンの恐ろしさを噂していた。もし捕虜になれば、拷問され頭皮を剥がれて殺されると固く信じている。スティーヴン率いる

ヴァージニア連隊が散開して樹陰に身を隠すのを見た正規兵は、民兵が逃亡しようとしていると誤解して、自分たちも後退しようとした。

まだ体調が完全に戻っていないのにもかかわらず軍列に戻っていたワシントンは、「ヴァージニア人の先頭に立ってインディアンを撃退したい」とブラドックに申し出る。ブラドック将軍はワシントンの申し出を拒否する。その代わりにブラドックは、二つの命令を伝えるようにワシントンに指示する。すなわち、新しい一隊を編成して高台を奪取せよという命令と、奪われた大砲を奪還せよという命令である。命令の伝達は副官の重要な任務である。

戦場を駆け回るワシントンに銃弾が容赦なく降り注ぐ。不思議と命中する銃弾は一発もない。まるで見えない盾で守られているかのように。太古の伝説に、神が接吻した者は定められた命運が尽きるまで決して傷つかないとある。この青年将校は神の接吻を受けた者なのか。ワシントンは野砲を見つけると、馬から飛び降りて自ら狙いを定めてとにかく撃ち続けるように砲兵に命じる。しかし、いかにワシントンが奮闘しようとも、一人の力では頽勢を覆せない。

戦闘でワシントンは勇気を持っていることを示した。それは本当の勇気である。本当の勇気とは、恐怖を持たない状態ではない。一切の恐怖を制御して、たとえ明らかな危険があっても職務を遂行し続けることである。

各自に七五発ずつ与えられていた手持ちの弾薬が尽き始める。兵士たちは死傷者から弾薬を取って銃撃を続ける。それもいつまで続けられるかわからない。

混戦の中でブラドックは、事態ここに至ってついに退却を命じる。奪取した大砲から敵が放つ砲弾が降り注ぎ、兵士たちは完全に士気を喪失する。まさに潰走である。一人の兵士は次のように記している。

慌ただしく退却をおこなった。誰もが我先に逃れ、敵が川岸まで我々を追って来て撃ち殺した。川を渡る時に敵が放った銃弾が水柱を作った。男も女も関係なく、最も残忍な方法で頭皮を剥がれ、切り刻まれた。

大砲、食料、弾薬などあらゆる軍需物資が少しも顧みられず遺棄された。命令や書類を入れた重要な文書箱でさえ放置された。軍資金の二万五、〇〇〇ポンド（三億円相当）も置き去りである。

一発の銃弾がブラドックの肺を貫く。馬上から崩れ落ちた将軍の身体を護衛兵が救い上げる。ブラドックは、「古代ローマ人のように死ぬのだ」と自害用にピストルを渡すように言い張る。それを無視してワシントンは将軍の身を荷馬車に押し込み、戦場の外に送り出す。

ようやく虎口を脱した兵士たちはどうなったのか。浅瀬から四分の一マイル（約〇・四㎞）離れた空き地に一〇〇人ほどが集まっている。敵は川の前で追撃を諦めたようだ。負傷した身を引きずりながらバートンは、その場に留まるように声を嗄らして兵士たちを説得しようとしたが、櫛の歯を引くように人影が消えていく。

戦場では銃声がしだいに止む。インディアンの戦士たちの狂喜の声がこだまする。戦士たちを狂喜させたのは何か。戦場に残された大量の軍需物資と負傷兵である。三〇台近くの荷馬車が主人を失ってそのまま残されている。そして、逃げ遅れた女たちもいる。物資を略奪すること、負傷兵の頭皮を剥ぐこと、そして、捕虜をフランス軍士官に売ることは勝者の当然の権利であるとインディアンの戦士たちは考えていた。

デュマは戦士たちを止められない。たとえ「略奪が恐ろしい」ものだと感じても、同盟者である戦士たちの権利を尊重するのは指揮官の役目である。そうしなければ、ブラドックと同じくデュマもインディアンから「悪い男」だと思われてしまう。インディアンの協力を得るためには評判が何よりも重要である。勝利を収めたデュマであったが、酔っ払ったり略奪に夢中になったりしているインディアンの戦士たちのせいで、少数の正規兵を除いて完全に全軍の統率を欠く。

インディアンの戦士たちが脱落して戦力の大半を失ったデュマは、イギリス軍の反撃を恐れた。今、手元に残っている少数の兵士たちだけでは対抗できないかもしれない。そこへ「約八〇〇人の新手」が接近しているという報せが入る。作戦会議を開いたデュマは、士官たちと相談の末、一マイル（約一・六㎞）後退して、イギリス軍の襲来に備えることにした。

ブラドックの命令でワシントンは、四〇マイル（約六四㎞）離れた後方部隊に向かって馬を疾駆させている。負傷兵の治療に必要な物資を前線に送るように伝えるためだ。病後でまだ体調が万全ではなかったのにもかかわらず戦闘中に獅子奮迅の働きをしたせいで、ワシントンは疲労困憊している。それでも馬を走らせることができたのはなぜか。それは任務を果たそうとする使命感がなせる業《わざ》である。

闇夜の中を疾駆する時に遭遇した衝撃的な情景をワシントンは生涯忘れられなかったという。死者、死に瀕する者、路傍の負傷者が助けを求める呻き声、嘆き声、喚き声が至る所から響き、それはまるで敗北に打ちひしがれたイギリス軍の葬送歌のようであった。屍山血河という表現の他にこの情景を適切に示せる言葉はない。

夜の闇は嗅覚を鋭くする。ワシントンの鼻には、血と死の臭いが濃厚に漂う。それでもワシントンは、ブラドックと交わした約束を忘れず、そっと目を伏せて確かめる。自分が託された使命がいかに重要かを。そして、押し寄せる闇を振り払って進む。

七月十日夕刻、ワシントンは、すっかり憔悴して後方部隊の野営地にたどり着く。後方部隊には、先に逃げ出した御者によってすでに敗報が伝わっていた。混乱を極める野営地でなんとか命令が実行されるようにワシントンは取り計らう。負傷兵の治療に必要な物資を早急に手配しなければ、助かる生命も助からない。

翌朝、救護部隊が負傷兵を迎えるために進発した。その中にワシントンの騎乗姿もある。三〇マイル（約四八㎞）ほど行った所で、ブラドックを護送するゲージの部隊に邂逅する。負傷者をいたわるために、後方部隊の野営地で一日間の休息がとられた。

残りの兵士たちは、背後から迫って来るインディアンの戦士たちの幻影に怯えて、ほとんど寝る間もなく退却に次ぐ退却を続けた。実に三〇時間も歩き通しで六〇マイル（約一〇〇㎞）以上を踏破したという。兵士たちがようやく足を止めたのは、かつてギストが住んでいた集落の跡であった。兵士たちは「傷に蛆虫がたかっていたので人間ではなく幽霊のように見えた」という。軍列の中にはギストもいて、懐かしいわが家の廃墟を生きて見ることができた。

ブラドックは致命傷を負いつつも作戦会議を開く。そして、持ち帰れない軍需物資をすべて破棄せよという命令を後方部隊を率いるトマス・ダンバー大佐に下す。敵の手に渡ることを恐れたからだ。

七月十三日、身軽になったイギリス軍は、カンバーランド砦に向けて撤退を開始する。モーガンは荷馬車で負傷者を運んでいる。豪胆な男だ。なぜなら敗報を聞いてほとんどの御者が逃げてしまっていたからだ。

その夜、軍がグレート・メドウズの近くまで来た時のことである。ブラドックは誰ともなしにつぶやいた。

「誰が敗北を考えただろうか。兵士たちの不適切な行動にもかかわらず、士官たちの勇敢で適切な行動に匹敵するものはない」

敗北したにもかかわらず、ブラドックの表情はどこか誇らしげであった。

「次の機会に奴らをどのように撃退すべきかよく考えなければならない」

ブラドック自身に「次の機会」はついに訪れなかった。それがブラドックの最期の言葉となったからである。

ワシントンは、ブラドックから感謝の証として愛馬と従僕を受け取る。埋葬の段取りはワシントンが仕切る。従軍牧師が負傷していたからだ。夜明け前、将軍の遺体は二枚の毛布に包まれ、道の中央に埋葬された。モーガンの荷馬車がその上を通る。ブラドックの埋葬地は、踏みならされて完全にわからなくなった。これで遺体が汚される恐れはない。インディアンが遺体を掘り起こして戦利品として頭皮を剥がすこともないだろう。

後にブラドックのものとされる遺骸が偶然にも発見されて改葬されている。新しい墓所の上に大理石の記念碑が立っているのを今でも見ることができる。

多くの士官たちが死傷した中で無傷で済んだことは、ワシントンが強運の持ち主であったとしか言いようがない。士官たちの死傷率は実に七割以上に達する。士官たちの死傷率が高いのは馬に乗っているのを狙撃されたからだ。作戦に参加した一、四六九人の中でカンバーランド砦まで無事に帰れた者は五〇〇人に満たなかった。戦死者の数は四五六人で負傷者は五二〇人である。それに対してフランス軍とインディアンの連合軍の損害は非常に軽微であり、死者が二〇人で負傷者が二三人にすぎない。

イギリス軍の長い歴史の中でも、これほどの惨敗を被った例はほとんどない。この悲惨な敗北の原因は何か。ブラドックが森林の中での戦いにあまりにも無頓着であったこと、そして、補給線の構築に万全を期さなかったことが最大の敗因である。もしブラドックがインディアンの戦士たちを斥候としてもっと有効活用して、族長たちの忠告に耳を貸していれば、戦いの結果は違っていたはずだ。

七月十七日、ワシントンはようやくカンバーランド砦に入る。ここまで来ればもう安心であった。先に逃れていた兵士たちは異口同音に部隊が全滅したと触れ回っていた。家族が誤報を受けて悲嘆に暮れている恐れがある。そこで翌日、ワシントンは母と兄弟に無事を知らせる手紙を送る。

ここ［カンバーランド砦］に着いた時、私が戦死したという噂が広まっているのを知ったので、この機会を活かして、まず戦死について否定したいと思います。私は全能の神の摂理によって人智を超えて守られました。というのは、あらゆる方面で戦友たちが死んでいく中、弾丸が四発も私の外套を貫き、馬も二頭やられましたが、幸いにも私は一つの怪我もなく乗りきれたからです。

カンバーランド砦は、守備兵と遠征から生還した兵士を合計して約一、五〇〇人の兵員を擁していた。これだけの余力があれば、捲土重来を期せる。しかし、何を思ったのかダンバーは、カンバーランド砦を見捨ててフィラデルフィアまで戻ってしまった。ダンバーが完全に撤退したせいで、フロンティアは無防備で残された。さらに悪いことにモノンガヒーラの戦いの結果、インディアンに対するイギリスの影響力が著しく低下した。敵対する戦士たちが入植地を襲撃する事件が相次ぐ。

その一方でモノンガヒーラの勝利はフランス軍にとって僥倖であった。事実、フランス軍に従軍していたある者は、「兵力の違いを考えると、これはまったく予想外の勝利であった」と記している。フランス軍は後方部隊が退却したと脱走兵から聞き出して斥候を派遣したが、発見できたのは軍需物資が焼かれた跡だけであった。戦果を確認するとデュマはデュケーヌ砦に引き返した。

モノンガヒーラの戦いで植民地人は、たとえ強大なイギリス帝国の正規軍でもフロンティアでは無敵ではないことを知った。例えばフランクリンは、「これまで誇張されてきたイギリスの正規軍の勇気が実はたいしたものではないという疑念を最初に我々に与えた」と記している。

植民地人は、大きな犠牲を払ったイギリス本国に感謝したのだろうか。否、あまり感謝していなかった。例えばある商人は、友人に次のような手紙を送っている。

アメリカで戦争をおこなうのであれば、我々の内閣はアメリカ人を使ったほうがよいでしょう。［モノンガヒーラの戦いにおける」正規兵の行動に関する情報が正しければ、彼らはインディアンを見ればきっと肝を潰してしまうからです。彼らにはイギリス本国に留まっていてもらいたいものです。彼らの恥ずべきおこないは敵を利するだけです。

多くのアメリカ人の心の中に疑問が生じる。イギリス本国の力に頼らず、自力で自分たちの土地を守るほうがよいのではないか。植民地がさまざまな制約を課されながらも本国に従属するのはなぜか。それは本国が安全保障を担っているからだ。あくまで従属は安全保障の対価である。妥当な対価を受け取れなければ、はたして本国に従属する必要があるのか。

その一方でイギリス人は、モノンガヒーラの戦いの後、意気消沈して戦いを諦めたのか。そうではない。むしろ復讐に燃える。フランス軍はモノンガヒーラの戦いで勝利を盗んだ卑怯者である。もしイギリス軍が正面切って戦えば負けるはずがない。ブラドックはフランス軍に謀殺された悲劇の将軍である。なんとしても仇をとらなければならない。

ジョージ湖の戦い

デュケーヌ砦の攻略が失敗した一方で、他に計画された三つのルートはどうなったのか見てみよう。カナダ北東海岸のボーセジュール砦、オンタリオ湖とエリー湖の間の要衝であるナイアガラ砦、シャンプレーン湖南岸の最前線であるクラウン・ポイント砦の三つのルートである。結論から言えば、成功したのはボーセジュール砦の攻略のみである。ただカナダ北東岸は、オハイオ地方から最も離れていて全体の戦況に及ぼす効果は小さい。一七五五年の作戦でイギリス軍は、モノンガヒーラの戦いで被った大失点を取り戻せなかった。

とはいえイギリス軍にまったく得点がなかったわけではない。ジョージ湖の戦いで勝利を収めている。ただ正確に言えば、それは植民地軍がフランス軍を打ち破った戦いである。インディアンの諸部族も両陣営に分かれて参戦している。

先にブラドックから与えられた命令に従ってウィリアム・ジョンソンは、クラウン・ポイント砦を攻略する準備を始める。まずジョンソンがおこなったことは、モホーク族を招集することだ。モホーク族はイロクォイ六部族連合の一角を占める部族であり、ジョンソンと最も関係が深い。ジョンソンは、モホーク族の間でウォーラギヤギイ、すなわち、「偉大なことを成し遂げる男」として知られている。

呼びかけに応じてモホーク族の指導者たちが参集する。しかし、彼らは白人同士の争いに深入りしたくないと思っている。もちろんジョンソンは、そうした指導者たちの心情をよく理解している。そして、インディアンを動かそうとすれば、強制ではなく説得が必要であることも知っている。モホーク族の前でジョンソンの演説が披露される。曰く、モホーク族の土地は保障される。それを自分の名誉にかけて約束する。イギリスとともに戦おう。

演説を聞いた族長のセヤノグインは、ジョンソンに助力することを誓う。そして、戦士たちも戦いの準備を始める。

オールバニーに民兵隊が集結する。ニュー・ハンプシャー、マサチューセッツ、そしてニュー・ヨークと地域は幅広い。その中には、イズラエル・パットナムやフィリップ・スカイラーといった後に独立戦争で将軍として活躍する士官たちも含まれている。

フランス本国からケベックに新たに着任したヴォードレイユ総督とルートヴィヒ・ディースカウ男爵は、イギリス軍の集結を知って作戦を考える。オハイオ地方はあまりに遠い。そこで手近なオスウィーゴ砦が戦略目標に定められる。オスウィーゴ砦さえ抑えてしまえば、オンタリオ湖の制水権を完全に握れる。そうすれば守りを固められるばかりか、補給線の維持が容易になり、デュケーヌ砦を間接的に支援できる。ディースカウは、モントリオールで遠征軍を編成し始める。

機先を制したのはジョンソンである。八月十四日、ジョンソンは、オールバニーの北五〇マイル（約八〇㎞）にあるグレート・キャリング・プレイス、すなわち、「大運送場」に至る。そして、エドワード砦を築く。グレート・キャリング・プレイスは、ニュー・ヨークとカナダを結ぶ交通の要衝である。交易商人がハドソン川を離れて荷物をいったん陸揚げし、連水陸運路をたどってシャンプレーン湖に向かうことからその名がある。なぜそのような面倒なことをするのか。ハドソン川とシャンプレーン湖は直接つながっていないからだ。

ヴォードレイユ総督のもとに報せが届く。ジョンソンがクラウン・ポイント砦からわずか二日の距離に姿を現したという。これは誤報である。その時点においてジョンソンはまだグレート・キャリング・プレイスにさえ到達していない。それはすぐに誤報と判明するが、ヴォードレイユ総督は、クラウン・ポイント砦の守りを固めたほうがよいのではないかと考え直す。そこで、オスウィーゴ砦の攻略に向かう準備をしていたディースカウにクラウン・ポイント砦に向かうように命じる。さらにシャンプレーン湖とジョージ湖の連絡を扼するタイコンデロガを要塞化すれば鉄壁の守りになる。イギリス軍は一兵たりともカナダに侵入できないだろう。

八月二六日、作戦会議を開いたジョンソンは、ジョージ湖畔に向けて北上する。付き従う兵力は総勢一、五〇〇人。モノンガヒーラの戦いの敗報が広まったせいで、モホーク族の戦士たちの間に動揺が走っている。それにモホーク族と近縁関係にあるカグナワガ族がフランス側に加わったという報せも届き、戦意を挫く。しかし、ジョンソンはあまり心配していない。盟友であるセヤノグインがきっと約束を守って、多くの戦士たちを伴って後から駆け付けてくれると信じていたからだ。

出発から二日後の夕刻、ジョンソンはジョージ湖畔に到着する。「すべて深い森に覆われ、一フィート［約〇・三メートル］も開いた土地がない」とジョンソンの記録にはある。したがって、湖畔でまず着手しなければならなかった作業は、土地を切り開くことだ。そして、次におこなったことは、湖の名前をジョージ湖に改名することであった。

読者の混乱を避けるために、ジョージ湖という現在使われている地名をこれまで使ってきたが、実はフランスによってサン・サクラマン湖と先に名づけられていた。それをイギリス国王ジョージ二世の名を冠してジョージ湖に変えた。つまり、イギリスの領有権を明言したに等しい。

八月三〇日、セヤノグインに率いられた二〇〇人の戦士たちが到着する。セヤノグインは、盟友ジョンソンと交わした約束を守った。

ディースカウは、ジョンソンがジョージ湖に向かっていることを知る。さらにアブナキ族の戦士によって連行された捕虜の口からエドワード砦の補強がまだ十分ではないという情報が入る。エドワード砦の奪取。それが最初にディースカウが下した決断である。

擲弾兵に加えてカナダ兵で増強された二二〇人の正規兵、六〇〇人のカナダ民兵、そして、さらに六〇〇人のインディアンの戦士たちで攻撃部隊が編成される。ワシントンがル・ボーフ砦で面会したルガードゥアー・ド・サン・ピエールもインディアンのまとめ役として従軍している。フランス軍は、タイコンデロガから船でシャンプレーン湖を南下する。

翌日、船列はシャンプレーン湖の南端にあるサウス湾に到着する。そこで上陸したフランス軍は、船を守る部隊を残してさらに南下する。そして、エドワード砦から一リーグ（約四・八㎞）の距離に軍営を設ける。

その一方でジョンソンは、クラウン・ポイント砦を攻略する前にタイコンデロガを抑えようと準備を進めている。そして、後方を守るためにジョージ湖畔に簡素な要塞を築くことが作戦会議で決定される。

三人のモホーク族の戦士がクラウン・ポイント砦の様子を探るために出発する。三日間にわたって戦士たちは周囲を探索する。そして、三本の大きな道を発見する。それは新たに踏み固められたばかりの道であった。フランス軍がエドワード砦に向かっているに違いないと判断した戦士たちは、急いでジョージ湖畔に戻ってジョンソンに復命する。即座にジョンソンは対抗策を講じる。エドワード砦に急使が立てられ、歩哨の数を増やし、夜間も臨戦態勢を取るようにせよという指示が飛ぶ。

九月七日午後二時、ディースカウのもとに偵騎が帰還して、エドワード砦の守備兵が砦の外で野営しているという諜報をもたらす。そこでディースカウは夜襲を計画する。夜襲で守備兵を屠って一気にエドワード砦を手中に収めようという作戦である。しかし、インディアンの族長たちは、ディースカウの作戦に同意しなかった。結局、ディースカウは夜襲を諦めざるを得なかった。そのままエドワード砦の北三マイル（約四・八㎞）に野営する。

イギリス軍の脱走兵が捕らえられ、ディースカウの前に引き出される。ディースカウの尋問に対して脱走兵は、ジョンソンがジョージ湖畔に滞陣していると答える。しかもまだ十分に防備を整えていないという。ディースカウは、ジョンソンに狙いを定める。

九月八日早朝、ジョンソンは作戦会議を招集する。フランス軍の正確な位置はわからない。しかし、このままエドワード砦を放置できない。ジョンソンは、まさかフランス軍の目標がエドワード砦ではなく、自分に向けられているとはまったく思っていない。まずジョンソンが口火を切る。

「とりあえず、五〇〇人の援軍を送るのはどうだろう。同時に五〇〇人の部隊をサウス湾に派遣して、そこに残されているフランス軍の船を奪う。そうすれば、フランス軍は容易に帰還できなくなる」

セヤノグインはジョンソンに問われて答える。

「戦うには少なすぎるが、全員はやられないだろう」

そこでジョンソンは、援軍の数を二倍の一、〇〇〇人に増やす。さらに全軍を三つに分けるという提案がジョンソンの口から漏れる。

するとセヤノグインは数本の矢を取ってきて、その中の一本をジョンソンに渡す。そして、折れるかどうか試すように求める。矢は簡単に折れた。今度は三本の矢をジョンソンに渡してセヤノグインは言う。

「三本を一緒にすれば折れないだろう。しかし、一本一本であれば簡単に折れる」

つまり、各個撃破されるような愚を冒すべきではないということだ。ジョンソンはセヤノグインの忠言を受け入れる。

午前八時、わずかな兵力を残してほぼ全軍が湖畔の軍営を出立してフランス軍の迎撃に向かう。指揮官はエピレイム・ウィリアムズ大佐、副将はネイサン・ホワイティング中佐である。セヤノグインも騎乗してモホーク族の戦士たちを率いる。ジョンソン自身は湖畔の軍営に残る。

ウィリアムズは、二マイル（約三・六㎞）先にある小池で兵士たちに停止を命じる。隊列が乱れて遅れる兵士がいたからだ。これから先は二つの丘陵の間を縫う峡谷の道を進まなければならない。奇襲を受ける危険性がある。しかし、偵騎は放たれていない。エドワード砦までまだかなりの距離があるのでまさか敵軍がいるとは思っていなかったからだ。

先に相手の動きを察知したのはフランス軍である。脱走兵からイギリス軍の戦力を聞き取る。ただちに戦闘陣形が組まれる。カナダ民兵を右翼に、インディアンを左翼に展開する。正規兵は少し後方の中央に陣取る。埋伏して敵軍を待ち、一斉に三方から奇襲を仕掛けて殲滅しようという作戦である。

十時過ぎ、セヤノグイン率いるモホーク族の戦士たちは、フランス軍の潜伏場所までやって来る。敵軍はまだ先にいるものだと思い込んで誰も警戒していない。

一発の銃声が運命を変える。いったい誰が放ったのか。身を潜めていたカグナワガ族の戦士の一人が、近縁関係にあるモホーク族の戦士たちの姿を見て、警告するために空砲を撃ったのか。もしくは単なる銃の暴発であったかもしれない。

すぐに鬨《とき》の声が続き、木の陰や岩の後ろからマスケット銃が火を噴く。ウィリアムズは、兵士たちに散開して大きな岩を盾にして戦うように慌てて命じるが、その直後に銃弾に倒れる。セヤノグインも落馬して銃剣に貫かれる。副将のホワイティングが指揮を引き継ぎ、撤退を開始する。

銃声はジョージ湖畔にも届く。ジョンソンは、すぐに兵士たちを叱咤して防壁を築かせる。時間がないので防壁とは名ばかりのものだ。要塞を築くために準備していた丸太を手早く軍営の周りに半円状に配置する。後方は湖面なので心配する必要はない。

しだいに近づく銃声を聞いてジョンソンは、味方が追撃を受けていると判断する。三〇〇人の一隊が友軍の支援に向かう。しばらくして、奇襲を逃れた兵士たちが助けを求めて軍営になだれ込む。混乱に陥った軍営でジョンソンは剣を抜き放ち、「彼らを通してやれ」と怒鳴って事態を収拾する。

ディースカウは、逃げる敵を追ってそのまま湖畔の軍営を蹂躙しようと目論んでいた。軍営から半マイル（約〇・八㎞）離れた場所でいったん隊列を整えて好機をうかがう。しかし、インディアンの戦士たちは、小高い丘に陣取ったまま遠巻きにするだけで動こうとしない。なぜ彼らは動こうとしなかったのか。まず彼らをまとめていたサン・ピエールが先ほどの戦いで戦死していたことに加えて、周囲に防壁を巡らせて待ち構えている敵を攻撃するのは、インディアンの戦いの流儀ではない。それにもう十分な戦果を得たので、帰心矢の如しである。

しびれを切らしたディースカウは、正規兵を率いて、防壁から一五〇ヤード（約一四〇m）まで迫る。そこでインディアンの支援を求める。しかし、応答はない。

「強襲」

ディースカウの命令が戦場に響き渡る。正規兵は支援がないまま単独で銃剣を構えて吶喊する。

正規兵が防壁からの距離を半分に縮めた時、中から一斉射撃がおこなわれる。さらに大砲が火を噴く。それを後方で見ていたカナダ民兵とインディアンは、すぐに散開して木々の間に隠れてしまう。正規兵は擲弾兵を主体とする精鋭である。容赦なく降り注ぐ砲弾の下でも怯まずに一糸乱れず撃ち返す。しかし、丸太の切れ端を跳ね飛ばしただけで、防壁の中の敵兵にほとんど打撃を与えられない。

正規兵の奮戦を見てカナダ民兵とインディアンの戦士たちもようやく動き始める。防壁の周囲は切り開かれている。木々の間に身を隠して発砲する戦術は使えない。そこでカナダ民兵と戦士たちは、倒木の陰に身を潜めて防壁の中の兵士たちと熾烈な銃撃を交わす。

さらに戦士たちの一隊が防壁の腹背に回り込もうと試みる。しかし、沼沢地に足を取られて思うように進めない。そこへ砲弾が撃ち込まれる。戦士たちは後退するしかなかった。

ディースカウは、足に銃弾を受けて負傷した。立てなくなって木に背中を預けて座っている。それを見た副官は、なんとかしてディースカウを戦場から離れさせようとする。しかし、ディースカウは、断固として戦場に留まると言い張り、再度、軍営に突撃を仕掛けるように擲弾兵に命令せよと指示する。仕方なく副官は、ディースカウを安全な場所に移すように従僕に言い含めると、命令を伝えるべく駆け去る。

命令通り再攻撃に備えて隊列を組み始めた正規兵であったが、疲弊しているせいで立つのがやっとの状態である。これでは防壁を突破するのは無理である。撤退を開始した正規兵の耳に、戦場からの離脱を拒むディースカウの声が響く。おそらく相手は従僕だろう。

五時頃、日が傾く中で銃火はほぼ止む。ジョンソンは、兵士たちに軽挙妄動を戒める。フランス軍が防壁の中から誘い出そうとしているのではないかと疑っていたからだ。しかし、多くの民兵が命令を無視して勝手に防壁から出て森の中に姿を消す。何か略奪できる物はないか探すために。

その中の一人が木に寄りかかっているディースカウを発見する。他に人の姿はない。従僕に取り残されたのだろう。民兵の姿に気づいたディースカウは、発砲しないように求めた。しかし、それが通じなかったのか、銃撃を受ける。そこへ士官がやって来て、ディースカウの身柄を引き取る。ディースカウはジョンソンのテントに連行される。そこが一番安全だったからだ。そのまま放置すれば、モホーク族の戦士たちにディースカウの生命は奪われてしまっただろう。戦死したセヤノグインの復讐のために。実際、ディースカウがテントに運び込まれ治療を受けたと聞いた戦士たちは、ジョンソンに身柄を引き渡すように詰め寄っている。ジョンソンは戦士たちの要求を聞き入れなかった。

遥か遠く離れたエドワード砦でも砲声が聞こえた。さっそく一隊が出撃する。戦場の近くまで来た時、道に打ち捨てられた荷馬車が見つかる。さらに進むとカナダ民兵とインディアンの戦士たちが小池のほとりで休息しているのに遭遇する。総勢三〇〇人余り。それは、激戦がおこなわれていた湖畔から離れて、朝の戦いで遺棄された死傷者の持ち物を狙いに来た者たちであった。

彼らは、もう戦いは終わったと気を緩めていた。それに朝から二度の戦闘を経て疲弊している。そこへ新手の部隊の攻撃を受ける。戦いの結果はまるで一方的な虐殺であった。投げ込まれた死体によって赤く染まった小池は、ブラッディ・ポンド、すなわち「血の池」と呼ばれるようになったという。

こうしてジョージ湖の戦いは終わった。ジョンソンが作成した報告によれば、フランス軍の死傷者は五〇〇人以上である。その一方で、植民地軍とモホーク族の損害は死者一六〇人、負傷者一〇三人、そして、行方不明者六七人である。

ジョージ湖の戦いの勝利は小さいが非常に重要であった。南下を阻まれたフランス軍は、オールバニー、そしてニュー・ヨークに至る侵攻をいったん断念した。その一方でイギリス軍は、カナダの重要都市であるモントリオールへの道を次の作戦に向けて開いておくことができた。そして、何よりもモノンガヒーラの戦い以後、意気消沈していた人びとの士気を回復させた。

さらに重要なことは、植民地軍がインディアンの力を借りたとはいえ、自力で正規軍であるフランス軍を破ったということだ。ジョンソンは一躍、英雄となる。国王はジョンソンの功績を嘉《よみ》して男爵に叙任した。フレンチ・アンド・インディアン戦争に参加した植民地人の中で最大の功労者はジョンソンである。

しかし、ジョンソンは、クラウン・ポイント砦の攻略という本来の作戦目標を達成できずに終わる。そこでジョージ湖畔にウィリアム・ヘンリー砦を建設して次の作戦に備えた。今後、このウィリアム・ヘンリー砦が両軍の争奪の的になる。

規律こそ軍隊の魂

一七五五年七月二六日、ワシントンは懐かしいマウント・ヴァーノンにようやく帰ることができた。その時の気持ちをワシントンは兄オースティンに次のように語っている。

冬に旅をしましたが、そんなことをしようとする者はほとんどいないか、皆無だと私は思います。私はそれで何を得たでしょうか。私が負った費用はいったいどれだけになるでしょうか。一握りの兵士たちをオハイオ地方へ赴かせるために、私は少ない給与で任命を受けました。私がそれで何か得られたでしょうか。軍事作戦のために必要な物資を供給して装備を整えるためにかなりの費用をかけた後で、私は出動して完全に打ち破られ、すべてを失ってしまいました。帰って来ると、私から辞令が取り上げられ、本国からの命令という勝手な理由で指揮権を剥奪されたのはなぜでしょうか。それから私は、ブラドック将軍のもとへ志願兵として赴き、私のすべての馬とその他の多くの物も失いました。しかし、これは私が自発的にやったことなので、不満を言うべきではありません。もう軍務に服してから二年近くが経ちますが、こうなるのであれば、最初から軍隊に入らなければよかったと思います。

このようにワシントンの心中は不満でいっぱいであったが、二年間の軍務はまったく無駄ではなかった。過酷な試練を経ることでワシントンの精神は鍛えられた。モノンガヒーラの戦いの敗北から「狡猾な敵の裏をかくためには適切な諜報以上に必要なものはない」ことを学んだ。さらにワシントンは、「森の中で散開して戦うインディアンに対して密集陣形を組んで向き合うことは狂気の沙汰である」と言っている。つまり、状況に応じて有効な戦術を選択しなければならないという教訓も得た。

他にもモノンガヒーラの戦いでワシントンが得たものがある。名声である。モノンガヒーラの戦いにおける勇敢な振る舞いによって、ワシントンの名前は、ヴァージニアだけではなく、全植民地で勇敢な軍人として知られるようになった。

ディンウィディは、ワシントンの「勇敢な行動」を褒めそやす。ウィリアム・フェアファックスから届いた手紙には「英雄のような勇気」と記されている。フランクリンも「すべての人びとがあなたの指揮の下で喜んで危険に身をさらすだろう」と言う。数々の賞賛の中で最も嬉しかったのはサリーの手紙だろう。サリーは冗談めかしてワシントンを叱責した。

神のおかげであなたは無事に帰って来ることができました。私たちは、あなたが今夜、会いに来てくれない不親切さを非難しなければなりません。残念なことに今夜、私たちもマウント・ヴァーノンに行けません。ですから私たちは満足できません。もし明朝もあなたが私たちの所に来なければ、私たちがマウント・ヴァーノンを訪れるでしょう。

手紙の中で「私たち」となっているのは、サリーが用心のために二人の友人と連名で手紙を出したからである。サリーの態度を見ると、無邪気な女などどこにいようかと思えてくる。産着を脱ぎ捨てた時から女は誰しも美しく装い、男を惹き付ける術や、惹き付けておきながら殺す術を学んでいるし、どの武器が傷を負わせ、どれが死をもたらし、どれが傷を癒して生命を蘇らせるかも知り抜いているものなのだ。それがサリーという女の本質である。

イギリス軍が大敗した後、北アメリカ植民地の人びとは、フランス軍やインディアンがすぐにも襲来するのではないかと恐れる。ヴァージニアでも、敵対するインディアンの襲撃から入植者を守ろうという機運が高まる。

八月四日、ディンウィディ総督代理は、植民地議会を招集して今後の対策を協議する。ブラドックが敗死したことに加えて、ダンバー大佐もカンバーランド砦を見捨ててフィラデルフィアまで戻ってしまったことにヴァージニア植民地議会は困惑していた。イギリス本国の目もカナダに向けられてしまって、早急な支援は望めそうにない。そこで議会は、敗退したイギリス軍の穴埋めをするために、ヴァージニア連隊を再編成して、四万ポンド（四億八、〇〇〇万円相当）を拠出することを決定した。

八月十四日、駿馬にまたがった丈高き青年将校がローリー亭にやって来る。駑馬に乗った召使を従えている。馬の腹には泥はねがこびり付いている。降り続いた雨で道が泥濘と化すのは珍しいことではない。

ローリー亭は、ウィリアムズバーグに来たことがある者であれば知らぬ者のいない場所である。ウォルター・ローリーの胸像が麗々しく扉の上に飾られているのが看板代わりだ。ローリー亭は単なる居酒屋ではなく、現代で言えば多目的文化施設である。酒を提供する場所があるのはもちろんのこと、応接間、会議や舞踏会に用いる部屋もある。劇場の観覧券が売られ、奴隷の競売もおこなわれた。

居酒屋にいた人びとは、入って来る青年将校を見つめる。その名前を知らない者はほとんどいない。この日よりも「ワシントン大佐」という名前が人びとの口に上った日はないだろう。総督代理がこの若者をヴァージニア全軍総司令官に任命したのだ。それも士官を任命する権限、兵士を徴募する権限、そして、経費として年間一〇〇〇ポンド（一二〇万円相当）を請求する権限など、これまでにはなかった権限とともに。

九月十四日、晴れて司令官となったワシントンは、さっそくウィンチェスターに向かう。ウィンチェスターはいわゆる衢地《くち》である。四方からあらゆる道路がここで交差して、植民地とフロンティアをつないでいる。

フェアファックス卿が住むグリーンウェイ・コートはウィンチェスターのすぐ近くだ。フェアファックス卿は、郡の統監として騎兵隊を組織して調練を施している。必要に応じてフェアファックス卿の助言や支援を仰げる。

ワシントンは、ウィンチェスターの近くに新たに築いたディンウィディ砦を本営とする。その一方でカンバーランド砦には、中佐に任命されたアダム・スティーヴンが駐留する。ワシントンが軍務に関することで任地を離れてウィリアムズバーグに向かった時、そのスティーヴンから急報が入った。

カンバーランド砦の状況は最も悪化しています。住民との連絡を絶たれました。インディアンの動きから判断すると、我々の周りには約一五〇人のインディアンがいるようです。［中略］。彼らは一日中、辺りをうろついて乱暴を働いているようですが、姿を見せることはありません。しかし、残忍な殺人と荒廃が蔓延していて、その恐ろしさはこれまでに聞いたことがないようなものです。彼らは若い女性を連れ去って野蛮な情念を満たすだけではなく、生命を奪っています。燃えている農園から立ち昇る煙が太陽を遮り、近隣の山々を我々の視界から隠しています。

急報を受けたワシントンは、六〇人の兵士をカンバーランド砦に先行させた後、ウィンチェスターに戻る。出撃して敵を打ち負かそうという呼びかけに応じたのは、わずか二五人の民兵だけであった。その他の者たちは、家族を放置して出撃できないと言い張って動こうとしない。

そこでフェアファックス卿に支援を求める急使が放たれる。きっとフェアファックス卿は民兵をすでに集めているはずだ。さらに敵の数を確認するために斥候が四方に散る。その一方で鍛冶屋は武器の整備に取りかかる。

他にも物資を集めるために荷馬車が出発する。とはいえそれは容易なことではない。荷馬車の御者がなかなか言うことを聞かない。ブラドックの遠征時に十分な支払いを受けられなかったという話を御者が聞いていたからである。ただ働きはごめんだというわけだ。それにいつインディアンの攻撃を受けるかわからない。結局、ワシントンは、剣を抜いて命令に従うように強制しなければならなかった。

インディアンが十二マイル（約十九㎞）先まで迫っているという報せが入る。付近の家屋が襲撃されているという。そこでワシントンは、街の防備を固めるために到着したばかりの兵士を各所に配置する。敵情を探るために斥候が送り出される。

不眠不休の一夜が過ぎた後、インディアンが四マイル（約六・四㎞）先まで迫って、手当たりしだいに住民を殺戮しているという情報がもたらされた。ワシントンは、四〇人の兵士を率いて、自らその現場を確かめるために街を出る。

現場に到着したワシントンは半ば呆れてしまった。そこにいたのはインディアンですらない。三人の酩酊した兵士が口汚く罵言を吐きながら、時折、何かを思い出したかのように銃を乱射しているだけであった。ワシントンは、彼らを捕縛するように命じて街に戻る。

付近の家屋が襲撃されているというのも誤報だとわかった。それにもかかわらず、我先にブルー・リッジ山脈を越えて逃げようとする人びとが後を絶たない。ウィンチェスターが炎上していると言う者さえいた。人から人へ伝染した恐怖は増幅され限りなく広がっていく。ワシントンは、近隣にインディアンはいないという布告を貼り出して、街の人びとを落ち着かせる。

しかし、人びとの心配は必ずしも杞憂ではなかった。劫掠に手を染めていた一五〇人ほどのインディアンが戦利品を奪って退却中という報せが入る。それはスティーヴンが最初に報告したインディアンだった。危機は偽物ではなかった。

カンバーランド砦に向かう途中、ワシントンは、農園が焼かれ、その主が殺害されているのを見る。隣人が遺体を埋葬したようだが、狼に掘り出されて食べられたようだ。さらに頭皮を剥がれた死体が次々に発見される。

スティーヴンと合流したワシントンは、カンバーランド砦を拠点に近隣住民の救済に当たる。無人になった農園で収穫を待つ穀物を兵士に刈り取らせる。農作業をする農夫に護衛を付けて安心させる。斥候を送り出してインディアンの動静を探る。どうやら問題の一隊は、アレゲーニー山脈の向こうに去って行ったようだ。

これまでヴァージニア植民地は、安全保障という政府の重要な義務をほとんど果たしていなかった。草創期から一世紀以上が経ち、植民地の存亡に関わるような深刻な危機が起こらなくなっていたからだ。

安全保障が蔑《ないがし》ろにされていた状況で、ワシントンはフロンティアの防衛を引き受けた。ワシントンの任務は、約三〇〇人の兵士で三五〇マイル(約五六〇km)にもわたるフロンティアを防衛するという難行である。

防衛には兵士が必要だが、募兵は簡単なことではない。兵役は名誉ある仕事とは考えられておらず、最も貧しい人びとでさえ兵役を忌避した。名誉ある仕事とは考えられていない仕事を真面目に遂行する者はあまり多くない。兵士たちはしばしば課せられた任務に不平を漏らすばかりか、何か厄介事があるとその場から逃げてしまう者さえいた。

ヴァージニア連隊の兵士の日給は、わずか八ペンス(四〇〇円相当)で、しかもその中から軍服の代金が二ペンス(一〇〇円相当)差し引かれた。現金収入を得ることが難しい時代とはいえ、あまりにも少ない。そのためヴァージニア連隊から脱走する者が後を絶たなかった。

兵士の脱走を放置することはできない。兵員が不足すればフロンティアの防衛に支障が出る。ではどうすればよいか。まず待遇の改善が考えられる。しかし、ヴァージニア植民地議会議員の多くが、自分たちは戦争に何の関わりも持たないと思い、ディンウィディを中心とするオハイオ会社の関係者が事態を悪化させているだけだと見なしていた。したがって、多くの政治指導者は、多額の軍資金を費やす必要性を感じていない。軍資金の出し渋りの皺寄せを食ったのが兵士たちである。

軍隊を指揮するに当たって、ワシントンはカエサルの『ガリア戦記』やアレクサンドロス大王の伝記などを読むことで軍事技術を学ぶ。士官たちにも「［読書によって］軍事知識を得るための時間を割り当てることを忘れないように」と指示している。さらに軍隊内での日々の命令を逐一記録し、「規律こそ軍隊の魂である」と考え、軍紀粛正を図る。ヴァージニア連隊をイギリス正規軍に匹敵する軍規と能力を持つ部隊に鍛える。それがワシントンの目標であった。

当時、民兵の規律と装備は劣悪であり、その改善を図らなければ勝利は覚束ない。士官の中には物資を着服する者さえいた。まず士官たちの教育から始める必要がある。ワシントンは、「辞令によって士官になれるのではなく、行動によって士官になれること、そして、士官は肩書以上のものを期待されることを忘れないように」と訓示している。士官は兵士たちの模範にならなければならない。賭博、馬鹿騒ぎ、口論、悪罵、飲酒などを慎まなければならない。良質な士官が率いる部隊は勇敢な部隊になり、悪質な士官が率いる部隊は臆病になる。士官は、与えられた義務の遂行に専念しなければならない。

司令官は、将兵に親愛の情を抱かせるように接しなければならない。しかし、同時に一定の距離を保たなければならない。司令官に必要な威厳は、一定の距離があってこそ生じるものであり、親愛の情が馴れ合いになってしまえば威厳は保てない。そして、必要に応じて鞭打ちや絞首刑で兵士たちの不服従を厳しく罰しなければならない。それがワシントンの信念であった。

脱走兵は、鎖でつながれ暗室に押し込められ鞭で打たれる。鞭打ちでも脱走を止められなければ、最後は絞首刑になる。絞首刑は、高さ四〇フィート（約十二m）の絞首台でおこなわれた。銃殺は名誉ある処刑法であって、処罰の意味を持たせようとすれば絞首刑と決まっている。それにしても絞首台の高さは異様である。絞首台は身長よりも高ければ用が足りる。これだけの高さにしたのは、誰もが処刑を見られるようにするためである。見せしめであることは明白だ。ワシントンは、「寛大な処置は望ましい効果を生み出すどころか、悪辣なおこないを唆すだけにすぎません」とディンウィディ総督代理に宛てた報告に書いている。

ワシントンの考えでは、服従の精神にまったく慣れていない者に規律を叩き込むには恐怖で縛るしかない。現代の我々の目からすれば、ワシントンの処置は過酷に見える。しかし、当時の基準からすれば、そうとは言えない。そもそも民兵隊の軍規はほとんどないに等しい。反乱と脱走に対して死刑が課されると決められていた程度にすぎない。敵との通謀や歩哨を務める際の居眠りなど、ヨーロッパの軍隊であれば、通常、死刑になる違反行為に対して何の罰則も定められていない。兵舎の割り当てや危急の際の荷馬車の徴発など軍務に伴って絶対に必要となる事項に関しても何の規定もない。

ワシントンは、軍規をほとんど何もないところから築き上げなければならなかった。さらに司令官の任務は非常に多岐にわたった。正規軍であれば、高度に分化された部署が軍隊の運営に必要な庶務を処理してくれる。しかし、民兵隊にそのようなものはない。士官の任命、指揮系統の決定、軍営建設の監督、訓練の実施、武器弾薬の収集、食料の調達、軍服の作製、輸送の手配、給料の支給。それらをすべて司令官がこなさなければならない。

細々とした実務は、遺漏を許さない几帳面な性格のワシントンに向いていた。そして、こうした経験は、軍を一つの組織として運営する手腕を養った。それは後の独立戦争で非常に役に立つことになる。

三都物語

ワシントンは、ヴァージニア連隊がイギリス軍の正規兵に編入され、自身もイギリス軍士官になりたいと切望している。軍人として、そして、イギリス臣民として国王から親しく栄誉と恩寵を与えられることがワシントンの夢であった。その夢を実現するには、まず正規軍の士官にならなければならない。

正規軍の辞令を持っていなければ、いろいろ不都合なことがある。イギリス軍の階級と民兵隊の階級が別々に存在していたために、指揮系統の中で階級の上下がしばしば問題となったからだ。それはワシントンが一時退役した理由の一つであったが、その後もそうした問題は解決されていない。

ワシントンから指摘を受けたディンウィディであったが、もはや自力では解決できないと悟る。指揮系統の問題は複雑な問題であり、ヴァージニア植民地だけの問題ではないので総督代理の権限では解決できない。そこでディンウィディは、マサチューセッツ総督ウィリアム・シャーリーに相談する。

シャーリーは初老の法曹家であり、ワシントンによれば「紳士にして偉大な政治家」であり、かつてジョージ王戦争において戦功を立てた経験を持つ。戦雲が立つのを悟って再び剣を取り、ブラドックの死後、北米イギリス軍最高司令官を臨時に引き継いでいた。相談の内容は、ヴァージニア連隊の士官たちに正規軍の辞令を与えられるか否かである。

シャーリーの返事はなかなか届かない。しびれを切らしたヴァージニア連隊の士官たちは、正規軍の辞令を求める請願を作成する。ワシントンは、自ら代表としてシャーリーに請願を手渡しにボストンに赴きたいとディンウィディに許可を求める。許可を求めると言ってもあまり穏やかではない。ディンウィディに対してワシントンは、もしこのまま問題が解決されなければ司令官を辞任すると迫っている。ディンウィディは仕方なく許可を与える。

一七五六年二月四日、ワシントンは、シャーリーの裁決を受けるために馬に乗ってボストンへ発つ。アメリカ人が親しんでいた乗用馬は小さいが強健であり、一日に五〇マイル（約八〇㎞）を踏破できたという。ヴァージニアでは、ほとんどの世帯が少なくとも一頭は馬を持っていた。したがって、馬は誰もが使える交通手段だったと言ってよい。

それでも陸路の旅は大変であった。南部から北部へ陸路で荷物を送るよりも、イギリス本国へ海路で荷物を送るほうが安く済んだという。それほど交通事情が悪かった。川にはほとんど橋が架けられておらず、渡し場の料金はしばしば高額だった。それに行き先を知るための標識もほとんどない。せいぜい木に斧で申し訳程度に行き先が刻んであるくらいだ。

途中、ワシントンはフィラデルフィアやニュー・ヨークに立ち寄っている。つまり、ワシントンはこの当時、北アメリカ植民地で最も殷賑を極めた三都を続けて訪れる機会を初めて持った。


「兄弟愛の都市」フィラデルフィアは、ペンシルヴェニア植民地の首府であり、一六八二年に建設された。その名前からわかるように、もともと博愛主義を旨とするクエーカー派によって建設された都市であったが、その宗教的寛容を認める風土によって多くの宗派の人びとが移り住み、数で優るようになった。しかし、秩序と平和を愛するクエーカー派の遺風は色濃く残っている。

〇・六平方マイル（約一・六㎢：皇居より少し広い程度）の市街地に三、〇〇〇軒の家屋が建ち並び、一万八、〇〇〇人から二万人の住民を擁している。碁盤目に道路が整備され、大通りは幅六六フィート（約二〇m）、さらに市場がある大通りは一〇〇フィート（約三〇m）近い。

フィラデルフィアの中心部は、煉瓦造りの優美な邸宅が整然と建つ洗練された街並みである。塀に囲まれた邸宅の中を見るとどうだろう。幾何学文様の植栽に大理石の彫像が据えられた玉石の小道がある。テラスに四阿《あずまや》もある。庭園は、邸宅の主にとって自慢の種であり、客人を誘って一緒にそぞろ歩きをしながら愉快な話に興じる。

邸宅の前には煉瓦で舗装された歩道がある。中央部は馬車用の砂利道になっている。夏には照り返しでかなり暑くなる。しかし、日が傾くと舗装にまかれた水が涼を誘う。男たちはバルコニーに座って夕涼みを楽しみながらタバコを吸う。

夜には淡い光が並木道を照らす。街灯のような立派な物はない。電灯やガス灯はまだなかったので、照明は各家庭の扉の前に吊してある鯨油ランプだけだ。数年前に必要な燃料代を公費で賄う法律がようやく制定されたばかりである。

現在の都市と比べて人口は少ないが、市街地が狭いので過密である点では変わらない。喧噪。それがフィラデルフィアの特徴だ。街の人びとに何かを知らせる手段は鐘である。鐘の音が時刻や市場の開場を伝える。ある学生は、「ここでは四頭立て馬車、軽馬車、二輪馬車、荷馬車、荷車などが出す稲妻のような騒音が絶えず我々の耳を襲います」と友人に書き送っている。しかし、夜の十一時になると静まり返って、夜警以外に誰も出歩いていない。

街一番の大通りであるマーケット通りとフロント通りの辻角にロンドン・コーヒー・ハウスがある。二年前に開業したばかりである。木造の三階建て、屋根裏部屋を含めれば四階建てとかなり大きい。通りに日除けを伸ばしている。日差しが厳しい夏の日には、道行く人びとが日除けの下で足を止めて一息入れる光景が見られた。

シティ亭にお株を奪われるまで、ロンドン・コーヒー・ハウスは商工会議所のような役割を果たしていた。コーヒーのほかにもアルコール類も供する。商人たちや船主たちが集まって取引をおこなう。総督や役人たちが政治談義をする。さらに競売の会場でもある。軒先に樽と板で即席の台が作られ、奴隷はそこに立たされる。買い手が集まって奴隷を検分して入札する。コンサートのチケット売り場にもなっていて、市民は最新の情報を得るために足を運ぶ。

ロンドン・コーヒー・ハウスのような場所は、いわば上流階級の社交場であり街の表の顔である。さて一歩裏通りに入ればどうか。牛、羊、山羊、豚などの動物が我が物顔に徘徊している。そうした動物は裏通りに糞尿を垂れ流すが、掃除する者は誰もいない。そして、犬が通行人や家畜を追い回す。犬の吠え声があまりにうるさく、市民の眠りを妨げたので、当局は市内で大型犬を飼うことを禁じ、そうした犬種が吠えているのを見つけしだい打ち殺すことを許可した。

さらに屋外便所から糞尿が裏通りに漏れ出す。もちろん動物のものではなく人間のものである。住民が食い散らかした動物の骨が放置されている。近郊からフィラデルフィアにやって来たある女性は次のように書いている。

我々は街まで楽しく馬で行くつもりでしたが、まったくそうはならなかった。果樹園と野原の心地良い芳香の代わりに、郊外までやって来るとすぐに不快な悪臭に襲われた。

もちろんワシントンはそのような裏通りに用事はない。気にも留めなかっただろう。ワシントンは、副官と召使をそれぞれ二人ずつ連れて、身を装う瀟洒な品々を買い求めるために煉瓦が敷き詰められた並木道を歩き回る。それにしても建ち並ぶ店の看板の多様さには驚かされる。犬、鷲、冠、剣、修道女、貴族、インディアン。ありとあらゆる図柄がある。文字を読めない者は、そういう図柄を見て店を覚える。

青色牛皮の軍服に帯剣した青年将校を見かけた貴婦人は、優雅にパラソルを傾けて「この辺りでは見かけない格好ね」とつぶやく。フィラデルフィアは出自も宗派も異なるさまざまな人びとが訪れる都市である。

ヴァージニア人が珍しかったわけではない。それでもワシントンの際立った軍装や随従者たちが、淑女たちの目を引いたのである。

服装に対するワシントンの関心は並々ならぬものだ。どのような物を買っていたのか。ワシントン自身の記録から拾ってみると、「銀の縁取りが縫い付けられた最上級の青いゆったりした生地の外套」、「レースで装飾された上質の真紅の胴着」、「金のレースが付いた最上級の真紅の生地の騎乗用胴着」、「金のレースが付いた帽子」、「帽子用の銀のレース」、「背が高い男性用の外套、胴着、そして、ズボンを仕立てるための最上級の青いヴェルヴェットとそれに合った上質の銀ボタン、ズボンのための靴下止めにその他に必要な飾りと裏張り」、「小綺麗な靴を六足」など枚挙にいとまがない。

特に帽子に関する記述は目を引く。当時、帽子は社会的地位を示す非常に重要な服飾品であった。帽子を被らざる者は人にあらず。無帽の者は、自分が社会の除け者だと自ら宣伝するようなものだ。年季奉公人で帽子を持っていない者は、何よりも先に主人から帽子を支給されたくらいである。

服装を気にかけることは虚栄ではない。なぜなら、服装こそ階級を示す最もわかりやすい指標だからだ。この当時の社会では、紳士と庶民の間に厳然とした区分があった。服装を見ればすぐに階級がわかる。したがって、立身出世を目指す若者は、服装に気を配らなければならない。そうしなければ侮られるからだ。ワシントンが服装に気を遣ったのも単なるお洒落ではなく、上昇志向のなせる業《わざ》である。

最終目的地であるボストンは、清教徒の理想郷である「丘の上の街」として建設され、厳格なピューリタニズムの風習に従う港街である。ニュー・ヨークからやって来た船長によれば、「北アメリカの大都市」である。そして、「島」と呼ばれていた。「島」とはどういうことか。現代の地図を広げると、ボストンは三方を水域に囲まれた半島に位置している。しかし、当時の姿は現代とまったく異なる。水域で本土から隔絶され、細長い地峡部で辛うじてつながっていた。満潮時には地峡部が完全に水没して文字通り「島」になることもあった。

街全体の広さはどの程度か。南北に二マイル（約三・二km）の長さに伸びている。東西の幅は狭い所で半マイル（約〇・八km）、広い所で四分の三マイル（約一・二km）である。フィラデルフィアと同じく皇居より少し広い程度だ。その狭い場所に約三、〇〇〇軒の家が建ち並ぶ。三分の二の家屋は木造であり、羽目板で葺かれた屋根を持つ。広壮な邸宅もあり、緑が溢れる美しい庭園で周囲を飾っている。多くの邸宅が二階建てか三階建てで、窓は上げ下げ窓である。煉瓦造りの建物は瀟洒な当世風であり、控え目だがすばらしい装飾が施されている。

主要な街路は石で舗装されている。家畜や犬がうろつき回る中を歩行者や馬車が通り過ぎて行く。交通法規はないに等しい。なにしろ「常に右側通行を守るように」と定めた法律が最初に制定されたのは一七六五年のことである。通り沿いの家は、しばしば操作を誤った馬車によって被害を受けたので、扉の前に木の柱を立てている。

ボストンで最も重要な施設は、その生命線であり経済活動の要である港だ。埠頭に船が着くと、周囲はにわかに慌ただしくなる。税関吏が姿を現す。港湾労働者が荷揚げに取りかかる。仲買商人の指示で船荷は倉庫に運ばれる。そこで小売商人が取引に来るのを待つ。小売商人の手に渡った品物は、車輪の輻《や》のように発達した道を伝って地方まで行き渡る。同時に船が出港する準備も進められる。船乗りの食料として塩漬け豚肉やラム酒が詰まった樽、ビスケットが積み込まれる。もちろん空荷で帰るわけにはいかない。西インド諸島に向かう船であれば、馬、豚、鶏などの家畜、木材、樽板、羽目板、鰊、林檎、チーズなどを積み込んだ。

その一方でイギリス本国に向かう船であれば、主な積荷は西インド諸島の産物や鯨油である。

総督としてボストンに居を構えるシャーリーは、息子がブラドックの副官を務めていた縁でワシントンを温かく迎え、指揮系統の混乱を正すことを約束する。しかし、正規軍への編入を願う士官たちの請願は認められなかった。さらにシャーリーがメリーランド植民地総督をデュケーヌ砦攻略の司令官に任命したことは、ワシントンを落胆させる。ワシントンは自分こそ適任者だと秘かに思っていたからだ。野心溢れる一人の青年として成功を収めたいという強い願望がワシントンの心に宿っていた。

シャーリーとの会見でワシントンは、一七五六年のイギリス軍全体の作戦を知る。まずフランスの補給線を遮断するためにフロントナク砦を攻略する。ニュー・ヨークの安全を確保するためにクラウン・ポイント砦とタイコンデロガ砦を制圧する。カナダに牽制を仕掛ける。そして、デュケーヌ砦の包囲である。これまでの四つの侵攻路とほとんど変わっていない。ただし南部で募った七、三〇〇人の民兵隊の中から三、三〇〇人を割いて北部に転進させる。これはシャーリーが北部の作戦に重点を置いたからである。


ボストンに十日間滞在した後、ワシントンはニュー・ヨークに向かう。その目に映るニュー・ヨークはどのような姿であったのか。

現代の我々は、ニュー・ヨークといえば、マンハッタン島一面に聳《そび》える摩天楼を思い浮かべる。しかし、当時のニュー・ヨークの市街地は、農地や森林が広がるマンハッタン島の南の隅を、まるでペンの先端を濡らすインクのように占めていただけだ。現代の地図で見ると、市街地の北限はせいぜいリード通り辺りまでである。マンハッタン島は、南端のバッテリー公園から北端のキングズ橋まで直線距離で十三マイル（二一km）あるが、リード通りまでは一マイル（約一・六km）しかない。市街地の周囲は四マイル（約六・四km）

で、マンハッタン島全体に占める割合はせいぜい五〇分の一程度にすぎない。東京ディズニー・リゾートと同じくらいの面積だったと言えばわかりやすいだろう。ワシントンが訪れた頃には、その狭い市街地に二、〇〇〇軒から三、〇〇〇軒の家屋があり、出自、宗派、そして生活状態が異なる一万六、〇〇〇人から一万七、〇〇〇人の多様な住民が住んでいた。

ニュー・ヨークは交易で栄えた港街である。インディアンから買い集めたあらゆる種類の毛皮、ラム酒や砂糖などの西インド諸島の産物、木材などがロンドンに輸出される。それと引き換えに、ロンドンから工業製品や外国製品が輸入される。そして、輸入された品々は、ニュー・ヨークから植民地内の各地へと送られる。

舗装された街路は非常に清潔だが概して狭い。しかし、ブロード・ウェイのように幅の広い街路もある。そうした街路に沿ってプラタナスやニセアカシアが植えられ、心地良い緑陰を落としている。そして、小綺麗なオランダ風の背の高い建物が整然と並ぶ。

舗装は完全ではなく、所々に穴がある。夜になると足元に気を付けて歩かなければならない。街灯代わりに住民が七軒ごとに一つのランタンを吊る決まりがある。定刻になると、夜警が「ランタンに蠟燭。灯りを点けよ」と触れ回る。夜警の仕事はそれだけではない。時刻や天候を伝えるのも仕事で「一時で晴れ」や「五時で曇り」などと声を上げながら巡回した。もちろん治安の維持も任務の中に入っていて、真鍮を被せた六フィート（約一・八m）の長さの棒を携帯していた。

不便な点もある。新鮮な水に乏しい。そのため住民は、街から少し離れた場所にある泉から水を奴隷に運ばせた。奴隷を持っていない住民は、自分で汲みに行くか、水売り人から水を買う。もちろん井戸もあったが、非常に水質が悪く、馬でさえ飲むのを嫌がったほどであったから、飲料用に使う者は少なかった。

ニュー・ヨークでワシントンは、友人のベヴァリー・ロビンソンの邸宅に滞在していた。ロビンソンは、ヴァージニア植民地議会議長を務めたジョン・ロビンソンの息子であり、富裕な地主のフィリップス家の姪と結婚してニュー・ヨークに移り住んでいた。

ロビンソン邸には、ロビンソンの義妹であるメアリ・フィリップスが同居していた。メアリは当時二六歳であり、姉であるロビンソン夫人と共同で莫大な財産の相続権を持っていた。ワシントンはニュー・ヨークに七日間滞在し、メアリにプロポーズしたと言われているが、実ることはなかった。

三月末、ヴァージニアに戻ったワシントンは、軍務の報告のためにウィリアムズバーグを訪れる。ヴァージニア植民地議会の動向も気になる。議会は、フロンティアの防衛とデュケーヌ砦の攻略を討議している。メリーランドとペンシルヴェニアもフロンティアを守るために砦を築いたが、ヴァージニアと共同して戦線を張るつもりはないようだ。ではヴァージニアはどのようにフロンティアの防衛を進めればよいのか。

議員たちが意見を交わしている最中、ウィンチェスターから急報が届く。フランス軍がインディアンとともにデュケーヌ砦から出撃したという。ウィリアムズバーグからワシントンはすぐに最前線に赴く。

フランス軍に使嗾《しそう》されたインディアンは、フロンティアを混沌の淵に陥れた。襲撃、虐殺、放火。非道なおこないが繰り返される。山岳地帯を越えたインディアンは、美しいシェナンドー渓谷まで踏みにじった。ウィンチェスターのすぐ近くでも犠牲者が出た。一説によれば、三、〇〇〇人が犠牲になったという。三、〇〇〇人という数は過大である。避難して姿を消した人びとの数も入っていると考えられる。いずれにせよ、深甚な被害が出たことは確かであろう。

ウィンチェスターの北にハンギング・ロックと呼ばれる難所がある。切り立った断崖と川に挟まれた道は、一人がようやく通れる幅しかない。数年前にカトーバ族とデラウェア族が激しい闘争を演じた場所だという。

馬に乗った三人の男の姿が見える。その中の一人はダニエル・モーガンだ。モノンガヒーラの戦いで荷馬車の御者をしていたモーガンは民兵隊の少尉になっていた。今、フロンティアの砦の一つからウィンチェスターに報告を届けようとしている。その報告はモーガンが書いたものではない。ほとんど読み書きができないからだ。腕っぷしが強く喧嘩に負けたことがないという評判さえあれば、文字が読めなくても文句なしに下級士官に採用される。

暦の上ではもう春だが、この辺りの春の訪れは海岸地帯よりも少し遅い。雪はすでに解けているが、川の水はまだ身を切るように冷たい。

馬は並足で慎重に前進する。崖の上から落ちてきた小石に驚いた馬が棹立ちになる。モーガンは素早く辺りを見渡す。銃声が響く。兵士たちが落馬して地面に崩れ落ちる。

奇襲だ。インディアンが身を潜めていたのだ。きっと獲物が通りかかるのをじっと待っていたのだろう。モーガンの顔から首筋にかけて、鮮血が真紅の帯のようにまとわり付いている。銃弾は首を貫通して歯を砕いていた。しかし、モーガンは落馬せずに踏みとどまる。

銃声に怯えた馬は呆然と立ち尽くしている。薄れがちな意識でモーガンは、なんとか敵から逃れる手立てを考える。馬の首筋を叩いて正気に戻らせる。主人の思いが伝わったのか、馬は稲妻のように走り始める。

インディアンは、倒れている兵士の頭皮を剥ごうと崖から降りる。そして、一騎だけが走り去った馬の後を追う。致命傷を与えたはずなのでそう遠くまで行けないだろう。したがって、追うのは一騎だけで十分だ。

モーガンを乗せた馬は砦を目指して疾駆する。手にトマホークを持ったインディアンが馬を駆って追いすがる。あともう少しなのに、なかなか距離が縮まらない。苛立った戦士は、モーガンの背中にトマホークを投げ付ける。トマホークはモーガンの耳をかすめて、あらぬ方向に飛んで行く。戦士は追跡を諦めて馬首を返す。

その後、モーガンは無事に砦にたどり着く。幸いにも生命は取り留めたが、顔に傷が残った。モーガンからすれば、それは勲章であったが。

ウィンチェスターに駆け付けたワシントンを迎えたのは、狼狽しきった住民であった。明確な命令を下す者は誰もいないようだ。このような時にこそ状況を理解して的確な判断を下す者が必要とされる。幸いにもワシントンはそうした役割を十分に果たすことができた。

まず手元に兵力を集める必要があったが、各地に分散している兵士たちを集結させるのは難しい。それに集結の途中で各個撃破される恐れもある。そこで近隣から民兵を召集するとともに、カンバーランド砦に増援を求める。

いざ指定された期日になっても、集まった民兵は十五人に満たなかった。またカンバーランド砦に赴いた急使からも残念な報せが届く。それは、兵員を割く余裕がないという拒絶の回答であった。カンバーランド砦は重要な物資の集積地であったが、わずかに五〇人の守備兵しかいない。さらに悪いことに、偵察部隊が近くで襲撃を受けたという情報が伝わる。

すべての出来事は、ウィンチェスターへの攻撃が迫っていることを示していた。迫り来る恐怖にウィンチェスターの人びとはなす術もなく怯えているしかない。彼らの震える眼差しの先にはワシントンの姿がある。幼子の手を引いた母親たちがワシントンの周りを囲んで、どうかわが子を虐殺から救って下さいと哀訴する。

憐憫に胸が張り裂けそうになりながらワシントンは、ディンウィディ総督代理に宛てて一通の手紙を書く。

困窮している人びとについて正確に記述できるような感動的な言葉をほとんど知りませんが、思いやりの心や不正を知る感覚、それを正そうとする思いで胸がいっぱいです。しかし、私に何ができるでしょうか。もし流血と死が奴らの飽くことのない復讐心を満たすのであれば、私は人びとを救うために、喜んで獰猛な怒りを受けて死んでもかまいません。〔中略〕。もし植民地議会が積極的な対策を講じなければ、破滅が避けられないことは火を見るよりも明らかでしょう。砦群に難を避けている惨めな入植者たちを速やかに支援しなければ、崩壊は避けられないでしょう。〔中略〕。女性の哀願の涙と男性からの心を動かさざるを得ない懇願は、私を強い悲しみでかき乱します。私は、心から厳粛に、人びとの平和を守るために敵を虐殺することに我が身を捧げると明言します。

ワシントンの激越な言葉を読んで感動したディンウィディは、「あなた達を救済するために私ができることを何でもする」と約束する。さっそく諸郡に民兵隊を招集してウィンチェスターに救援に向かうように命令が下る。ウィンチェスターに次々と民兵隊が到着する。その数は一、〇〇〇人近くに達した。

五月十七日、インディアンが近くの砦を襲撃したという報せが届く。いざ出撃か。後にそれは誤報だと判明したが、驚いたことに民兵隊は雲散霧消していた。朝にワシントンが気づいた時には、ほんのわずかな民兵しか残っていなかった。ただ幸いなことにインディアンも去ったようだ。こうして危機は去り、ウィンチェスターは破壊から免れた。

孤軍奮闘

一七五六年八月十五日、ウィンチェスターの近くに新たに築いたラウドン砦でワシントンは、フランスに対するイギリスの宣戦布告、すなわち、フレンチ・アンド・インディアン戦争の正式な開始を将兵に向かって告げる。フレンチ・アンド・インディアン戦争の間、ラウドン砦は補給基地として使われた。

ウィンチェスターでも開戦を記念して閲兵がおこなわれる。街の名士たちに続いてワシントンは、三つの部隊を率いてパレードし、宣戦布告を読み上げる。乾杯の声と祝砲が街中に響く。街の人びとは、正式な宣戦布告によってイギリス軍が本格的に投入され、自分たちの身の安全が保障されると思って歓迎した。

宣戦布告がなされた今、イギリス本国の目はまず北方に向けられていた。ブラドックの敗退後、巻き返しを図ろうとしてカナダ侵攻を目論む。しかし、政権内の意見の不一致によって、新たに北米イギリス軍最高司令官に任命されたラウドン卿の出発が遅れる。そこで副司令官のジェームズ・アバークロンビー将軍が先にニュー・ヨークに向けて出征する。本国の方針が定まらないので、アバークロンビーは目立った軍事作戦を遂行することもなく無為に時を過ごす。

七月十二日、オンタリオ砦とオスウィーゴ砦からフランス軍の襲来を知らせる急使が到着する。ダニエル・ウェッブ将軍率いる救援部隊が差し向けられたが、その足取りは遅い。それはウェッブが、ラウドン卿の着任を待っていたからだ。

七月十六日、ラウドン卿がようやくニュー・ヨークに上陸する。それからラウドン卿は北に向かって、七月二九日、オールバニーに入る。しかし、一悶着あって、結局、救援部隊がオールバニーを出発したのは八月十二日であった。

それに対してモンカルム侯爵率いるフランス軍は迅速であった。モンカルムという男は、フレンチ・アンド・インディアン戦争を語る際に絶対に外せない人物である。モンカルムは、南仏の貴門に生まれ、ヨーロッパ各地で数々の戦いに従軍し、四〇代を迎える頃には五つの名誉の戦傷を負っていた。短躯で恰幅が良く活発な軍人である。ジョージ湖の戦いで敗北したディースカウが更迭された後、後任の将軍が必要になった。ヨーロッパで戦雲が渦巻く中、経験豊富な将軍たちの中で、辺境の地であるカナダに喜んで赴任しようとする者はいない。そこでまだ四〇代半ばのモンカルムに白羽の矢が立つ。

時間を無駄にしていたイギリス側とは対照的に、モンカルムは時間を有効に使っている。まずクラウン・ポイント砦とタイコンデロガ砦の強化を命じている。次にケベックからモントリオールに急行して兵を集める。そして、セント・ローレンス川を下ってオンタリオ湖に入り、オスウィーゴ川の河口を封鎖してオンタリオ砦とオスウィーゴ砦を包囲した。

包囲戦が始まったのが八月十一日。開城は八月十四日。わずか四日間で両砦は陥落した。イギリス軍の救援部隊が間に合うはずがない。

なぜフランス軍は機先を制することができたのか。モンカルムの将才もさることながら、イギリスの植民地統治とフランスの植民地統治が根本的に違うことも原因である。作戦を実行するために議会の同意や植民地間の調整を必要とするイギリスに対して、フランスは総督の一存で作戦を実行できる強みがある。総督が命令すればすぐに軍隊が動く。指揮系統が明確なので、十三植民地のように足並みがそろわずに一致団結できないという事態もあまり起こらない。

モンカルムの部隊には、インディアンの戦士たちも参加していた。イギリス軍が降伏した後、戦士たちは戦利品を獲ようと殺到する。そして、ラム酒の樽を見つけると片っ端から飲んでしまい、オスウィーゴ砦の捕虜を打ち殺して頭皮を剥ぐ。それだけでは飽き足らず、さらにオンタリオ砦の捕虜にまで危害を加えようとする。そこへ割って入ったフランス軍のおかげで、オンタリオ砦の捕虜は辛うじて生命を拾う。報告を受けたモンカルムは戦士たちと交渉して、莫大な身代金と引き換えに連れ出された捕虜を救い出す。

イギリス軍は、フランス軍の攻勢になす術もなく圧倒された。そこでいったん防衛に専念して、翌春の巻き返しを企図する。結局、ラウドン卿は、ほとんど何も成果を上げることなく、オールバニーからニュー・ヨークに戻って春を待つ。

九月末、オーガスタ郡が襲撃されているという報せが届き、ワシントンは自ら最前線に赴く。インディアンによる兵士の殺害が続き、ヴァージニア連隊の士気は低下の一途をたどっている。多くの兵士たちの兵役期間は十二月で終了するが、期限を迎える前に帰還させなければならない。したがって、実際の兵役期間は短い。兵役期間が切れれば、兵士を新たに募集しなければならない。

兵士たちは手に負えない人びとであった。ワシントンによる綱紀粛正は、必ずしも効果を発揮したとは言えない。真面目に軍務に服する兵士の数は決して多くはない。砦のすぐかたわらで遊んでいる子供がインディアンにさらわれる事件さえ起こった。

視察のために荒野を行くワシントンの耳に時に銃声がこだまする。砦が襲われているのではないかと心配してワシントンが現場に急行すると、賭博に興じる兵士たちが騒いでいるだけであった。

広大なフロンティアをわずかな兵力で守ることは不可能である。それがワシントンの変わらない持論だ。ヴァージニアの人びとを守るためには、こちらから出撃して、敵軍の領域に侵入してデュケーヌ砦を攻略するしかない。そこでワシントンは、「防衛的な措置ではヴァージニアの安全を保障できないことは明白です。

その原因を根本的に断つために、防衛戦を活発な攻撃戦に変える必要があると断言します」とディンウィディに提案する。しかし、ワシントンとディンウィディは、戦略について見解を違えた。

ディンウィディは、カンバーランド砦の維持を優先する。しかし、ワシントンによれば、カンバーランド砦はあまりに北西寄りで、インディアンの侵入経路から外れている。兵士を配置しても無駄だから放棄すべきだ。実際、襲撃の報せがカンバーランド砦に届く前に、多くの人びとがインディアンの血塗られた斧の犠牲になっていた。南東のラウドン砦に兵力を集中させればすぐ近くにあるウィンチェスターを守れる。こうした意見に対してディンウィディは、「カンバーランド砦は国王の砦であって、植民地の費用で建設された。したがって、新総督が着任するまで、我々の適切な管理下に置かれなければならない」と主張した。

結局、ディンウィディは、ラウドン卿に書簡を送って、ヴァージニア連隊の本部をカンバーランド砦に置くべきだと提言する。その提言に沿ってラウドン卿は、大部分のヴァージニア連隊兵をカンバーランド砦に駐留させる意向を示す。こうしてカンバーランド砦を放棄すべきだというワシントンの意見はまったく無視された。

決定に従ってラウドン砦から離れれば、ヴァージニアのフロンティアの防備が手薄になる。これまでディンウィディの命令に従ってきたワシントンであったが、なんとかして決定を覆そうとヴァージニア植民地議会議長のジョン・ロビンソンに直接訴える。それは完全な越権行為であり、総督代理の権威を無視する行動である。

「ディンウィディの計画が」どこからなぜ生じたのか私には理由が分かりません。しかし、フロンティアの平和に関する私の最も強い提言は無益で軽薄だと斥けられ、私の提案や対策は一方的で私利私欲を追うものだと嘲笑され、国家に奉仕しようとする私の最も真摯な努力も卑しい目的のためだと誹られました。私が受ける命令は支離滅裂でいかがわしいだけではなく不明確です。完全な朝令暮改です。

ワシントンの目から見ると、ディンウィディは軍事を主導するのに必要な才腕を持っていない。その命令は確かな軍事経験もなく出されていたので、現場に混乱をもたらすことが多い。

ディンウィディは越権行為に立腹したが、最高司令官であるラウドン卿と直接会って説得したいというワシントンの申し出を受け入れた。どうせ説得が失敗に終わるだろうと考えたのだ。ディンウィディの返信は、「あなたがそこに行かなければならない理由が私にはわかりませんが、どうしても行きたければ行ってもかまいません」という冷淡なものだった。

まずワシントンはラウドン卿に宛てた手紙を熱意を込めて綴る。その手紙には、これまでの作戦から浮び上がった課題、フロンティアの情勢の分析、軍規の問題などが縷々記されている。

これまでイギリス軍がオハイオ地方でフランス軍に先んじられてきたのは、迅速な行動を取らなかったためだ。ヴァージニア植民地議会の支援も十分ではなく、軍事作戦は円滑に進んでいない。そもそも過少な兵力で広大な防衛線を維持することは不可能である。たとえ強固な防衛線を築けても、フランス軍の根拠地であるデュケーヌ砦を攻略しない限り、脅威はなくならない。したがって、一刻も早くデュケーヌ砦に攻勢を仕掛けるべきだ。

この長い手紙の目的は、事態を改善するために植民地議会に働きかけてほしいとラウドン卿に懇願することであった。トップが現場の苦境を直接聞く機会さえあれば、きっとなんとかしてくれるという発想である。ただワシントンがラウドン卿に送った長々しい文面を読むと、自分以外の誰もが悪いと訴えているように見える。しかも自分の後援者である総督代理を非難していると受け取れる箇所もある。ラウドン卿からすれば、延々と埒が明かない愚痴を読まされるようなものだ。

また手紙の中では、正規軍の辞令を要望する旨も含まれている。志願兵として参加したモノンガヒーラの戦いでの活躍が認められて、きっと正規軍の辞令を拝領できるとワシントンは期待していた。この手紙には野心的な若者の姿が見え隠れしている。

一七五七年二月下旬、任地を離れたワシントンは、フィラデルフィアに集まっていた五人の植民地総督に会う。彼らは今後の作戦を協議するためにラウドン卿によって招集されていた。しかし、ワシントンは、ラウドン卿にすぐに会えなかった。忙しいラウドン卿にはワシントンに会っている暇はない。

総督たちと協議したラウドン卿は、カナダの攻略を最優先すると決定する。そして、中部植民地と南部植民地に残す兵力は一、二〇〇人と決められた。ヴァージニアは支援を受けるどころか、四〇〇人の兵士をサウス・カロライナの防衛に回すように命じられた。なぜならフレンチ・アンド・インディアン戦争の全体からすれば、ヴァージニアは戦略的に最も重要な場とは言えないからだ。

ワシントンがフィラデルフィアに到着してからしばらくして、ラウドン卿はようやく会見に応じる。そして、メリーランドがカンバーランド砦の防備の責任を負うという決定に加えて、フロンティアの砦群に配置されているヴァージニア連隊を転属の対象外にすると認めた。それはほぼワシントンの希望通りであった。

ワシントンのもう一つの懸案はデュケーヌ砦の攻略である。カナダ侵攻に多くの兵力を割けば、当然のことながら、南部の防備は手薄になる。フランス軍がそうした隙に乗じないようにするために、南部の重要拠点であるデュケーヌ砦を叩いておくべきだ。先に送った手紙と同じく、ワシントンはラウドン卿にそう進言したが、受け入れられなかった。

ラウドン卿は、カナダが主要攻略目標であるから、南部は防衛に徹するべきだとワシントンに諭す。したがって、ヴァージニアは大規模な軍事作戦を絶対に避けるべきである。もしフランス軍がイギリス軍の動きに対抗しようとしてサウス・カロライナに侵攻したらどうなるか。ヴァージニアはさらなる援軍を送らざるを得なくなり、防備が手薄になって危険な状態に置かれる。

ワシントンは、ラウドン卿の意見に逆らえなかった。またヴァージニア連隊を国王直属の正規兵に採用できないという返答はワシントンを失望させる。

最高司令官の言葉に従ったワシントンであったが、ヴァージニアの防衛が後回しにされることに怒りを感じていた。国王の領土を守るためにヴァージニアが奮闘しているのにもかかわらず、なぜぞんざいな扱いを受けなければならないのか。フロンティアで苦難を耐え忍んでいるヴァージニア連隊がなぜ正規軍に編入されないのか。ワシントンの心の中は、本国の方針に対する不信で満たされる。

任地に帰ったワシントンであったが、相変わらずフランスに使嗾《しそう》されたインディアンの襲撃が続く。フロンティアの防衛は後手に回る一方である。そうした襲撃を止められないことは、防衛線に欠陥があることを証明している。ワシントンはディンウィディに向かって次のように嘆いている。

困窮した地方を守ろうと私はあらゆる手段を尽くしました。しかし、その責務はあまりに大変過ぎます。三五〇マイル［約五六〇km］以上にわたって広がるフロンティアを守るために、我々に与えられた人数はわずか七〇〇人だけです。多くの敵がフロンティアで跋扈している時に、それは無謀でしかありません。もし我々が防衛的な方針を続ければ、この地域はきっと失われると私は確信しています。

ラウドン卿の失策

フランスとイギリスは、ジョージ湖を挟んで北と南で睨み合う。北のフランスはクラウン・ポイント砦とタイコンデロガ砦を擁し、南のイギリスはウィリアム・ヘンリー砦とエドワード砦を擁する。互いに喉元に短剣を突き付け合っている格好になる。ジョージ湖とシャンプレーン湖を奪取できれば、イギリスはカナダの要地であるモントリオールに進撃できる。逆に二つの湖を奪取されれば、オールバニーが危殆に瀕する。

今回も先に動いたのはフランス軍である。フランス軍は、イギリス軍が船を建造して二つの湖を制圧しようとしていることを察知して、ウィリアム・ヘンリー砦の奪取を試みる。ウィリアム・ヘンリー砦が強固な要塞であるのにもかかわらず、大砲を伴わなかったフランス軍は攻略に失敗する。ただイギリス軍の船を焼き払うことに成功している。船がなければ、イギリス軍はタイコンデロガ砦とクラウン・ポイント砦に対して攻勢を仕掛けられない。

春は本格的な軍事作戦の始まりを告げる。ラウダン卿の胸裏にはどのような作戦が描かれているのか。一気にケベックを突く。それがラウダン卿の考えであった。十分な裏づけがなければ、それは果断ではなく無謀である。その一方でイギリス本国は慎重である。一歩一歩確実に進むべきだという方針に基づいて、ルイブールを作戦目標に決定する。ルイブールを落した後、ケベックを攻略せよという指示がラウダン卿に下る。

ルイブールは、ノヴァ・スコシア地方の北東に突き出たロワイヤル島（現ケープ・ブレトン島）にある要塞である。建設費用があまりに嵩んだので、時の国王ルイ十五世はヴェルサイユ宮殿の窓からでもルイブールの要塞の尖塔が見えるのではないかと言ったという。もちろんそれだけの費用を投じる価値は十分にあった。

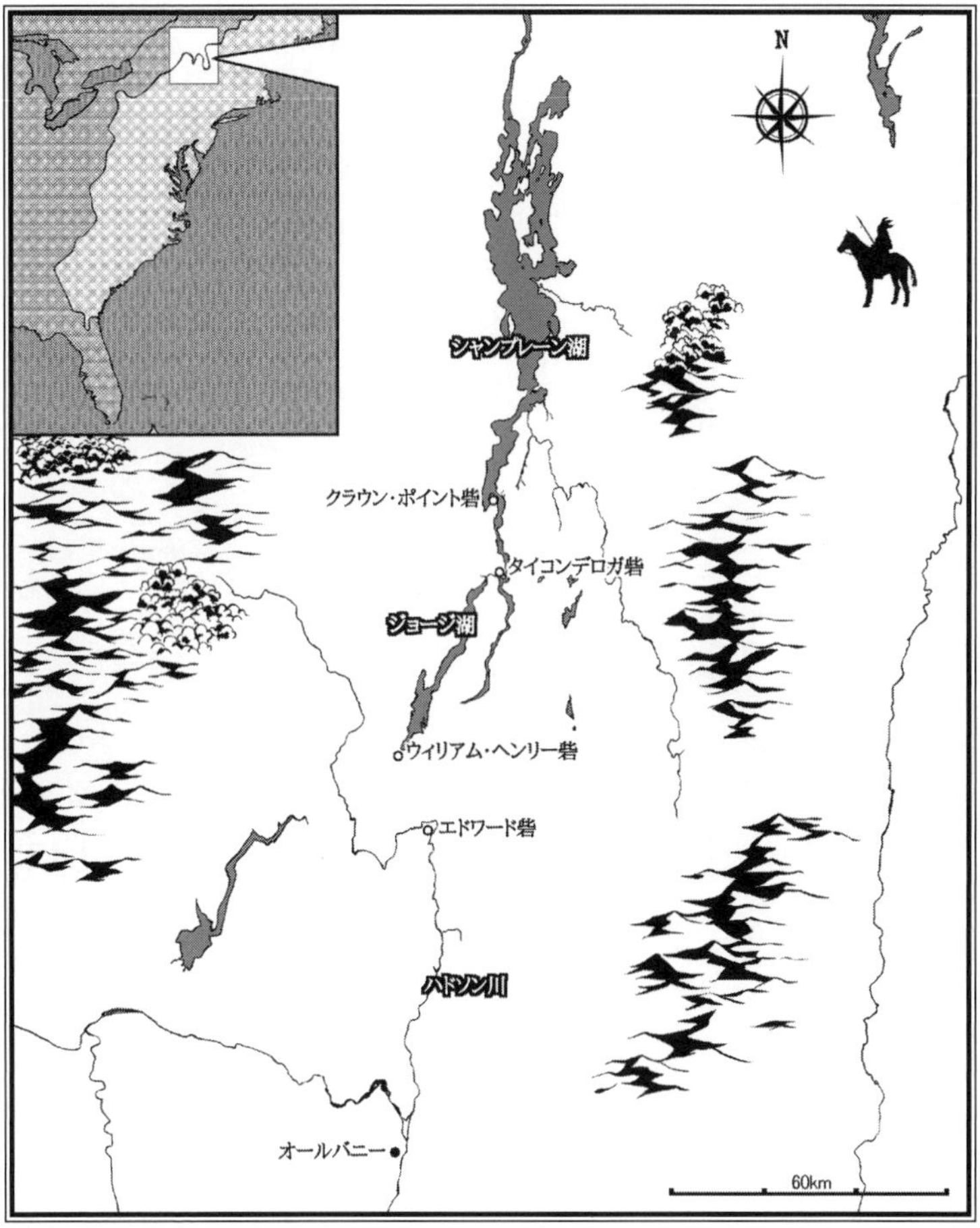
N
シャンプレーン湖
クラウン・ポイント砦
タイコンデロガ砦
ジョージ湖
ウィリアム・ヘンリー砦
エドワード砦
ハドソン川
オールバニー
60km

ルイブールは、周辺の豊かな漁場で操業する漁船の待避港として役立つだけではなく、カナダ、フランス本国、フランス領西インド諸島、そして、イギリス領北アメリカ植民地との交易の中継地点として有用であった。ただしイギリス領北アメリカ植民地との交易は密貿易であったが。

フランスはルイブールさえ抑えておけば、セント・ローレンス川を扼せる。それはカナダ全体を守ることにつながる。ルイブールの守備兵が倍増され、強力な艦隊が配置される。

その一方で、もしイギリス軍がルイブールの攻略に成功すれば、セント・ローレンス川を遡上してケベックに侵攻する道が開かれる。とにかく、まずはルイブール、そして、次にケベックである。

ノヴァ・スコシア地方の中心であるハリファックスに、イギリス本国から到着した正規兵と植民地から集められた民兵隊が集結する。総勢で一万五、〇〇〇人。ノヴァ・スコシア地方と水路で隔てられているルイブールを攻略するためには、船で兵士を運ぶ必要がある。イギリス艦隊が輸送と護衛を務める。

もちろんフランス海軍はそれを看過するつもりはない。本国にあるブレストとトゥーロンの海軍基地から艦隊がルイブールに向けて出航する。海軍力においてフランスはイギリスに劣っている。そこで戦力を集中して、何としてでもイギリス艦隊の動きを封じてルイブールを守ろうと考える。六月下旬、大西洋を越えた十八隻の戦列艦と五隻のフリゲート艦がルイブールの港に勢ぞろいする。

イギリス艦隊は、なんとかしてフランス艦隊をルイブールの港から釣り出そうとする。しかし、フランス艦隊は動かない。フランス艦隊がルイブールを守る限り、イギリス軍はまったく手出しできない。何度かフランス艦隊を港の外におびき出そうとしたイギリス艦隊であったが、不幸なことに激しい嵐が吹き荒れる。一隻が沈没。その他の艦船も帆柱を失い、沈没を避けるために大砲を海に投棄しなければならなかった。大きな損害を受けたイギリス艦隊は、ハリファックスに帰投して修繕を受ける。その一方で安全な港の中に停泊していたフランス艦隊はほとんど被害を受けていない。

ラウドン卿は、ルイブールの攻略を断念せざるを得なかった。海を渡れなければ、ルイブールの攻略は絶対に不可能である。こうして莫大な軍資金を投じて準備された作戦は失敗に終わった。フランス海軍は、たとえ戦力で劣っていても、優れた判断で戦力を集中すれば、総合力で上回る敵でも抑止できることを証明した。

モンカルム侯爵の南征

ウィリアム・ヘンリー砦の包囲戦が失敗に終わった後も、ジョージ湖を挟んだ睨み合いは続いている。ダニエル・ウェッブ将軍がエドワード砦に入ってその方面の指揮を執る。ウィリアム・ヘンリー砦に九〇〇人の植民地軍が増派される。砦の収容人数は五〇〇人なので入りきれない。そこで残りの兵士は、砦から少し離れた防御陣地に配置される。守将はジョージ・モンロー中佐。

ウェッブの命令を受けたモンローがウィリアム・ヘンリー砦の防衛準備を進めている間、フランス軍はどのように動いていたのか。イギリス軍の主力がルイブールの攻略を計画しているという情報が入る。モンカルムは、逆にイギリス軍の隙を突いてウィリアム・ヘンリー砦を再度、攻撃する作戦を練る。

さっそくモンカルムは遠征隊の編成に取りかかる。フランス兵二、六〇〇人、カナダ兵五〇〇人、カナダ民兵二、九〇〇人、そして、インディアン一、八〇〇人。二〇〇人の砲兵隊を合わせると総勢八、〇〇〇人である。インディアンの数に注目してほしい。一、八〇〇人である。フランスの巧みな外交術に加えて、モンカルムの鮮やかな勝利がこれだけ多くの戦士たちを集めた。主な顔触れだけでも実に十八部族に及ぶ。戦士たちの中には、モンカルムの威名を慕って一、五〇〇マイル（約二、四〇〇㎞）を踏破して参戦した者もいたという。

モンカルムは、タイコンデロガ砦から二手に分かれて進軍する準備を始める。七月三〇日午前四時、まず副将のフランソワ・ド・ガストン・ド・レヴィが二、五〇〇人を率いて陸路で先発する。レヴィは没落した下級貴族で軍隊に仕官して頭角を現し、三〇代後半で今回、モンカルムの副将として働いている。

二日遅れてモンカルム率いる本隊が二四五隻の平底船に分乗して南下を開始する。四五門の大砲が積み込まれている。その頃、レヴィの部隊は、すでに三分の二の行程を消化していた。そこで事前の打ち合わせ通りに待機して本隊の到着を待つ。

八月二日午前二時、モンカルムは、レヴィが待つ湖岸まで船列を進めて、火が三つ燃えているのを確認する。何も問題がないという合図だ。本隊はそこに上陸する。合流を果たした数時間後、レヴィは再び一隊を率いて砦の近くまで先行して偵察をおこなう。そして、そのまま待機して野営する。本隊も上陸地点から少し進んだ場所で野営する。


翌朝、ウィリアム・ヘンリー砦の歩哨がフランス軍の接近に気づく。報告を受けてモンローは望遠鏡で遥か先を見通す。湖岸をたどる隊列。湖面に浮かぶ平底船の大群。視察を終えたモンローは、「敵軍が湖面に見えました。大砲を伴っているようです」と書きなぐる。エドワード砦のウェッブに一刻も早く救援を求めなければならない。すでに一、〇〇〇人の増援部隊が到着していたが、とても足りそうにない。

慌ただしく敵軍を迎える準備が始まる。放牧している家畜を集める。重要な食料源である。さらに砦の近辺にある小屋や下草を焼き払う。遮蔽物として利用されないようにするためだ。

午前九時、まず白い軍服に身を固めたフランス兵が砦の南西に姿を現す。それはレヴィ率いる先鋒である。

砦の大砲がすぐに火を噴く。こうして包囲戦が始まった。

ウィリアム・ヘンリー砦には、ジョン・オルムズビー大尉以下四五〇人の守備兵が籠城し、モンローが率いる残りの一、九〇〇人は防御陣地で敵襲に備えている。モンローは、防御陣地から一〇〇人の分遣隊を割いてエドワード砦に通じる道に配置する。連絡を絶たれないようにするためだ。

そこへインディアンの戦士たちが襲来する。多勢に無勢で分遣隊は防御陣地に押し戻される。戦士たちはそのまま防御陣地に攻撃を仕掛ける。すぐに激しい銃撃の応酬が始まる。防御陣地から葡萄弾が発射され、戦士たちをなぎ払う。

迫り来る敵を見たモンローは、ウェッブに宛てて新たな通信を書く。

　散漫な銃撃で若干の負傷者が出ましたが、敵軍はまだ姿をすべて現していません。できる限り早急に増援部隊を送るように検討して下さい。他に言うことはありません。

レヴィの先鋒に続いて到着したモンカルムは戦場を確認する。ウィリアム・ヘンリー砦は、背後をジョージ湖、側面を湿地に守られている。湿地を挟んで南東に防御陣地がある。直線距離で六〇〇ヤード（約五四〇m）離れているので、直接の相互支援は難しい。しかし、湿地に道が通っているので互いに連絡は可能である。強襲を仕掛けて陥落させようとすれば、かなりの被害が出るだろう。

戦場を確認し終わったモンカルムは方針を決定する。厳重に包囲して慎重に戦いを進める。フランス軍には、巧みな包囲戦で敵城を降伏に追い込む十八番《おはこ》のヴォーバン式攻囲戦術がある。ウィリアム・ヘンリー砦の包囲戦は、北アメリカの戦場で初めてヴォーバン式攻囲戦術が本格的に適用された例である。後にワシントンもヨークタウンの戦いで、フランス軍の協力の下、ヴォーバン式攻囲戦術を実行することになる。手始めにモンカルムは降伏勧告をおこなう。副官が使者としてモンローのもとに向かう。曰く、もし速やかに降伏すれば、将兵の安全を保障する。しかし、抵抗すれば、インディアンの戦士たちが残虐な行動に出るのをフランス軍は阻止できないかもしれない。それに無駄な抵抗は人命を無益に損なうだけである。

モンローは降伏を峻拒して抵抗を決意する。エドワード砦から救援が来るに違いないと信じていたからだ。そして、これまでに書いた通信に「すぐに我々に救援を。全軍はいまだに士気軒昂」という最後の一文を添えて使者に託す。使者は夜陰に乗じて防御陣地を抜け出して、エドワード砦に向けて疾駆する。

その使者がエドワード砦に到着したのは深夜であった。ウェッブはただちに事態の深刻さを理解して、後方のオールバニーに増援の民兵隊を要請する使者を飛ばす。

八月四日早朝、モンカルムは、包囲網を布くために全軍を再編する。地勢を観察して平行壕の開削地点を決定する。北西から掘り進めれば、大きな湿地を避けられるうえに防御陣地から攻撃を受けなくて済む。平行壕の掘削の他にも作業はある。大砲を平底船から陸揚げして移動させるための道を建設しなければならない。

作業が開始される。当然、イギリス軍は大砲を放って妨害する。フランス軍は、撃ち返そうにも、まだ砲撃の準備が整っていない。倒木や切り株に身を隠してマスケット銃で応戦するしかない。フランス軍にとって幸いであったのは、一門の迫撃砲が連続砲撃による金属疲労のせいで暴発したことだ。イギリス軍は、砲撃間隔を空けざるを得なくなった。

ジョージ湖畔から響く砲声はエドワード砦にも届く。ウェッブはモンローからの通信に加えて、斥候が捕らえてきたカナダ民兵から敵情を聞き取っている。そのカナダ民兵によれば、フランス軍の数は一万二、〇〇〇人に達するという。それは実数よりもかなり多いが、ウェッブには知る由がない。ウェッブはどうするべきか決断を下さなければならない。

全軍を率いて救援に向かうべきか。今、エドワード砦に駐屯する兵士は一、六〇〇人しかいない。ウィリアム・ヘンリー砦に立てこもるモンロー指揮下の兵力と合わせても四、〇〇〇人に満たない。敵の総数はその三倍である。ウィリアム・ヘンリー砦に向かう途中で奇襲を受ける危険性もある。それにエドワード砦を無防備で放置できない。

正午頃、ウェッブはモンローに渡すべき指令書を副官に書き取らせる。すなわち、増援の民兵隊が到着して十分な兵力が集まるまで救援に向かえない。もし救援が間に合わない場合、できる限り善処するように。副官は、指令書をできる限り小さく折り畳んで使者の服に縫い込む。使者は二人の同行者とともにフランス軍の哨戒線を突破して、ウィリアム・ヘンリー砦に指令書を届けるために出発する。三日後、指令書はモンローの手に渡る。ただしウェッブが意図した方法とは違った方法で。

八月四日から五日にかけて、フランス軍の作業は夜も休まず続けられている。大砲が陸揚げされ配置される。その間もウィリアム・ヘンリー砦から撃ち出された砲弾がフランス軍に降り注ぐ。一部の部隊は、攻撃を避けるために布陣の変更を余儀なくされた。しかし、ウィリアム・ヘンリー砦が支払わなければならなかった代償も大きい。二門の三二ポンド砲と一門の十八ポンド砲が暴発した。そこでモンローは、防御陣地から二門の十二ポンド砲を砦に移すように命じる。

エドワード砦に通じる道に哨戒に出た一人のインディアンの戦士は、三人の男がやって来るのを発見した。

不意を突いて一人を殺し、もう一人を捕える。残りの一人は逃げてしまった。戦士は、死者から衣服を戦利品として剥ぎ取り、捕虜をフランス軍の士官のもとに連行する。戦士が持って来た衣服を検めた士官は、縫い込まれた手紙を発見する。銃創から溢れた血の染みが付いている。それはウェッブからモンローに送られた通信であった。内容を確認したモンカルムは、敵の援軍が到着する前に包囲戦を終わらせる必要があると考え、作業部隊を増員する。

八月六日の朝までに左翼の砲兵陣地の準備が整い、右翼の砲兵陣地も完成に近づく。午前六時、ウィリアム・ヘンリー砦の北西の稜堡に狙いが定められ、砲撃が開始される。距離は七〇〇ヤード（約六四〇m）である。砲弾の破片が砦の旗竿の先にある滑車を破壊する。まるでこれから先に待ち受ける砦の運命を暗示するかのように、イギリス国旗が地面に落ちる。フランス軍から喝采が上がる。二人の勇敢な兵士がなんとか国旗を再び掲揚しようとするが、砲弾の破片を浴びて倒れる。

フランス軍の砲撃に対してウィリアム・ヘンリー砦はただ沈黙していたわけではない。負けじと撃ち返す。しかし、あまりに大砲を酷使したせいで、十八ポンド砲と十二ポンド砲が炸裂して使い物にならなくなる。

ウィリアム・ジョンソンが増援部隊を率いてエドワード砦に到着した。その後も陸続と援兵が集まり、ウェッブが擁する兵力は五、〇〇〇人近くに達した。先にウェッブは、増援の民兵隊が到着して十分な兵力が集まるまで救援に向かえないとモンローに書き送っていた。今、その条件は満たされた。救援に向かうべきではないのか。しかし、ウェッブは、民兵たちを見て考えを変える。これで精強な正規兵を核とするフランス軍に抗しえるのか。

歴史家の中には、ウェッブがウィリアム・ヘンリー砦にすぐに駆け付けなかったことを非難する者もいる。あなたはどう考えるだろうか。私はウェッブの対応が必ずしも悪かったとは思えない。

まずウェッブが知りえた情報では、フランス軍の数は一万二、〇〇〇人である。増援部隊を加えてもまだイギリス軍よりもずっと多い。しかも民兵隊の練度は当てにならない。それに正規兵の大部分は、ラウドン卿によってルイブールの攻略のためにこの方面から引き抜かれている。

こういう圧倒的に不利な条件で乾坤一擲の勝負を挑むことは無謀ではないか。それでも戦況を覆せるのは名将のみである。しかし、ウェッブは、自分が名将ではないことを弁《わきま》えている。それに対して敵将のモンカルムは、オンタリオ砦とオスウィーゴ砦を奪取した鮮やかな手腕からして凡将ではない。

さらにウェッブを弁護できる点がある。もしウィリアム・ヘンリー砦を解放するためにフランス軍に戦いを挑んで大敗すれば、どのような結果が生じるか。ウィリアム・ヘンリー砦だけではなく、エドワード砦も奪取され、オールバニーへの通廊がこじ開けられてしまう。同時に二つの砦を失う危険性があれば、一つの砦だけでも固守するほうが賢明ではないか。

八月六日から七日にかけてフランス軍は作業を進捗させ、右翼の砲兵陣地を完成させる。左翼の砲兵陣地が日中に受けた損害を修復した後、作業部隊は攻囲戦術の方式通りに、砦に向けてジグザグに塹壕を掘り進める。

午前六時、モンカルムは最前線に立って砲兵陣地を視察する。司令官に敬意を示すために礼砲を放った後、両翼の砲兵陣地は熾烈な砲撃を開始する。砦に籠城していた一人の兵士は、「あらゆる方面から最も激しい砲撃を受けた」と記している。

アブナキ族の戦士たちは、轟音を放つ大砲に関心を抱く。大砲の周りに集まって砲兵の動きを見ているだけでは満足できず、自分たちにも操作させろと要求する。一人の戦士が砲兵の教えを受けて見様見真似で砲弾を発射する。砲弾は見事に命中して砦の一角を崩す。感心した砲兵はさらにもう一発撃ち込むように勧める。しかし、戦士は申し出を辞退する。なぜかと問われた戦士は、「一発目は完全だった。二発目を試して失敗すれば、栄誉が台無しになってしまう」と答えたという。

三時間後、個々に砲弾を発射していた砲兵陣地の大砲がいったん動きを止める。それから左翼と右翼が交互に一斉砲撃をおこなう。そして、辺りは静まり返る。兵士たちの耳には砲声の余韻が残っている。なぜ攻撃を止めたのか。降伏勧告をおこなうためだ。

副官のルイ＝アントワーヌ・ド・ブーゲンヴィルが赤い旗を持ってウィリアム・ヘンリー砦に赴く。砦の近くまで来たブーゲンヴィルは指揮官に面会を求める。そして、目隠しをされたまま、防御陣地にあるモンローの本営に招じ入れられる。ブーゲンヴィルの手から二通の手紙がモンローに渡される。一通はモンカルムの書状、そしてもう一通はウェッブの通信である。それは二日前に奪い取った通信であった。書状を通してモンカルムはモンローの説得に努める。

フランス軍は火力でウィリアム・ヘンリー砦を圧倒している。それにウェッブの通信からすれば、救援はすぐには到着しないだろう。孤立無援でなおも戦いを続けようとするのか。無駄な抵抗を止めて、速やかに降伏すべきである。

再びモンローは降伏を拒絶する。救援が必ず来ると信じていたからだ。ブーゲンヴィルとの会見が終わった後、モンローはウェッブに手紙を送る。

　砦と防御陣地は、あなたから迅速な救援が来ると期待してなんとか持ちこたえています。もし救援がなければ、我々は敵の手中に落ちることになります。

さらにモンカルムを通じて受け取ったウェッブの通信について触れる。

通信が敵の手中に落ちたことは不幸な出来事でした。モンカルムは得意満面でしょう。

そして、「救援を心から待ち望んでいます」という言葉で手紙は締め括られた。

一時休戦が終わり、フランス軍の砲撃が再開される。防壁の損壊部分はもはや数えきれないほどになっている。一発の砲弾が兵舎の近くで炸裂して、守将のオルムズビーに重傷を負わせる。負傷者は増える一方で、兵舎の下にある掩蔽壕に次々に収容される。そこにはすでに天然痘で倒れた先客がいる。

抵抗を諦めるつもりがないモンローは次のような命令を出す。

もし怖気づいて砦を放棄するように提案する者がいれば、その者をただちに防壁に吊るす。

防壁に吊るされれば飛来する砲弾から身を守る術はない。実質的に死刑宣告である。兵士たちを鼓舞するためには、残酷だがこのように断言するしかない。

八月七日から八日にかけてフランス軍は、さらに塹壕を伸長して新しい砲兵陣地を築き始める。兵士たちは湿地に束柴を投げ込み、その上に丸太を敷いて大砲の運搬路を作る。大砲の援護射撃の下、日中も作業が続けられる。塹壕は湿地を抜けて砦のすぐ西側まで迫る。そして、第三平行濠の掘削が始まる。

その一方でモンローは、防御陣地から砦に工兵士官を送って損害を調査させる。工兵士官の報告によれば、防御施設はもはや役に立ちそうになく、守備兵はほとんど不眠不休で疲弊している。

八月九日夜明け、ウィリアム・ヘンリー砦を取り巻く状況はさらに悪化していた。夜の間に新しい平行濠が完成していた。最も近い場所は、防壁から二〇〇ヤード（約一八〇m）しかない。至近距離から砲撃を浴びれば、防壁は完全に瓦礫と化すだろう。十七門あった砦の大砲も五門しか残っていない。

これまで頑強に降伏を拒んできたモンローもついに抵抗を断念する。白旗を持った兵士を従えた一人の士官が砦から出る。フランス軍の本営に赴く使者だ。

鏡のように湖面が朝焼けを反射している。砲声は止み、鳥たちが朝の歌をさえずっている。湖面を吹き渡る爽やかな風が士官たちを従えて立つモンカルムの頬をなでる。白旗が緩やかに翻る中、使者は深々と一礼した後、降伏を申し出る旨をフランス語で言上する。

モンカルムが認めた降伏条件は、非常に寛大なもののように思えた。すべての将兵は、個人の持ち物を携えてウィリアム・ヘンリー砦を出てエドワード砦に向かうことを許される。さらに果敢な抵抗に敬意を示して、一門の六ポンド砲を持って行くことが認められる。さらにフランス軍が責任を持って傷病兵の面倒を見る。

その一方でイギリス側は、降伏した将兵が十八ヶ月間、フランスに対する戦闘に参加しないことに加えて、捕虜の返還を約束する。またマスケット銃を除いてすべての軍需物資を明け渡す。もちろん弾薬も含まれるので、実質的な武装解除である。

なぜモンカルムは彼らを捕虜にしなかったのか。答えは簡単である。捕虜を受け入れれば食べさせなければならない。それも二、〇〇〇人以上である。物資の余裕はない。それよりも十八カ月間、敵対行為を取らないことを約束させてイギリス軍に返したほうが得策である。そうすれば彼らを解散させるまで食べさせるのはイギリス軍の仕事になる。

正午、正式に降伏文書が取り交わされる。六日間の包囲戦は終わりを迎える。イギリス側の損害は、死者が四五人に負傷者が七〇人である。それに対してフランス側の損害は、死者が十三人に負傷者が四〇人である。こうしてウィリアム・ヘンリー砦の攻防は、モンカルムの見事な勝利で幕を閉じた。

一七五七年の作戦の結果、イギリス軍は、前年のオンタリオ砦とオスウィーゴ砦に加えて、ウィリアム・ヘンリー砦を失った。ラウドン卿が多くの兵力をルイブールの攻略に割いたためにニュー・ヨーク方面の防備が手薄となり、そこを慧敏なモンカルムに突かれた。せめてルイブールの攻略だけでも成功していれば、イギリス軍は面目を施せただろうが、結局、失敗に終わっている。

一言で言えば、イギリス軍は北アメリカを舞台にした戦争で完全にフランスの後塵を拝している。ヨーロッパやインドの戦場でも劣勢を余儀なくされている。巻き返しを図るためには、強力なリーダーシップを持った人物が戦略を立て直す他ない。それがラウドン卿ではないことは確かであった。

ペンシルヴェニア植民地議会からロンドンにおける代理人に任命されたフランクリンは、ニュー・ヨークから旅立とうとしたが、ルイブール攻略作戦のために足止めを受けた。そして、ロンドンに発つ前に一七五七年の作戦をまとめて次のように書いている。

大規模な軍隊による作戦という重大な任務をなぜそのような人物［ラウドン卿］に委ねたのか私はずっと疑問を感じていた。［中略］。ブラドック将軍の後に全軍の指揮を引き継いだシャーリー将軍がそのまま職務を続けていれば、ラウドン卿が一七五七年におこなった無駄に費用が嵩むばかりの不名誉な作戦よりもずっと良い作戦を実行できただろう。

フランクリンにとって三一年ぶりのロンドンである。最初の渡航では帰りの船賃も調達できないほど零落したが、今やフランクリンはペンシルヴェニア植民地の代理人である。七五万人もの人口を抱える巨大都市でフランクリンは、最も高名なアメリカ人として歓迎される。凧を使って雷を電気だと証明した実験のおかげだ。各大学は競ってフランクリンに名誉学位を贈呈し、著名人も扉を開いて自分たちの輪の中にフランクリンを招き入れた。

すっかり得意になったフランクリンは、ロンドン永住を本気で検討し始める。フランクリンにとってロンドンは異郷の地ではない。確かにフランクリンはボストン生まれだったが、イギリス本国こそ自分の本当の母国だと思っていた。そうした感覚は植民地人にとって珍しいものではない。

アイスクラーピウスの息子たち

フランス軍の脅威が拡大する中、ワシントンはラウドン砦に駐留して不断の警戒に当たる。このままフロンティアがフランスの支配下に入ってしまうのではないかという恐れがワシントンの心の中で膨らむ。ディンウィディ総督代理との関係はこじれてしまってもはや修復不可能だ。友人たちによれば、ディンウィディはワシントンを狡猾な人物だと言ってはばからないという。ワシントンはディンウィディに宛てて筆を執った。喧嘩腰である。

あなたにとって私の軍務のどこが愚かしいように見えるのかわかりません。それを私が知ったとしても、公職に就く者の中で、託された信任を私以上に祖国の利益のために熱意を尽くして実直に果たそうと努めている者は他にいないと信じて自らの慰めとしています。そして、私が故意に人民に悪弊をもたらしたと公正に言える者が一人でもいれば、私は被害を受けた人びとからどのような処罰を与えられても喜んで甘受するでしょう。とにかく何も言い分を聞かずに私の人格を非難したり、私の行動を批判したりできないと思います。

この手紙を受け取ったディンウィディはどう思ったのか。これまでワシントンの後援者として支援を惜しんだことはない。確かに無謀な作戦を進めようとしたり、士官たちを憤慨させるような軍制の改革をおこなおうとしたこともある。しかし、それは何よりもオハイオ会社、ひいてはヴァージニアのためを思って動いた結果である。ワシントンの感情を個人的に害しようという意図はない。それにもかかわらず、ワシントンは経験不足の若者の身で上官を無視して、さまざまな越権行為に手を染めた。ヴァージニア植民地議会や北米イギリス軍最高司令官にワシントンが直訴すれば、まるで総督代理が無能であるかのように思われる。ディンウィディからすれば、まさに飼い犬に手を噛まれるに等しい。増長した飼い犬は手に負えないというわけだ。

ただディンウィディにも落ち度がある。ディンウィディは、平時に統治をおこなうのであれば、十分に職責をまっとうできる文官であったが、危急の際に軍事戦略を考えるには不向きである。そもそもディンウィディは戦略を考えようにも軍事経験がないので、フロンティアの防衛に関して何をなすべきか適切な判断を下せない。

軍事経験という点で言えば、ワシントンは、ディンウィディよりずっと若かったとはいえ、現場で十分な経験を積んでいたし、鋭い見識も持つようになっていた。ただディンウィディの目に映るワシントンの姿は、初めて自分に挨拶しにウィリアムズバーグに現れた一人の青年の姿からほとんど変わっていない。それからわずか数年で、まさに同じ青年が著しい成長を遂げたことをディンウィディは理解していない。だからこそワシントンが増長したと感じた。

すべての老人に当てはまるわけではないが、人間としての成長が止まってしまった老人は、若者の成長を認められない場合がある。もはや変わらない自分に慣れた老人は、変化がもたらす驚異を忘れてしまっている。ディンウィディはそういう老人であった。

ただディンウィディは、権威を振りかざすような人間ではない。和解しようと思って、ウィリアムズバーグで話し合おうとワシントンに手紙で提案する。それに対してワシントンは、フロンティアの住民を無防備な状態で放置できないと言って召還を拒否する。結局、ワシントンとディンウィディが仲直りする機会はなかった。

一七五七年夏、ワシントンはモノンガヒーラの戦いの前と同じように赤痢を患う。症状の進行が遅かったので、ワシントンはいつもと変わりなく軍務を続けた。しかし、しだいに痛みは増し、ついには歩くことができないほど、病状が進行する。数週間も鹿角精のゼリーと甘味料を加えたワインにアラビア・ゴムを混ぜた物しか口にできなかった。総督代理に休暇を求める手紙を書くことさえできず、配下の士官が代筆する。

ワシントンを診察したジェームズ・クレイク医師は、もし手当てが遅れていれば取り返しのつかないことになっていたと叱責する。クレイク医師の処方は、休息と新鮮な空気と水であった。そこでワシントンは下僚に指揮を委ねると、安息を求めてマウント・ヴァーノンに戻る。

来診した医師は、ワシントンに肉食を禁止し、ジャムと軽食のみを食べるように処方した。缶詰がない時代なのでジャムは保存食として重要であったし、一種の医薬品のように使われることもあった。

これまでマウント・ヴァーノンを預かっていた弟ジョンは、去年の春に結婚して自分の農園に移ってしまったのでいない。その代わりに妹のエリザベスがワシントンを看護したが、しばらくするとマウント・ヴァーノンを去った。エリザベスにも自分の家庭がある。エリザベスは去年、相次いで二人の幼い息子を失ったが、今春に四番目の男子を生んでいた。おそらくエリザベスは、まだ歯も生えそろわない幼児を家に置いてきたのだろう。病床に幼児を近づけるとは思えないからだ。いくら仲が良くても、兄の面倒ばかり見ていられない。子供の世話をするために帰らなければならない。

親しく看護してくれる人もおらずマウント・ヴァーノンで病臥していたワシントンは、一縷の望みを抱いてサリーに手紙を書く。それはジャムのレシピを貸してくれるように頼む何気ない文面である。実はレシピを届けるという口実でサリーが見舞いに来てくれることを望んでいる。その頃、サリーの夫ジョージ・フェアファックスは、父ウィリアムが亡くなったことによる相続問題を解決するためにイギリスに旅立っていて長らく留守であった。

ワシントンの期待通りにサリーがやって来る。マウント・ヴァーノンの一室で二人はしばらく季節や天気のことを話し合っていた。実際に口をつく言葉とは裏腹に、彼らの瞳はもっと熱い言葉を交わしていた。そうやって互いに本当の気持ちを匂わすような素振りは何も見せず、口では当たり障りのないことを語りながらも、互いの瞳の奥に眠る心の揺らめきを隠しおおせるものだろうか。会話が進むにつれて、長い沈黙が多くなってきた。

もしこの様子を見ている者がいれば、気まずい沈黙が訪れるたびに、青年とうら若い人妻のどちらかが実らぬ恋に耐えかねて、無言のうちに越えてはいけない領域から踏み出し、自制心と道義心を打ち砕いて二人の運命を破壊に導くような一言を口にしてしまうのではないかと内心はらはらし通しだったに違いない。だが同時に、それでも心のどこかでは、二人の恋をたとえ一瞬でも燃え上がらせるような言葉が出るのを期待するに違いない。数千年の間に人間がおこなってきたあらゆることも、燃えるような恋の一瞬に比べれば何であろうか。

柔らかな陽光が差し込む病床で三〇分ほど経つ。二人はその場で凍りついたように、もうほとんど言葉も交わさずに互いの顔をじっと見つめていた。

病状が肺結核に類似していたために、ワシントンはローレンスと同じく自分が若くして生命を落とすのではないかと恐れる。ワシントンが死んだという噂さえ飛びかう。確かにそうした噂が流れるほど、ワシントンの病状は芳しくない。

一七五八年二月一日、ワシントンは病床から身を起こして、ウィリアムズバーグに向かおうとした。しかし、熱を出してすぐにマウント・ヴァーノンに引き返さざるを得なくなった。医師はもし今、旅行をすれば生命を危険にさらすと警告する。再び病床に戻ったワシントンは、暗澹たる思いを抱く。はたして今後、軍務を続けられるのか。栄達を諦めて引退すべきなのか。友人に宛ててそうした思いを打ち明ける。

これまで診察を受けてきたアイスクラーピウス［ローマの医術の神］のすべての息子たち［医師］の努力にもかかわらず、時々、私を執拗に襲ってくる不調のせいで、私があなたに最後に手紙を書いて以来、私は軍務に決して復帰できないと思っていました。私の病状が最悪だった時期に、このような病気のいくつかの特徴を知って、私に死が近づいていると確信する理由が十分にありました。私は今、厳格な医師の管理下にありますが、最良の医師の助言を受けるために明日、ウィリアムズバーグに向けて出発しようと思います。健康を著しく害してしまったので、優れた治療と人生の道程を用心深く進むこと以外に健康を取り戻せるものは何もないでしょう。これが本当であれば、私に軍隊で昇進する見込みはもう残されていませんし、祖国がその軍隊を指揮する者に要求する即時の軍務に服することができないと心から思うので、私は指揮権を返上してすべての公務から退き、私よりも忠実に責務を果たすことができ、うまく努力を結実させられる他の人物に私の地位を受け継がせようと考えています。

手紙を受け取った友人はどのようにワシントンを励ましたのか。この友人は悩める青年将校よりも一回り以上年上である。同じような訴えをこれまでにも聞いたことがあり、どのように励ませばよいのかよく知っている。

私はあなたの健康状態が非常に悪い状態にあり、軍務を辞めようとしていると聞いて非常に心配しています。それは国家の利益になりませんし、私自身の希望にも反しています。

ここまでは普通である。それから友人は話題を変えて、「大規模な艦隊と七、〇〇〇人の兵士」が新たな軍事作戦のためにアメリカに向かっているとそれとなく告げる。おそらく攻略目標はデュケーヌ砦だろう。なぜこれが励ましになるのか。これまでずっとワシントンが切望していたのはデュケーヌ砦の攻略である。その希望がかなえられると知れば、きっと元気を取り戻すだろうという粋な計らいである。

ワシントンの励みとなったのは友人の言葉だけではない。生命の危険を警告したのが医師であったとすれば、意気消沈するワシントンを励ましたのも医師であった。ウィリアムズバーグでワシントンを診察した医師は、赤痢が快方に向かっていると請け合う。

カスティス夫人

医師の診察を受けた帰り道、青年の目に映る空はどこまでも透き通って青く澄んでいる。マロニエの蕾は今にも弾けんばかりに膨らんでいる。春の訪れはもうすぐだ。

兄と同じ病気でもうすぐ死ぬことになるかもしれない。自分には将来がない。ワシントンはそう信じていた。しかし、今、そうした不安は早春の日差しに溶ける淡雪のように消え去る。

デュケーヌ砦の攻略が終われば、ヴァージニアで果たすべき軍務はなくなるだろう。農園主として本格的に身を立てよう。家庭も持ちたい。それには妻が必要だ。伴侶の助けなしで農園を経営することは難しい。

植民地時代のアメリカでは、誰もが結婚して当然だと考えられていた。単身の男は罰金を払うか、然るべき家庭に移るか選択を迫られたほどである。それに結婚しなければ男性は、胃が悪くなって血液が十分に巡らなくなり憔悴すると思われていただけではなく、一人前として認められなかった。

この際、結婚相手になるような女性と見知っておくのも悪くないだろう。そう思ったワシントンは、マウント・ヴァーノンに帰る前に少しだけ寄り道する。パマンキー川のほとりを進むと、小高い丘の上に建つ白亜の邸宅が見えてくる。緑なす芝生に覆われた緩やかな坂の先に川面が広がる。そして、遙かに望めば、沼地に生える草が黄金の波のように風に吹かれているのが見渡せる。邸宅はホワイト・ハウスという名で知られている。

門の前でワシントンは馬を降りて乗馬手袋を召使に預ける。そして、邸宅まで砂利道を踏みしめて進む。小柄な女主人がバルコニーに迎えに出ている。なだらかな肩に小さくつつましい手。濃い褐色の髪にくっきりした眉。そして、何よりも印象的であったのは明るい榛《はしばみ》色の瞳である。まるで陽気な春の日差しのような光を宿している。

女主人はワシントンを見上げる。歓迎の言葉を述べてにっこり笑う。白く整った歯が見える。小柄な体型と美しい歯を持つことは、十八世紀アメリカにおいて美人の重要な条件である。この麗しい女主人の名前をマーサ・カスティスという。未亡人だ。彼女自身の言葉によれば、「こおろぎのように楽しげで蜜蜂のように忙しい」女性だった。

二人は初対面であったが、まったく知らない仲ではない。ウィリアムズバーグの社交界で二人の名前はそれぞれ有名だったからだ。男は将来を嘱望される青年将校として、女は富裕な未亡人として。

ワシントンは、マーサの温かい瞳に安らぎを覚える。サリーに対して感じるような胸を焦がす思いとは違う。ただ静かに相手の言葉を待つ。マーサはそういう女性だった。女性に対してどちらかといえば不器用なワシントンも、マーサが相手であれば不思議と会話が弾む。二人は再会を約して別れる。新たな戦雲がワシントンを待っている。

偉大なる平民

一七五八年はフレンチ・アンド・インディアン戦争に転機が訪れた年である。前年の六月、気概に溢れたウィリアム・ピットは、群輩を抜いて戦争を主導する地位に就く決意を固めた。このピットは少壮の頃から「偉大なる平民」として庶民院で頭角を現した人物である。庶民院を代表する政治家と言ってよい。正確に言えば、ピットは首相になったわけではない。しかし、実質的に首相と言ってよい立場であった。紆余曲折はあったものの、ピットの下、ついに戦略を立て直す強力なリーダーシップが発揮される。

壮大気宇。ピットの資質を表すのにふさわしい言葉は他にない。ピットは言う。

「私ならこの国を救える。そして、私以外の誰もこの国を救えない」

これ以上に為政者として自信に満ちた言葉があるだろうか。ただピットにも欠点はある。独立不羈で他人と折り合うことを知らない。しかし、戦時にはかえってそうした性格が幸いすることもある。即断即決が可能になるからだ。

ピットが目指していたのは単なる勝利ではない。イギリス帝国を盤石たらしめ、世界の頂点に立たせること。そうした炎のような激情が「偉大なる平民」の胸裡にあった。ただ遠大な理想を実現する前に、まず手

近な現実を直視しなければならない。最大の敵国であるフランスは、ヨーロッパ大陸で当たるべからざる勢いを誇っている。
　ヨーロッパ大陸で戦っていたのは、イギリス、プロイセン、ドイツの諸侯国の陣営とフランス、ロシア、オーストリアの陣営である。カンバーランド公爵率いるイギリスと諸侯国の連合軍は、しだいに追い詰められ、休戦協定の締結を余儀なくされた。後に休戦協定は本国に承認されず破棄される。プロイセンのフリードリッヒ大王はフランス、ロシア、オーストリアに対して善戦するも、プロイセンのような小国の勢いがそのまま続くとは誰も思っていない。
　ヨーロッパ大陸ですぐに戦局を打開することは難しい。ヨーロッパ大陸には直接兵力を送らず、同盟国プロイセンに財政支援をおこなうだけにする。ではどこから戦局を打開すべきか。北アメリカである。戦力を北アメリカに集中して劣勢を覆すべきだ。強力なイギリス海軍を利用してフランス本国と北アメリカを遮断する。そうすればフランスは植民地に増援を送れない。その隙に北アメリカにイギリス軍を送り込んで、フランス植民地を制圧する。
　一七五七年十二月三〇日、ピットの手か

ら北アメリカに向けて指令書が送られる。その指令書によって、北アメリカにおけるイギリス軍の戦略が再編される。

これまでは多くの兵力を各植民地の民兵に頼ってきた。今後は大規模な正規軍をアメリカに投入して一気に勝負に出る。人事の刷新もおこなう。ラウドン卿は更迭され、新たにジェームズ・アバークロンビー将軍が北米イギリス軍最高司令官に就任する。これまでの軍事作戦は得点よりも失点のほうがかなり多い。ラウドン卿の罷免は仕方ない。誰かが責任を取らなければならない。

さらにピットの決定によって、植民地軍は正規軍と同様に軍事物資を本国政府から支給される。ただし軍服だけは植民地の自弁とする。

植民地総督によって任命された大佐以下の士官は、国王から辞令を受けた士官と共同で軍務に服する場合、同格の指揮権を持ち、辞令の交付日によって優位が決定される。これは長らく不当な差別を受けてきた植民地の士官たちが待望していた規定であった。もちろんワシントンにとっても歓迎すべき規定だ。

増援部隊を乗せた艦隊が北アメリカに到着し、アバークロンビーが中心になってピットの指示に沿う三方面の作戦が立案される。

アバークロンビーは、ジョージ・ハウ将軍とともに主要な部隊を率いてハドソン川を北上してクラウン・ポイント砦とタイコンデロガ砦を突く。ジェフリー・アマースト将軍は、ジェームズ・ウルフ将軍とともにルイブールに再征する。そして、ペンシルヴェニアとヴァージニア方面、すなわち、デュケーヌ砦の征服は、ジョン・フォーブズ将軍が担当する。すべての作戦に動員される兵数を合計すると、イギリス兵が二万二、〇〇〇人に民兵が二万四、〇〇〇人と大がかりである。

これから三方面の作戦について順番に紹介する。最初に紹介するのがクラウン・ポイント砦とタイコンデロガ砦の攻略を目標とするアバークロンビーの作戦である。

モントリオールで越冬した後、モンカルムは、正規兵の大半をタイコンデロガ砦に集結させる。カナダ民兵がその他の方面の防衛を担う。大胆な戦力の集中である。そもそもモンカルムは、カナダ民兵を信用しておらず、せいぜい拠点の防衛にしか使えないと考えていた。

その一方でアバークロンビーは、タイコンデロガ砦に進撃する準備を進める。フランス軍によって破壊されたウィリアム・ヘンリー砦の跡地に六、〇〇〇人のイギリス兵と九、〇〇〇人の民兵が集結する。七月四日、船隊の準備を終えたイギリス軍はジョージ湖を北上し始める。

モンカルムは、イギリス軍の襲来に備えてタイコンデロガ砦の周囲に防衛線を張り巡らせる。深い塹壕が掘られ、進路を妨害するために倒木が置かれた。

七月六日、イギリス軍はジョージ湖の北岸に無事に上陸を果たす。翌日、進軍を開始したイギリス軍の左腹背が襲撃を受ける。副将のジョージ・ハウ将軍は勇戦するも戦死する。ハウを失ったことはアバークロンビーにとって大きな痛手であった。ハウは優れた戦略眼を持ち、北アメリカでの戦闘に適した戦術を編み出していた。ハウは、後に独立戦争でイギリス軍を率いることになるハウ兄弟の長兄としてもよく知られている。

イギリス軍の出鼻を挫いたモンカルムは、塹壕に兵士たちを配置して応戦の準備を進める。弾薬が乏しかったために、籠城せずにタイコンデロガ砦の外に出てイギリス軍に肉薄する作戦だ。その数、四、〇〇〇人近く。

七月八日、イギリス軍がタイコンデロガ砦に接近する。ここでアバークロンビーは致命的な過ちを犯す。工兵士官からすぐに攻撃を開始すべきだと報告を受けたアバークロンビーは、大砲がまだ届いていないのにもかかわらず、正面突破を狙う。

正午頃、攻撃が開始される。イギリス軍の猛攻に対してフランス軍は防衛線を盾にして奮戦する。五時間にわたって攻撃が繰り返されたが、防衛線はどこも破れなかった。チャールズ・リー大尉は戦いの様子を次のように記している。

すべての士官が部隊の先頭に立って戦い、自らの勇気と指揮官［アバークロンビー］の愚かさの犠牲となった。［中略］。銃火は非常に激しく、多数の士官が戦死した。ほぼ全員の士官が負傷して指揮する者がいなくなったのにもかかわらず、兵士たちは怒り狂ったように前進を続けた。五時間にわたって無謀な試みが続けられ、ついに撤退を余儀なくされた。

午後七時、累々と折り重なる死傷者を出した後、イギリス軍はジョージ湖に向けて撤退を開始する。殿軍《でんぐん》が後方を守る中、兵士たちを満載した平底船は南下を開始する。結局、イギリス軍はエドワード砦まで後退する。

このタイコンデロガの戦いで、イギリス軍は二、六〇〇人の死傷者を出した。その一方でフランス軍の損害は三〇〇人である。惨敗である。その結果、アバークロンビーは、北米イギリス軍最高司令官の地位をアマーストに譲り渡すことになる。

三方面の作戦の中で最も重要な作戦はルイブールの攻略である。ルイブールを奪われれば、フランス軍は、セント・ローレンス川経由で本国から五大湖地方やオハイオ地方に兵員や物資を送れない。つまり、ルイブールさえ攻略できれば、他の方面も熟柿が落ちるようにイギリスの手に落ちる。

フランス軍は、イギリス軍の侵攻に備えて二一九門の大砲と十九門の迫撃砲、そして、三、八〇〇人の守備兵をルイブールに配置している。さらに長期戦に備えて、フランス艦隊から十分な補給を受けている。五隻の戦列艦と七隻のフリゲート艦がルイブール周辺の海域を哨戒している。

ルイブールの攻略を指揮する主将のジェフリー・アマースト将軍は、法曹家の一族に生まれ、若くして軍門に入った。カンバーランド公爵の副官を務めた経験を持ち、有力者に顔が利く。ピットによって今回の作戦に抜擢される。この時、四一歳。実戦で部隊を指揮した経験はほとんどない。それに加えて、陸軍と海軍の連携が必要な作戦に従事した経験もない。

そのような人物をピットはなぜ抜擢したのか。確かにアマーストは経験不足である。しかし、それを補って余りある資質がある。勝利という最終目標を見失うことなく、状況を冷静に分析して整然と着実に前進するという資質である。アマーストをよく知る者によれば、「謹厳で堅苦しく冷徹」なうえに「無口で控え目」であり、寡言で諾否をはっきりと言う性格であったという。不言実行。つまり、自分で一度決めたことは黙ってやり抜く男だ。

イギリス軍は、ノヴァ・スコシア地方のハリファックスに集結する。一万四、六〇〇人の兵士を載せた輸送船団を二三隻の戦列艦と十八隻のフリゲート艦からなるイギリス艦隊が護衛する。ハリファックスを出航したのが五月二八日、ルイブール沖に到着したのが六月二日である。

作戦開始にあたってまず上陸地点を決めなければならない。ルイブールは半島の付け根に築かれている。そして、フランス艦隊がルイブールに面する湾で遊弋している。したがって、少し離れた場所から上陸するしかない。最も上陸に適しているのは、ルイブールから西に四マイル（約六・四㎞）離れたコーモランディエール入江（現ケニントン入江）である。

霧が出たうえに潮目が悪く、上陸の機会はなかなか訪れない。六月八日になってようやく上陸作戦が始まる。もちろんフランス軍もイギリス軍の上陸を見越して、コーモランディエール入江周辺に塹壕を築いて待ち構えている。

午前四時、信号弾の合図とともに、上陸用のボートが三つに分かれてイギリス艦隊から離れる。それぞれコーモランディエール岬（現マクリーン岬）、コーモランディエール入江、そして、プラット岬（現サイモン岬）に向かう。戦列艦が海岸に接近して上陸作戦を援護する準備に入る。強い風に煽られ、波が高いうえにフランス軍の激しい砲撃で容易に上陸できない。

コーモランディエール入江を目指す一隊を率いるジェームズ・ウルフ将軍は、岩がちの浜辺に目を付ける。上陸地点として不便だと判断したのか、フランス軍の警備は手薄である。ウルフはできる限り多くのボートを集めて一気に上陸を敢行する。何隻かのボートが岩に砕かれて失われたが、ウルフは自ら先頭に立って橋頭堡を確保する。

上陸を察知したフランス軍がさっそく襲来する。しかし、ウルフ指揮下の部隊に撃退される。他の二つの部隊もウルフに続いて上陸を果たす。上陸阻止に失敗したフランス軍はルイブールに後退した。

イギリス艦隊から次々に大砲と軍需物資が陸揚げされる。ルイブールの要塞が強固なのを悟ったアマーストは、包囲戦の準備に取りかかる。整然と着実に包囲戦を進めるという手法は、アマーストの性格にも合っていた。

六月十二日、ウルフは二、〇〇〇人を率いてライトハウス岬の奪取に向かう。ライトハウス岬はルイブールの対岸にあって湾口を守っている。その名前の通り灯台がある。フランス軍は砲台を築いていたが、守り切れないと判断して撤兵していた。

ライトハウス岬に立ったウルフは、二マイル（約三・二㎞）先のルイブールを見渡す。半島部の根元にひしめき合う建物とそれを取り囲む防壁がよく見える。手前の湾にはいくつかの島が浮かび、大砲が据えられている。ライトハウス岬からルイブールまで砲弾は届かない。しかし、湾内にフランス艦隊を閉じ込めることならできる。ウルフは接近を試みるフランス艦隊を砲撃するように命じ、ルイブールを封鎖する。さらにイギリス艦隊が湾口を固める。

その一方でアマースト率いる本隊は、ルイブールを西から見下ろすグリーン丘陵に陣取って平行壕の開削を始める。大砲が各所に配置され、昼夜を分かたずルイブールに向けて砲撃がおこなわれる。

七月九日早朝、フランス軍はルイブールから突出して、イギリス軍の防御施設の一角を奪取することに成功するが、すぐに撃退される。イギリス軍の砲弾は、ルイブールの防壁を完全に無力化する。七月二六日、これ以上の抵抗は無駄だと判断したフランス軍は降伏した。

ルイブール攻略でイギリス軍は一、五〇〇人の死傷者を出した。その一方でフランス軍の死傷者は三、〇〇〇人に達する。ルイブールを手中に収めることでイギリス軍は、ケベックを攻略する足掛かりを得た。しかし、今年の作戦はこれで終わりである。ルイブールを奪い返されないように修繕する必要があったし、これから作戦を開始しても、冬になる前にケベックを陥落させられない。寒気でセント・ローレンス川が凍結すれば、補給が滞って軍隊は身動きがとれなくなる。

前車の轍を踏まず

三方面の作戦の中で最後に残った一方面が、フォーブズに委ねられたデュケーヌ砦の攻略である。デュケーヌ砦は、入植地に対する襲撃の策源地になっている。デュケーヌ砦を破壊することで北方からの脅威を根本から絶つ。フォーブズ遠征として知られる作戦である。

戦線が活発に動き出したことに伴って、ヴァージニア植民地議会もようやく重い腰を上げる。一七五八年四月七日、兵士たちに多額の報奨を支払うことが認められ、ワシントンが率いる第一ヴァージニア連隊に加えて第二ヴァージニア連隊が編成される。特に重要な点は、ヴァージニアの領域外でも民兵隊の展開が認められたことだ。通常であれば、あくまで民兵隊は地域の防衛のために投入されるので、ヴァージニアの領域外に出ることはない。その原則を曲げたことは、議会が本格的にイギリス本国の作戦に協力する気になったということだ。ピットの熱意が、イギリス本国だけではなくヴァージニア植民地議会をも動かしたのだ。

フォーブズ遠征はワシントンの胸を興奮で高鳴らせた。友人のフランシス・ハルケット大尉にワシントンは次のような手紙を送っている。ハルケットはフォーブズの副官として作戦に参加することになっていた。

もう一度、我々はあなたを仲間に迎えられるのでしょうか。そして、我々の（かつての）勇敢な戦友たちにとって不幸の地であった土地をもう一度訪れることになるのでしょうか。もし答えが肯定であれば嬉しい限りです。ブラドック将軍の敗北のあの不幸な日に、我々の友人をほふった凶暴な虐殺者の憎しみに我々の力が優るかどうか試しましょう。

三方面の作戦の中でフォーブズ遠征は最も困難が予想されている。なぜなら他の二方面の作戦がラウドン卿の更迭前に、ある程度準備が整えられていた一方で、デュケーヌ砦攻略はほとんど何も手付かずだったからだ。さらにデュケーヌ砦攻略は、他の二方面と違って不利な点がある。他の二方面はイギリス海軍の支援を受けられるが、デュケーヌ砦にはそのような利点はない。海岸地帯からデュケーヌ砦まで直接通じる水路がないからだ。

こうした最も困難な作戦を委ねられたフォーブズはどのような人物か。スコットランド低地地方の高名な武門の家柄に生まれ、この時、五一歳。軍歴は二九年に及び、ヨーロッパ各地で戦歴を誇る。主計総監代理として兵站を担う。そうした経験を買われて新たに将軍に抜擢され、一七五八年四月十八日にフィラデルフィアに入る。

五月初旬、フォーブスは副将のヘンリー・ブーケ大佐と作戦の進行について協議する。そして、役割分担が決まる。ブーケが陣頭指揮を執り、フォーブズが後方で兵站を管轄する。通常であれば主将のフォーブズが陣頭に立つ。しかし、フォーブズの考えは違った。陣頭に立つのはそれほど重要な仕事ではない。今回の作戦で最も重要なのは補給線の確保だ。

モノンガヒーラの戦いで敗北したブラドックの轍を踏むわけにはいかない。フォーブズの分析では、ブラドックの敗因は、兵站を整備しなかったことと、インディアンの協力を十分に取り付けなかったことにある。デュケーヌ砦の包囲は最終段階にすぎない。最優先課題は、そこまで軍隊を無事に到着させることだ。兵站に明るいフォーブズが後方支援に従事することは理に適っている。それにフォーブズは、陣頭に立てるような健康状態ではなかった。詳細は不明だが、末期の胃癌だったらしい。

ヴァージニア連隊は、五月までに西進に備えてウィンチェスターに集結するようにフォーブズから命令を受けていた。ヴァージニア連隊の司令官についてフォーブズは、「フロンティアでよく知られている優れた士官」と述べている。それはワシントンのことである。さっそくワシントンはフォーブズに感謝の手紙を送

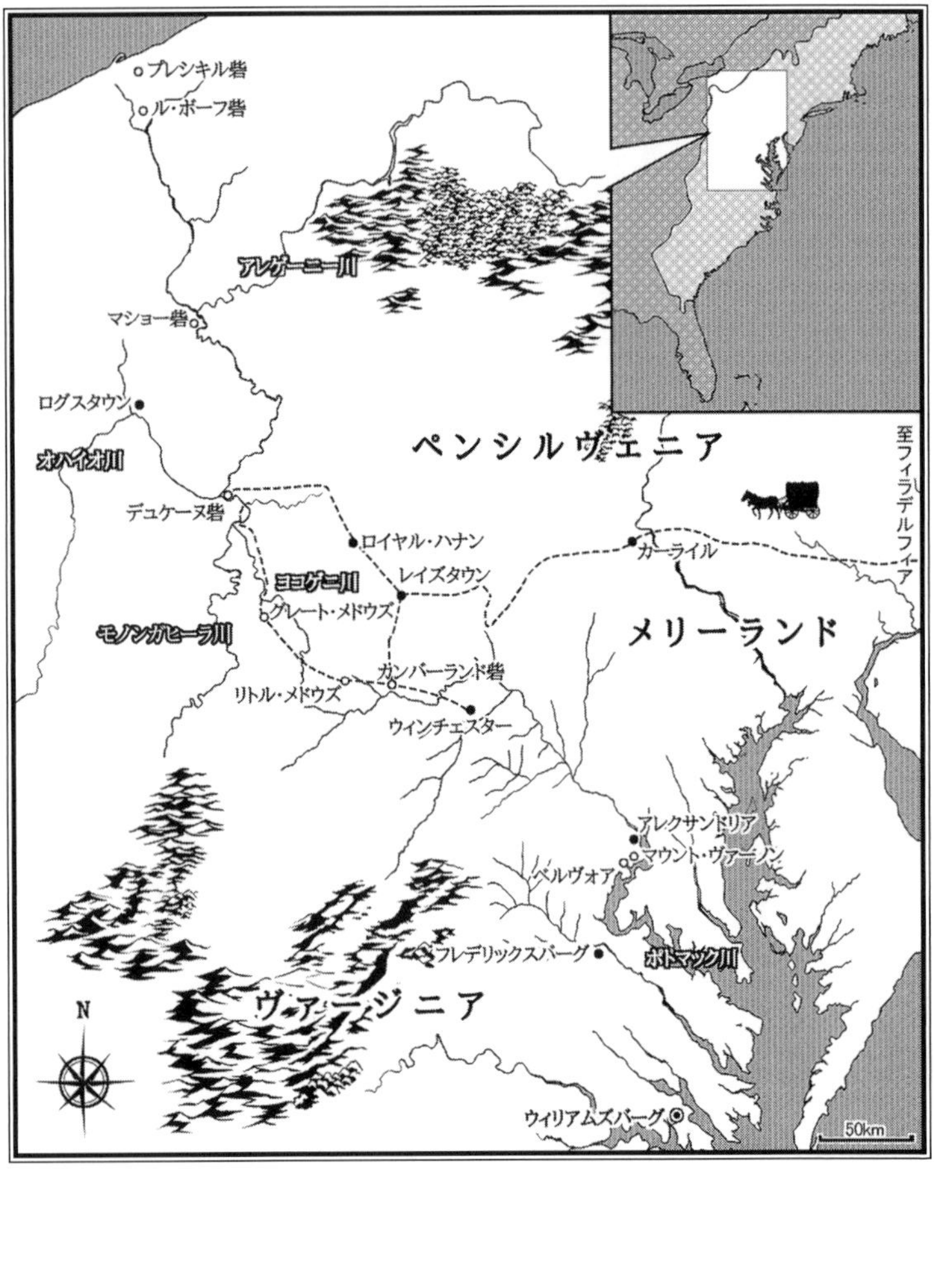

プレシキル砦
ル・ボーフ砦
アレゲーニ川
マショー砦
ログスタウン
オハイオ川
ペンシルヴェニア
至フィラデルフィア
デュケーヌ砦
ロイヤル・ハナン
カーライル
ヨコゲニ川
レイズタウン
グレート・メドウズ
メリーランド
モノンガヒーラ川
カンバーランド砦
リトル・メドウズ
ウィンチェスター
アレクサンドリア
マウント・ヴァーノン
ベルヴォア
フレデリックスバーグ
ポトマック川
ヴァージニア
N
ウィリアムズバーグ
50km

るとともに「これから作戦に従事することが私の最大の報酬です」とデュケーヌ砦攻略に寄せる意気込みを述べている。ワシントンの指揮下に二連隊、総勢一、九〇〇人が入る。

主計総監代理のジョン・セント・クレアは、モノンガヒーラの戦いで受けた傷が癒えて軍務に復帰し、軍需物資を調達するとともに、ヴァージニア連隊を視察している。どうせたいしたことはないだろうと高を括っていたセント・クレアは完全に裏切られた。次のようにフォーブズに報告している。

ラウドン砦に駐留するワシントン大佐の連隊に属する四個中隊を視察しました。もしその他の中隊も同様の軍規を保っていれば、大いに期待できると思います。この連隊は大佐の面目を施すものになるでしょう。

それは、これまでワシントンが三年を費やして徹底的に綱紀粛正に努めた結果である。ヴァージニア連隊は見違えるように鍛えられた部隊に変貌していた。ヴァージニア連隊の他にもデラウェア、メリーランド、ノース・カロライナ、ペンシルヴェニアからも部隊が到着する。植民地人の部隊は総計五、〇〇〇人に達する。

六月十三日、ウィリアムズバーグで用事を済ませた後、ワシントンはセント・クレアに伴われてメリーランド北西部のコノコチーグに赴く。メリーランド総督シャープとブーケの二人が作戦を協議するためにそこで待っていた。

作戦会議でワシントンは、すぐにデュケーヌ砦に向かって進撃するべきだと強く主張する。ただ時間を浪費すれば、軍の規律は弛緩するだろう。そして、フロンティアでの戦闘に必要不可欠なインディアンの戦士たちがしびれを切らして去って行くかもしれない。作戦を迅速に遂行することが肝要である。

ワシントンの意見は認められ、進軍命令が下る。ウィンチェスターに戻ったワシントンは、さっそく六〇〇人の兵士を率いてカンバーランド砦に移動する。

最初の仕事は、カンバーランド砦から北に延びる道路の整備である。道路の整備は簡単な仕事ではない。なぜなら敵対するインディアンの妨害を受けるからだ。馬を駆って報せを運ぶ急使がしばしば襲撃され、荷馬車も銃撃される。

妨害に対抗するために、ワシントンは味方のチェロキー族の戦士を送り出す。ワシントンの考えでは、フロンティアでインディアンに対抗できるのはインディアンだけだ。そういう戦いでは、正規兵は役に立たないどころか足手まといだ。つまり、主戦力には主戦力なりの使い方が、補助戦力には補助戦力なりの使い方がある。

主戦力である正規兵は、森の中の潜行には向かないが、砲兵を伴い、斉射の訓練を受けているので火力は高い。ただしそれは明確な軍事目標、例えば砦や堂々と進軍して来るような大部隊に対して有効であって、不明確な軍事目標、例えば森の中に身を潜めて攻撃を仕掛けて来るような敵にはまったく有効ではない。その一方で補助戦力であるインディアンは、砲兵を伴わず、そもそも軍隊として訓練を受けていないので、正面を切った攻撃や拠点の攻略は苦手である。森の中を潜行して奇襲したり、偵察したりするのに向いている。フロンティアで最も有効な戦い方は、こうした主戦力と補助戦力をその特性に応じてうまく組み合わせて使う戦い方である。

さらにワシントンは、インディアンの服装を取り入れるように提案している。士官たちは野蛮だと言って反対する。この当時のイギリス兵が身に付けていた軍服や装備一式はかなりの重量である。軍服のデザインは、機動性や実用性よりも外観が重視された。閲兵した時こそ偉観であるが、森の中では何も役に立たない。そこでワシントンは、実際に兵士たちにインディアンの衣服を着せて行軍させてみた。その効果は覿面であった。インディアンの衣服は涼しいうえに軽く、森の中での移動に最適であった。実用性を示すことよりも効果的な説得法はない。

七月二一日、イギリス軍がルイブールで有利に戦局を進めているという報せが入る。この方面の作戦にも弾みが付くのではないかとワシントンは期待する。しかし、作戦遂行にあたって問題が起きる。デュケーヌ砦への侵攻ルートについて、ヴァージニアとペンシルヴェニアが意見を違えたのである。

ヴァージニアは、一七五五年にブラドック将軍がたどった経路、すなわちブラドック道を進軍するように求めた。すなわちカンバーランド砦からデュケーヌ砦に至る経路である。その一方でペンシルヴェニアは、補給がより容易な新しい経路、つまりペンシルヴェニアの中央を抜けてレイズタウンから直接、デュケーヌ砦に至る経路を開拓するように求めた。フォーブズ道と呼ばれることになるのは後のことだが、ここではその名前で統一しよう。

ワシントンは、当然ながらヴァージニアの主張を支持する。ブラドック道を選択するべきだと最初に訴えた相手は、最前線で指揮を執るブーケである。

フィラデルフィアを起点にした場合、確かにフォーブズ道のほうが距離は短い。しかし、レイズタウンから先は完全に未開の地で切り開くのにかなり時間がかかる。その一方でブラドック道は、遠回りになるが三年前の作戦ですでに切り開かれているので少し修繕するだけでよい。もし道を切り開くために時間を無駄にすれば、兵役期間の終わりを迎えて植民地人の部隊は解散されるだろう。そうなるとデュケーヌ砦を攻略する好機は失われる。

ワシントンと直接面談したブーケであったが、その主張に心動かされることはない。ブーケの考えでは、大規模な部隊の進軍は容易なことではない。それをワシントンは十分に理解していない。それにブラドック道がすぐに使える状態だとは思えない。

ブーケの回答にワシントンは失望する。そこでワシントンは友人のフランシス・ハルケット大尉に手紙を送る。


私はブーケ大佐との会談から帰ってきたばかりです。私は彼が頑迷であることがわかりました。敢えて頑迷と言います。［中略］。もしブーケ大佐の意見が［フォーブズ］将軍に通れば、すべてが失われます。神に誓ってすべてが失われます。我々の作戦は破滅するでしょう。今年の冬、我々はローレル山脈で立ち往生することになるでしょう。月桂樹［ローレル：勝利の栄冠］を集めるどころではありません。南部のインディアンは我々に背を向け、植民地は荒廃します。［中略］。それが失敗の結果です。それが今回の作戦の失敗の結果なのです。


この手紙を受け取ったハルケットは、どうやら困惑して手紙をフォーブズに渡してしまったらしい。その可能性を考えずに批判と受け取られるような手紙を書いたことは軽率な行為である。

批判を受けて黙っているフォーブズではない。そうした行動は恥ずべき行動であり、士官として模範的な行動ではないと憤慨する。ワシントンの態度が軍人らしくないので助言に耳を傾ける必要はないとまで言っている。

結局、フォーブズは、デュケーヌ砦の攻略に最も有効な経路を実用的見地から選ぶ。それはフォーブズ道であった。第三者の目から見てもフォーブズ道の利点は明白である。

それでもブラドック道を諦めようとしないワシントンは、新しくヴァージニア植民地総督代理に赴任したフランシス・フォーキエに、フォーブズが「致命的な決断」を下すのを止めてほしいと要請する。さらにヴァージニア植民地議会議長のジョン・ロビンソンにも陳情が送られる。その内容は、ワシントン自らロンドンに赴いて国王に請願を奉呈するというものだ。

なぜワシントンはそこまでブラドック道にこだわったのか。実は経路の問題は、ヴァージニアとペンシルヴェニアの利害衝突である。切り開かれた道は、戦争が終わった後も交易路として役立つ。経路の選定は交易権をめぐる争いでもある。そのためワシントンは容易に引き下がれない。ワシントンの考えでは、ブラドック道は、ヴァージニアとペンシルヴェニアが共同で切り開いた道であり、両植民地が等しくオハイオ地方のインディアンと交易をおこなうための道であった。新しい経路を切り開く作戦は、ペンシルヴェニアが交易を独占しようとする奸計に他ならないとワシントンは信じている。そうした姿勢は徹頭徹尾、ヴァージニア人の姿勢である。自分の植民地が一番大事なのは、わが身が一番かわいいのと同じく当然のことだ。

その一方でフォーブズがワシントンに対して腹を立てたのは、植民地人が純粋に軍事的見地からではなく、自らの利害で助言していると思ったからだ。それにワシントンがブラドック道の近くに土地を所有していたという事実も見逃せない。ブラドック道が整備されれば、ヴァージニアだけではなく、ワシントン自身も利益を得る。

最終的にフォーブズ道が選択されたものの、ペンシルヴェニア植民地議会はその他の問題で紛糾しており、軍需物資の手配が思うように捗らない。しかも兵站の実務に責任を負うセント・クレアは無能であり、問題を解消するどころか、自ら問題を起こす始末だ。結局、進軍の準備がようやく整い、内陸のカーライルにフォーブズが入ったのは七月四日である。カーライルは、フロンティアに臨む最後の街である。これより西に街と呼べるような場所はない。

落葉を待つ

七月十日から二五日にかけてイギリス軍の本隊は、カーライルを出て西進を始める。それにしても作戦開始から進軍までなぜ長い時間がかかったのか。遠征隊の大部分は、各植民地から派遣された部隊が占めている。各植民地は部隊を派遣したが、ただ派遣しただけである。兵士たちに十分な装備を与えていない。それも当然である。先述のように、植民地は軍服を自弁するだけでよいとピットが約束していたからだ。しかし、軍営の様子を見れば、ピットはきっと後悔したに違いない。

ある士官は、「十挺の火打ち石銃もなく、弾薬もなく、水筒もなく、背嚢もなく、毛布もテントもなく、あらゆる種類の軍需物資が不足している。連隊服もなく、多くの兵士がほとんど衣服を持っていない」と述べている。亡くなった兵士の埋葬に立ち会った従軍牧師のトマス・バートンは、そのやり方に衝撃を受けている。

遺体が毛布に包まれて運ばれて来る。そして、小さな穴に埋められる。すると軍曹が遺体から毛布を剥ぎ取った。死者への冒瀆であると牧師が抗議すると、毛布を絶対に回収するように命令を受けていると軍曹は答えたという。毛布が不足していたからだ。仕方なく牧師は木の枝を切り払って遺体に被せ、祈りを唱えた。兵士の死因は戦死ではない。バートンは、四〇〇人もの兵士が熱病、赤痢、天然痘で苦しんでいるのを見ている。当時の戦争では、戦死よりも病死のほうがずっと多い。

とにかく装備を整えなければ満足に戦えない。例えばどのくらいの数の靴が必要になるか考えてみても気が遠くなる。兵士一人当たり三足の割当に少し備蓄を加えようとすると、すべてで一万八、〇〇〇足も準備しなければならない。現代のように大量生産できる工場はない。フォーブズがフィラデルフィアで買い集めることができた靴はわずかに一、〇〇〇足であった。さらにフォーブズは、一、〇〇〇足の靴を注文した。街中の靴屋が短期で納入できる精一杯の量である。これでは時間がかかったのも仕方ない。

たとえ物資が調達できても、ペンシルヴェニアの荒野を進軍するのは楽ではない。森林を切り開き、道を整備しながら行軍する。もちろんこれまで道がまったくなかったわけではない。もともとある道は、農夫が作物を積んだ荷馬車を走らせたり、交易商人が駄馬の列を連ねて通るだけであれば十分であったが、数千人の兵士たちだけではなく、物資を満載した数百台の荷馬車や砲車が通るには無理がある。大幅に拡張しなければならない。実質的に新しい道を作るのと同じである。

道路を整備する作業は、現代なら手抜き工事だと見なされるかもしれない。小さな流れにさしかかれば、束柴を投げ込んで上に土を被せて終わりである。束柴は木の枝を蔓やロープで縛ったものである。兵士たちは束柴を手早く作る訓練を受けていた。束柴の材料は道を切り開く時にいくらでもできる。

時には水の勢いが強過ぎる場合もある。それでもできる限り橋を架けない。時間と手間が惜しいからだ。適当に渡れるように束柴や石を投げ込んで足元を良くしてそれで終わりである。どうしても橋を架けなければならない場合はどうするか。できるだけ大きな木を四角く削って行桁として二本差し渡して、その間に小さな木を削って作った橋板を並べる。もし川幅が木の長さよりも長ければ、途中に橋脚を作る。橋脚は丸太を三角に組んで間に石を詰めたものだ。とにかく最低限、通れればよいという考えだ。どうしても邪魔な岩をどかしたり砕いたりすることはあっても、切り株をいちいち抜くこともなくそのままである。

現代の我々がもしフォーブズ道を見れば、舗装されていない林道だと思うだろう。しかし、その当時の基準では十分に立派な道であった。もちろんローマ街道のような優れた先人の遺産を知る者が見れば、とても立派とは言えなかっただろうが。

幸いにもフランス軍やインディアンの妨害はほとんどなかった。それはフォーブズが味方のインディアンを有効に活用したからだ。イギリス軍が三年前と同じ経路、すなわちブラドック道を選択するだろうと思っていたフランス軍は完全に裏をかかれた。

フォーブズは補給線を整備しながら慎重に進軍する。補給線を設定する際、まずおこなわなければならないことは、起点を決めることである。生産力が高く、物資の集積が容易な都市が望ましい。今回の作戦で補給線の起点になったのはフィラデルフィアである。

次に考えなければならないことは秣《まぐさ》の確保だ。自動車がガソリンを消費するように、荷馬車を牽引する馬や駄馬は大量の秣を消費する。自然の草地があれば、大量の秣をわざわざ運ばなくて済む。そうなれば少しでも運べる軍需物資が増える。何しろ運ばなければならない軍需物資の量は多い。

例えば食料はどれだけ必要か。フォーブズの計算では、兵士一人当たり一週間に八ポンド（約三・六kg）の牛肉、もしくは五ポンド（約二・三kg）の豚肉、七ポンド（約三・二kg）の小麦粉が必要だ。それを少なくとも七、四〇〇人分用意しなければならない。そうした食料は樽に詰められる。四頭立ての荷馬車一台の運搬量は二、〇〇〇ポンド（約九一〇kg）。したがって、荷馬車一台分の豚肉でざっと四〇〇人が一週間食いつなげる。すべての兵士たちに必要な量を運ぶとなると、少なくとも二〇台近くの荷馬車が必要になる。

もちろん肉を輸送せずに生きたまま運ぶという手段もある。一頭の牛を解体すれば七五〇ポンド（約三四〇キログラム）の肉になる。現代の食用牛に比べて当時の牛は小さい。全軍の一週間分の牛肉を賄うとなると八〇頭近くの牛が毎週必要となる。

肉や小麦に加えて重要なのがビールである。スプルース・ビールやスモール・ビールが醸造される。両方ともアルコール度は低く、壊血病に効果がある。それに兵士たちは水よりもビールを好んだ。不衛生な水よりもビールのほうが安全だからである。ビールを醸造する際に水を沸騰させる。それは煮沸による殺菌になる。兵士たちは経験的にそれを知っていたのだ。

いずれにせよ、食料や生活雑貨、弾薬も運ぶとなれば、荷馬車は何台あっても足りない。そこでフォーブズは強制徴用を認める。農夫から荷馬車を作戦が終わるまで借り上げる。市民の財産権を重視するイギリスの伝統からすれば、それは異例のことだ。ただし強制徴用と言っても正当な対価と損害の補償はおこなわれる。

さらにブーケの提案で駄馬が使用されている。ワシントンがブラドックに提案したような駄馬の利点をブーケも理解していた。輸送力は低いが悪路に強い。さらにフォーブズは駄馬を一個中隊につき四頭割り当てている。兵士たちが担ぐ荷物を運ばせるためだ。荷物が軽くなれば進軍も速まる。

とにかくフォーブズが最も心血を注いだのが補給線の整備である。それは華々しさこそないものの、作戦を遂行するうえで最も大切な要素の一つであることは間違いない。補給線に沿って点々と物資を蓄える要塞が築かれる。要塞は通行する輜重隊の安全な隠れ家になる。さらに要塞に駐屯する守備兵が周囲を巡回してインディアンの襲撃を抑止する。道路の修理もおこなう。要塞は本隊の進軍にも役に立つ。たとえ襲撃を受けても後退して要塞に立てこもれる。要塞で敵軍を撃退してから進軍を再開すればよい。

デュケーヌ砦の攻略が成功した後のことも計算に入っている。デュケーヌ砦をフィラデルフィアと安全な経路で直結すれば、今後の作戦の基地にできる。戦いの前に勝利の条件を万全に整える。そして、次の展開にも備える。それが何よりも重要であることをフォーブズは知っている。

フォーブズより先に前線基地のレイズタウンに向かったバートン牧師は、その道中を日記に付けている。道路は西に進めば進むほど悪くなる。バートンの記録には、「山や丘の他に見えるものはなく、荷馬車や小麦の樽の残骸が転がっている」と記されている。雷雨がテントを襲い、夏にもかかわらず、バートンと同行する兵士たちは濡れて寒さに震えながら目を覚ました。

ただフォーブズ道は、フォーブズの指令が行き届いているおかげで安全である。バートンはレイズタウンに無事に到着する。その後、馬を探しに行った兵士が近くでインディアンに襲撃された他は特に事件は起きていない。従軍牧師としてバートンは、兵士の子供たちに洗礼を施している。つまり、レイズタウンに兵士の家族がいたということだ。

兵士たちの身の回りの世話をする女性の随伴は認められていた。そうした女性の大部分は兵士の妻であり、兵士が受け取る半分の量の食料を支給された。つまり、軍隊の一員と考えられていた。時には病気の兵士を看護することもあり、一日当たり六ペンス（三〇〇円相当）の手当てが支払われた。

その他にもレイズタウンには、鞍職人、車職人、指物師、煉瓦職人、石工、竈職人、粉屋、炭焼き、桶職人、鋳掛け屋、木挽き、鍛冶屋、鉄砲鍛冶など兵士の生活を支える者たちがいる。そうした多種多様な職工はどこから確保したのか。民兵として従軍している植民地人たちの中から集めた。彼らは、職業兵士ではなく、すべて一般市民である。したがって職工も含まれている。彼らを軍務から外して本来の仕事をさせればよい。一日当たり九ペンス（四五〇円相当）の手当てが支給された。

八月五日、レイズタウンに砲兵隊が到着する。バートン牧師が大砲を数えたところ、大小合わせて三九門もあった。木造のデュケーヌ砦を攻略するには十分な威容だろう。

こうしてゆっくりと攻略の準備が進む中、ワシントンはカンバーランド砦で駐留を続けていた。そこへ偵察部隊が帰還して、デュケーヌ砦の防備が手薄だという情報をもたらす。ワシントンは、今こそ絶好の機会だと思う一方で、あまりに慎重なフォーブズに苛立ちを募らせる。ヴァージニア植民地議会議長のジョン・ロビンソンに宛てて次のような手紙を送っている。

我々はまだここに悲惨な状態で滞陣しています。我々の前に希望ある前途を見いだせません。かつて見られた栄光、祖国に仕えて賞賛を得たいという希望と野心は今はもうありません。このまま怠惰に流れて致命的な無気力に陥れば、すべてが失われてしまうでしょう。［中略］。我々は愚かな将軍の下で行動しています。［中略］。この作戦が幸運な結末を迎えられれば、それは奇跡に他ならないでしょう。［中略］。デュケーヌ砦のフランス軍の兵力が八〇〇人を超えていないという諜報を先月［八月］十三日に得ました。その中には、三〇〇人から四〇〇人のインディアンが含まれます。いかに我々の時間が浪費されてきたのでしょうか。いかに絶好の機会が見逃されてきたのでしょうか。このような機会は再び訪れないでしょう。

もちろんフォーブズは、ワシントンが言っているように「怠惰」に過ごしていたわけではない。確実な勝利を得るための条件、すなわち補給線の整備をたゆまずおこなっている。ブーケによれば、フォーブズの働きぶりは「奇跡」に近いものであった。なぜならフォーブズは、レイズタウンで病臥していて苦痛で食べることも眠ることもほとんどできなくなっていたからだ。

それから少し回復したフォーブズは、デュケーヌ砦に速攻を仕掛けようと思案し始める。当初の想定では、デュケーヌ砦まで進軍する時期は十月以降であった。それまでに補給線はさらに強化されるだろうし、何よりも木々が葉を落として見通しが良くなって奇襲を避けられる。それにフランス軍に味方するインディアンの戦士たちも冬に備える狩猟のために帰郷するだろう。ブーケも「進軍を急ぐ必要はありませんし、敵が贈り物と食料を使い果たすのを待ちましょう。そうすれば彼らはインディアンを失うでしょう」とフォーブズに進言している。ただ当初の想定は、フランス軍がかなりの兵力を保持しているという前提に基づいている。状況が変われればそれに応じて作戦を練り直さなければならない。

ようやく小康を得たフォーブズは、カーライルからさらに西に向かう。その途中、病状がぶり返して一歩も進めなくなってしまった。副官のハルケットによれば、衰弱があまりにひどく指令書を書くことさえできないという。もちろん治療を受けている。牛乳にピルモント水、ナツメグ、砂糖を混ぜた物を服用している。おそらく効果はなかっただろう。苦痛を和らげるための阿片剤も処方されている。


八月三一日、バートン牧師によれば、「すべてが成功を約束していてデュケーヌ砦が容易に征服できると誰にも思わせる」情報がレイズタウンに届く。つまり、ルイブールの攻略が成功したという報せである。

翌日、兵士たちはルイブール陥落を祝って式典をおこない、「国王陛下万歳」で締め括る。自分たちの勝利も目前だと信じる兵士たちの士気は高い。

ブーケは、レイズタウンからロイヤル・ハナン（現リゴニアー）に向かう。ロイヤル・ハナンは、デュケーヌ砦から五〇マイル（約八〇㎞）の距離にある。すでに作業部隊が先行していて防御施設の建築を始めている。

ロイヤル・ハナンに到着したブーケはさっそく本隊を迎え入れる準備を進める。防御施設だけではなく、軍需物資を備蓄する倉庫も必要だ。これからロイヤル・ハナンが後方支援をおこなう重要な基地になる。

ブーケには気がかりなことがあった。無断で軍営を離れて狩りに出ていた兵士たちがインディアンに襲撃された。敵対するインディアンに秘かに囲まれているのではないかとブーケは不安を募らせる。そこで一〇〇人からなる部隊を二つ編成して周囲の警戒に当たらせるように命じる。その命令を知って、ジェームズ・グラント少佐がやって来る。

グラントは、そのような小規模な部隊を出動させても意味がないと諫言する。無駄な損害が出て兵士たちの士気が低下する。もし自分に五〇〇人を預けてくれればデュケーヌ砦まで潜行して、地理と敵情を調べてから帰還する。前日に届いた報告によれば、敵軍の数はフランス軍とインディアン含めて六〇〇人を超えないとあるので奇襲を仕掛けてくることはないだろう。逆に彼らが出撃すれば、こちらから奇襲を仕掛けて捕虜を得られる。そうすれば捕虜からさらに詳細な情報を聞き取れる。

ブーケはグラントの懇願を受け入れる。このまま何もしなければ士気が低落する一方である。それにデュケーヌ砦の詳細な情報が欲しい。ブーケにとってグラントの提案は渡りに船であった。さっそく、進軍の準備が始まる。敵に漏れないように行き先は秘匿された。バートンもグラントの部隊の出発をレイズタウンで聞いたが、「秘密の遠征」であること以外は何も知らされなかった。

九月九日、スコットランド高地部隊を中心に民兵隊とチェロキー族の戦士たちを加えた九〇〇人の部隊がグラントに率いられてロイヤル・ハナンからデュケーヌ砦に向けて進発する。その五日後、功をあせったグラントが砦を奪取しようと接近しすぎたせいで、兵士たちは奇襲を受け、甚大な被害を出す。

灰燼に帰す

グラントの敗報がロイヤル・ハナンのブーケのもとに届いたのは、戦闘が起きた当日、すなわち九月十四日である。報せを手に握りながらブーケは唇を噛む。呆然としている場合ではない。すぐに救援を差し向けなければならない。そこでアダム・スティーヴン中佐に一隊を与えて、ただちに出発するように命じる。

翌日、フォーブズが病身を押して後方のレイズタウンに到着する。敗報はまだレイズタウンまで届いていない。馬に乗れるような状態ではないので担架での進軍である。バートン牧師が見たところ、フォーブズの体調は芳しくない様子であったが、「兵士たちを率いてレイズタウンに到達できたことに深く満足して喜びを感じている表情が浮かんでいた」という。

フォーブズと会談したワシントンは、カンバーランド砦からレイズタウンにヴァージニア連隊を移動させるように命令を受ける。これでブラドック道を使う望みは完全に絶たれた。しかし、同時にデュケーヌ砦攻略に参加できるという期待にワシントンの胸は躍る。ワシントンは、兵士たちを迎えにカンバーランド砦に戻る。

オンタリオ湖畔にあるフロントナク砦の攻略に成功したという報せがレイズタウンに入る。慶賀のために大砲が放たれ、兵士たちはルイブールの攻略を祝った時と同じく万歳三唱する。フロントナク砦の陥落は、デュケーヌ砦の補給線が絶たれたことを意味する。

九月十九日、昨日の喜びが嘘のように色褪せる。ロイヤル・ハナンからグラントの部隊が敗北したという一報が届いたからだ。フォーブズは慎重を期して、しばらく作戦行動を控えた。

九月二一日、カンバーランド砦からヴァージニア連隊がもうすぐ到着すると聞いたバートン牧師は、クリストファー・ギストとともに馬に乗って迎えに出る。レイズタウンから七マイル（約十一㎞）ほど行ったところで兵士たちの先頭に立って歩いて来る偉丈夫が見えた。ワシントンの姿を認めたバートンは馬を下りて軍営まで同行する。

フォーブズは、森の中を進軍するのに最適な陣形を考案するようにワシントンに命じる。あくまでイギリス軍の正統的な戦術に拘泥したブラドックとは対照的に、フォーブズはフロンティアに適した戦術を採用する必要性があると考えていた。

ワシントンに下した命令は、これからすぐに進軍するというフォーブズの意思表示なのか。そうとは言えない。なぜなら今年中にデュケーヌ砦を攻略するのは無理ではないかとフォーブズは思うようになっていたからだ。ヴァージニア植民地総督代理のフォーキエに次のように事情を説明している。

「総じて我々の作戦は、これまでにないほど憂鬱な見込みを示しています。この作戦で私は道を切り開けそうにありません」

九月二五日、バートン牧師は、フォーブズから晩餐の招待を受ける。病み衰えたフォーブズは、バートンに兵士たちの様子を尋ねる。あくまで職務に忠実なのがフォーブズという男である。

従軍牧師はただ説教をするだけではない。兵士たちにどのような精神的な支えが必要か考えて説教する。例えば、口喧嘩が絶えなければ、それを戒める章句を説く。つまり、軍規を保つ手伝いが従軍牧師の仕事であった。

さらにフォーブズは、体調が悪く礼拝に参加できないことをバートンに謝罪する。フォーブズが謝罪したことはもう一つある。処刑される脱走兵たちの懺悔を聞き届けるように頼んだことだ。

その夜、バートンは収監されている脱走兵たちのもとへ赴く。死を目前にして脱走兵たちは打ちひしがれて涙を流している。従軍牧師としての役目をバートンは果たす。彼らのために永遠の生が魂に約束されていると説く。

バートンと入れ替わりに士官がやって来て、四人の脱走兵たちに恩赦が与えられたことを告げる。彼らの目から再び涙が流れる。今度は悲しみの涙ではなく、喜びの涙である。

翌日早朝、バートンは赦免されなかった脱走兵を訪ねる。ジョン・ドイルというペンシルヴェニア人だ。なぜドイルだけが赦免されなかったかはわからない。ドイルは、自分はカトリック信徒だがプロテスタントの牧師も受け入れると言う。そして、最期まで残された時間をともに過ごし、処刑が執行される場所まで同行するように求める。もちろんバートンは快諾する。

しばらくして憲兵がやって来て、ドイルの胸に紙を貼り付けた。

「ジョン・ドイル。ペンシルヴェニア連隊のパターソン中隊の兵卒。脱走の罪により銃殺」

執行の時が迫る。ドイルは、憲兵に引っ立てられ、兵士たちの前に立たされる。処刑を見物するように命じられた兵士たちだ。ドイルは仲間の兵士たちに警告する。

「酒瓶越しに親切そうにする奴には気を付けろよ。そういう奴はおまえ達を騙してすぐに裏切るから」

なぜドイルがこのように言ったのかはわからない。おそらく脱走の際に、誰かに酒を一杯飲まされて酔い潰れていたところを逮捕されたのだろう。

それから外套を脱いだドイルは、銃を構えている六人の男たちに向き直ってひざまづいて言った。

「仲間たち、もっと近くへ来いよ。おまえたちの仕事がきちんとできるように。俺の心臓をよく狙え。絶対に外すなよ。俺の面目を傷つけないでくれ」

最期の瞬間を見ずに済むように目を隠すためのハンカチが差し出される。ドイルはそれを断り、昂然と顔を上げる。処刑人たちはわずか一フィート（約〇・三m）の距離まで銃口を近づける。

曹長の命令で六挺の銃が火を噴く。銃弾がドイルの腹を切り裂く。腸がはみ出る。銃火がシャツに燃え移る。銃声の余韻が消えぬ間にドイルの身体が崩れ落ちる。何度か身体を起こそうと試みるもすぐに事切れる。

バートンの日記は、唐突にここで終わっている。なぜ日記の続きがないのか。おそらくバートンが、陰惨な情景をこれ以上見たくないと思って陣中を去ったからだろう。


十月十二日、ロイヤル・ハナンがフランス軍の攻撃を受けた。フランス軍は、グラントの惨敗にもかかわらず撤退しようとしないイギリス軍に業を煮やし、さらに一撃を加えようとデュケーヌ砦から出撃した。目的はもう一つある。ロイヤル・ハナンを制圧して馬、荷馬車、駄馬、そして、備蓄された軍需物資を破棄すれば、イギリス軍はたまりかねて退散するしかないだろう。しかし、イギリス軍は防御施設を固く守って、フランス軍の撃退に成功する。実質的な損害はほとんどない。

十一月二日、フォーブズはレイズタウンからロイヤル・ハナンに移る。フォーブズの心中は明るくない。当初の予定よりも進軍が一ヶ月も遅れている。それに天候が悪い日が続き、これから先に道を切り開く作業に困難が予想される。ピットへの報告には、「もし天候が回復しなければ私は山中に閉じ込められることになるでしょう」と書かれている。

十一月十一日、今後の方針をどうすべきか決定するために作戦会議が開かれる。主な士官たちが全員参加する本格的な軍議はこれが初めてである。もちろんワシントンも顔を連ねている。作戦会議では特に議論もなく意見がまとまる。これから冬に入れば補給が難しくなる。したがって、さらに山岳地帯を越えて進軍するのはほぼ不可能である。危険が大きい。デュケーヌ砦の攻略を断念すべきだ。

フォーブズも慎重な男なので士官たちの結論に異論を唱えない。今年の作戦はこれで終わりだという雰囲気が軍営を包む。

翌日、偵察部隊が接近しつつあるフランス軍の小部隊を森の中で発見する。おそらくイギリス軍を妨害するために馬や家畜を奪いにやって来たのだろう。フォーブズは、第二ヴァージニア連隊を率いて敵軍を捕捉するようにジョージ・マーサー中佐に命じる。

本営にいたワシントンは、しばらくして遠くから激しい銃声が響くのを聞いた。マーサーが敵の罠に落ちたのではないかと思ったワシントンは、救援のために出動する許可をフォーブズに求める。フォーブズは快く許可を与える。

ワシントンに率いられた数百人の兵士の列は、友軍を救おうと薄暗い森の中を急行する。濛々と流れてくる硝煙で視界が遮られ、前方がどのような状況になっているかまったく見通せない。同士討ちを恐れてワシントンは友軍に伝令を送ったが、うまく援軍の到着を告げられたかどうかわからない。なおも進軍を続ける兵士たちの前におぼろな影が現れる。

次の瞬間、疾風のように銃弾が兵士たちを襲う。慌てて兵士たちは反撃する。

一瞬、硝煙が晴れ、影が正体を現す。

敵ではない。とっさにワシントンは、剣を抜くと銃火の間に身を投じる。掲げられた剣が陽光を反射して鋭い光を放つ。反対側では、一人の大尉が帽子を振って発砲を止めるように怒鳴っている。兵士たちはようやく我に返った。

影の正体は、マーサーの部隊であった。援軍を逃げて行く敵の小部隊だと勘違いしたようだ。この同士討ちで十四人が死亡し、二六人が負傷した。後にワシントンは、この同士討ちを「ジョージ・ワシントンの命に関してこれまでになかったほど危険な状況であった」と回想している。

結局、フランス軍の小部隊を捕捉できなかったが、脱落した三人の兵士を捕虜にできた。そのことが作戦に転機を与える。

捕虜になった三人のフランス兵は、フォーブズの本営に連行される。本営というものものしい名称だが、小さな丸太小屋に過ぎない。フォーブズは自ら尋問に当たって、デュケーヌ砦には二〇〇人程度のフランス兵しかおらず、食料が三週間分しかないことを聞き取った。

デュケーヌ砦を奪取できるとフォーブズは確信する。そして、同時に自分に残された余命を思う。きっと来年の作戦開始まで自分は生きられないだろう。誇り高き武門の家柄で育ったフォーブズにとって何よりも恐ろしいことは、勝利の栄冠を手にすることなく人生を終えることであった。

迷いはない。機は熟した。いざ進撃あるのみ。作戦会議の決定は覆され、進軍命令が下る。

まずフォーブズは全軍を四つに分ける。三個旅団はデュケーヌ砦に向けて進軍する。残る一個旅団はロイヤル・ハナンに残って備蓄された軍需物資を守り、後方支援に当たる。こうしてついに最後の進軍が始まる。

ワシントンは、主に民兵隊から構成される一個旅団の指揮を委ねられた。ワシントンの指揮下に九〇〇人が入る。正規軍の士官が二個旅団を指揮し、残る二個旅団を植民地人が指揮する形になる。本国人と植民地人の連携を考えてのことだ。最も多くの兵士を出しているヴァージニアとペンシルヴェニアの大佐がそれぞれ旅団を率いることは理に適っている。

迅速に進軍してデュケーヌ砦を圧倒的な火力で即時に屈服させる。それがフォーブズの作戦目標である。

進軍速度を鈍らせる荷馬車は、弾薬と工具の運搬用に限られる。女たちもすべて後に残される。十二門の迫撃砲、四門の六ポンド砲、二門の野戦砲に加えて、兵士一人当たり八〇発分の弾薬が準備される。通常よりも多い。

険路や小川をできる限り避けて奇襲に警戒しながら、軍は森林の中を慎重に進む。フォーブズは、実に半数近くの兵士を周囲に散開させて、腹背の護衛に割り当てている。ワシントンが指揮する旅団は樹木を伐採し、藪を切り払って道路を建設する作業をおこなう。一日に進める距離は三マイル（約四・八㎞）から五マイル（約八㎞）である。

三個旅団に分かれて進軍するという方法は合理的である。まず一つ目の旅団が先に進んで橋頭堡を確保する。その後に二つ目の旅団が続き、道路を敷設する。一つ目の旅団が前方で警戒に当たっているおかげで、二つ目の旅団は安心して作業に専念できる。最後に三つ目の旅団が荷馬車を守って進む。

作戦を急いで実行する必要がある。なぜならヴァージニア連隊の兵役期間は十一月三〇日で切れるからだ。それに今年中にデュケーヌ砦を攻略できず、再征になれば、フランスはオハイオ地方の諸部族に対する影響力を強めるだろう。時が経てば状況は刻一刻と悪化する。ワシントンは次のように手紙に記している。

我々の作戦は、私の最新の観察では危機に近づいているようです。我々は非常に短い期間で動かなければなりません。季節が進むにつれてあらゆる困難が待ち構えています。衣服が欠乏し、軍需品の蓄えも少ないという事実が我々に降りかかっています。もはや困難が露呈する時は遠くないでしょう。

ワシントンの心配にもかかわらず、作戦は確実に進捗する。唯一気掛かりなのはフォーブズの健康状態だ。

十一月十七日、ワシントンは、「今日、あなたの体調が悪いと聞いて私は非常に心配しています」とフォーブズに書き送っている。フォーブズは相変わらず担架で進軍していて、軍営に暖炉を必ず作るように命じている。病身で寒さに耐えられなかったからだ。

十一月二三日、イギリス軍は、デュケーヌ砦まで十二マイル（約十九km）に迫る。ここでフォーブズは三個旅団を一つにまとめる。砦を攻略するために戦力を集中させる必要があると考えたからだ。そして、兵士たちに臨戦態勢に入るように厳命する。それは非常に徹底した命令であり、行軍の際に肩に銃を担うことを禁じている。奇襲を受けた時にいつでも反撃できる態勢を保つためだ。

デュケーヌ砦の守将フランソワ＝マリー・ル・マルシャン・ド・リニュリー大尉は困惑している。フォーブズは実に不気味な存在だ。グラントの部隊を打ち破って痛撃を加えたのにもかかわらず、前進を止めようとしない。さらにロイヤル・ハナンで妨害を試みたが失敗した。フォーブズは一歩一歩、着実に迫って来る。インディアンの斥候を放つだけではなく、小部隊を分散させて警戒に当たっているので、まったく付け込む隙がない。その一方でデュケーヌ砦に残された軍需物資は少ない。味方のインディアンの戦士たちは去って行った。後方のフロントナク砦がイギリス軍に襲撃されたために補給も滞っている。

リニュリーは、士官たちを集めて善後策を協議する。憔悴の色が濃い士官たちは、デュケーヌ砦の放棄を提言する。

撤退。それがリニュリーが下した決断であった。まず大砲と弾薬が平底船に積まれて後方に送られる。兵士たちは、八日分の食料を携行するように命じられ、平底船に乗り込む。

それを見送ったリニュリーは、一隻だけ平底船を待たせて一人でデュケーヌ砦に立つ。デュケーヌ砦には五〇樽から六〇樽の弾薬が残されている。導火線に火が放たれる。すぐにリニュリーは平底船に飛び乗る。平底船が川面に滑り出す。それから数分後に轟音が響く。リニュリーは、デュケーヌ砦が灰燼に帰したのを確認すると兵士たちの後を追った。

十一月二四日夜、偵察に出ていたインディアンがイギリス軍の軍営に帰還する。戦士たちによれば、デュケーヌ砦の方角から煙が立ち昇っているのが見えたという。さらにフランス軍がデュケーヌ砦を焼き払って退却したという続報が届く。

士官たちは、とりあえず偵察部隊を送ってみてはどうかとフォーブズに進言する。しかし、何かに取り憑かれたような激しい語気でフォーブズはそれを拒む。

「今夜、デュケーヌ砦で眠るか、それとも地獄に行くかだ」

全軍進撃である。もちろん用心深いフォーブズは警戒を怠らない。前方の状況を確認するために軽騎兵隊が先行する。デュケーヌ砦に一足先に到着した軽騎兵隊の目の前には、荒涼とした光景が広がっていた。人の気配はまったくない。聞こえるのは燃え盛る炎の音だけだ。七樽の火薬樽が発見される。火が迫るのを見て兵士たちは、慌てて火薬樽を移動させる。他に八樽の豚肉が発見されるが、毒が盛られている可能性があるので破棄される。その他に目ぼしい物は何もない。

翌朝、本隊がデュケーヌ砦に向けて最後の行軍を開始する。そして、夕日が遥か西の地平線に沈む頃、到着する。残り十二マイル（約十九㎞）を踏破するのに十一時間を要している。それはフォーブズがなおも奇襲に対する警戒を緩めなかったからだ。

フォーブズの目にデュケーヌ砦の残骸が映る。ここに到達するまで約八カ月を費やした。そして、残りわずかな生命の灯も。

宵の明星に白く浮かび上がる三日月の下、砦の跡にイギリス国旗が翻る。「国王陛下万歳」という兵士たちの喝采を聞きながらワシントンは、ほのかな月明かりと篝火に照らされた国旗を飽くことなく見つめている。

ワシントンが初めて一隊を指揮してオハイオ地方に出征してから四年の歳月が流れている。ようやくオハイオ地方を掌握するという念願が実現した。自分の奮闘は無駄ではなかった。そう思うと、悠然と風に舞う国旗も心なしか誇らしげに見える。

フォーブズは、「今、わが軍がこの地の主となれたのは、閣下の気概のおかげです」という報告を本国のピットに送った。そしてフォーブズの手によって、「ピッツバーグ」、すなわち「ピットの街」と発信地の名前が確かに記された。

報告を読んだピットはさっそく「なんともすばらしい身に余る栄誉を私の名前に与えてくれたことに感謝します」と返事を送る。しかし、フォーブズが返事を受け取ることはなかった。作戦を遂行している時からすでに病に冒されていたフォーブズは、一七五九年三月十一日に亡くなっていたからである。

フォーブズ遠征の結果、イギリスはヴァージニアの北西部領域におけるフランス勢力を大きく削ぐことに成功した。そして、アメリカにとって貴重な遺産も残している。フォーブズ道である。それはアメリカが西部に進出する主要路の一つとなった。

フロンティアは安全になったように思えたが、ワシントンは引き続きイギリス軍がフロンティアに駐留することを望む。なぜならイギリス軍による安全保障は、「毛皮貿易の大きな分け前を得るためであり、オハイオ地方のインディアンのためになるだけではなく、西部のフロンティアに領土を持つ各植民地のためになる」からだ。

栄冠は死の翼とともに

一七五八年の作戦でイギリス軍はタイコンデロガ砦の戦いで敗れたが、ルイブールとデュケーヌ砦の攻略に成功して劣勢から優勢に転じた。そして、一七五九年の作戦が立案される。前年と同じく三方面に分かれて侵攻する。ただ目指す場所は異なる。

ジェフリー・アマースト将軍は、タイコンデロガ砦とクラウン・ポイント砦を攻略した後、そのまま北上してモントリオールに向かう。ジョン・プリドー将軍は、フランス軍によって破壊されたオスウィーゴ砦からナイアガラ砦を目指す。そして、最も重要な目標はケベックである。その方面を担当するのは、ルイブール攻略でアマーストの右腕として活躍したジェームズ・ウルフ将軍である。はたしてイギリス軍の作戦は成功するのか。

一七五九年三月、アマーストは、タイコンデロガ砦攻略の準備を始める。まずアマーストは、斥候を放ってタイコンデロガ砦周辺に張り巡らされた防衛線について詳しい情報を得た。さらに襲撃部隊を編成してタイコンデロガ砦の補給線を脅かす。アバークロンビーの二の舞を演じるつもりはない。アマーストは万全の準備を整える。後方が脅かされないように要塞群を建設する。さらに十分な数の兵士が集まるまで待つ。集まった兵士の数は、イギリス兵が五、八〇〇人に民兵が五、〇〇〇人。

七月二一日、イギリス軍は船隊に乗り込んでジョージ湖を北上する。翌日、ジョージ湖の北端に上陸してタイコンデロガ砦を目指して進軍する。

タイコンデロガの戦いの後、フランス軍はこの方面に四、〇〇〇人を配置してイギリス軍の北上を警戒していた。しかし、ルイブールとデュケーヌ砦を失った結果、守りを固めるために防衛線をシャンプレーン湖の北端まで後退させる決定を下していた。モンカルムも万が一に備えてケベックの防衛を整えるためにここにはいない。その結果、タイコンデロガ砦に残された兵士は四〇〇人に減っている。

アマーストは四日間の包囲の後、タイコンデロガ砦を陥落させる。大規模な砲兵隊の猛攻が物を言った。強力な大砲の威力を前にしたフランス軍は、クラウン・ポイント砦を守り切れないと判断して自ら爆破する。そして、シャンプレーン湖の北端まで後退した。

タイコンデロガ砦とクラウン・ポイント砦を手中に収めたアマーストは、北上をいったん停止する。そして、両砦の補強に取りかかる。一気呵成に攻めず一歩一歩確実に作戦を進めるのがアマーストの持ち味である。次にシャンプレーン湖を行き来するフランスの船隊を壊滅させて制水権を奪おうとするが、うまくいかなかった。十月十九日、アマーストは北上を諦めて、モントリオール攻略を翌年に持ち越す。


ナイアガラ砦の攻略に向かったプリドーは、まずオスウィーゴ砦の跡地まで進軍する。そして、そこで軍を二手に分ける。一方は作戦目標であるナイアガラ砦を目指し、残る一方は砦の再建に従事する。七月初旬、兵士たちを載せた船隊がオンタリオ湖を西に進む。

ナイアガラ砦の近くに上陸したイギリス軍は、周辺の交通を遮断して包囲に取りかかる。そして、砦に向けて平行壕を掘り進める。しかし、プリドーが砲撃中に事故で亡くなり、指揮権は同行していたウィリアム・ジョンソンに託される。ジョンソンは多数のイロクォイ六部族連合の戦士たちを率いて従軍していた。

七月二四日、フランス軍の援軍が到着する。それを知ったジョンソンは、フランス軍に先制攻撃を仕掛ける。フランス軍は不意を打たれて戦列をうまく組めず敗退する。この戦いはラ・ベル・ファミーユの戦いとして知られている。ジョージ湖の戦いに加えて、ジョンソンの頭上に新たな勝利の栄冠が輝いた。

二日後、援軍が敗退したのを知ったナイアガラ砦の守備兵は降伏を誓う。ナイアガラ砦の陥落後、フランス軍は周辺の砦をすべて放棄した。オハイオ地方から五大湖周辺はイギリス軍の支配下に入った。

モンカルムは、ルイブールからケベックに向けて大規模なイギリス艦隊が出航したと聞いて驚く。セント・ローレンス川は難所が多く、大規模な艦隊の遡上には不向きである。したがって、イギリス軍がまずシャンプレーン湖を北上してモントリオールを狙うと考えていたからだ。確かにこれまでの戦いではその考え方が通用した。しかし、今回は違う。モンカルムは知らないことだが、イギリス軍には一人の天才的な海図制作者が加わっていた。その名をジェームズ・クックという。クックは後に三回にわたって南太平洋、南極海、オーストラリア、ニュージーランド海岸などを探検したことで知られる海洋史の偉大な先駆者の一人である。クックのおかげで、イギリス艦隊はセント・ローレンス川を安全に遡上できた。

イギリス軍の接近を察知したモンカルムは正規兵に加えて民兵やインディアンをかき集める。その数、総勢一万四、〇〇〇人。それに対してウルフ率いるイギリス軍は八、〇〇〇人である。兵数で劣るが、そのほとんどが正規兵で構成されているので練度が高い精鋭である。

この大任を託されたウルフは、庶民出身で叩き上げの将軍である。一言でその特徴を表せば痩身病躯だ。まだ三二歳にもかかわらず、肝臓と肺を病んで寝込むことが多い。奇妙に手足が長く、その歩く様子は不思議とおかしみを誘う。きらびやかな軍装を好まず、兵士とほとんど変わらない格好をしている。異なってい

る点は左腕に黒い布を巻いている点だ。それは、出征する前に亡くなった父親の喪に服していることを示すためであった。他の士官たちのように酒や賭博で馬鹿騒ぎせず、真面目で着実に任務をこなし、趣味といえば戦術書を読みふけることである。自ら身を入れて訓練を真剣にやるので兵士たちの間では人望があったが、士官たちの間では付き合いの悪い奇矯な変人として疎んじられている。それでもその精励恪勤ぶりから、アマーストと馬が合ったらしい。軍事のために生まれてきた男、それがウルフである。

それにしても、ケベック攻略は究極の難事である。ケベックは、北アメリカ随一の堅牢な城壁に囲まれた城塞都市である。一六〇八年に創建されて以来、約一世紀半にわたって北アメリカの支配権をめぐるイギリスとフランスの治乱興亡の焦点になってきた。一六二九年に一度、イギリスの手に落ちているが、それは食料が不足していたせいで籠城できなかったからだ。それから何度かイギリスは機会がある度にケベックの奪取を試みたが、いずれも成功していない。ケベックは、十分な物資さえあれば難攻不落だと考えられている。

ケベックという街の名前の由来は、「川が急に狭まっている場所」というインディアンの言葉だとよく説明される。実は初めてその場所を見た水夫が「ケ・ベック Que bec［まさに先端］」と叫んだからだという説もある。はたしてどちらの説が正しいかわからないが、いずれにしてもケベックの地理的特徴を捉えていることは間違いない。さらにセント・ローレンス川の両岸には延々と切り立った崖が続き、上陸できる地点は限られている。ケベックを攻略するために最も有利な上陸地点はどこか。ケベックの下流、モンモランシー瀑布がある辺りである。

もちろんモンカルムがそれに気づかないわけがない。ケベックからモンモランシー瀑布までボーポール陣地と呼ばれる堅固な防御陣地が築かれる。まさに鉄壁の守りである。ボーポール陣地を抜かなければ、ケベックに肉薄できない。

ケベックより上流の防衛はあまり心配しなくてもよい。上流に遡ろうとすれば、ケベックの前を通らなければならない。それは不可能である。そこでセント・ローレンス川が狭まっているからだ。街からの激しい砲撃を避けて無事に通り抜けることなどできない。

これからウルフはどのようにしてケベックを攻略するのか。すべてはウルフの細い双肩にかかっている。まずイギリス軍は、セント・ローレンス川の中央に浮かぶオルレアン島に上陸する。かなり大きな島であり、全容を見渡せない。モンカルムは火船でイギリス艦隊を焼き払おうとするが失敗する。

さらにウルフは、ケベックの対岸にあるレヴィ岬に一隊を派遣して占拠する。そして、砲台を築いてケベックを砲撃するように命じる。もちろんそれだけではケベックを陥落させられない。

ウルフに突き付けられた課題は、モンカルムをなんとかしてボーポール陣地から誘い出して会戦を挑むことだ。会戦でフランス軍を撃破してケベックへの道を開く。レヴィ岬からケベックへの砲撃もモンカルムを苛立たせるためだ。さらにウルフは、部隊を忙しく動かしてフランス軍を引きずり出そうとするが、なかなかうまくいかない。

その一方でモンカルムは、ボーポール陣地を固く守って動かずにじっとしているだけでよい。時間がフラ

N
ポーポール陣地
モンモラシー瀑布
オルレアン島
ケベック
レヴィ岬
アブラハム高原
フロン入り江
セントローレンス川
5km
ケベック
大西洋

ンス軍の味方だ。冬になってセント・ローレンス川が凍結し始めればフランス軍の勝ちである。イギリス軍は、船が使えなくなれば補給線を維持できなくなる。そうなれば撤退するしかない。粘りに粘って時間切れを狙う。それがモンカルムの作戦であった。

七月三一日、しびれを切らしたウルフは正面突破しかないと決意する。ボーポール陣地に対して水陸両面攻撃を仕掛けてフランス軍を撃破しようという作戦である。

戦列艦の援護の下、モンモラシー瀑布の西側にボートを着けて上陸を試みる。上陸に成功した擲弾兵が前哨の方形堡を占領する。しかし、激しい銃火を受けて後退を余儀なくされる。モンモラシー瀑布の東側から同時に攻撃を仕掛けようとしていた一隊も、擲弾兵が後退するのを見て、作戦の遂行を断念する。

ウルフは思い切った策に出る。ケベック周辺にある村々を焼き討ちし始めた。それは、なんとかしてモンカルムを防御陣地から出撃させて会戦を挑むための策である。補給を絶つ策でもある。カナダ民兵は、自分たちの村々が焼かれて黙っていないだろう。必ずモンカルムに出撃するように強く迫るはずだ。しかし、ウルフの思惑は外れ、モンカルムは動かない。

季節は晩夏から初秋に変わろうとしている。時間切れになる前に決着をつけなければならない。もしケベックの攻略に失敗すれば、イギリス軍の士気は低下し、フレンチ・アンド・インディアン戦争全体の行方にも大きな影響を及ぼすことになるだろう。失敗は絶対に許されない。

活路はケベックの上流にある。実は七月十八日、レヴィ岬からの援護射撃のもと、数隻のイギリス艦隊がケベックの前をすり抜けて上流に向かうことに成功していた。その後、次々にイギリス艦隊が上流に移る。つまり、ケベックに上流から回り込めば、下流にあるボーポール陣地を恐れる必要はない。問題はどこに上陸するかである。当然ながらモンカルムは、警戒のために部隊を上流にも張り付けている。やすやすとイギリス軍を上陸させるつもりはない。そこでイギリス艦隊は、セント・ローレンス川を上っては下り、下っては上って警戒に当たる部隊を奔命に疲れさせる。しかし、イギリス軍も上陸できず、ただ時間が過ぎる。

ウルフは最後の賭けに出る。無謀な賭けではない。勝つための条件を万全に整える。条件とは何か。敵の意表を突く上陸地点と作戦決行に最適な時の二つである。その二つがそろえば勝利の女神は微笑む。

まず敵の意表を突く上陸地点である。フロン入江こそ上陸地点に最適である。フロン入江はケベックからそう遠くない。そこから隘路を通って裏手のアブラハム高原に回り込める。一見すると堅固に見えるケベックの城塞だが、陸側からの攻撃には脆弱であった。ほとんどの大砲はセント・ローレンス川に向けられている。それに強固な岩盤のせいで掘削が難しく、ほとんど壕がない。

そのような好都合な場所が無防備のまま放置されているはずがないとあなたは思ったのではないか。しかし、フランス軍はフロン入江周辺に少数の歩哨しか配置していなかった。なぜか。まさかフロン入江にイギリス軍が上陸するとは思っていなかったからだ。フロン入江からアブラハム高原に続く崖道は勾配が非常に急で細い。大軍が通れるような道ではない。だからフランス軍は防備を怠った。

作戦決行に最適な時は九月十二日深夜である。その時分に潮流の動きは、フロン入江に滞りなく上陸する助けになる。それに完全に夜が明ける前に上陸を終える必要があった。敵の目をごまかしながら未明のわずかな光を頼りに崖道をよじ登らなければならない。絶妙な時間配分で作戦を進められるのは九月十二日深夜だけである。

次の機会はない。なぜなら次に潮流が同じように動くのは一ヶ月後だからである。それまでに冬に備えて撤退しなければならない。九月十二日深夜が最後の機会であった。

作戦が開始される。下流に展開するイギリス艦隊がボーポール陣地に砲撃して陽動を仕掛け、その隙に上流からフロン入江に上陸する。上陸作戦は成功する。

ボーポール陣地で敵軍襲来の報告を受けたモンカルムは耳を疑う。まるで魔法のようにイギリス軍がケベックの裏手のアブラハム高原に出現したという。まだモンカルムは信じられない。しかし、イギリス軍は幻ではない。このまま事態を放置すればどうなるか。イギリス軍の大砲が火を噴き、ケベックの防壁は破壊されるだろう。すなわちケベックを失うことになる。残された選択肢は、正面切ってイギリス軍を撃破することだ。

会戦。ウルフがケベックをその目に収めて以来、ずっと望んできたことだ。イギリス軍は数こそ少ないが正規兵を主体とした精鋭である。それに対してフランス軍は正規兵が少ない。会戦にさえ持ち込めれば勝てる。そうウルフは確信していた。

モンカルムは、会戦では自軍が不利だと十分に承知している。それでも挑戦を受けなければ、無為にケベックが陥落するのを見ることになる。ウルフの巧妙な機動によって、モンカルムは不本意ながら会戦に応じなければならない立場に追い込まれた。

アブラハム高原を戦場に決戦の火蓋が切られる。勝敗は呆気なく決した。戦列を組んだイギリス軍は、四〇ヤード（約三六m）の至近距離まで敵を引き付けた。そして、轟音とともに一斉射撃をおこない、フランス軍を暴風のようになぎ倒した。四度の一斉射撃の後、銃剣突撃が敢行される。フランス軍は戦列を支えきれず敗退する。硝煙が晴れた後、戦場には一、〇〇〇人以上の死傷者が残されていた。イギリス軍の損害は軽微である。完勝であった。

しかし、イギリス軍は手痛い損失を被った。陣頭指揮を執っていたウルフが銃弾に倒れたのである。

「私を支えてくれ。わが勇敢なる兵士たちに私が倒れるところを見せてはならない。勝利は我々の手の中に。

さあ続け」

そう言ってウルフは、気丈にも立ち上がって陣頭指揮を続けようとしたが、もはやその力は残されていなかった。崩れ落ちたウルフの身体が前線から後方に運ばれる。外科医が必要かと聞かれてウルフは答える。

「無用だ。私はもう手遅れだ」

「奴らが逃げる。ほら見ろ、奴らが逃げるぞ」と一人の兵士が叫ぶ。

すると激情に駆られたウルフは、まるで眠りから覚めるかのように問い質す。

「誰が逃げているのか」

「敵です。奴らがちりぢりになって逃げています」とかたわらにいた士官が答える。

それを聞いて喜色を浮かべたウルフは指示する。

「では君たちの中から一人が［ラルフ・］バートン大佐の所に行って、橋から逃げようとする者たちを遮断するためにウェッブ連隊をできる限りの速さでサン・シャルル川を下らせよと伝えるように」

それから横を向いてウルフはつぶやく。

「神を称えよ。私は安らかに今、死なんとしている」

はっとして将軍の顔を見た士官は、すでにウルフが事切れているのを知った。

勝利の栄冠を手にしてウルフは死んだ。軍事にすべてを捧げた男として本懐を遂げたと言えるだろう。ウルフの死は、フレンチ・アンド・インディアン戦争で最も劇的な場面であり、イギリス人にとって最も英雄的な死であった。

さらにケベックの攻防を劇的にしたのが敵将モンカルムの死である。モンカルムも致命傷を受けた。そして、ベッドで手当てを受けながら外科医に率直に見解を述べるように求める。致命傷だという答えを得ると、モンカルムは静かに言う。

「それは嬉しいことだ」

さらにモンカルムは外科医に質問する。

「長く生きられるのか。どれくらい長く」

「十二時間くらいでしょう。それよりも長いかもしれませんし、ひょっとすると短いかもしれません」

するとモンカルムは満足げにうなずく。

「ケベックの降伏を見ずに死ねるのであれば、私は十分に幸せだ」

それが最期の言葉であった。モンカルムが亡くなってから四日後、ケベックは陥落した。

終わりの始まり

フレンチ・アンド・インディアン戦争はまだ終結していない。終結に至るまでに多くの戦いがおこなわれたが、ここでは簡単に言及しよう。

ケベック陥落後、フレンチ・アンド・インディアン戦争の趨勢は完全にイギリスに有利に傾く。アマースト将軍によるカナダ征服で北アメリカでの戦闘はほぼ終息する。しかし、七年戦争はヨーロッパからインドにわたる広い戦域でまだ継続していた。

一七六二年一月、イギリスの勢力拡大を恐れたスペインは、フランスに助太刀すべく参戦した。スペインに対抗するために、北アメリカに残っていたイギリス軍は、次々にカリブ海の島々に転戦した。酷暑の中おこなわれた包囲戦で、スペインの戦略的要地であるハバナはイギリス軍の手に落ちた。結局スペインは、苦境に陥っていた同盟国を救えなかった。

一七六二年十一月、ヴェルサイユ宮殿で講和交渉がおこなわれ、予備講和条約が締結された。それによって実質的に七年戦争は終わりを迎えた。最終的な講和条約が締結されたのは一七六三年二月十日である。イギリスが得たものを簡単にまとめておく。

カナダは完全にイギリスの支配下に置かれた。またイギリスは、西インド諸島の中でセント・ルシア、マルティニーク、そして、グアダルーペをフランスに返還したものの、残りを獲得した。スペインは、キューバとフィリピンの返還と引き換えに、フロリダをイギリスに譲渡する。

七年戦争の結果、新世界での勢力均衡はイギリスに大きく傾く。イギリスは帝国としての威信を高め、ヨーロッパ列強の中で飛び抜けた存在になった。世界帝国として大きな一歩を踏み出したイギリスだが、フランス、オーストリア、ロシアなどの列強を相手にした世界をまたいだ大戦は、国家財政にとって過重な負担になった。

開戦時に七、五〇〇万ポンド（九、〇〇〇億円相当）であった負債は一億三、三〇〇万ポンド（一兆六、〇〇〇億円相当）に膨らんだ。年間四五〇万ポンド（五四〇億円相当）に達する利子の支払いは、国家財政に重くのしかかる。平時のイギリスの国家予算は、年間八〇〇万ポンド（九六〇億円相当）にすぎない。その額と比べれば、いかに負債と利子が莫大であったかがわかる。

広大な領域を獲得した後はそれを守る必要がある。これまでもイギリスは、世界中に分布する植民地を海軍力で守ってきた。それも非常に安価な方法で。どのような方法か。できるだけ費用を抑えて海上の覇権を握るやり方である。すべての海域を制圧するのは現実的ではない。多数の艦船が必要となり、費用が嵩む。それではどうすればよいか。

世界地図を広げてみると、イギリスは各植民地をつなぐ航路の要所を抑えている。大西洋に浮かぶバミューダ島やバルバドス島、アフリカ南端の喜望峰にあるケープタウン、地中海の出入り口を固めるジブラルタル。つまり、長期の航海に欠かせない中継地点をイギリス海軍が独占する。点で面を守るという発想でイギリスは、比較的少ない艦船で多くの植民地を保持できた。海洋帝国ならではの発想である。

しかし、今回獲得した新しい領土では、そうした安価な方法を使えない。海軍力ではなく陸軍力を配置して防衛する必要がある。海岸地帯だけではなく広大な内陸地帯も含むからだ。フランスは新世界から完全に放逐されたわけではない。ルイジアナとミシシッピ川の河口をまだ握っている。捲土重来を期すことも十分にありえる。イギリスは帝国維持のために、戦前では考えられないような膨大な歳費を恒常的に必要とするようになった。

さらに北アメリカ大陸の覇権は副産物をもたらす。それは本国と植民地の関係の大きな変化である。まず本国は、これまでの植民地統治のやり方では不十分ではないかと考え始める。従来、植民地は経済的に本国の従属下に置かれていたが、政治的には必ずしも強い統制下に置かれていたわけではない。むしろ植民地には広範な自治が与えられている。そのせいで本国の方針が十分に行き渡らず、フレンチ・アンド・インディアン戦争勃発当初、フランスの迅速な攻勢に対して守勢に立たされることになった。それは、植民地統治の欠陥を示しているかのように思えた。したがって、しだいにイギリスは植民地統治の箍《たが》を締め直す方針を選択する。植民地統治を、これまでのような自治に委ねるのではなく、中央集権化する試みである。

その一方で植民地側はどうか。新しい時代の萌芽をはらむ。従来、北アメリカ植民地の人びとは、自らを各植民地の住人であると同時にイギリス人であると思っていたが、しだいに自らがアメリカ人であるという意識を強く持つようになった。

フレンチ・アンド・インディアン戦争で植民地人も本国から派遣された兵士たちと同じく生命を賭けて戦った。それにもかかわらず、装備や軍規が行き届いていなかったという理由はあったものの、正規軍の士官たちから低く見られたことで植民地人は憤慨した。なぜ我々を二級市民扱いするのかと。

それにフランスの大きな脅威が排除されたことで、植民地人は本国の庇護をあまり必要としなくなった。両者が共通の脅威を持つ時、それに対抗するためにできる限り結束を固めようとする。しかし、共通の脅威が去れば、もはやその必要はない。

こうして植民地人は、フランスへの恐怖心を失うと同時に本国への畏敬の念も失い、両者の関係を改めて見直し始める。アメリカ人は、自分たちだけの利益が何か明確に意識するようになる。それは、後の独立戦争への萌芽となる意識の変革であった。

そのことに気づいている同時代人はほとんど誰もいなかったが、慧眼を持つ人物はいつの時代も存在する。モンカルムは、「私が敗北してケベックが征服されても、イギリスは墓穴を掘ることになるだろう」と予言している。戦死したモンカルムは、自分の予言が的中したか否か確かめられなかったが、予言した者はもう一人いる。ヴェルジェンヌ伯爵というフランス人である。後にフランス外相として独立戦争に深く関わる人物だ。この当時、ヴェルジェンヌは、駐オスマン゠トルコ公使としてイスタンブールに赴任していた。そのような遠方の地にいながらも、ヴェルジェンヌが示した分析は特筆すべきものである。

植民地はもはやイギリスの庇護を必要としなくなるだろう。イギリスは、植民地自身がもたらす重荷を背負うように植民地に求めるようになるだろう。そうなればきっと植民地は、鎖を振り払おうとするだろう。

モンカルムとヴェルジェンヌはともにフランス人であってアメリカ人ではない。ではアメリカ人はどのように考えていたのか。この当時のアメリカで最も賢明な人物と見なされていたのはフランクリンである。フランクリンは次のように書いている。ヴェルジェンヌの予言と非常に対照的である。

植民地は、フランス人とインディアンに対してなかなか一致協力して対抗できなかった。したがって、植民地が一致協力して本国に対抗することなどありえるだろうか。全植民地が互いを愛するよりも深く愛している本国に。

ただ「最も悲痛な専制と圧政」がなければという条件をフランクリンが付け加えていることに注目すべきである。多くのアメリカ人もフランクリンと同じような考えであった。

共通の脅威、すなわちフランスの大きな脅威は去ったと言ったが、潜在的な脅威は残った。フレンチ・アンド・インディアン戦争で敗退したフランスは、覇権の再復を長期間にわたる国家目標とするようになり、それが後に独立戦争に介入する大きな動機になった。

また独立戦争の布石となる国際情勢もフレンチ・アンド・インディアン戦争によって形成された。ヨーロッパ列強は、イギリスの強大化による勢力均衡の崩壊を恐れた。その結果、イギリスを孤立させようという動きが起こる。そうした国際情勢の動きがなければ、独立戦争におけるアメリカの勝利は遠のいただろう。

第4章

大農園主ワシントン

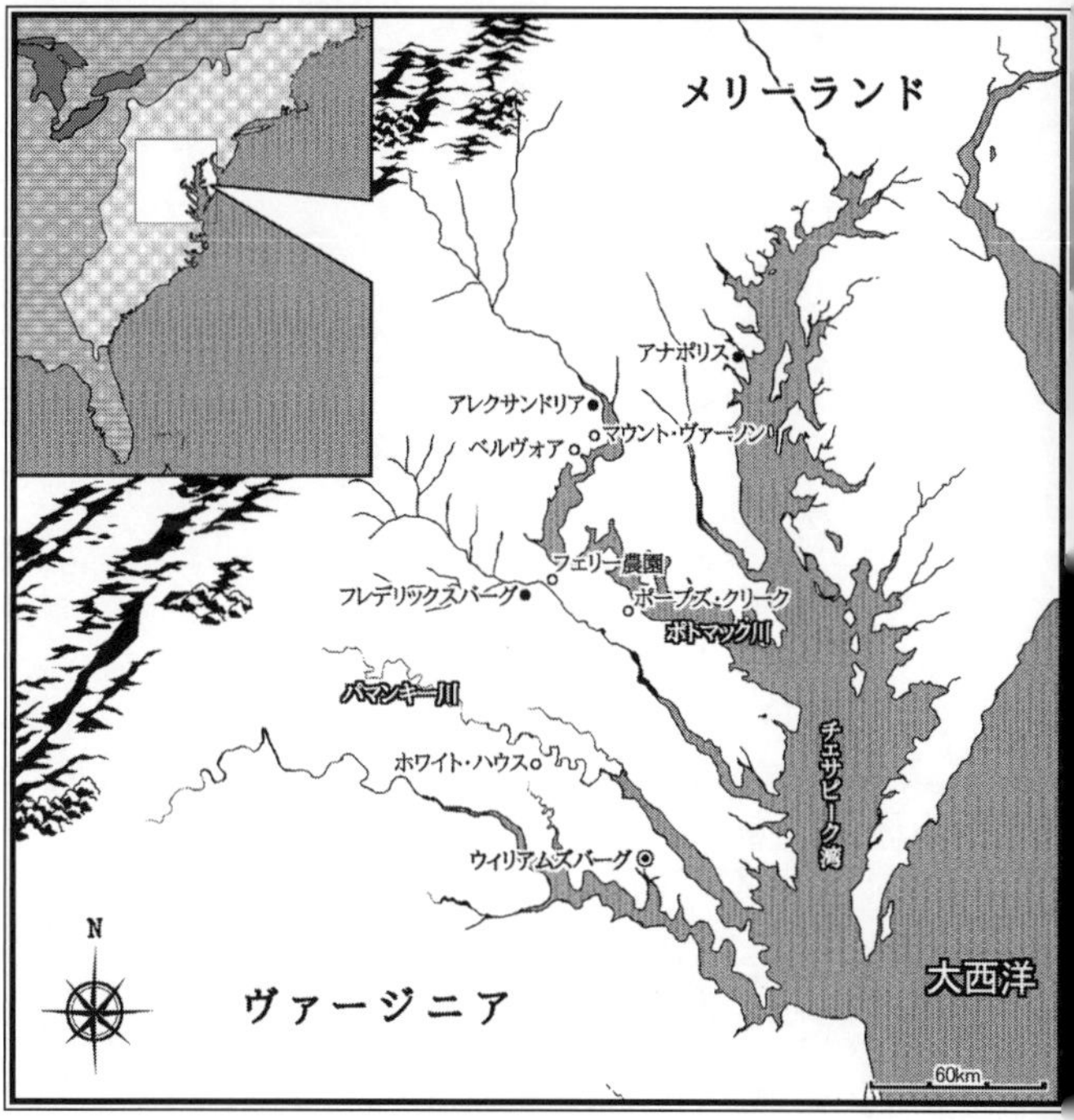

物語の舞台

ワシントンの日常生活を描き、個人的な内面に迫る。それは一人のアメリカ人が植民地時代を生きた記録である。

ワシントンが本当に心から愛した女性は誰か。恋文に記されたその燃えるような思いを読み解く。

ヴァージニアの大農園と奴隷制度はどのようなものだったのか。その実情を探る。そして、ワシントンが、ロンドンの商人に借金をしないで済むように、タバコ栽培に代わって考案した新しい農園経営とは。

神への信仰は、ワシントンにどのような影響を与えたのか。アメリカ人にとって信仰とはどのような意味を持つのか。

華麗なる転身

一七五八年七月二四日、ワシントンは軍務に服しながらヴァージニア植民地議会議員に初当選していた。曾祖父も祖父も父も二人の兄も植民地議会議員になっていたことから、その道をたどることは当然である。

当時の選挙は、現代のように有権者がそれぞれ候補者の名前を投票用紙に書いて投票箱に入れるという方式ではない。不正を防止するために公開投票制であった。有権者は一人ひとり前に進み出て、候補者の名前を周囲の人びとに聞こえるように告げる。それを記録係が書き留める。

こうした制度は、本来、不正な選挙工作を防止するためだったが、広大な土地を持つ有力な農園主が投票を支配する手段となりえた。影響下にある者たちが忠実に投票をおこなうかどうか監視できるからだ。植民地時代の選挙は、決して公正なものでもなく民主的なものでもない。流血沙汰になることさえある。

ジョージ・フェアファックスは、自らウィンチェスターに足を運んで、ワシントンへの支持を表明する。つまり、フェアファックスに縁故がある者たちはすべてワシントンに投票せよということだ。選挙戦は、二人の現職に対して、ワシントンとフェアファックス卿の甥であるトマス・マーティンが挑戦する形になった。今回は一七五五年と一七五七年の落選に続いて三度目の挑戦となる。

それにしてもなぜワシントンは二度も落選しているのか。それは居酒屋の主人たちが酒の魔力を有権者に振るっていたからだ。実はワシントンは、居酒屋の主人たちを敵に回していた。兵士たちが酩酊して軍務に支障が出ていることを知ったワシントンは、特に悪質な居酒屋を強制的に閉鎖したことがあるからだ。

居酒屋の主人たちの影響力は侮れない。なぜなら居酒屋は現代のように単なる飲食店ではなく、宿屋であり、集会所であり、郵便局であった。つまり、地域の社交場である。したがって、居酒屋の主人たちは社交場を牛耳っていることになる。

強大な敵に対抗するには、その敵が使っている最も有効な武器を使えばよい。そこでワシントンは、自腹を切って有権者に酒食を振る舞う費用を出している。敵と同じく酒の魔力を使おうという作戦である。約四〇〇人の支持者に酒食が振る舞われた。請求書の総額は三九ポンド六シリング（四七万円相当）にもなった。それでもワシントンは高額な請求書にまったく不平を言わずに、「私に投票しなかった人も分け隔てなく、みんな同じく満足できるようにもてなしたい。それが私の強く願うことだ」と語っている。

ワシントンは、三九七票の中で三一〇票を獲得して首位になった。並立候補のマーティンも次点で当選した。完全な勝利だ。選挙の結果を知ったウィンチェスターの市民は、至る所で万歳の声を上げた。これがワシントンの政治家としての門出になる。ワシントンは、選挙運動を支援してくれた友人たちに宛てて「わが地方の福利と栄誉のために私の小さな力でできる限りのすべてのことをおこなう」ことを誓う。

一七五八年十二月五日、ワシントンは民兵隊を退役する。それを知った配下の士官たちは、さらにもう一年、自分たちと軍務をともにするように懇願する。

このように優れた指揮官、このように真摯な友人、このように気持ちの良い戦友を失うことが我々にとっていかに大変なことであるか考えて下さい。また我々だけではなく、我々の国家が損失を受けることを思うと、我々の悲しみはさらに増します。わが植民地は、これほど、軍事経験の深い人物をどこで見つけられるでしょうか。これほど、愛国心と勇気、そして行動力を持った人物をどこで見つけられるでしょうか。我々は、あなたを最も信頼しています。最も大きな危険や困難を顧みず、断固として勇気ある態度を我々に取らせることができるのは愛するあなただけです。

最初はどうしようもなかった部下たちに心境の変化をもたらしたものは何か。ワシントンが課した厳しい規律が彼らを変えた。あまりに規律が厳しければ嫌気が差すのではないか。必ずしもそうとは言えない。たとえ厳しくても、なぜ処罰が必要かという理由や何をすれば処罰されるのかという基準がはっきりわかってくると納得できる。それにワシントンは、ただ厳しいだけではなく、部下たちの待遇改善に尽力している。

あなたにも同じような経験がないだろうか。ただ甘いだけの先生と厳しいけれども自分のことを親身に考えてくれる先生、どちらが恩師と呼ぶのにふさわしいだろうか。きっと後者に違いない。部下たちがワシントンに抱いた親愛の情は、厳しくても真剣に向き合ってくれる恩師に対してあなたが抱く感情と似たようなものだ。

もちろん植民地議会議員としてこの地方に尽くすという誓いを考えれば、留任してほしいという士官たちの懇願を受け入れることはできない。それに戦雲がもうすぐ完全に晴れてしまうだろうと考えていたワシントンにとって良い潮時だ。フレンチ・アンド・インディアン戦争は継続中であったが、デュケーヌ砦の陥落によって、ヴァージニア周辺での戦闘は実質的に終わりを迎えていたからである。

翌年一月十日、ワシントンは士官たちに別れの挨拶をおこなった。実に一七五五年八月十三日以来、ワシントンは三年以上にわたってヴァージニア連隊を指揮したことになる。別れの挨拶からは、ワシントンが苦難をともにした部下たちにいかに愛着を感じていたかがうかがえる。時に厳しく接しながらも、将兵と強い絆を結ぶワシントンの能力は、後の独立戦争の勝利に貢献する。

第一に、幸せにも心おきなく私と交際してくれた諸君を指揮できたことが、私の人生における最大の誉れであるといつも心から思っています。第二に、諸君が全身全霊で成し遂げたことに私は心から満足しています。私と苦労をともにするだけではなく、私が直面した困難と危険をすべてともに体験した連隊と別れるにあたって、心の痛みを感じています。しかし、こうした感情をあまりに強く抱けば、私は悲しみで満たされてしまうので、できる限り忘れるように努めなければなりません。諸君が私に与えてくれた栄誉に対して、比類なき誠意と真の愛情とともに感謝します。

未亡人の決意

初めて出会ってから直接会う機会はほとんどなかったが、ワシントンとマーサの仲は着実に進んでいた。二人の間で手紙が頻繁に交わされていたことは間違いない。ただ残念なことに、手紙はわずかしか残されていない。ワシントンの死後、マーサがほぼすべての手紙を廃棄してしまったからだ。思い出を二人だけのものにしたかったのか。それとも自分だけが知っている夫の姿を他の誰にも明かしたくないと思ったのか。ワシントンがありのままの自分でいられたのはマーサの前だけだった。夫の名誉を守るためにそうした姿を隠したのではないか。それも愛の一つの形である。

二人の婚約成立がいつかは正確に分からないが、一七五八年七月にワシントンがマーサに送った手紙からその事実が見て取れる。フォーブズの下で軍務に就いていた頃だ。

我々はオハイオ川への進軍を始めました。伝令がウィリアムズバーグに向かうことになって、私は今、自分の生涯と切り離せない女性に宛てて短い手紙を書ける機会を持てて心から嬉しく思っています。互いの気持を確かめ合ったあの幸せな日以来、私の心は、まるでもう一人の自分のように感じるあなたに向かい続けています。あなたの忠実な愛情溢れる友は、全能の摂理である神が私たち二人を守って下さるように祈っています。

さてワシントンが結婚相手に選んだマーサ・カスティスはどのような女性だったのか。この当時、農園主の妻は実質的に共同経営者であった。農園主の家族だけではなく奴隷、年季奉公人、場合によっては親戚の孤児などにも広く目を配らなければならない。マーサは農園主の良き妻としてふさわしい女性だったのか。

ダンドリッジ家に伝わる古い聖書によれば、マーサは一七三一年六月二日午前一時頃、ヴァージニア植民地ニュー・ケント郡で、タバコ農園主ジョン・ダンドリッジの娘として生まれた。ダンドリッジ家は二流の郷紳の家柄である。ダンドリッジ家の農園であるチェスナット・グローヴは、約五、〇〇〇エーカー（約二、〇〇〇ha）の広さを持つ。

マーサは八人の子供の中で最年長であった。マーサは初代大統領の夫人として十八世紀アメリカで最も有名な女性になるが、ワシントンの幼少期と同じく、その幼少期に関する記録はほとんどない。

少女時代の日課は、朝六時の読み書きの勉強から始まり、音楽、裁縫、編み物、糸紡ぎ、機織り、料理などで埋められていた。特に朝食の後に一時間ほど自室に引きこもって祈りを捧げる習慣は生涯続く。

マーサの信心深さは、時代背景が大きく影響している。女性にとって結婚は必ずしも幸せを意味するものではなく、いつ経済的破綻が訪れるかわからず、子供を失うことも多く、夫と早くに死別することも珍しいことではない。そういう結婚生活の支えとなったのが信仰である。たとえどのような試練があっても、正しい信仰さえあればそれを受け入れられるという考え方だ。

マーサの生活は、あくまで上流階級の女性の生活であり、一般的な女性の生活ではない。また当時のヴァージニアでは、女性が教育を受けられる機会は非常に少ない。なぜなら女性は学問に不向きだと考えられていたからだ。教育はあくまで良妻賢母になれるように教え導く手段に他ならなかった。特に上流階級の女性は、未来の夫に見初められ、優雅な女主人になるための教育を受ける。どのようなことを学んでいたのか。刺繍、ダンス、音楽、絵画、フランス語、造花、習字などである。

社交界にデビューすると、子供時代が終わり、結婚適齢期に入ったと見なされる。ウィリアムズバーグでお披露目して良き配偶者を探すのだ。もちろん当時の植民地では女性の割合が男性よりも少なかったので、社交界にデビューしなくても結婚自体は難しくない。しかし、ダンドリッジ家は、豊富な持参金を準備できない。したがって、少しでも好条件の紳士の心を射止めるには、ウィリアムズバーグという大舞台でデビューしなければならない。

デビューとは具体的に何をすることか。舞踏会に参加することだ。もちろんダンスは淑女にとって必須の教養であったから、マーサが物怖じすることはない。マーサのデビューはおそらく一七四六年の秋か一七四七年の春だろう。植民地議会は年に二回開かれ、その時、舞踏会がおこなわれるからだ。まだ将来の伴侶の存在さえ知らないワシントンは、この頃何をしていたか。測量技師の真似事である。ウィリアムズバーグのような華やかな世界はまだ知らない。マーサのほうが一足先に広い世界を見ていた。

これまで親戚の家を訪ねることが何度もあったので、マーサにとってウィリアムズバーグは初めての場所ではなかったが、単なる訪問者と社交界の一員ではまったく立場が異なる。少女から女性に成長したマーサの目の前に、今まで見たことがなかった光景が広がる。

お楽しみは舞踏会だけではない。晩餐会、演奏会、トランプ、狐狩り、クリケット、ピクニックなど植民地の栄華がそこにある。ただ二流の家柄であるダンドリッジ家は少し背伸びしなければならなかったろう。社交界で着用するドレスは、高い代金を支払ってイギリス本国から取り寄せなければならない。それに名家であればウィリアムズバーグに邸宅を構えていたが、ダンドリッジ家にはそのようなものはなく、宿屋に滞在しなければならない。

ダンドリッジ家のデビュー作戦は成功する。伝承によれば、マーサは「ウィリアムズバーグの宮廷で最も魅力的な美女」になったという。ただ年齢から考えれば、美しいという表現よりもかわいらしいという表現がふさわしかっただろう。ともあれマーサがウィリアムズバーグで評判を勝ち得たのは事実である。マーサは艶然とした美しさで人目を引いたわけではなく、朗らかで親しみやすい性格が紳士貴顕に愛された。

マーサに恋をする男も当然現れる。それはダニエル・カスティスという富裕な農園主である。ダニエルは二一歳年上であり、旧知の仲である。二流の家柄の娘が名門の紳士に見初められる。それはシンデレラ・ストーリーだ。

一七五〇年五月十五日、二人は結婚する。妻への贈り物を見ると、ダニエルがいかにマーサを愛していたかがわかる。例えばロンドンから時計を取り寄せている。その時計の文字盤には、一から十二の数字の上にマーサ・カスティスという名前が一文字ずつ刻まれている。当時、時計は贅沢品であり、誰もが持てる物ではなかった。しかし、幸せな結婚生活は長く続かなかった。

一七五七年七月八日、ダニエルは咽頭炎で亡くなった。マーサは、六つの郡に一万八、〇〇〇エーカー(約七、三〇〇ha)の土地と約三〇〇人の奴隷、そして、二万三、〇〇〇ポンド(二億八、〇〇〇万円相当)以上の資産を所有する富裕な未亡人になった。

富裕な未亡人という言葉にはなんとなく優雅な響きがあるが、実情はそうではない。農園の女主人という役割を続けて担う必要があるうえに、夫がおこなっていた農園の管理もマーサの肩に重くのしかかる。しかし、マーサはそうした責務を抜かりなくこなす。ロンドンの商館に宛てた手紙が残っているが、そうした文面を読むと、マーサが非常に管理能力に長けた女性であったことがわかる。

実はワシントンと出会った頃、マーサに言い寄っていたもう一人の男性がいた。チャールズ・カーターという男である。カーター家は、ヴァージニアで誰もが一目置く富裕な農園主であった。ワシントン家よりもずっと力がある。その当主のロバート・カーターは「王様」と呼ばれている。チャールズはロバートの息子であるから、さしずめ「王子様」といったところだろう。二人目の妻を亡くしたばかりで再婚相手を探していた。

経済力や社会的地位に関してチャールズは申し分ない相手だ。しかし、マーサには無視できない問題がいくつかある。

まずマーサとチャールズは二四歳も年齢が離れている。もちろん当時のヴァージニアでは、年齢差はあまり問題にならなかったが、マーサは二度と夫と死別したくないと思っていた。したがって、年齢差はマーサにとってチャールズとの再婚を躊躇させる大きな要因になる。

さらに前妻との間にチャールズが多くの子供をもうけていたことも問題である。すでに年長の二人の娘は結婚していて、マーサとたいして変わらない年齢である。もしチャールズと結婚すれば、自分の子供の居場所が奪われるかもしれず、継母になる自信もない。

それに再婚は慎重におこなわなければならない。当時の法律では、夫と死別したマーサは未婚婦人という法的地位にある。未婚夫人の地位にあれば、少なくとも夫の遺産の三分の一を受け継ぐことができ、自分の判断で処分できる。富裕な未亡人は、その当時のアメリカでは最も独立した女性であった。しかし、再婚すると既婚夫人に地位が変わり、財産、子供、その他、生活の全般にわたるまで管理権は夫に移る。

それならば再婚しなければよいという考え方もあるかもしれないが、当時の植民地では、出産可能な年齢であれば再婚するのが当然であると見なされていた。とにかく、じっくりと見定めて再婚相手を選ばなければならない。そこに登場したのがワシントンである。

ワシントンはチャールズの経済力や社会的地位に遠く及ばないが、より若く初婚だったので当然ながら連れ子はいない。それにワシントンの名は、ヴァージニアの社交界で前途ある軍人として知られるようになっている。

その一方でワシントンは、いまだにサリーの虜であったが、どうしようもない状況から逃れるために新しい恋に邁進することは合理的な判断のように思えた。軍務に忙しいワシントンであったが、新しい恋の行方に期待を抱いて、マウント・ヴァーノンの大幅な改修に着手する。もちろん任地を離れることはできない。そこでワシントンの代わりに隣のベルヴォアに住むジョージ・フェアファックスが工事を監督する。フェアファックスは、年下の友に非常に忠実であり、毎日のようにマウント・ヴァーノンに足を運んでワシントンに報告を送っている。

将来の夫がフロンティアから帰って来るのを待つ間、マーサは墓地に足を運んでいた。ウィリアムズバーグとヨーク川を結ぶクイーン川のほとりに静かにたたずむ墓地には、カスティス家の人びとが葬られている。夭折したマーサの娘と息子、ずっと昔に亡くなって面識もない姑、そして、新たに亡き夫の墓石が加わる。それはロンドンに注文した大理石製の壮麗な墓石であり、一〇〇ポンド（一二〇万円相当）を要した。この夏、ようやく海を越えて届いたばかりだ。墓石には「ここにダニエル・パーク・カスティス眠る。一七一一年十月十五日、誕生。一七五七年七月八日、四五歳で死没」と刻まれている。

この当時、故人を偲ぶために墓石を据えることは一般的ではない。昔は多くの死者がぞんざいに墓石もなく葬られ、犬や豚にほじくり返されることがよくあった。ごみの中から遺骨が見つかったことさえある。そこでヴァージニアでは、死者を適切に葬る場所を確保するために法律によって教区教会に墓地の併設が義務づけられたほどである。

青々と茂る芝生に膝を付いてマーサは、削り出されたばかりの石面を愛おしむように撫でる。それは亡き夫への報告であった。

死によって別たれ、結婚生活は長く続かなかったが、その思い出は甘美なもので忘れられない。思い出の中だけで生きるには、まだマーサはあまりに若すぎる。これが自分の選んだ道だ。しかし、新しい道を選んだのはダニエルを忘れるためではない。忘れることなどできはしない。あなたは逝ってしまったが、残された自分は遺児を守ってあなたの分まで生きる。そして、幸せになる。

そう報告することで先立った夫を弔う。新しい結婚生活に入る決意がマーサの中で固まった。その一方で夫となるべきワシントンの心は揺れていた。

愛の信奉者

退役するまでワシントンは、ジョージ・フェアファックスに手紙を定期的に送って、マウント・ヴァーノンの改修の進み具合を熱心に聞いている。マウント・ヴァーノンに関するフェアファックスの詳細な説明に加えて、サリーの手紙が同封されていた。

サリーの手紙はワシントンを驚愕させる。その手紙は現存していない。したがって、ワシントンがどのような内容に驚愕したのかわからない。ただ驚愕した事実のみがワシントンの返信からうかがい知れるだけだ。

子供に恵まれなかったサリーには、火遊びをする時間がたっぷりある。すげなくワシントンの訪問を禁じたりするかと思えば、今度は訪問を唆したり、恋する男の心を篭絡する。自分は愛されていると確信している女以上にあだっぽく魅力ある存在はない。サリーは、ワシントンとマーサの婚約でつむじを曲げてしまったのか、手紙の返事をあまり出さなくなっていた。たとえ火遊びでも自分に愛情を向けていた男性が別の女性に心変わりすれば面白くないだろう。

サリーの態度にワシントンはひどく苦しむ。婚約を交わしたのにもかかわらず、ワシントンの心の中でマーサへの愛情はまだ完全に固まっていない。惑乱する心を抱えながら、ワシントンはなんとか一線を越えずにサリーへの愛を表そうとする。

昨日、私はあなたの短いが非常に素敵な手紙を受け取りました。あなたに嫌われるようなことをしたのではないかと恐れていたので、また手紙を交わせて私は非常に喜ばしく思っています。今、私はすべてをさらけ出せませんし、同じく私の胸中も忠実になぞれません。沈黙を守ることに私は満足しています。沈黙こそどのような甘美な弁舌よりも雄弁な場合がありますし、今回もそうだと思います。もしあなたが現在のように手紙を交わす栄誉を私に与えてくれたとしても、私がカスティス夫人［マーサ］と結婚するという明るい見込みを持つことで、あなたはこうしたやり取りを完全に止めてしまうつもりでしょうか。私があなたに［答えを］告げる必要はないでしょう。自分で考えて下さい。名誉と祖国の幸福以外にも私の心を動かすものがあると思いませんか。それが真実なら、私は愛の信奉者だとはっきり言います。さる女性がその対象だと私はわかっています。そして、彼女はあなたがよく知っている女性だと告白します。

サリーは、「あなたがよく知っている女性」が自分のことを指していると気づいただろうか。気づかなかったはずがない。苦悩に満ちたワシントンの筆致はなおも続く。

あなたと同じく彼女は自分の魅力をよく弁えているので、彼を虜にしてしまう影響力を打ち消そうとします。彼女の心優しい数多の文章を思い出すと、彼女の気立ての良さを感じます。復活させるように命じられるまで、そうした文章を消してしまえればよいのですが。しかし、経験は、ああ、悲しくもそれがいかに不可能なことかを私に教えます。そして、私が長い間、心の中に抱いてきた考え方を実証するのです。人間がいくら努力しても抗えない我々のおこないを支配する運命があるという考え方を。あなたは私の思いを吐露させました。否、私が自ら率直な事実をつい話してしまったのでしょう。私の本心を見誤らないでほしい。疑わないでほしい。暴こうとしないでほしい。世間は私が愛する人が誰かを知る権利はありませんが、たとえ私がそれを秘密にしたくても、あなたにこうした形であれ言っておきたい。この世界のすべてのことの中で最も私が知りたいことは、あなたの知人の中で一人だけでも私が愛する人が誰かを解き明かしてくれること、もしくは私の本心を推し量ってくれることです。

この手紙は、ワシントンの心の奥で燃える情熱を垣間見させてくれるようである。まさにフランスの劇作家モリエールが言ったように「恋は理性ではどうにもならない」のである。熱烈な恋愛の中には常に幾分かの狂気がある。結婚を前にしてワシントンは、マウント・ヴァーノンの一室で交わしたあの視線の意味を最後に確かめてみたかったのではないか。

残念ながらこの手紙へのサリーの返事は失われて存在しない。単に失われたのではなく、明らかにワシントンの手によって処分されたのだろう。しかし、サリーが返信したことは確かである。それはワシントンが再度、サリーに送った手紙を見るとわかる。どうやらサリーは、ワシントンの気持ちに気づかない振りをしたようだ。きっとワシントンからもっと真情を引き出そうとしたのだろう。

そこでワシントンは、「互いの手紙の真の意味についてまだ私たちは誤解しているのでしょうか。きっとそうだと私は思っています。そうでなければよいと思っていますが、上辺だけ取り繕って話せません。私はこれ以上、何も言えないので残りはあなたの推測に委ねます」とサリーに迫る。「真の意味」とはもちろん恋愛感情のことだろう。さらに同じ手紙の中には、イギリスの劇作家ジョゼフ・アディソンの『カトー』に登場するユバとマーシアに関する言及がある。

あなたと一緒に『カトー』を演じられれば、我々の時間は非常に楽しいものになったに違いないと思います。私がユバを、あなたがマーシアを演じれば、きっともっと幸せを感じられたでしょう。

ユバとマーシアは成就しない恋の代名詞である。その当時、イギリスだけではなくアメリカでも『カトー』は非常に人気のある作品だったので、その意味がサリーにわからないはずがない。それでもサリーは、ワシントンに何の愛情の証も示さなかった。

華燭の典

一七五九年一月六日、ワシントンはマーサとホワイト・ハウスで挙式した。その当時、結婚式は新婦の家でおこなわれるのが一般的であった。日本人が結婚式で大安を気にするように、一月六日という日付には特別な意味がある。その日は十二日節であり、冬に結婚する場合は最適の日取りだ。なぜなら十二日節は、クリスマスの後に訪れるにぎやかな祝祭であったからである。

現代の我々からすれば、クリスマスのほうが盛り上がるのではないかと思う。しかし、もともとアメリカでは、クリスマスはあくまで宗教的な儀式であり、厳粛なものであった。したがって、にぎやかな祝祭とは必ずしも言えない。祝祭の性格を帯びたクリスマスが一般的な慣習になるのはかなり後のことである。では、この当時のクリスマスはどのような様子であったか。家の周りにマツやヒイラギをつつましく飾り付け、家族で教会に行って説教を聞くだけで、クリスマス・プレゼントを入れるための靴下もなければ、クリスマス・ツリーもない。

しかし、十二日節は異なる。前夜祭ではクリスマスで用いられた飾りが取り外され、人びとは日常を離れて大騒ぎするのが通例であった。シェークスピアの喜劇『十二夜』は、前夜祭で上演するために書かれたものである。そのことから、十二日節がイギリスの慣習として広く受け入れられていたことがわかる。

ヴァージニア人は、そうした風習をイギリス本国から持ち込んだ。そして、十二日節の晴れやかな雰囲気の中で晩餐会に舞踏会、そして、結婚式がおこなわれた。それに一月初旬は、海岸地帯の農園主にとってタバコの出荷を終えた農閑期であり、雪が少ない南部では往来も難しくなかった。

新郎は二六歳、新婦は二七歳。その日は冬に特有の透き通るような晴天であり、陽光が燦々と降り注いでいる。フランシス・フォーキエ総督代理とその夫人を初め紳士淑女が列席する。参加者全員について正確な記録はないが、おそらく他にはマーサの子供たち、母、兄弟姉妹、ワシントンの異母兄オースティンとその家族、弟夫妻、妹夫妻などの親族に加えて、近隣の農園に住む二つの家族が顔をそろえていたはずだ。

これだけ親族が集まれば、新郎の母であるメアリが出席するのは当然のように思えるが、出席したか否かはわからない。しかし、メアリの性格を考えれば、出席しなかったのではないか。メアリは人前に出るのが好きではなく、にぎやかな集まりを浮ついたものだと嫌っていたからだ。それに冬の寒さの中、メアリが住んでいるフェリー農園からホワイト・ハウスまで旅行するのはおっくうだ。またワシントンも母の出席を望んでいなかったに違いない。晴れの席で母親の権威を口うるさく振りかざされては面目が立たない。

この日の主人公である二人の装いはどうであったか。まず新郎は、青色のスーツに白いサテンの胴着を身に付け、黄金造りの留め金の半ズボンに靴、そして、手袋をはめていた。清新さの中にも華やかさがある。新婦の服装は、客の一人によれば、艶のある更紗のドレスだったという。しかし、一家に伝わる話によれば、その日の花嫁は、金襴の刺繍を施したダマスク織のドレスに真珠で飾られた紫のサテンの靴を履いていたという。

結婚式がおこなわれた時間は、参加者の一人によれば、午前十時だったが、この当時の南部の結婚式は夕方から始まるのが通例である。結婚式を「華燭の典」と美称するが、まさに蠟燭が灯される頃合いだ。蠟燭の光は、花嫁をより美しく見せる効果を持つ。ただ麗しいマーサにはそのような効果は必要なかったかもしれないが。

結婚式を執りおこなう牧師は、二人に神の教えに基づいて子供たちを養い育てるように勧め、姦淫を戒め、

苦楽をともにするように諭す。そして、次に誓いが交わされる。

列席者が見守る中、マーサは夫になる人にその手を差し延べる。ワシントンは黙って妻になる人の手を取る。

マーサの瞳はじっと彼に向けられている。今後、人生をともに歩み、何があろうとも夫を支え続けると心に決めた花嫁の美しい眼差しには、誠実さ、真摯さ、意志の強さ、そして、優しさが宿っている。

マーサはひたむきに彼を見つめている。それは初めに彼を驚かし、そして、心に染み透る。彼は、まるでその眼差しがさらに深く突き刺さるのを恐れるかのように一瞬、目を閉じる。そして、再び目を見開いた時、彼は結婚の誓いの言葉を述べる。死が二人を別つ日まで続く厳粛な誓い。

「妻を愛し、慰め、そして、尊ぶ」

マーサも続いて誓いの言葉を述べる。

「夫を愛し、支え、そして、尊ぶ」

言葉に加えて指輪が交換される。しばらく指輪を見つめた後、マーサは艶やかな微笑を浮かべて夫の首に細い黄金造りの鎖を巻き付ける。鎖の先には、花嫁の姿を描いた細密画がぶら下がっている。常に肌身離さず持っていてほしいとマーサは新郎に懇願する。

マーサとの結婚を通じて、ワシントンは一万五、〇〇〇エーカー（約六、〇〇〇ha）の農地と二〇〇人の奴隷を管理するようになる。正確にはマーサの前夫が残した土地は、三分の一がマーサの所有であり、残り三分の二は子供たちのものであった。そうした資産はワシントンの手で適切に管理された。多くの人びとは、家庭におけるワシントンの姿勢を高く評価した。当時の社会では、家庭における役割をいかに果たすかが人物を評価する重要な物差しであったからだ。再婚相手が財産の管理を怠って、蕩尽してしまうことも稀ではなかった。

一見すると、ワシントンは資産目当てに愛もなく結婚したようにも見える。実際、後にジョン・アダムズは、「もし彼が富裕な未亡人のカスティス夫人と結婚しなければ、ワシントンは革命軍の司令官や合衆国の大統領になれただろうか」と言っている。

ヴァージニアの支配階級の中では縁故、特に血縁的関係が重要であったので家柄は無視できない要素である。ヴァージニアの上流階級は、誰がどこの家門の出身で誰と結婚したのかといったことを飽きもせずに話題にする人びとだった。また財産も社会的地位を保つためには不可欠な要素であり、血縁関係と同様に、ヴァージニアの上流階級は誰がどのような邸宅を建て、どれくらいの土地と奴隷を所有しているかをしきりに知りたがった。そうした社会の中では、恋愛は二の次になる。

つまり、結婚は恋愛の結果ではなく実践的な契約である。「恋愛は非常にすばらしいものかもしれないが、すべての他の美味なものと同じように、いつかは飽きる時が来る」と言っているように、ワシントンは恋愛と結婚を完全に別物と見なしていた。ワシントンの哲学では、恋愛は一過性のものであって、結婚生活の幸福のために必要な物事を無視するべきではない。「人生の中で結婚は最も興味深い出来事だと私はいつも考えています。それは幸福になるか不幸になるかの土台になるからです」という言葉には、ワシントンの哲学がよく表れている。

マーサは家柄も財産も、そして人柄も、ワシントンにとって念願通りの相手であった。もちろんそうした条件をすべて満たしていても恋愛感情が湧くとは限らない。それが人間の心の難しいところである。しかし、ワシントンにとって結婚に不可欠なものは恋愛ではなく親愛であった。それだけではない。ワシントンは生涯にわたってマーサを優れた女性として尊敬し、多くの問題をマーサに委ねている。マーサも公私にわたってさまざまな場面でワシントンを支えた。ワシントンにとってマーサは「快い配偶者」であった。

興味深いことにワシントンは、母メアリと対照的な女性を妻に選んだと言える。メアリは辛辣かつ厳格であったが、マーサは温厚で一緒にいて楽しいと思える性格であった。またメアリとまったく違ってマーサは社交的であり、マウント・ヴァーノンを訪れる者を心からもてなした。

マーサの性格の中でも最も優れた資質は快活さであった。その快活さは、しばしば苦難に陥ったワシントンの心を慰める。ワシントンには信頼できる部下がたくさんいたが、心から気を許せるような刎頸の友と呼べるような存在があまりいない。そうしたワシントンにとって、マーサは心を許せる数少ない存在だった。ある者が、ワシントン夫妻の間にある感情はロマンスよりも友情に近いと言ったのは言い得て妙である。

初登院

一七五九年二月下旬、ワシントン一家はウィリアムズバーグにあるカスティス家の邸宅に移る。二七歳の誕生日にワシントンは植民地議会に初登院する。そして、常設委員会の一つである陳情処理委員会の一員に任命された。最初の仕事は、ウィンチェスターの街中で豚が歩き回るのを禁止する法律を作ることだ。

開会して三日目、議会はラム酒にかける関税や脱走者を捕らえた者に対する報奨など通常の議事を審議していた。ある議員が急に立ち上がって、フレンチ・アンド・インディアン戦争における功績を称えて議会からワシントンに感謝を捧げようと提案する。一〇〇人以上の議員たちの中でその提案に反対する声は一つも上がらない。議員たちの賛同は砲声のように轟《とどろ》き、議事堂の梁を震わせる。

突然のことに狼狽したワシントンは、返礼の一言さえ口にできない。ようやく席から立ち上がり、議長席のジョン・ロビンソンから感謝を受ける。赤面してまごつき震えているワシントンに向かってロビンソンは、微笑みながら助け舟を出す。

「お座り下さい、ワシントン氏。あなたの謙譲は勇気に匹敵するようだから、私が持つどんな言葉の力よりも優っています」


ワシントンの実質的な政治的生活は、ヴァージニア植民地議会議員になることで始まった。ワシントンは、議員の仕事を「退屈」だと考えていた。ワシントンにとって議員職は名誉職に近い。議会でワシントンはほとんど演説することもなく、重要な法案を提出することもなかった。

新米議員を気に留める者は少なく、三月におこなわれた舞踏会にワシントン夫妻が出席したという記録の他に目立った記録は残っていない。そもそも議会が開かれるウィリアムズバーグとマウント・ヴァーノンは遠く離れていたので、特に用事がない限り、ワシントンは首府に行くこともなく、しばしば議会を欠席している。

とはいえ植民地議会議員の経験は決して無駄ではなかった。立法過程や政治過程を学んだことは、後に独立戦争で大陸軍総司令官として大陸会議とどのような関係を保てばよいのか考える参考になったし、さらに大統領として連邦議会とともに国政を動かす参考になった。

初登院を終えたワシントンはしばらくしてマウント・ヴァーノンに帰ることにした。まだ四月で植民地議会は会期中であったが、農園の種蒔きを監督しなければならない。これはマーサにとってマウント・ヴァーノンを初めて見る機会である。

ウィリアムズバーグからマウント・ヴァーノンに帰る途中、ワシントン夫妻はフレデリックスバーグに立ち寄った。メアリと妹夫妻を訪問するためだ。どうやらメアリは結婚式に出席しなかったようなので、新婦が姑に初めて挨拶することになる。

メアリは息子の妻を複雑な思いで見ていた。メアリは狭い世界に生きている女性であった。その一方で息子は、富裕な妻と結婚して華やかな世界に足を踏み入れようとしている。まるでマーサが息子を奪ってしまったように思えた。それに質素な服装を好むメアリからすれば、富裕な未亡人の名残りを色濃く漂わせるマーサの服装は気に入らなかった。

その一方でマーサは、義母に対してどのような思いを抱いていたのか。マーサは、親戚に細々とした品々、例えば手縫いのハンカチ、食べ物、薬などをせっせと贈るのが好きな女性であった。しかし、そうした品々を義母に贈った形跡はほとんどない。ワシントンがメアリと一定の距離を保って決して近づきすぎないようにしていることにうすうす気づいていたのだろう。メアリのほうも、息子の結婚から一七八九年に乳癌で亡くなるまで実に三〇年にわたって、一度もマウント・ヴァーノンを訪れていない。

フレデリックスバーグを発ったワシントン一家は、ようやくマウント・ヴァーノンにたどり着く。本当にワシントンは種蒔きを監督するためだけにマウント・ヴァーノンに帰ったのだろうか。おそらくそれだけではない。新妻にマウント・ヴァーノンが最も美しく輝く季節を見せたかったのだ。

なだらかな丘の上に建つ邸宅の周りを囲む木々は春の空気に若やぎ、庭園は色とりどりの花々で溢れる。青々と匂い立つような芝生は今を盛りに生い茂っている。せせらぎが緑なす深い谷を潤している。そして、川面を滑る穏やかな風に遊ばれながらポトマック川を見渡せば、靉靆《あいたい》と春霞に覆われた景色がどこまでも広がる。

まるで自然が二人の新しい門出を祝っているかのようだ。ある旅人が「ここでは夜に火花のような小さな昆虫が姿を現す」と記しているように、螢が舞う季節を除けば、新春よりも心地良い季節は他にない。

新婦が初めて新郎の家に入る時、披露宴を開くのが当時の慣習であった。フェアファックス家やメイソン家といった近隣の農園主がマウント・ヴァーノンに招待される。その席で

サリーは、新妻を披露するワシントンをどのような目で見ていたのだろう。そして、ワシントンは、サリーに対してどのような感情を抱いていたのか。どうやら結婚によってワシントンのサリーに対する情熱は薄れたようだ。

二人の関係をマーサが知っていたかどうかはわからない。おそらく気づいていなかったのだろう。マーサは疑うことを知らないような性格であり、サリーに嫉妬するようなことはまったくなく、夫と同じくフェアファックス家の人びとをすぐに友人として迎えた。

たとえマーサが夫の情熱の残り火を感じ取ったとしても、それを表情に出すようなことはなかったに違いない。もし嫉妬が自分の心の中に生まれたことを認めてしまえば、それは二人の仲が非常に親密だと認めたことになる。一番良い方法は、二人の仲が嫉妬するに値しない取るに足らないものであったという態度を保つことだ。それにフェアファックス家は隣人であるだけではなく重要な後援者である。うまく付き合っていかなければならない。

親族を除けば、マウント・ヴァーノンを最も頻繁に訪れたのはフェアファックス家の人びとである。ワシントンも以前と同様にベルヴォアを足繁く訪れた。若い日の危険な情熱は穏やかで確固とした友情に変わった。

この頃に書かれたワシントンの手紙の中には、「私は快い人生の伴侶とともに今、この家に腰を落ち着けていて、広く慌ただしい世界の中でこれまで私が経験してきたよりも、退隠の中でより多くの幸福を見つけられるように望んでいます」とある。マーサと結婚することで自分の家庭を築いたワシントンは、これまで味わうことができなかった家庭の中で過ごす楽しみを見つけた。

カナンの呪い

奴隷制度がアメリカ史の中で避けて通れない問題であることは異論がないと思う。だからここで少しまとめておくのは無駄ではないだろう。南部の農園主、すなわち奴隷主の代表例がワシントン家である。つまり、ワシントン家の実情を見れば、当時の奴隷制度が見えてくる。

最初に注意しておくべきことは、誰もが奴隷を簡単に入手できたわけではない。自作農の大半は、一人か二人しか奴隷を所有していなかった。なぜなら奴隷の価格は半世紀前に比べれば十分の一程度に下落したとはいえ、依然として非常に高価だったからだ。大人の頑健な働き手を購入しようとすれば、少なくとも三〇ポンド（三六万円相当）程度を支払う必要があった。熟練工でもその金額を貯めるのに三、四年は要したはずだ。

いずれにせよ、奴隷の衣食住に要する費用は奴隷主が負担しなければならないので、軽々しく奴隷を購入できない。したがって、マウント・ヴァーノンのように数百人規模で奴隷が働く大農園は少数に限られていた。こうした違いはさておき、奴隷制度の実情を見てみよう。

我々日本人が奴隷制度に関して一つ疑問に思うことがある。アメリカ人は、奴隷制度とキリスト教の間でどのように折り合いをつけていたのか。神の前では誰もが平等であるとキリスト教は教えているのではないか。黒人奴隷を正当化する根拠としてよく知られているのは「カナンの呪い」である。旧約聖書に由来する。息子のハムの行動に怒ったノアが、ハムの子孫、すなわちカナンに呪いをかけてしもべになるように言った。そのカナンの系統が黒人というわけだ。

さらにキリスト教の論理では、異教徒を改宗させることは恩恵である。それまで知らなかった神の恩寵を受けられるのだから。すると次のような論理が成り立つ。奴隷制度は、アフリカから異教徒を連れ出して改宗させるという神の思し召しに適った制度なのだ。もちろん連れ出された黒人は、そのような「恩恵」をありがたいとは決して思わなかっただろうが。

黒人奴隷は、肉体を故郷から引き離されただけではなく、キリスト教に改宗させられることで伝統的な信仰から切り離された。それは精神の死である。

教会は奴隷に服従の精神を教える。曰く、奴隷は神に対する罪を犯したから隷属状態に置かれている。神の前では魂は平等であるが、それは現世の平等を意味しているわけではない。事実、奴隷は信仰の中でさえ差別される。主人に従って教会に行く時、奴隷は少し距離を保って後から随行しなければならない。教会に入っても奴隷専用の場所で礼拝しなければならない。

差別された奴隷は、おとなしくされるがままであったのか。決してそうではない。その証拠に農園主が最も恐れたのが奴隷の反乱である。早くも一六六三年には、ヴァージニアで最初の奴隷の共同謀議が記録されている。ただ奴隷だけではなく白人の年季奉公人も含まれていた。年季奉公人も自分たちが奴隷と同様に搾取されていることに不満を抱いていた。ただ実際に反乱が起きたわけではなく未遂である。

一七一二年には、植民地初の奴隷暴動がニュー・ヨークで発生している。その当時のニュー・ヨークの人口は五、〇〇〇人そこそこで、奴隷人口は実に二、〇〇〇人近くを占めた。奴隷売買が重要な富の源泉となっていたニュー・ヨークでは、生活の隅々まで奴隷労働が浸透していた。現在、金融街として有名なウォール街は北部最大の公式奴隷市場であった。

奴隷暴動が起きた時に捕縛された黒人たちに下された処罰は残虐きわまりないもので、一寸刻みの引き裂き刑や棍棒で全身を打ち砕く刑、磔による餓死刑など、耳を覆いたくなるものばかりである。特に残虐であったのは火焙りである。しかも苦痛が「八時間から十時間」続くようにするために、薪に水をたっぷりと染み込ませるという念の入れようである。

奴隷暴動の危険性があるのにもかかわらず、ヴァージニアで奴隷制度は順調に拡大する。それはいくつかの要因による。

まず大西洋貿易の拡大によって渡航費が劇的に下がった。同時に、イギリスで労働力の需要が高まり賃金が上昇した。こうした変化の結果、イギリス人は新大陸への移住にほとんど関心を持たなくなり、移住を決めた者も年季奉公の契約を結ばずに渡航費を支払うようになった。つまり、年季奉公人に代わって自由労働者が増え、実質的に労働賃金が上昇する。その一方で渡航費の下落は、奴隷の輸送費も下がったことを意味する。その結果、奴隷の価格が下がった。

一六八〇年頃にはヴァージニアで奴隷制度は、法律や慣習で確立された強固な制度になっていた。そして、農場での労働力は、年季奉公人の減少に伴ってしだいに白人労働者から奴隷に置き換えられた。ワシントンが生まれた頃には、奴隷はすでにありふれた存在であった。

後に詳しく述べるが、奴隷制度は、ヴァージニアで広くおこなわれていたタバコ栽培と深く関連していた。そのためヴァージニアでは特に奴隷の割合が高く、全人口の四割に達した。

ワシントンの分析では、ヴァージニアの農園主が奴隷労働に依存するのは、自由労働者を雇えば費用が高くなるからであった。北アメリカ植民地には広大なフロンティアがある。誰もが土地を入手できれば、他人の農園で働こうとする労働者は少なくなる。その結果、賃金が高くなる。それに比べて奴隷は維持費が必要だが、ずっと安上がりだ。だからヴァージニアの農園主は奴隷を手放せない。

その当時のヴァージニアの一般的な奴隷主と奴隷の関係は、ジェファソンによれば、「最も荒々しい激情の恒久的な行使であって、一方に対する最も恥ずべき専制であり、もう一方に対する下劣な服従である」という。ただジェファソン自身も多くの奴隷を所有していたのだが。

ワシントンは遺言で奴隷を解放して「啓蒙化された奴隷所有」をおこなっていたとされるが、決して心優しい奴隷主とは言えない。ワシントンは、常習的に逃亡を企てる奴隷に対して厳しい処置を与えた。手に負えない奴隷を西インド諸島に売り飛ばすこともあった。西インド諸島の過酷な労働環境を考えると、それは死刑宣告に等しい。

体罰も日常的にあった。監督人に対する指示によれば、例えば奴隷が怠けていたり喧嘩したりした時などに鞭の使用が認められている。ヴァージニアの法では、主人が奴隷をどのように処罰しても法的責任を負わされない。とはいえワシントンは、体罰は逆効果なのでできる限り控えるべきだと監督人に指示している。

一つでも救いがあるとすれば、マウント・ヴァーノンの奴隷は売り飛ばされて一家離散の憂き目を見ることはほとんどなかった。当時は、神聖な結婚を冒瀆するという理由で奴隷同士の結婚は非合法であったが、ワシントンはそうした結婚を尊重していた。そして、できる限り家族がばらばらにならないように気を配った。もし家族が離散する恐れがあれば、たとえ必要がない奴隷でも売らずに手元に留めた。

晩年にワシントンは次のように記している。たとえ奴隷の家族でも大事であるというワシントンの明確な指針が示されている。年齢を重ねるにつれてワシントンは奴隷に対する姿勢を変えたようだ。

余剰の奴隷を売ることはできません。なぜならそうした取引は、人間としての原則に反しているからです。奴隷を貸し出すことも同様に悪いことです。なぜならそれは家族に何の利益ももたらさないうえに、家族を離散させることであって、私が忌み嫌っていることなのです。

とはいえワシントンが奴隷に対して温情ある処置を常に取ったとは言えない。「手放したいと思っている黒人」と土地を交換しようとしたこともある。借金の担保として奴隷を受け取ったこともある。そのようなことは、奴隷を財産として見なさなければできないだろう。ただその当時はそのような考え方が一般的であって、特に何の疑問もなく多くの人びとに受け入れられていたことは注意すべきである。

どうひいき目に見ても現代の基準からすれば、やはり奴隷の待遇は決して良いとはいえない。マウント・ヴァーノンを訪れたポーランド貴族ジュリアン・ニェムツェヴィチは、奴隷の待遇に関する記録を残している。ニェムツェヴィチは、ポーランドの国民的英雄であるターデウーシュ・コシューシコ将軍の友人である。詩才を持つことで知られていたが、コシューシコから降霊術の手ほどきを受けたと自慢する少し変わったところのある人物であった。

我々は黒人の小屋の一つに入った。というのは、それらは家とは呼べない代物だからだ。わが国の農民の最もみすぼらしい住居よりもみすぼらしい物だ。夫と妻は粗末な寝床の上で眠り、子供たちは地面の上で眠る。炉は非常に悪い。この貧困の中で、いくつかの調理器具、そして、カップとティーポットがある。

カップやティーカップはマウント・ヴァーノンからのお下がりであろう。ニェムツェヴィチは次のように続けている。

野菜が植えられたとても小さな庭に、五、六羽の雌鶏がいて、それぞれ十羽か十五羽の雛がいる。それらが彼らに許された唯一の慰めである。というのは、彼らは家鴨、鵞鳥、もしくは豚を飼えないからだ。

ニェムツェヴィチは、奴隷の窮状を述べながらも、ワシントンが奴隷を「ヴァージニアの他の市民よりはずっと人道的に扱っている。そうした紳士の大部分は、パンと水、そして殴打を与えるだけなのだから」と付け加えている。

ワシントンは、冷酷ではなかったが冷徹な奴隷の管理者であり、些細な過ちも許さなかった。ワシントンにとって最も許せないことは怠惰であった。監督者に向かって、奴隷を「明るくなればすぐに仕事に就かせ、暗くなるまで働かせ、仕事に就いている間、勤勉であるようにさせる」ように求めている。さらに「私の利益に配慮すべき監督人」は、「すべての労働者に二四時間、健康や体調を損なわない限り、全力で働かせる」ようにと述べている。

奴隷はあくまで投資の対象であった。奴隷を購入する時、ワシントンはまるで競走馬を買う時のように奴隷の健康状態を吟味したという。投資を効率良く回収すること、すなわち、できる限り奴隷を働かせることにワシントンは何の疑問も抱いていない。しかし、奴隷が働けなくなれば投資を回収できないので、ワシントンは病気になった奴隷に「特別に注意を払うように」監督人に求めている。同時に仮病を使ってさぼろうとする者に対しては厳しく接するべきだと次のように指示している。

私は、ルース［奴隷の名前］が詐欺師だと知っている。彼女は仕事から逃れるために自分の小屋の中で時間をつぶそうとしている。しかし、もし年齢や身体の強さに応じてできることをしなければ、その他の者たちにとって悪い例になるだろう。もし仕事を避ける口実が何でも認められれば、誰も働かなくなってしまう。

またある時、一人の奴隷が怪我をして三角巾で腕を吊っていた。それを見たワシントンは、自ら片手に熊手を持ち、もう一方の手をポケットに突っ込みながらその奴隷に言った。

「私がどうやるか見せてやろう。片手をポケットに突っ込みながら、もう一方の手を動かせるだろう。もしおまえが食べるために手を使えるのであれば、どうしてその手を働くために使えないのか」

ワシントンは、監督人に厳しい指示を出すだけではなく、自らも奴隷の労働に目を配っていた。例えば「怠惰なピーターとサラは六〇足も靴下を編んでいない」と不満を述べている。ピーターとサラは、主人の不満を聞いて、靴下を小さくして編み上げる数を増やした。すると今度は、靴下が小さすぎるとワシントンは言うのであった。

ある時、四人の奴隷が一日当たり一二〇フィート（約三七m）の木材しか生産していないのを知ったワシントンは自ら監督することにした。四人の奴隷が木材を加工するかたわらに、時計を手にしたワシントンが立つ。主人の厳しい視線がまたとない刺激になったようで、彼らは実に四倍もの木材を仕上げた。

マウント・ヴァーノンで最も過酷な仕事は湿地の開墾である。ワシントンは、どんなに寒い日でも奴隷にその作業を止めさせなかった。降り積もる雪の中、寒さでかじかんだ手で切り株を掘り起こし引き抜く作業がどれだけの苦痛を奴隷に与えただろうか。そうした苦労が自分の利益につながることであれば、まだやり甲斐はある。しかし、奴隷はいくら頑張ってもその利益は主人のものだ。
二人の奴隷が死んだ時、ワシントンは、「パリスの死は損失だが、ジュピターの死はその逆［利益］だ」と記している。特別に目をかけた奴隷を除けば、ワシントンにとって奴隷は労働力、もしくは財産以外の何物でもなかった。後世の我々が現代の基準で当時の物事を判断することは絶対に正しいとは言えないが、それにしてもワシントンの言い方はあまりに冷淡であるように思える。

またワシントンは、奴隷が農園で使う物資に目を光らせていた。トウモロコシを貯蔵する小屋の建築にあまりに多くの釘が使われたのに不審を抱いたワシントンは、奴隷が釘をこっそりと「お金やラム酒やその他の物」と交換したのではないかと疑った。そこでワシントンは、「納屋を監視し、予期できない時間に奴隷の住居を抜き打ち訪問し、道路で待ち伏せし、盗んだ品物を受け取った者が罠にかかるように工夫するように」監督人に命じている。さらに釘は必要な分だけ渡すようにして、後で実際に使った本数と残りの本数を確認する徹底ぶりである。道具さえ壊れた物と引き換えでなければ新しい物は支給されなかった。

とにかくワシントンは、ごく一部の者を除いて、自分の奴隷をほとんど信じていなかった。それは、「私が所有している奴隷の中でその能力、品性、そして、注意力において信頼して仕事を任せられる者はいない」と嘆いていることからもわかる。そうした見方は、農園主に共通する見方であって、ワシントンだけが特に疑り深いわけではない。

確かにその当時の奴隷の中には、仮病、窃盗、怠業、放火、故意による物品の破損、家畜の不適切な管理などに手を染める者がいた。ただそれは奴隷制度に対する消極的な抵抗であったといえる。それを責められるだろうか。

同時代人によれば、ワシントンは公的な場でめったに感情をあらわにしなかったが、「召使［奴隷］に対してしばしば粗暴な態度を噴出させた」という。さらに別の者は、「まるで彼が別の人物であるかのように［奴隷に対して］怒りをあらわにした」と驚いている。ワシントン自身も「もし奴隷が正しい方法で義務を果たさないのであれば、そうするように強制されて然るべきだ」と断言している。

ワシントンでさえ当時の奴隷制度がもたらす通弊から逃れられなかった。さらに現代の我々からすれば驚くべきことに、ワシントンは、奴隷ではなく自分が奴隷制度の被害者だと思っていた。ワシントンからすれば、奴隷に依存せざるを得ない呪わしい状況を容易に変えられないのが絶えざる苦痛であった。

ワシントン家の日常

この当時の農園主はどのような生活をしていたのか。少しワシントン家の日常をのぞいてみよう。

農園の生活は規則正しい。幼少時からワシントンは早起きの習慣を身に付けていた。少なくとも夜明け、日が昇るのが遅い冬には未明に起床する。寝室にある髭剃り用の小さな机の前で身支度を整える。それから蠟燭の灯りの下で帳簿を付け、タバコの積み出しを記録し、ロンドンの商館に宛てた取引上の通信文を書く。

当時、紳士は労働から自由であるべきであり、仕事を持つべきではないとされていた。ただ地所の管理は別で、それは紳士にふさわしい高尚な知的労働だと見なされていた。それでもヴァージニアの農園主は、地所の管理を監督人に全面的に委ねてしまうのが通例で、ワシントンのように農園主自ら孜々《しし》として経営をおこなうのは珍しい例であった。

毎週土曜日の午後、すべての監督人から報告が届く。その報告には、各作業に割り当てられた労働時間、作物の種類と収穫量、家畜の数の増減など農園管理に必要なあらゆる事項が記載されている。ワシントンはそれに注意深く目を通したうえで日曜日に必要な指示を書くのが習慣であった。

マーサはワシントンより少し遅れて起床する。女主人の朝一番の仕事は、奴隷に家事の指示を伝えることだ。それから食料品が収納されている箱の鍵を開ける。食料品の適切な管理は女主人の重要な仕事である。農園に所属する人びとに食事が行き届くように目を配るのも女主人の役目である。

朝食の時間は決まっている。夏は七時、冬は八時。朝食には、前夜から泊まっている客が同席することが多い。二杯の紅茶と三、四個のバター、そして、蜂蜜を塗ったコーンマフィン。それがいつもの朝食の献立であった。富裕な農園主の朝食としては質素である。

朝食後、ワシントンは、つばの広い白い帽子を被り簡素な黒い服を着て、馬に乗って農園の巡回に出る。その一方でマーサは、少女の頃から変わらない習慣に従って、自室に引きこもって朝の祈りを捧げる。誰も邪魔は許されない。祈りを終えた後、マーサは家事の監督に戻る。

家事は現代とはまったく異なる。現代であれば、食料をスーパーマーケットで購入すればよいが、当時のヴァージニアでは自給自足が原則である。例えばハム一つが食卓に並ぶまでの過程を考えてみよう。まず豚を育てなければならない。そして、屠殺して塩漬けにして燻製にする。食べる時は水で戻して余分な塩を取り除いて煮て柔らかくしてから炙る。最後に冷ましてから薄く切る。ハム一つだけでもそのように手間がかかる。数百人分の食事を毎日、準備するのは大変である。

もちろんマーサがすべての調理をおこなったわけではない。女主人の役割は管理である。料理を何人分準備すればよいのか考え、調理のためにどれだけ塩、砂糖、スパイスが必要か計算し、食材を保存するためにいつ加工するべきか決める。当時の料理は、調理の段階よりもずっと多くの労力を食品の保存に割いていた。塩、酢、砂糖、酒などに漬けたり、発酵させたり、乾燥させたり、燻したりさまざまな方法があった。したがって、女主人は、食品の種類に応じて最適の保存方法を知っていなければならなかった。

家族の健康管理も女主人の務めである。健康管理と言っても、薬草や食事などによる民間療法である。ただ奴隷の健康管理は監督人の仕事なので、その点に関して女主人の負担はあまりない。

さらに衣服を整える仕事もある。高級なドレスはロンドンから仕入れていたが、奴隷にまでそれを着せるわけにはいかない。織物所で生地を作って、それを衣服に仕立てる。文字にすればそれだけだが、実際はかなり大変な作業である。例えば綿布であれば、綿を梳いてから撚って糸にして織らなければならない。そして、裁断して縫い合わせてようやく衣服が出来上がる。そうした工程を管理するのもマーサの仕事であった。マーサは針仕事が好きで自ら裁縫を奴隷に教えることもあった。しかし、基本的にマーサの役割は、家事に関して各持ち場の奴隷を監督することであった。

マーサが家事の監督をしている間、ワシントンは農園の巡回を続けている。一日に巡回する距離は、十マイル（約十六㎞）から十五マイル（約二四㎞）である。帰宅時間は午後一時四五分ちょうどと決まっている。入念に髪粉をふるい、ロンドンで仕立てたスーツに着替える。


二時には正餐が小食堂で始まる。緋色の壁紙に大理石の暖炉が切ってある部屋だ。客人の陪席も珍しくない。ヴァージニアでは、知人同士が頻繁に互いに訪問し合うのを常とする。一食だけともにする者もいれば、数日間、泊まる者もいる。

質素な朝食とは打って変わって、銀の燭台の上で輝く鯨蠟燭が照らすテーブルには、白地に青で彩色した陶磁器がたくさん並ぶ。牛肉、鶏肉、魚などが豊富に盛られ、菜園の野菜と果樹園の果物も供せられる。ワッフル、パンケーキ、サリー・ランなどが並ぶ。ロンドンの商館に送られた注文書を見ると、アンチョビ、ケーパー、オリーヴ、瓶詰めマンゴー、チェシャー・チーズ、緑茶、干し葡萄、アーモンドなども口にしていたはずである。

部屋の隅には瓶を収めるマホガニー製の箱がある。そこから召使が瓶を取ってテーブルの上のグラスに林檎酒、ラム酒、そして、マデイラ・ワインを注ぐ。どちらかといえばラム酒は安価で庶民の酒であり、マデイラ・ワインは高級酒である。

午後の時間は書斎での読書や書き物に当てられる。書斎を少しのぞいてみよう。

壁には兄ローレンスの肖像画がかかっている。書斎という最も個人的な場所に肖像画があることは、いかにワシントンが兄を敬愛していたかを示している。

書き物机の上に小さな望遠鏡が置かれている。きっとワシントンはそれでポトマック川を行き交う船を眺めたり、夜空の星を見ていたりしたのだろう。

バルバドス島から持ち帰った珊瑚もある。それを手にして兄ローレンスとともに南国の島で過ごした日々を思い出していたのだろうか。

貴重品を収めた南京錠が付いた鉄の箱もある。さらにクローゼットには、ブラドックから形見の品として渡された真紅の飾り帯が大切に収蔵されている。

書斎の主役は本である。一面がガラス張りの作り付けの本棚になっている。およそ九〇〇冊の書籍とパンフレットがある。内容に基づいてすべて体系的に整頓されている。現代なら九〇〇冊の書籍はとりたてて多いとは言えないが、図書館がほとんどなく、書籍もきわめて高価で珍しかった時代背景を考えると、上流階級のたしなみ以上にワシントンは本を読んでいたと考えられる。

読書歴を知ることはその人物の内面を知ることである。ワシントンの蔵書を見ると偉人の伝記が多い。スウェーデン王カール十二世、ルイ十四世、ピョートル大帝、神聖ローマ皇帝カール五世、グスタフ＝アドルフ、シュリー公爵、テュレンヌ元帥の名前がある。そのほかにもジョン・ロックの『人間知性論』もある。ワシントンは、過去の指導者から学ぼうと、こうした伝記を選んだのだろう。

ワシントンの読書の目的は、哲学的な思索のためでもなく、娯楽のためでもない。農業、軍事、政治、歴史などを扱った書物から実践的な知識を得ようとしていた。ワシントンの考えでは、「本の知識はその他の知識を築く基盤になる」ので重要であった。また「軽い読書（これによって私が意味しているのはほとんど重要性のない本のことである）は、束の間は楽しいかもしれないが、後に確かなものは何も残らない」とも言っている。

しかし、シェークスピアやローレンス・スターンの作品など実用書以外の本もワシントンの本棚には並んでいた。もちろん誰かからの贈り物であった可能性もあるが、シェークスピアやスターンの作品がしばしば引用されていることから、実際に読んでいたことがわかる。他にも、当時流行した小説が多く含まれているが、おそらく家族の誰かの本だと考えられる。

午後遅くになると、客人が集まって紅茶やコーヒーを楽しみながら会話に花を咲かせる。晴れた日には、ポトマック川を見下ろす広い芝生の上がそうした社交の舞台になった。

日が陰り始めるとランタンが灯され、客は応接間に移る。そして、トランプやダンス、そして歌に興じる。マーサは流行歌が好きで、当時の歌謡集である『ザ・ブルフィンチ』には、「マーサ・ワシントン、一七五九年」という署名がある。その一方でワシントンは家族に新聞を読んで聞かせた。この当時、まだ新聞は草創期で高価であり、購読者は少なかった。完全に日が暮れて夜になると軽食が供されたが、ワシントンは何も食べずに、午後九時には就寝した。

無垢な精神の喜び

当時のヴァージニアの農園経営は、奴隷制度だけではなく、タバコ栽培とも切っても切れない関係にあった。タバコは特に海岸地帯で多くの強健な奴隷による集約的農業によって栽培されていた。肥沃な土地が必要であるうえに、非常に手間がかかる作物であったからだ。移植、雑草取り、害虫の駆除、剪定、乾燥などである。タバコの栽培は、一〇〇年以上にわたってヴァージニアの郷紳の大部分が営んでいる事業であった。

さらにタバコは、ヴァージニアの経済の要として重要な役割を担っている。なぜならタバコ証書が一種の通貨としてヴァージニアで流通していたからだ。タバコ証書は、検査官が品質を証明するために発行する文書である。

タバコ証書の使い方は簡単である。一定量のタバコを公庫に預けて検査官から証明書を受け取る。そして、何かを買った時に証明書を出せばよい。証明書を受け取った者は、証書を公庫に持って行きさえすれば額面通りのタバコを受け取れる。一種の兌換紙幣だ。

さらにタバコの取引を見れば、イギリスの帝国制度を理解できる。ヴァージニアの農園主は、ロンドンの商館を通じてタバコを販売しなければならない。航海法によって植民地から本国以外にタバコを輸出することが禁じられていたからだ。それは莫大な利益を生むタバコ貿易を本国が独占するためである。植民地で生産されたタバコをロンドンに集めて再輸出する。すなわち、中継貿易でイギリス本国は潤っていた。

ロンドンの商館は、タバコの再輸出だけで利鞘を稼いでいたわけではない。衣服、馬車、農具、馬具、書籍、家具、什器、絵画、薬品、調味料、玩具などありとあらゆる生活雑貨を農園主に売っていた。つまり、植民地が原材料であるタバコを輸出する一方で、イギリス本国は工業製品を植民地に輸出する。工業製品のほうが付加価値が高いので、イギリス本国は貿易を通じて富を独占できる。こうした考え方を重商主義と呼ぶ。

農園主とロンドンの商館の取引は直接取引が多かった。そのため南部では、北部と対照的に交易の中心地が発達せず、大都市が発展しなかった。たとえヴァージニアに交易の中心地がなかったとしても、なぜわざわざ遠いロンドンからさまざまな品物を取り寄せるのか。他の植民地から購入すればよいのではないか。この当時、各植民地の通貨は統一されていなかった。通貨換算の手間を考えれば、本国から直接買うほうが便利である。他の植民地とのつながりよりも、遥か遠方にある本国とのつながりのほうが強い。陸路よりも海路で運ぶほうがずっと容易で安価であったという事情もある。

それに正貨の流通量が少ないので、現金を得ることが難しい。商館は農園主に製品を掛売りで売ったので、収穫がほとんどない場合でも、農園主は必要な製品を手に入れられた。掛売りの代金は、次に収穫されるタバコで支払われた。現代のように銀行が発達していない時代において、現金を借りる手段は非常に限られていた。暴利を貪られているとわかっていても、農園主は掛売りに依存せざるを得ない。

他にも農園主にとって不利な点があった。商館がタバコを他の国に再輸出する際、その輸送費や保険料など諸々の経費を農園主が負担しなければならない。多くの商館は船主や保険業者も兼ねていたので、そうした経費は実質的に商館の懐に入る。それでも農園主は本国以外にタバコを輸出できないので、他に選択肢がない。

取引の主導権はロンドンの商館に握られており、農園主はしだいに多くの借金を背負わされる。一七六六年の時点で植民地全体が本国に対して負う債務は四四五万ポンド（五三〇億円相当）に上ったが、その九割が南部植民地によるものである。ヴァージニアの新聞には、農園主の困窮を裏づけるように地所の買い手を求める多くの広告が掲載されていた。

最初、ワシントンは、通例に倣ってタバコを農園経営の主柱に据えた。ロンドンの商館であるロバート・ケアリー商会と委託販売契約を結ぶ。ロバート・ケアリー商会によって、ワシントンが出荷するタバコは市場に売りに出される。その一方でロバート・ケアリー商会は、ロンドンの品物をマウント・ヴァーノンに届ける。

農園主に価格決定権はまったくない。ワシントンも他の農園主と同じく、多額の負債を抱えるようになった。ワシントンは、高い代価を払ってまで商館と契約する価値があるのかしだいに疑問に思うようになる。届けられる品物に法外な値段が付けられていることも珍しくない。

「古くて余ったどうでもよい品物を我々に押し付けて、同時に十五パーセントから二〇パーセントも多くお金を取ろうとするのがロンドンの多くの店主や交易商人の慣習のようだ」とワシントンは文句を言っている。この当時、ロンドンでは「コロニアル」、すなわち「植民地向け」という言葉は粗悪品を意味していた。粗悪品を受け取りたくないワシントンは、ロバート・ケアリー商会に品物を調達する時は、売り手に植民地向けの品物であることを明かさないように求めている。

ヴァージニアの農園主はロンドンの商館に対する不信感を募らせる。そして、イギリス本国が植民地に対して強要している経済の仕組み自体に問題があることに気づく。後に彼らの中からアメリカの独立を支持する人びとが現れるのは、こうした背景があったからだ。

ただワシントンも含めてヴァージニアの農園主が陶磁器の皿、銀食器や琺瑯のワイン・グラス、切子のデキャンター、最高級のスーツやドレス、馬車など贅沢品を次々と購入していたことも負債を抱える原因の一つになったことは指摘しておくべきだろう。またヴァージニア人の訪問客をもてなす習癖も負債の増加に拍車をかける。

市場で高く売れる優良品質のタバコを産出し続けることは非常に難しい。タバコは土壌の栄養分を大量に消費する作物である。当時の原始的な農業がさらに問題を悪化させる。肥料の有用性や作付けをおこなう前に深く土を耕す必要性はほとんど理解されず、まったく実行されていない。

伝統的な三圃制、つまり、まずタバコを植え、次にトウモロコシを植え、最後に休耕地にする手法はすでに採用されていた。しかし、三圃制は肥沃な土壌を保つという点ではほとんど効果がなかった。土地が十分な養分を取り戻すまでに約二〇年を要する。しかし、海岸地帯では、人口の増加に伴って土地不足が目立ち始めていた。その結果、休耕期間が徐々に短縮される。そうなると土地が痩せて、しだいにタバコの産出量が減少してしまう。そのためタバコを栽培するヴァージニアの農園主は、新しい土地をどこか別の場所で絶えず獲得しなければならない。農園主が土地の獲得に貪欲になるのは当然の帰趨である。

ワシントンは、ヴァージニアの農法が根本的に間違っているのではないかと思うようになった。そして、科学的農法を追求し始める。ワシントンにとって科学的農法の実践は、「無垢な精神にとって魅力的なこと」だった。ワシントンが目指した科学的農法とは何か。

まず単一作物の栽培を止める。ワシントンはタバコ栽培であまり成功を収めていない。そもそもワシントンは喫煙が好きではなかったし、海岸地帯の疲弊した農地で唯一生産可能な低品質のタバコが債務の原因だと考えていた。

そこでワシントンが導入したのはイギリス式の大規模農業である。イギリスは農業革命を経て、産業革命を可能にし、急速な勢いで増えつつあった人口を養うのに十分な改良をおこなっていた。アメリカは高い出生率と多くの移民の流入が原因で、イギリス本国よりもさらに急速な人口増加を経験している。そうした人口を養う方策を考えなければならない。

そもそもアメリカ経済の根本的な問題点は、本国に従属的な経済構造にある。タバコのような限られた農産物の生産に集中することで、製造業の発展が阻害され、工業製品の輸入が増大した。その結果、正貨が流出して枯渇し、アメリカ人は恒常的に外国の債権者に依存せざるを得なくなる。では貨幣を鋳造すれば不足分を補えるのではないか。しかし、そうできない植民地ならではの事情があった。

まず貨幣の鋳造は国王の特権である。おいそれと植民地に与えられるものではない。それに本国は、金銀の流出を防止するために植民地での貨幣の鋳造を禁じている。貨幣がなければ貨幣経済そのものが成り立たない。そこで例えば木製のお金のような代用貨幣が流通していた。また銅貨の不足が深刻だったので、しばしば二つや四つに分割された銀貨が使用された。

では紙幣を流通させるのはどうか。ヴァージニア植民地議会は、フレンチ・アンド・インディアン戦争に要する費用を賄うために紙幣を発行している。紙幣の発行に伴う問題はいかに信用を維持するかだ。しかし、ヴァージニア植民地議会は、紙幣の信用を維持する対策を講じなかった。

そのような場合、一番困るのは誰か。お金を貸している人びとだ。価値が低下した紙幣で債務者から借金を返済されると損をする。そこでイギリス商人はイギリス議会に働きかけて通貨法を可決させる。それは、植民地議会が法定通貨を発行することを禁じる法律だ。こうして正貨に代わって通貨の役割を果たす紙幣を流通させることもできなくなった。

ではイギリス本国の経済的支配から逃れるにはどうすればよいか。できる限り多様な品物を植民地で生産して、本国からの輸入を減らし、正貨の流出を止める。具体的にどうすればよいのか。

ワシントンの考えによれば、その答えは、内陸部に農地を拡大して近代的なイギリス式農業を導入することであった。タバコは海外市場に依存しなければならないが、穀物であれば、ニュー・ヨークやフィラデルフィアのような植民地内の市場に出荷できる。そこでまずワシントンは、自分の農園で栽培する作物を、タバコから小麦とトウモロコシに転換した。

穀物生産はタバコ栽培のように労働の集約を必要としない。しかし、馬や牛や豚など多くの家畜が必要になる。ワシントンは、穀物だけではなく家畜の飼料や牧草の栽培を試みた。家畜の糞は堆肥として使用できる。他にもマウント・ヴァーノンでは、豆やジャガイモが栽培され、葡萄畑や果樹園、そして、菜園が開かれた。その他にもロープに使われる亜麻や衣服に使われる麻の栽培が試みられている。

ワシントンの日記には、穀物の輪作に関する最新の理論や種蒔きの時期や農園の管理に関する事柄が克明に記されている。小麦の脱穀、果樹の接木、羊毛の剪毛などにワシントンは精通していた。

このようにタバコ栽培から小麦を中心とした農園経営への切り替えは、ロンドンの商館に依存せずに済む新しい経済の仕組みを生み出す。ワシントンは、もはやロンドンの市場の値動きに縛られることがなくなり、経済的独立を得た。農園経営の変革はワシントンの先見の明を示している。

タバコ栽培から小麦栽培への転換のもう一つの利点は、人力ではなく家畜の力に頼って栽培できることだ。タバコは人の手で丁寧に摘み取らなければならないので、農園主は奴隷を労働力として絶えず確保する必要がある。しかし、小麦栽培に転向してからワシントンは、奴隷の労働力が余っていることに気づく。

農園経営が農業以外の分野に拡大される。多くの奴隷を抱える農園では、大量の日用品が消費される。奴隷が生活できるように日用品を与えることは農園主の役目である。日用品をロンドンの商館から購入すれば高く付くが、自前で製作すれば、それだけ費用が節約できる。

マウント・ヴァーノンでは、鍛冶場、織物所、製粉所などが操業された。特に鍛冶場は盛況で、農園内だけではなく周囲の住民からも注文を受けて、農園の主要な収入源になる。一七五五年から一七九四年にかけて、マウント・ヴァーノンから半径五マイル（約八㎞）以内に住む一三四人が顧客名簿に名を連ねている。鍛冶場では、農機具だけではなく蹄鉄、釘、鍵、斧に至るまでありとあらゆる物が製造された。

織物所は、一七六七年一月に五人の奴隷と一人の年季奉公人によって開始された。最初の年に織物所は、合計一、四〇〇ヤード（約一、三〇〇m）近くの生地を生産した。生地は主に農園内で消費され、余った分は近隣の住民に販売された。

製粉所は、ワシントンの父の時代に建設された施設がすでにあったが、かなり老朽化していた。小麦栽培に転換した農園にとって製粉所は欠くことができない施設である。造船業を除けば、製粉所の運営は植民地で最も多額の資本投下を必要とする事業だった。マウント・ヴァーノンの石工や大工は一年がかりで水車用の溝を掘り、木材を切り出して新しい製粉所を建設した。新しい製粉所は、マウント・ヴァーノンで産出される小麦だけではなく、近隣で産出される小麦も挽いた。製粉の代価として挽かれた小麦粉の八分の一を受け取るのが相場なので、なかなか収益性が高い。

こうした事業によって生活雑貨を外部から購入する必要がなくなり、かなりの経費削減になった。農園に所属する人びとが生活していくうえで必要とする品々をそろえることは、すなわち集団の維持管理を学ぶことだ。そうした管理経験は、後に大陸軍を維持管理する際に役立つ。一人の人間にどの程度の布地と食料が必要か、そして、それをどのように準備すればよいのかといった実践的な知識は、一夜にして得られるものではない。

温和な哲理の静かな光

農園経営のかたわらワシントンが熱心に取り組んだのは狐狩りだ。ヴァージニアでは狩猟は単なる個人の楽しみではなく、多くの人びとを自宅に招いておこなわれる社交的な催しである。狩りの後は饗宴である。饗宴で人びとはその日の狩りの成果を初め、さまざまな話題を楽しんだ。上流階級だけに許された娯楽である。

狐狩りの季節になると、ワシントンは愛馬に乗って週に一回、天候が良ければ週に三回も狐狩りをおこなう。ワシントンが毎朝起きて最初に訪ねるのは厩舎である、その次が犬舎だ。馬も犬も狩りには欠かせない。その様子をまず確認するのは狩人の務めである。

もちろんベルヴォアに住むフェアファックス家の人びともよく招かれた。ワシントンの日記には、しばしばフェアファックス家の人びとと狐狩りを楽しんだという記述が見られる。十二日間に八回も出猟したという記録もある。狩りにどの程度の時間を使ったのか、また仕留めた狐はどのような特徴を持つかなど詳細な記録をワシントンは付けている。

狐狩りに必要な猟犬の育成もワシントンの重要な関心事であった。ワシントンは、日記に犬の特徴や性質を丹念に記すほど、育成に熱心であった。猟犬の皮膚病を治すために豚の油と硫黄を自ら塗布したこともある。しかし、ワシントンが猟犬に付ける名前は変わった名前が多かった。「ヴァルカン」や「ジュピター」といった神の名前や「忠実なもの」、「案内人」といった普通の名前もある。しかし、雄犬には「大酒飲み」、「飲んだくれ」、雌犬には「恋人」、「甘い唇」、「尻軽女」、「売女」、「女房」、「伯爵夫人」といった名前を付けていた。

いったいどのような基準で名前を付けていたのかわからないが、ワシントンなりのジョークかもしれない。「大酒飲み」、「飲んだくれ」、「恋人」、「甘い唇」、「尻軽女」、「売女」などと呼びかける声がすれば、誰でも気になって振り返るだろう。それを見てワシントンは密かに笑いを噛み殺していたかもしれない。謹厳に見えるワシントンにもそういうジョークのセンスはあった。

狐狩りや猟犬の育成の他に目立った趣味は演劇の鑑賞であった。植民地議会に出席するためにウィリアムズバーグに滞在する時は必ずと言ってよいほど、ワシントンは観劇に繰り出した。ある週などは五夜も劇場を訪れたこともある。

ワシントンが最も愛した劇はジョゼフ・アディソンによる悲劇『カトー』である。多くの建国の父祖たちがしばしば『カトー』の言葉を引用している。題名になっている小カトーは古代ローマの偉人であり、権力を掌握したカエサルに従うことを潔しとせず、共和制に殉じて自刃した人物である。共和主義と自由、そして、専制政治に対する抵抗の象徴である。ワシントンは、そうした謹厳なローマ人のイメージを好んだ。『カトー』の中に登場する「汝の落ち着いた気質は、罪、反乱、ごまかし、そして、カエサルを温和な哲理の静かな光で見ることができる」というセリフがワシントンのお気に入りの言葉であった。

他のお気に入りの作品はシェークスピアの作品である。ワシントンの手紙には、『ハムレット』、『オセロ』、『ヴェニスの商人』、『ジュリアス・シーザー』、『アントニーとクレオパトラ』、そして、『ヘンリー五世』といった作品からの引用がしばしば見られる。

ワシントンはこのようにさまざまな楽しみを持っていたが、他の農園主に比べれば禁欲的であった。多くの農園主は享楽的であり、パーティー、ダンス、競馬、闘鶏、飲酒などにうつつを抜かして財産をすっかり失ってしまうことも稀ではなかった。

ワシントンには確固たる生活信条がある。責任ある地位にある者は、どのような行動であれ最も厳しい批判にも耐えられなければならない。とはいえ、ワシントンでさえカード賭博の誘惑に勝てなかった。自ら記した勝敗の記録が残っていることから、ワシントンがかなりの頻度でカード賭博にはまっていたことがわかる。天気が悪い日などは「一日中、家にいてカードで遊ぶ」こともあった。

賭博というものは、だいたいどのような種類のものでも当てはまることだが、損をするほうが多い。それはワシントンも変わらない。後年、そうしたおこないを反省したのか、次のように手紙で甥に訓戒している。

私が最も言いたいことは賭博を避けることです。それは、あらゆる害悪を生み出す悪徳であり、その信奉者の健康と道徳に有害です。それは貪欲の子であり、不公正の兄弟であり、危難の父です。それは、多くの名だたる一族を破滅させてきました。多くの男の名誉を失わせました。そして、自殺の原因にもなっています。勝っている賭博師は、分が悪くなるまでつきを追い求め、負けている賭博師は過去の損失を取り戻そうとして、ますます悪い状態にはまり込みます。絶望に至るまで彼はすべての物を賭けてしまい、その結果、すべての物を失います。つまり、この憎むべき慣習には百害あって一利（もし利があってもすぐに消し飛んでしまいます）もないのです。

ノブレス・オブリージュ

植民地議会や農園主の仕事の他にもワシントンは、フェアファックス郡の治安判事を務めている。それは地方の有力者が就く職であり、ワシントン家が代々受け継いできた仕事である。

治安判事の仕事は、慣習法に基づく司法判断をおこなったり、遺言を検認したりする。さらに道路や渡し舟を管理したり、酒類の値段を設定したり、各種の免許を発行したりする。今でいう役場のような役割を果たした。

治安判事と並んで重要な仕事は教区委員である。教区委員は十二人の有力者から構成され、牧師の選定、教会の財政、人頭税の徴収、救貧、道路の維持など教区内のさまざまな事柄を管理する役職である。教区委員の中から二人が持ち回りで教区代表に選ばれ、日常業務を担当する。一七六二年十月二五日から一七七三年(正式には一七八四年)までワシントンは、トルーロ教区の教区委員になり、三度にわたって教区代表に選ばれている。


治安判事や教区委員といった仕事は副次的なもので、ワシントンはそれを職業だとは考えていなかった。そして、軍人としての務めや議員としての務めはあくまで郷紳が果たすべき義務、ノブレス・オブリージュである。ノブレス・オブリージュは、特権や恩典を享受する貴族や上流階級は、その分、果たすべき多くの義務を伴うという考え方である。

当時の社会ではある程度の社会的地位を持つ者のみが公職に就いて奉仕すべきだと考えられていた。その背景には、公共の善を考えられるのは紳士だけであるというエリート意識がある。なぜなら郷紳は、自分の生活のためにあくせく働かなくてもよい人間であり、したがって、誰よりも広い視野で物事を見られるからだ。もちろんこれは理想論であって、ワシントンを初めとして多くの郷紳たちが土地投機に深く関与していたことから、まったく私心がなく公共の善に奉仕できたとは必ずしも言えない。

ただ郷紳たちには、公職に就いて社会に貢献することで名声を得たいという動機もあった。現代であれば、政界の他にも実業界、学界、文壇、スポーツ界、芸能界など個人が活躍してその名前を世人に知らしめることができる場はたくさんある。しかし、この当時のアメリカでは、個人の能力を遺憾なく発揮して志を延べられる場は政界しかない。だからこそ建国期のアメリカには、綺羅星の如く優れた政治家が多く輩出した。

抗い難き運命

アメリカ人を描くにあたって信仰の側面は無視できない。なぜなら信仰は個人の精神活動に大きな影響を与えるだけではなく、世界をどのように理解するかに関わっているからだ。ワシントンを通じてアメリカ人の信仰の一面を見てみよう。

独立戦争勃発以前、ワシントンは月に一度、教会に足を運ぶ程度であった。なぜそのようなことがわかるのか。ワシントン自身が詳細に記録を残しているからだ。ワシントンの日記は決して散漫に書かれたものではなく、「私の時間をどこでどのように使うか」という明確な目標の下に書かれていた。日記よりもスケジュール手帳と言ったほうが適当かもしれない。スケジュール手帳が予定を先に書き込むのに対して、ワシントンの日記はこなした予定を後で書き込む点が違うのだが。こうした日記の性質のおかげでワシントンの行動を追える。例えば、ワシントンが一七六〇年に教会に行った回数は十六回である。つまり、多くても月に二度である。

マウント・ヴァーノンの最寄りの教会は、六マイル（約十㎞）先のポヒック教会である。馬車を使えば通うのは難しくない。しかし、マーサの娘パツィは六歳の頃からしばしばてんかんの発作に苦しめられ外出が難しかった。家族そろって教会に行くのが望ましいので、パツィだけ家に残せない。そこでワシントンは、日曜日に教会に行く代わりに、狐狩りに行ったり、静かに家で過ごしたりすることが多かった。それに日曜日は、手紙を書いたり、農園管理の指示を監督人に出したりする日であった。

とはいえ、ワシントンは安息日である日曜日を軽視していたわけではない。時には家族に説教集を読んで聞かせることがあったという。それに借地農から地代を集めに行く時に、ワシントンは、「［今日は］日曜日だが、私の土地に住んでいる人びとは敬虔なので、彼らを訪問するのは明日まで延期したほうがよいだろう」と書いている。

日曜日に教会に行かずに静かに家で過ごすというワシントンの行動は、ヴァージニア人の宗教に対する姿勢からすれば特に奇異ではなかった。教会に行くことも大事だが、信仰は個人の祈りや聖書を読むことでも示せると考えられていた。

教会からすれば、教会にきちんと通ってくれる信者こそ敬虔な信者かもしれない。しかし、多くの信者は教会に通うのはあくまで慣習であって、その頻度がすなわち敬虔さを示しているわけではないと考えていた。それに教会という場は単に祈りを捧げるための場ではなかった。

説教壇で牧師がおざなりに説教を唱えている間、人びとは信徒席に座っておしゃべりに興じている。もちろん真面目に説教に耳を傾けていた者もいるだろうが、大部分の人びとにとって教会は他愛もない会話を楽しむ場であった。井戸端会議のようなものである。ある者は、「祈祷は口早に読み上げられ、説教が二〇分を超えることはほとんどない」と記している。礼拝が終わると人びとは散歩や賭博、競馬など思い思いの娯楽に興じる。そして、来週の再会を約して家路につく。

甥の証言によれば、ワシントンはポケットに入る大きさの祈祷書を特注して、肌身離さず持ち歩き、マウント・ヴァーノンにいる時は朝と晩に書斎で聖書を前にして、ひざまづいて祈っていたという。それはワシントンの習慣であったらしい。そのように毎日二回、祈りを捧げる習慣は国教会の習慣であった。

ワシントンは、「信仰に関して私の信条は少なく単純である」と言っている。ではいったいどのような信仰を持っていたのか。ワシントンは、頻繁に聖書の文句を引用しながら、抗い難い「運命」や人間を支配する「摂理」についてしばしば言及している。人間は、自分の一生を自分自身が導いていくものだと考えている。しかし、実は心の奥底で、運命の導きに抗えないのではないかという漠然とした思いを抱いている。「人間が最大限の努力しても抗うことができない我々の行動を支配する運命がある」とワシントンは語っている。

「運命」に加えてワシントンが好んだのが「摂理」という言葉だが、これはキリスト教の素養のない者にはなじみがない概念だ。すなわちキリスト教では、自然は神によって創造されたと考えられている。そして、この世界は神の特殊な方法によって運行のすべてが定められていて、それに従うのが人間の定めであるとしている。それが摂理である。ワシントンは次のように述べている。

> 摂理のなさりようは計り知れないもので、その正義は人間の浅薄な目ではうかがい知れませんし、人間の力や智恵で対応できるものではありません。理性と信仰が我々に強さを与える限り、神の意思を喜んで黙認することが我々の目指すべきことなのです。

つまり、神という超越的な存在がすべての事象を支配している。人間は超越的な存在がその意思を実現させる道具である。では人間には努力の余地が残されていないのか。人間はなすがままに流される無能な存在なのか。それは違う。自ら救われようと努力する人間を神は救う。

ワシントンは、『カトー』の中にある「成功を導くのは死すべき運命の人間ではない。しかし、センプロニウスよ、我々は成功に値するようにもっと努力しなければならない」というカトーの言葉を好んで引用している。我々ができることは、「理性と我々自身の良心に従って我々に割り当てられた役割を果たす」ことである。我々は「我々の心の中にある正義」に従って、たとえ神の意思をうかがい知ることができなくても、それに適うように行動しなければならない。このような信仰を持つことで、ワシントンは独立戦争の際に戦闘で勝利しても慢心せず、敗北しても挫折しなかった。

興味深いことにワシントンが残した膨大な書簡の中で、三位一体、キリストの復活と神性、聖書の無謬《むびゅう》性といったキリスト教の伝統的な観念を認める記述はほとんど見つからない。個人的な書簡の中で「キリスト」や「救世主」という言葉を使った例もほとんどない。また地獄の存在のような来世を示唆したこともない。

当時の一般的な信仰では、来世は救済である。しかし、ワシントンは自らの死を「暗い陰」や「旅人が誰一人帰ることが許されない深淵」に赴くことだと表現している。ワシントンにとって死は解放ではなく、「苦悩をもたらす試練」であった。

愛する者たちと天国で再会できる。それはキリスト教信者の大きな慰めであった。しかし、ワシントンはそうは考えていなかったようだ。弟ジョンが亡くなった時に「わが愛する弟との永遠の別れ」だと述べている。もし来世で再会すると信じていれば、そのように言うことはなかったはずだ。

こうしたキリスト教の伝統的な観念とは異なるワシントンの信仰を一言で表せば、理神論だと言える。理神論とは、十七世紀から十八世紀にかけて主にイギリスの自由思想家が主張した考え方で、神を世界の創造者として認めるが、世界を支配する人格的存在とは考えず、啓示や奇跡を否定する理性的宗教観である。

理神論者として有名な人物にアイザック・ニュートンがいる。十七世紀に生きたニュートンは、敬虔なキリスト教徒であり、神が創造した世界の美しさを科学で解明することに最上の喜びを見いだした。我々はニュートンという人物を近代最初の純粋な自然科学者だと見なしているが、実はそうではない。経済学者ジョン・メイナード・ケインズがニュートンの遺稿が入ったトランクを落札して中身を調べた時、錬金術に関する言及ばかりで非常に驚いたという。ケインズによれば、ニュートンは「最後の魔術師」であった。

最後の魔術師はどのように神について考えていたのか。神は偉大なる機械工である。神は緻密で科学法則に溢れた世界を創造した。創造を終えた後、世界がその法則に基づいて自ら動き始めるのに任せた。神の啓示ではなく人間自らの理性によってそうした法則を探求できるはずだ。

アメリカで理神論を信じる者はごくわずかな少数派でしかなかった。それよりも大きな影響を人びとに与えたのは大覚醒運動である。理神論が理性に訴えるエリートの哲学だとすれば、大覚醒運動は大衆の感情に訴える運動であった。

十八世紀の初め、植民地では宗教的情熱が薄れつつあった。精神よりも物質が重んじられる。チャールストンのある牧師は、安息日に「教会よりも居酒屋のほうがにぎわっている」と嘆いている。牧師の中には、疫病や地震が起こることを願う者さえいた。そうすれば人びとが信仰に目覚めると思ったからだ。

現状を憂いた聖職者の中で信仰復興の動きが始まる。その胎動は一七二〇年代から認められる。大覚醒運動の核心は福音主義にある。福音主義は、儀式や慣習に拘泥せず、聖書に示されたキリストの贖罪と神の恩寵に信仰の中心を置く教説である。説教を聞き、聖書に立ち返ることで新たな宗教的感情に目覚める。大覚醒運動の指導者の一人であるジョナサン・エドワーズは、「我々信徒は頭で理解するよりも心で感じる必要がある」と言っている。

大覚醒運動が拡大した結果、教会はこれまでよりも多くの信徒を獲得した。また説教のやり方も変わった。野外で幅広い人びとを対象に、場合によっては宗派の違いを超えて説教がおこなれた。演劇、本、新聞、ビラなどさまざまな方法で布教がおこなわれるようになった。

これまでほとんど宗教に関心がなかった人びとに対してなぜ布教が成功したのか。それは大覚醒運動の指導者たちが人間の最も強い感情に訴えかけたからだ。恐怖である。巧みな説教は、まるでその目で地獄の業火を見ているかのように聴衆の心を打つ。悔い改めて信仰に目覚めなければ、待ち受けるのは永遠の地獄である。地獄の門の前で後悔する罪人の様子を指導者は説く。

ああ、私はなんと惨めな男だ。肉体を死に引き渡そうとしている。ああ、私は死すべき者でありながら永劫の責め苦を受けなければならない。束の間の気晴らしにしかならず、何の満足ももたらさない刹那の楽しみのために。［中略］。ああ、悪魔のささやきなどに耳を貸すのではなかった。ああ、最初から嫌悪感をもって悪魔の言葉を拒めばよかった。ああ、私は十字架を持ってキリストの導きに従うべきであった。ああ、敬虔な信仰を馬鹿にするのではなかった。［中略］。ああ、今となっては何を考えても手遅れだ。［中略］。業火に苦しみながら私は永劫に生きなければならないのか。ああ、永劫とは。絶望が私の心を満たす。

大覚醒運動の意義は、宗教的側面だけに限定されるわけではない。それは全植民地を巻き込む初めての社会運動でもあった。それまで人びとは、宗派や出自の違いによって別々の共同体を作って住む傾向が強かった。大覚醒運動という同じ経験を持つことで、「我々はアメリカ人である」という共通の意識が醸成される下地が作られた。

広範な宗教的自由と政治的自由。大覚醒運動を経て、アメリカ人にそうした価値観の原型が根づいた。これまで不利な立場に置かれてきたプレスビテリアン派やバプティスト派が教勢を拡大させ、異なる教理への寛容度が増した。それはすべての人びとに信教の自由を認めるという原理が広まるきっかけとなった。

教会はより多くの人びとに開かれた組織になった。信仰の導き手は教会ではなく信徒自身であるという考えが広まる。なぜなら内心にある宗教的感情を重視したからだ。そして、自分たちの手で教会を運営するという自治の概念が強化され、宗教と国家のつながりを排除する傾向が生まれた。

さらに大覚醒運動と理神論は、アメリカの独立運動を「アメリカ革命」として神聖視する歴史観に大きな影響を与えている。これまで君主や貴族は自らの支配権を神に与えられものだと主張して、人民に信仰に基づいた服従を求めた。しかし、新しい思想によって、神や権威に盲目的に服従するのではなく、人間が生まれながらに備えている良心と理性に従って行動するべきだという考え方が生まれた。すなわち、アメリカ革命は人間の普遍的自由を獲得するための戦いであり、人間自らの良心と理性で神の意図を実現する戦いであったという考え方である。こうした考え方は建国の父祖たちの多くに共通する考え方であり、フランクリン、ジョン・アダムズ、ジェファソン、そして、マディソンも大覚醒運動の影響を肌で感じた世代であり、ワシントンと同じく理神論を信じていた。

新しい御代の到来

一七六〇年九月、ウィリアムズバーグにあるローリー亭は群集の喝采で沸いている。イギリス軍がケベックに次ぐカナダの重要都市であるモントリオールを攻略したという報せが届いたからだ。フランシス・フォーキエ総督代理は「戦争は栄光の裡に幸福な終結を迎えるだろう」と宣言した。しかし、祝賀ムードはすぐに冷や水を浴びせられる。

十月二五日にジョージ二世が崩御した。ジョージ二世は、ワシントンが誕生する前から王として君臨していた。ジョージ二世の治世を一言で表現すれば、立憲君主制が確立され、イギリスが覇権国の地位を不動のものにした時代だった。世界中で国威は高揚し、国内にもそれを妨げる要素はほとんどない。イギリス軍はあらゆる場所で勝利の栄冠に輝いている。新国王のジョージ三世が登極した際に、イギリスの未来には何の暗雲もないかのように思えた。

戴冠式を見る人びとの中に一人の優美な青年がいる。ウェストミンスター聖堂には多くの人びとが詰めかけ、最前列の席料は十ギニー（二一万円相

当）という前代未聞の高額になった。末席とはいえ、その一角に席を占めているということはただ者ではない。

その青年は、アメリカで手広く商売をやっている叔父に代わってロンドンに来ている。叔父のおかげでロンドンの商人たちの間で顔が利き、戴冠式を見る席を確保できた。金で縁取りされた緋色の外套に銀の鋲を打った靴を履き、小粋に三角帽を被る様子は堂に入っている。青年の名前をジョン・ハンコックという。

ハンコックが見つめる中、国王は秘蹟を受けるために聖餐式のテーブルに歩み寄る。そこで足を止めて大主教に何かを相談している。その後、聖餐式が執りおこなわれる。聖餐式の間、国王は王冠を脱いで脇に置き、謙譲を示す。

ハンコックは歴史的瞬間を目に収めて満足する。このような盛儀を見る機会はまたとあるまい。イギリス臣民として誇りに思う。しかし、まさにこの国王が、十五年後に自分を名指しで反逆者と呼ぼうとは思いもよらなかったに違いない。

実はハンコックの他にも戴冠式を見ていたアメリカ人がいた。フランクリンである。わざわざ旅行を早々に切り上げてまで戴冠式を見るという熱中ぶりである。フランクリンは国王に心から敬意を抱き、これから栄光に満ちた輝かしい治世が始まると信じて歓喜に酔いしれていた。後にハンコックと同じく反逆者の烙印を押されるとは夢にも思わずに。

一七六一年二月十一日、ウィリアムズバーグでフォーキエは、ジョージ三世の登極を高らかに宣言する。新国王の即位はワシントンにとって他人事ではない。なぜなら慣習に従って植民地議会が解散され、新たに選挙がおこなわれるからだ。ワシントンは選挙に備えなければならない。今度は現職として新人の挑戦を受ける立場になる。しかも、前の選挙でともに議席を獲得したトマス・マーティンは不出馬を表明していた。

そこで代わりに、ワシントンの副官を務めたジョージ・マーサーが立候補した。

挑戦者のアダム・スティーヴンは、これまでネセシティ砦の攻防でワシントンとともに戦い、モノンガヒーラの戦いにも参加し、ヴァージニア連隊でも士官を務めた。しかし、スティーヴンはワシントンに対抗心を燃やし、軍務の褒賞として与えられる西部の土地をめぐって対立していた。

スティーヴンがフレデリック郡で盛んに選挙運動を展開しているという報せを受け取ったワシントンは、闘鶏を見物したり、結婚式に出席したりして顔を売る。さらに策を練る。勝つためには手段を選ばない。ワシントンの策にはそんな言葉がよく当てはまる。ワシントンが目を付けたのは選挙を監督する保安官であった。

先に述べたように、当時の選挙は秘密投票ではない。衆人環視の下、有権者は一人ずつ前に進み出て二人の候補者の名前を口頭で告げる。もし投票の最初のほうで特定の候補者に票が集中すれば、その候補者は有利になる。まだ投票を済ませていない有権者が特定の候補者の名前が連続で挙げられるのを聞けばどう思うだろうか。自分も同じ候補者に投票しようと思うかもしれない。ワシントンは、そうした効果を狙って、自分の支持者をできる限り先に投票させるように保安官に働きかけた。

蓋を開けてみれば、最初に投票した十五人の中で十四人がワシントンに投票し、同じく十二人がマーサーに投票した。どういうからくりか。たいしたからくりではない。最初に票を投じたのは、他ならぬワシントンの弟のジョンとサミュエルだった。それに義兄弟、友人のジェームズ・クレイク医師もすぐ後に続いた。当然ながら彼らは確実にワシントンに票を投じる。選挙違反とは言えないが、誰がどう見ても公正な選挙とは言い難い。集計の結果、ワシントンは五〇五票、マーサーは四〇〇票を獲得し、二九四票しか集められなかったスティーヴンは敗れた。

選挙が終わった後、ヴァージニアの人びとの関心を集めたのは流行病だった。逆に言えば、流行病以外に話題になるようなことがなかった。イギリスの旅行家で旧知の仲であるアンドリュー・バーナビーにワシントンは、「この地域はご存知のように書き留める価値のあるようなことはほとんど起きていません」と書き送っている。

初夏から熱病が広がり、晩夏から初秋にかけてヴァージニア全土に広まった。ワシントンもその犠牲者の一人であった。ひどい寒気がすると思えば高熱が襲いかかる。医師はキナ皮を処方した。キナ皮は一般的にマラリアに対して処方される。当時のヴァージニアでは、マラリアという病名ではなく「河川熱［ツツガムシ病］」と呼ばれていた。ワシントンの青白い顔と目の下の黒いくまは、マラリアによる高熱によって苦しめられた患者が示す徴候であった。

秋になって議会が開会されると、ワシントンは病身を引きずってウィリアムズバーグに向かう。しかし、あまりに体調が悪かったために、ほとんど議会に出席できない。最終的にワシントンは、「冷厳なる王［死］」の攻撃から逃れて「神のおかげで不調は改善して完全に健康が回復した」が、体内に残ったマラリア原虫はしばしば発熱をもたらした。

ようやく病魔から解放されたワシントンであったが、悲しい報せが届く。次兄のオーガスティンが四一歳で亡くなったという。曽祖父（享年四三歳）、祖父（享年三九歳）、父（享年四九歳）、長兄（享年三四歳）、そして今度は次兄と、ワシントン家の男子は短命で終わるという呪いをかけられているかのようであった。

当時の平均寿命からすれば、オースティンはまだこれからの盛りであった。オースティンとワシントンの関係はあまり親しい間柄ではなかったが、それでも兄弟は心温まる手紙を交わしている。オースティンはかねてより痛風に悩まされていたので、暖かい季節になればマウント・ヴァーノンを訪れると約束していた。

結局、マウント・ヴァーノンがオースティンを迎えることはなかった。相次ぐ病気と近親者の死を前に、ワシントンは自分が三〇歳を超えてあまり長く生きられないのではないかと暗澹たる気持ちを抱く。

第5章

独立戦争へ至る道

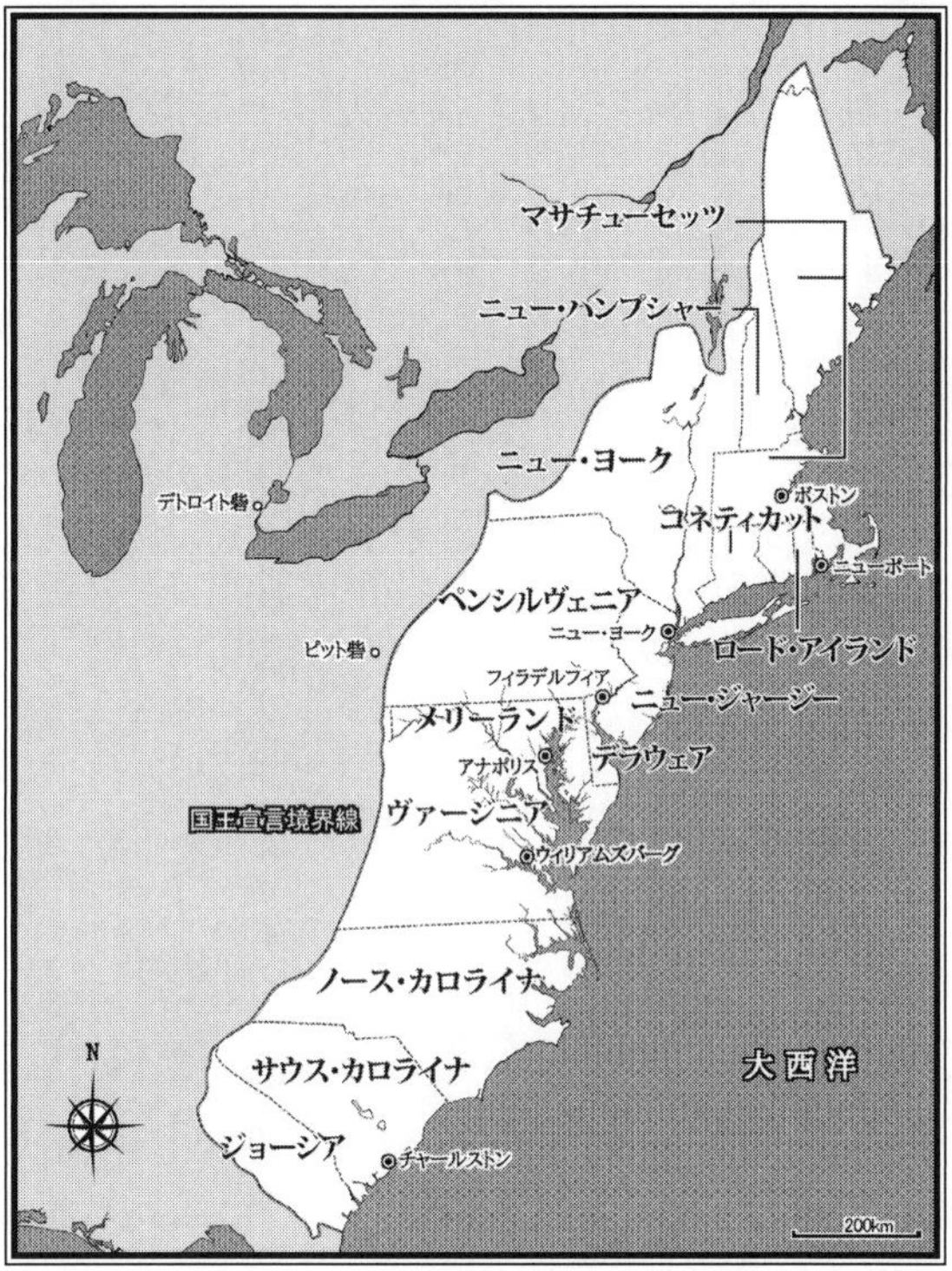

物語の舞台

帝国制度は太陽系である。イギリス本国こそ太陽であり、北アメリカ植民地はインド植民地とともにその周りを回る重要な惑星である。引力と遠心力の絶妙なバランスで惑星は適切な軌道を描く。

もし遠心力が引力よりも強ければどうなるか。惑星は軌道から外れる。それこそイギリス帝国からのアメリカの独立で起きたことだ。

ではなぜアメリカ人はイギリス帝国という太陽系から外れて独自の道を進むことになったのか。本国と植民地の離別は避けられなかったのか。それをこれから考えてみたい。

母と青年

これから独立戦争へ至る道をたどる前に、最初に確認しておくべきことがある。後世の我々は、ワシントンが大陸軍総司令官になって独立戦争を勝利に導いたことを知っている。したがって、ついワシントンが最初から独立を支持していたのだと思い込んでしまう。しかし、フレンチ・アンド・インディアン戦争が終わりを迎えた時点で、ワシントンはアメリカの独立など夢想だにしていなかった。

それはワシントンだけではなく、アメリカ人全体に言えることだ。それなのに彼らはなぜ独立戦争へ至る道をたどることになるのか。彼らは、その道を真っ直ぐ迷うこともためらうこともなく進もうと決心していたのか。イギリス本国の人びとは何を考えていたのか。そうした疑問に対する答えは、歴史の流れを追うことでしだいに明らかになるだろう。

新しい御代の到来、そして、フレンチ・アンド・インディアン戦争の終結は一つの時代の大きな区切りであった。まさに転換期と言える。イギリス本国の植民地政策が大きく転換した要因は主に二つある。

一つ目の要因は、北アメリカ植民地がイギリスの帝国制度において重要な市場になったことである。よく知られているように、十八世紀半ばにイギリス国内で産業革命が起こった。商品の供給量が増えれば当然、大規模な市場が必要になる。二〇年から二五年ごとに人口が倍加するという驚異的な成長を遂げつつあった北アメリカ植民地は、まさに市場として理想的であった。実に一七七〇年代にはイギリス本国が海外に輸出する製品の三七パーセントを北アメリカ植民地が消費していた。

イギリスは、重商主義に基づいて一六二〇年代以降、タバコの国外輸出の禁止を皮切りに次々と貿易統制を増やし、北アメリカ植民地が重要な産品を外国と直接取引することを禁じた。また外国から流入する製品に高い関税を課して市場から排除した。さらに植民地での工業製品の生産を制限した。それは、北アメリカ植民地をイギリスの帝国制度に完全に組み込もうとする試みだ。つまり、北アメリカ植民地がイギリス本国に安価な原材料を供給する一方で、イギリス本国は北アメリカ植民地に高い付加価値を持つ工業製品を売る。そうすればイギリス本国に恒常的に富が流入し続ける。

イギリス本国からすれば、あくまで植民地は本国の利益のために存在する。イギリス本国の政策はそうした考え方に従って打ち出されている。アメリカ植民地が少しでも帝国制度から離れようとすれば、宗主国であるイギリスは植民地を管理下に置く権利があることを機会があるごとに示した。

植民地政策が転換した二つ目の要因は、フレンチ・アンド・インディアン戦争に勝利することでイギリスが新世界で覇権を確立したことである。覇権は新たな責任と義務をもたらす。それは国防費の増大を伴う。植民地の防衛に要する費用をその受益者である植民地にも負担させようという考えが起こるのは当然だろう。

イギリス本国は、北アメリカ植民地にこれまでにない八、〇〇〇人から一万人規模の常備軍を駐留させ、覇権を維持しようとした。しかし、植民地からすれば、フレンチ・アンド・インディアン戦争の終結によって、フロンティアがフランスに侵蝕される危機は去り、以前に比べれば本国の庇護をそれほど必要としない。さらなる負担を強いられることを快く思わない。

庇護よりも自由を植民地は求める。しかし、イギリス本国は植民地を子供のように見なして、従順な時は溺愛する一方で、少しでも反抗すれば叩いて躾なければならないと考えているかのようだ。今、植民地は母の手を離れて、自分の力で思い通りに行動したい年齢に達した青年なのである。その一方でイギリス本国は、幼い時に養育の手を差し伸べたのだから、成長すれば母を助けるのが当然だと思っている。

フランクリンは「母国」と題する戯れ歌を作っている。いつ書かれたものか正確にはわからないが、おそらく一七六五年から一七七二年の間に書かれたと考えられる。人びとに何かを考えさせるためには時には笑いが必要だということをフランクリンは知っていた。

俺らには年老いたおっかあがいて苛立ちを募らせている。おっかあは俺らを子供のように叱り付けるが独りで歩くことすらできやしない。おっかあは俺らが大きくなって自分で自分の面倒くらい見れるのを忘れている。まさにその通り。まさにその通り。もし俺らが命令に従わなければ、おっかあは眉をしかめて口やかましく言って、それから辛抱しきれなくなって俺らの顔を引っぱたく。まさにその通り。おっかあの命令はおかしなものなので、俺らはおっかあが呆けてしまったのかと思う。しかし、年老いたおっかあはまだまだ目敏く生きている。まさにその通り。できる限りおっかあの気紛れに耐えるとしよう。しかし、どうしておっかあの召使の罵倒に俺らが耐えなくてはならんのだ。もし召使が馬鹿なことをしたら鞭で打つぞ。まさにその通り。悪いお隣の奴が息子たちをおっかあから引き離そうとしていることがわかって、それにおっかあをまだ大事に思うなら、もし奴がおっかあをぶとうとした時に俺らはみんなおっかあの味方になる。まさにその通り。俺らは遺産を手にするためにおっかあの裁判に参加して、おっかあの敵をすべてぶちのめす。俺らはおっかあが亡くなった時に遺産がすべて俺らのものになることを知っているからだ。まさにその通り。まさにその通り。

これを読んだ当時のアメリカ人はどのような反応を示しただろうか。まず笑っただろう。そして、ひとしきり笑った後、この歌に込められた意味を改めて考えてみて、真顔に戻ってしまったはずだ。いったいどのような意味が込められているのか。

「俺ら」はアメリカのことで、「おっかあ」がイギリスのことであるとすぐにわかる。「召使」はイギリス本国から派遣されてくる総督や役人のことである。そして、「悪いお隣の奴」は外国勢力である。したがって、イギリスが外国を敵に回した場合、アメリカは味方すると言っている。これはイギリス本国への愛着を示しているかのように思える。しかし、「自分で自分の面倒くらい見れる」や「おっかあが亡くなった時に遺産がすべて俺らのものになることを知っている」という表現は、高度な自治を示している。

国王宣言

イギリス本国と植民地の関係が悪化し始める最初のきっかけとなった政策は何か。その問いに答えることはなかなか難しい。なぜならあらゆる政策がすべてのアメリカ人に等しく影響を与えるわけではないからだ。ある政策から大きな影響を受ける者がいるかと思えば、まったく影響を受けない者もいる。それでも独立戦争へ至る道で第一の道標を挙げるとすれば、一七六三年の国王宣言が最有力候補だろう。一七六三年の国王宣言は、アパラチア山系以西の入植を禁止する命令である。

これからワシントンはゆっくりと独立戦争へ至る道を進むことになるが、国王宣言がためらいながらも第一歩を踏み出す決意を固めるきっかけとなった。フロンティアで土地投機事業を計画しているワシントンにとって、国王宣言によって西部への進出を制限されることは死活問題であったからだ。それは多くのヴァージニア人にとっても同じであった。

土地投機は現代の我々が考えるよりも重要な事業だった。植民地では金融制度が未発達だったので、投機対象が土地くらいしかない。土地投機ができなくなれば、当然、不満を持つ。不満は他にもある。フレンチ・アンド・インディアン戦争で植民地が本国と同じように血を流して戦ったのにもかかわらず、なぜ利益の分配を受けられないのか。イギリス本国は、植民地を犠牲にしてインディアンから平和を購ったのではないか。

西部への関心は、ワシントンの個人的な利益を反映しているだけではない。それはアメリカの発展の青写真を反映している。後にマニフェスト・デスティニー、明白な天命として知られる考え方である。すなわち、アメリカが占めるべき領域は、遙か西方の太平洋岸まで、そして、さらには北アメリカ大陸全土まで広がっているという考え方だ。もし国王宣言が実行されれば、そうした壮大な夢は実現不可能となる。

拡大する白人の植民地は、インディアンの領域を侵蝕せずにはいられなかった。アメリカ人はフロンティアを自分たちのものだと思っている。これまでアメリカ人は、西方をアパラチア山系という天然の障壁で塞がれた世界で生きてきた。しかし、十八世紀を通じて人口は飛躍的に増大し、もはやその限られた世界では土地が不足し始めている。人びとはアパラチア山系を越えた西方へと目を向けるようになった。そのため一七六三年の国王宣言は、アメリカ人からすれば自分たちの未来を絶つ布告に他ならない。

なぜイギリス本国は、アメリカ人を憤慨させるような布告を出したのだろうか。その動機を読み解くためには、ポンティアックという男について語らなければならない。もしあなたがその名前を初めて聞いたのであれば、是非とも知ってほしい。イギリス帝国に立ち向かったインディアンの物語を。滅び行く者たちの悲哀を。

ポンティアックによって投じられた一石はイギリスの植民地支配を脅かす。その結果、イギリスは、統治政策の変更を迫られることになる。それが意図しない結果を生むとは知らずに。

フレンチ・アンド・インディアン戦争の終焉は、植民地人に意識の変革をもたらしたように、インディアンにも意識の変革をもたらす。フランスの脅威が去った今、イギリスにとって我々はもう用済みではないのか。イギリスはフランスに続いて自分たちも追い出そうとするのではないか。

不穏な空気が漂う中、インディアンの間で預言者ネリオンの教えが広まる。インディアン版大覚醒運動と言ってよいだろう。それは、天国に至る道を示す教えであった。ネリオンによれば、インディアンの人びとは二つの領域のどちらかに住まなければならない。片方は容易に天国に至れるが、もう片方は炎の試練を受けて進まなければならず、少しでも間違えば地獄に至る。ではどうすれば容易に天国に通じる領域に住めるのか。白人との交流を断ち先祖たちと同じ方法で暮せばよい。さらにネリオンは偉大なる精霊の言葉を伝える。

汝はなぜ白人どもを汝の土地に住まわせているのだ。奴らなしで汝は生きていくことができないのか。［中略］。奴らを追い出せ。奴らに戦いを仕掛けよ。我は奴らを好まぬ。奴らは、我を知らない敵である。汝の兄弟たちの敵である。

ネリオンの教えに導かれたインディアンは連帯を強める。一七六三年四月二七日、オタワ族の族長であるポンティアックによって、オハイオ地方から五大湖南部に居住する諸部族が招集された。

ポンティアックは、四〇代半ばであり勇敢な戦士として多くの者たちに知られていた。そして、その巧みな弁舌でも有名であった。その場にたまたま居合わせたフランス人は、ポンティアックが「非常に雄弁であったので、彼の演説は望む通りの効果を与えた」と記している。

ポンティアックは、「害しかもたらさない赤い服を着た犬ども［イギリス兵］をあなた達の土地から追い払う」ことが偉大なる精霊の意思だと述べる。インディアンはその言葉を待っていた。先のフランス人によれば、彼らは「彼が望むことであれば何でもすぐにできる準備ができている」と異口同音に述べたという。こうして、ポンティアック戦争が始まった。

ポンティアック戦争の詳しい推移は述べない。ただ結果を述べる。一般的にポンティアック戦争はイギリスの勝利だと言われている。しかし、本当にそうだろうか。イギリスは、少なからぬ戦費と数百人の犠牲者を出してオハイオ地方と五大湖周辺の諸部族の蜂起を鎮圧した。それだけ見るとイギリスの勝利のように思える。ただ、得られた成果は非常に少ない。インディアンは若干、譲歩したものの、イギリスに完全に従属したわけではない。

その一方でポンティアック戦争は、フロンティアの人びとの心に重大な変化を与えた。後に独立戦争が起きた際に、フロンティアの人びとはその多くが独立を支持した。なぜか。ポンティアック戦争を経験した人びとは、イギリス本国のインディアン政策があまりにも手緩いと不満に思っていた。そうした不満がイギリス本国に対して武器を取る大きな原動力になった。

そのうえポンティアック戦争の副産物として生まれた国王宣言も、植民地人にその政策意図をほとんど理解されなかった。もともと国王宣言は、白人とインディアンを隔離して紛争の種をなくす目的で出された。しかし先述のように、入植の禁止は、土地投機をおこなう者を憤慨させた。また見過ごされがちであるが、一七六三年の国王宣言には、入植の禁止の他に、インディアンとの交易に関する規定もある。すべての交易商人は、交易に従事する際に総督の許可を要するという規定だ。なぜこのような規定を付け加えたのか。イギリス本国は、悪質な交易商人によって騙されたインディアンが腹を立てて騒乱を起こさないようにしたかったのだ。しかし交易の規制は、植民地人、特にインディアンとの交易で潤っているフィラデルフィアやニュー・ヨークの商人たちにとって自由に交易をおこなう権利を侵害する政策であった。

さらに一七六三年の国王宣言には、北アメリカ植民地の西部への拡大を阻止することでその自立精神を挫こうという政治的な面がある。アメリカ人を海岸地帯に張り付けておけば、イギリス本国から今後もずっと品物を輸入し続けてくれるだろう。しかし、遠く手の及ばない西部にアメリカ人が入り込めばどうか。本国への愛着と依存を忘れて、独立国を作ってしまうかもしれない。

つまり、一七六三年の国王宣言は、イギリス本国にとってインディアンの蜂起を防止するだけではなく、自主独立へ向かおうとする北アメリカ植民地の動きを牽制するという一石二鳥の政策であった。

反逆の叫び

国王宣言に加えて植民地人をさらに憤慨させる報せが届く。イギリス議会が「アメリカで歳入を確保することが公正であり必要である」と判断して砂糖法を制定したという報せである。

これまでイギリス議会は、一〇〇年以上にわたって貿易を統制する三〇余りの法律を制定してきたが、それは歳入の確保が目的ではなかった。今回の砂糖法は、貿易の統制だけではなく歳入の確保が目的であることが従来の法律と大きく異なる。それに砂糖法は、アメリカの商人にとって厄介な法律だった。イギリス領以外の西インド諸島から輸入される砂糖に高い関税が課される。さらに一七三三年の糖蜜法以来、外国産の糖蜜に課されていた関税が半分に引き下げられる。砂糖はともかく、糖蜜の関税が引き下げられるのであれば、文句はないように思える。しかし、それはこれまでアメリカの商人たちが真面目に関税を払っていればの話である。抜け穴はいくらでもあった。イギリス領以外の西インド諸島から安い糖蜜を買い付けて荷揚げする時に税関吏に量を少なく記録させる。残りは実質的に密輸となる。糖蜜は当時の最大の産業であるラム酒の醸造や砂糖代わりに使用される。需要はいくらでもあった。

　密輸がまかり通っていたのは旨味があったからだ。税関吏は賄賂を受け取り、商人は税金を免れ、庶民は安く商品が買える。そこそこ名の通った商人であれば、程度の差こそあれ、誰もがやっていることだ。むしろ物価を安くしているのだから庶民からは感謝される。

　これまではそれで良かった。密貿易が黙認されていたからだ。それは「有益なる怠慢」と呼ばれるイギリス本国の方針に基づいていた。これまでイギリス本国にとって密貿易の取り締まりは最優先課題ではなかった。長い間、最優先課題はフランスに対抗することであった。しかし、新大陸でフランスの脅威が低下し、莫大な財政赤字を抱える今、密貿易による損失をなくして歳入を確保することが最優先課題として浮上する。

　一つ疑問が浮かぶ。歳入を確保しようとしているのに、なぜ糖蜜に課す関税を引き下げるのか。関税を上げたほうが税収が増えるのではないか。引き下げは関税を確実に徴収するためである。関税が高ければ高いほど、税関吏に賄賂を贈って課税を免れる旨味がある。しかし、税率が低くなれば、賄賂を贈るよりも関税を正直に支払うほうがよくなる。つまり、イギリス本国は「有益なる怠慢」から目覚めて、本腰を入れて関税を取り立てようと考えを変えたのだ。

　密貿易の取り締まりを励行するようにイギリス海軍に命令が下る。そして、密貿易に関与したという嫌疑で令状が発行され、家宅捜索がおこなわれる。それは、市民の基本的権利を侵害する行為であった。植民地人が不当な干渉だと怒ったことは言うまでもない。

　植民地人を驚かせ、かつ憤激させたのは砂糖法と密貿易の取り締まりだけではない。続けてイギリス議会が印紙法を制定したという報せが届く。

印紙法によって導入される税は、イギリス本国が北アメリカ植民地に課した最初の直接税である。税の公平性という観点からすれば、印紙法は悪法とは言えない。なぜならイギリス本国の人びとは、多額の直接税を支払っていたからだ。これ以上、イギリス本国の人びとに税負担を求めるのは難しいので、北アメリカ植民地から直接税を徴収しようとイギリス議会が考えたのも無理はない。それに密貿易の取り締まりがうまくいっていない。税収よりも徴収経費のほうが大幅に上回った。徴収が容易な新たな財源を探す必要がある。後にタウンゼンド諸法を導入してさらなる物議をかもすことになるチャールズ・タウンゼンドは次のように演説している。

アメリカ人は我々が子供のように世話して入植させた人びとではないのか。そして、我々の寛大さのおかげで大きくなったのではないか。彼らが強く豊かになるまで我々の武器で守られてきたのではないか。我々が負っている重荷を軽くするために小銭すら出し惜しみするのか。

タウンゼンドが「小銭」と言ったのも当然である。植民地が分担する北アメリカの防衛費は三分の一程度だったからだ。受益者が費用を弁済すべきだと考えれば、それは決して不当とは言えない措置であった。それでも多くの植民地人は、イギリス議会の課税に真っ向から反対した。

植民地人には植民地人なりの論理がある。広大な領域を新たに獲得したことでイギリス本国は十分な利益を得ている。その一方で植民地は、フランスの脅威が低下したとはいえ、ほとんど何も得ていない。それに多くの民兵隊を派遣することで本国の作戦に協力した。したがって、植民地に財政負担を求めるのは不当である。それに伝統的に課税権は植民地議会に留保されている。

イギリス議会は火を熾《おこ》そうとしている。その火は植民地をすっかり焼き尽くしてしまう危険がある。ロンドンにいたフランクリンは、議会の一連の動きを逐一追っていた。植民地の命運がかかっているのだ。看過できない。印紙法の成立を知ったフランクリンは友人のチャールズ・トムソンに手紙を書く。

我々は太陽が沈まないように努力してきました。しかし、失敗しました。わが友よ、太陽が沈んでから再び昇るまで長くかかると思うので、できる限り良い夜を過ごさなければなりません。とはいえ我々はまだ蠟燭の火を灯すくらいはできます。

この手紙にトムソンは、「きっと激しい反対が起きると予見しています」と返信している。トムソンの心配とは裏腹にフランクリンは、激しい反対が起こるとは思っていなかったようだ。植民地人の反感を少しでも軽減するために、印紙販売人は植民地人自身の中から選ばれることになっていた。フランクリンは、多くの友人を印紙販売人に推挙している。もし激しい抵抗が起きれば、印紙販売人が槍玉に挙げられるのは目に見えている。そのような立場に友人を置こうとするだろうか。

正しかったのはトムソンである。トムソンが予見したように、印紙法に対する激しい反対が各地で起きる。ヴァージニアで印紙法に対する攻撃の口火を切ったのは、「革命の舌」として今もその名を語り継がれているパトリック・ヘンリーである。少壮の頃からすでに「天性の雄弁家」という異名で知られている。

ヴァージニア植民地議会では、従来、海岸地帯の富裕な郷紳が力を握っていたが、「血気盛んな子馬たち」と呼ばれる新しい世代が生まれつつあった。そうした新世代の代表の一人がヘンリーである。

ヘンリーの優れた才能は人の感情を読むことであった。いったん席を払って壇上に立てば、その熱情が舌鋒になって溢れ出て、聴衆の心を惹き付けて離さない。雄弁とは理性ではなく感情に訴えるものだ。聴衆の感情を動かせなければ雄弁家ではない。

一七六五年五月二九日、ヘンリーは、古ぼけた法律書の隅に書き付けた決議案を携えて議場に登場する。その日は二九歳の誕生日であった。

決議案に曰く、植民地人は本国人と同等の権利を持ち、代表なくして課税なしという基本的原理は尊重されるべきであり、植民地議会の同意がない課税は不当である。そして、イギリス議会の行為は、ヴァージニア人の憲法上の権利を侵害している。

決議案を読み終えた後、ヘンリーは、慎重な態度を保つべきだと考える議員やイギリス議会に表立って反対するべきではないと考える議員から激しい野次を浴びせられる。ヘンリーの決議案が通るとは誰も思っていない。ヘンリーは一言も反論せずに口を閉じる。

ヘンリーは黙ったまま引き下がるような男ではない。それは翌日のことであった。ヘンリーは並み居る議員たちを前にして怯むことなく立ち上がる。ヘンリーの顔は青ざめ、唇は神経質に震えているが、その瞳は不壊の決意を示している。そして、イギリス本国を批判する炎のような演説を始めた。

残念なことに、ヘンリーの演説の全文は残っていない。その場で聞いた者の証言によれば、課税は人民の自由意思に基づく同意によらなければならないと論じたという。演説の最後だけは記録に残っている。

「タルクィニウスとカエサルにはそれぞれブルータスがいました。チャールズ一世にはクロムウェルがいました。ジョージ三世は」

そのままヘンリーが演説を続けようとした時、議場から鋭い声が上がる。

「反逆罪」

さらに議長のジョン・ロビンソンが、蒼白な顔で小槌を激しく叩きながら叫ぶ。

「反逆罪。反逆罪」

議場が騒然とする中、ヘンリーの言葉が続く。

「そうした例から学ぶことができるでしょう。もしこれが反逆であれば、どんなことでも反逆になります」

その時の様子を一人のウィリアム・アンド・メアリ大学の学生が見ていた。トマス・ジェファソンである。議場の控え室の入口に立っていたジェファソンは、「私は反逆の叫び、ヘンリー氏がジョージ三世の名前で止まったこと、そして、彼が言葉を終えた時の聴衆の様子と喧騒を静めたことをよく覚えている」と記している。

その日の午後、ヘンリーの決議案が票決にかけられる。七つの決議案の中で五つが僅差で通る。ジェファソンは、穏健派のペイトン・ランドルフが「ああ、一票のために五〇〇ギニー［一、一〇〇万円相当］払っても惜しくなかった」と嘆くのを聞いた。ヘンリーの決議案は新聞に印刷され、すぐに他の植民地にも広がり、同様の決議が相次いで採択される。

もちろんヘンリーの決議だけが議員たちを動かしたわけではない。イギリス議会がこれまでに打ち出した植民地政策に対する不満があったからこそ、ヘンリーの決議は受け入れられた。多くの人びとが心の中に抱いていた不満をヘンリーは巧みな言葉で代弁したのだ。どのような雄弁も火種がなければ人びとの心に火を付けることはできない。

自由の息子たち

印紙法は、あらゆる文書に印紙の貼付を義務づけた。年季奉公の契約書、商用書類、新聞、広告、その他の書籍など文書は多岐に及ぶ。印紙が貼られていない文書は無効になる。文書を発行する際に印紙販売人から印紙を購入する形で納税する。アメリカ人は、イギリス本国が自分たちの財布からお金を奪って借金を返済しようとしていると怒りを募らせた。税負担を公平にして、植民地も統治に要する経費を負担すべきだというイギリスの論理は耳に入らない。

各地で自由の息子たちによって暴動が起きる。自由の息子たちは、実力で印紙法を撤廃に追い込もうとする自然発生的な政治結社だ。いつどのようにして生まれたのかはっきりしたことはわからない。

一七六五年八月十四日早朝、ボストン南端のエセックス通りとオレンジ通りが交わる広場に立つニレの大木に奇妙な物が吊るされていた。誰がこのような酔狂なことをしたのかと口々に言いながら、ボストン市民はニレの大木を見上げる。その視線の先には人形がある。誰の人形だろうか。「A.O.」とある。それに左手に次のように書かれた札を握っている。大きな文字で下からもよく見える。

私はさもしくも私欲のためにすばらしい自由を譲り渡した。ああ、しかし悪魔は私を裏切った。他者に烙印を押す代わりに、私が吊るされてしまった。

他にも何か書かれていないか。目を転じると「なんとも愉快な眺めではないか。印紙販売人が木に吊されているのは」という言葉や、「この人形を勝手に下ろした者を祖国の敵と見なす」という警告がある。

それにしても「A.O.」とは誰だろう。当時のボストン市民であれば知らぬ者はいない。アンドリュー・オリヴァーという印紙販売人だ。印紙法は間違っていると批判していたオリヴァーであったが、印紙販売人

チャールズタウン
チャールズ川
N
ボストン
コップス丘陵
オールド・ノース教会
リヴィア邸
緑竜亭
ビーコン丘陵
ファニエル・ホール
ロング埠頭
ハンコック邸
バック湾
オールド・サウス礼拝堂
広場
フォート丘陵
グリフィン埠頭
リバティ・ツリー
200m

に任命されても断らなかった。なかなか実入りが良さそうだったからだ。

市場に集まった人びとを目当てに、商人や農夫が持って来た品物をニレの大木の下に並べて売り始める。一人の紳士が群衆の中にサミュエル・アダムズがいるのを見つけて声をかける。

「いったいこれは誰の人形か知っていますか」

「私は知らないが、いったい何が起きているか知りたいと思う」

難しい顔をしてアダムズはそう返事したが、本当は正しい答えを知っていた。そして、何が起きているかも。

事態を知ったフランシス・バーナード総督は、どのように対応すべきか総督参事会に諮問する。総督参事会は、単なる悪戯《いたずら》だから放置すればよいと助言する。しかし、トマス・ハッチンソン総督代理は、人形を引きずり下ろすように保安官に命じる。部下を連れて現場に向かった保安官であったが、群衆の数を見て恐れをなして何もせずに引き返す。報告を受けた総督参事会は、現場に戻ってなんとかするように保安官に命じる。当然、保安官は拒否する。

群衆は次の行動に出る。午後遅く、オリヴァーの人形は群衆の手によって引きずり下ろされ、板に釘で打ち付けられた。四人の男が板を担ぐ。その後を数百人の市民がぞろぞろと続く。彼らはどこに向かっているのか。

到着した先は水辺にある煉瓦造りの倉庫である。オリヴァーは、そこを印紙の販売事務所に使うつもりだ。倉庫が徹底的に荒らされる。それから群衆は、フォート丘陵に登って盛大に焚き火を燃やす。炎を囲んで群衆は、ナイフで人形の首を切り落として快哉を叫ぶ。

群衆の中には、正体は不明だが身をやつした紳士が何人かいて、群衆の統制を取っていた。しかし、もう目的は果たしたと考えたのか、その場から離れて家路につく。残った者たちを制止する者は誰もいない。群衆は完全に暴徒と化す。オリヴァーの厩舎に押し入って豪華な馬車を引きずり出す。富の象徴だ。馬車が火に投じられる。

さらに暴徒は、高さ十五フィート（約四・六m）の垣根を引き倒して、オリヴァー邸の庭園に侵入する。これまで見たことがない風景が広がる。小綺麗な遊歩道に沿って果樹が並び、四阿《あずまや》が憩いの場を約束している。男たちが住んでいるのはほとんどが狭い借家である。家賃は土地を持っている富裕層の懐に入る。言い知れぬ怒りが男たちの胸に込み上げる。奴らは自分たちを犠牲にして富を築いている。自分たちが奴らを懲らしめなければ、誰が懲らしめるのか。心地良い庭園は、まるで嵐が過ぎ去ったかのようにまたたく間に荒廃する。

ハッチンソン総督代理は、保安官とともに現場に駆け付ける。そして、解散を命じる。すると暴徒から怒声が上がった。

「総督代理と保安官だぞ。みんな武器を取れ」

言葉だけではない。すぐに石が飛んで来る。ハッチンソンは引き下がるしかなかった。

庭園には破壊する物がもう何もない。次に狙われたのは建物だ。まずガラスが割られる。ガラスはイギリスから輸入される工業製品なので高価である。先に馬車を焼いたように、暴徒は富の象徴を破壊しているのだ。室内になだれ込んだ男たちは、瀟洒な家具を見つけしだい叩き潰し、収蔵されている貴重なワインを飲み干す。オリヴァーとその家族は、すでに逃れてしまって、ここにはいない。

二階に上がった暴徒は鏡を発見する。鏡は贅沢品だ。しかも男たちの目の前にあるのはアメリカで最も大きな鏡だという。男たちが去った後には粉々の破片だけが残される。

翌日、ボストンの有力者は事態を収めようと乗り出す。このままでは無政府状態に陥って自分たちの身も危ない。そこでオリヴァーに印紙販売人を辞任するように求める。オリヴァーは、誰も自分を助けようとしないと憤慨する。

夜になるとオリヴァー邸の前に人びとが集まり始める。前夜と同じことが繰り返されるかもしれない。恐怖に駆られたオリヴァーは辞任を約束する。群衆は万歳三唱した後、姿を消した。これで事態は収まったのだろうか。

八月二六日、トマス・ハッチンソン総督代理は、家族と夕食のテーブルを囲んでいた。そこへ友人が駆け込んで来る。暴徒がこちらに向かっているという。ハッチンソンが標的になったのも無理はない。先日、襲撃を受けたアンドリュー・オリヴァーは義兄弟だ。それに蛮行を制止しようとしたことを暴徒に覚えられている。

実はハッチンソンは、印紙法を強制的に施行するべきではないと本国に伝えていたが、暴徒から見れば、総督代理は本国の手先にすぎない。印紙法の真の起草者は総督代理であるという荒唐無稽な噂も流れている。それに多くの人びとは、これまでハッチンソンが自分の地位を利用して私腹を肥やしてきたと信じている。

ハッチンソンは逃げるつもりはない。毅然と対応すれば、彼らも手荒な真似はしないだろう。念のために子供たちに安全な場所に逃げるように指示する。そして、扉を固く閉ざして暴徒を待つ。

驚いたことに娘が戻って来て哀訴する。

「お父さんを残して行けません。もしお父さんが逃げないなら私も逃げません」

娘の哀訴に負けて、ハッチンソンは近隣の家に難を避ける。危機一髪であった。直後に暴徒が斧で扉を叩き割って屋内に乱入する。

「奴は二階にいるに違いない。奴を捕まえよう」

すぐに家の最上部まで駆け上がる者がいるかと思えば、階下や地下貯蔵庫を探し回る者、家の外を見張る者もいる。ハッチンソンの姿を見つけられなかった暴徒は、腹いせに破壊を始める。羽目板をすべて毟り取り、扉を木っ端微塵にするだけでは飽き足らず、間仕切りの壁を倒し始める。さらに円屋根や明かり窓を壊す。屋根板まで剥がし始めたが、夜明けの訪れでようやく諦めた。

暴徒が去った後、邸宅に帰ったハッチンソンはあまりの惨害に呆然とする。庭園の四阿は完全に倒壊して、すべての庭木は切り倒されて地面に投げ出されている。あらゆる種類の家具や衣服、そして、家族の肖像画まで持ち去られ、台所の一部の設備を除いて、邸宅は空っぽになっている。ハッチンソン自身の試算によれば、被害総額は二、二一八ポンド（二、七〇〇万円相当）である。

暴動の首謀者は誰なのか。バーナード総督は、三〇〇ポンド（三六〇万円相当）の報奨金を出して犯人を探す。ボストン市民は誰が首謀者か知っていた。エベニーザー・マッキントッシュという男だ。貧しい靴職人で、職人たちを率いて毎年、ガイ・フォークス夜祭のパレードを取り仕切っていた。つまり、大勢の人びとを組織して動員する力がある。

自由の息子たちの暴動を観察していたサミュエル・アダムズは、抵抗運動の軌道修正が必要だと考える。持たざる者の暴力をアダムズは利用するつもりでいる。しかし、もし彼らが自らの絶大な力に気づけばどうなるか。それに個々人が集まって群集になると、それは個々人の意思の集合ではなく、それ自体の意思を持つ。しばしば群集の意思は暴走する。このまま放置すれば、いずれ誰も制御できなくなるだろう。群衆の力だけでは変革は起こらない。その力を一定の目標に誘導する存在が必要だ。

アダムズはおぼろげながら理解する。自分には、群集を一定の目標を持つ政治的党派にまとめる才能がある。共通の目的さえあれば、さまざまな利害対立を超えられる。確かに植民地内部には、持てる者と持たざる者の対立がある。それは伏流として存在していて、いつ表面に噴出するかわからない。しかし、本国と植民地の関係において両者の利害は一致する。本国が植民地から富を収奪しようとすれば、両者ともに搾取される。持てる者と連携して、持たざる者の変革を求める力を植民地と本国の対立という舞台に巧妙に誘導する。それこそ自分が果たすべき役割だ。

『ボストン・ガゼット紙』や『インディペンデント・アドヴァタイザー紙』に「人民」、「清教徒」、「ボストン人」という筆名で記事が掲載される。その正体はアダムズである。アダムズは新聞と集会を使って人びとを誘導する役割を担う。

「もし革命がボストンで夜明けを迎えたとすれば、アダムズ氏は明けの明星である」と肖像画家として名高いジョン・コプリーは述べている。さらに一言付け加えれば、ワシントンが「建国の父」であれば、アダムズは「革命の父」である。

アダムズは、ボストン市民の反応を敏感に感じ取る。暴徒のやり方は行きすぎだという批判が圧倒的に多い。そこで今後、保安官が治安を維持するのに協力しようと市民の集会で呼びかける。できるだけ幅広くボストン市民の支持を得なければならない。ただ持たざる者に手を差し伸べることも忘れていない。首謀者のマッキントッシュを逮捕しようとした保安官であったが、ボストン市民の有力者から圧力を受けてしぶしぶ解放する。他にも収監された者が何人かいたが、すべて数日以内に仲間たちの手によって救い出された。

マサチューセッツ植民地は、十三植民地が合同で印紙法への対策を練るべきだと呼びかける。呼びかけに応じた九つの植民地によって印紙法会議がニュー・ヨークで開催された。残り四つの植民地は総督たちの妨害で代表を送り出せなかった。印紙法会議では請願が採択された。請願には、植民地人にも本国人と同様の権利を認めるべきであり、植民地の同意なしに本国議会がおこなった課税は無効であると記されている。

この請願は国王とイギリス議会にそれぞれ送られた。しかし、後にイギリス議会は、印紙法会議の請願をほぼ全会一致で拒否した。それでも印紙法会議には、アメリカ人にとって重要な意義がある。アメリカ人が一致団結した行動を示した最初の大きな一歩になったからだ。その一歩は後の大陸会議の開催につながっている。

一七六五年十一月一日、それは印紙法が施行される日であった。まるで独立と自由の精神が死んだとでも言いたげに、教会という教会は弔鐘を打ち鳴らす。ボストン港のすべての船舶は半旗を掲げる。すべての商店が扉を閉ざす。印紙販売人の人形を焼く火が街の至る所で燃えている。印紙法を忠実に守ろうとする者は誰もいない。

こうした民衆の抵抗に加えてイギリス本国を動かしたのは不買運動だった。ニュー・ヨークで始まった不買運動はフィラデルフィアやボストンなど主要都市にも広がった。それはアメリカにおける最初の大規模な大衆による政治運動と言えるだろう。多くの人びとは、パンフレットを出版することもなければ、議会や法廷で意見を述べることもなかったが、イギリス製品を購入しないという日常的な行動で政治運動に参加できたからだ。

不買運動によってイギリスからアメリカへの輸出は激減する。それは、対アメリカ輸出に大きく依存していたイギリス商人に大きな打撃を与える。イギリス商人は、アメリカに対して莫大な債権を持っていた。このまま交易が滞れば、それを回収できなくなる。

工場の閉鎖で職を失った十万人近い労働者が、印紙法の即時撤廃を求めてマンチェスター、リヴァプール、そして、ブリストルなどからロンドンに殺到しようとしているという噂がささやかれる。ロンドンの商人から各地の商人へ撤廃を求める請願を出すように呼びかける書状が飛ぶ。イギリス国内の主要都市から印紙法撤廃を求める多くの請願がイギリス議会に寄せられる。その結果、一七六六年一月十四日、北アメリカ植民地に関する審議がイギリス議会で始まった。

まず代表なくして課税なしというアメリカ人が唱える原理をイギリス本国はどのように考えていたのか。本国に住む大多数のイギリス人は税金を払っているのにもかかわらず、実は代表を選ぶ権利を持たない。総人口約八〇〇万人の中で選挙権を持つのはわずかに十六万人である。イギリス議会には庶民院があったが、その当時、「庶民」という名が付いていても、いわゆる一般庶民を指すわけではない。貴族以外の上流階級のことを指した。つまり、イギリス本国では、一般庶民は代表なくして課税ありという状態である。それにもかかわらず、もし植民地人の代表を庶民院に迎え入れればどうなるか。イギリス国内で自分たちにも議席を与えよと要求する声が囂々《ごうごう》と起こって収拾不可能な混乱が起きるだろう。したがって、代表なくして課税なしという論理を受け入れて、植民地人に議席を与えるのは荒唐無稽である。

それにたとえその論理が認められて、植民地人が本国議会に代表を送ることになっても、何が変わるのか。なぜなら植民地に割り当てられる議席は、大勢を覆すほどではないからだ。

また「代表」という言葉が何を意味するのかもイギリスとアメリカでは理解が根本から異なる。「代表」とは何を代表しているのか。イギリスでは、階級を代表すると考えられている。その一方でアメリカでは、人民を代表すると考えられている。イギリス議会の論理では、アメリカ人は植民地との交易で潤うイギリス商人という階級によって間接的に代表されている。したがって、代表なくして課税なしとは言えない。もちろんアメリカ人はそうは思っていない。自分たちの手で直接選んだ代表でなければ代表と認められない。

さらにイギリス議会では、政権の座から退いたものの、いまだに強い影響力を持つグレンヴィルを中心にして、恩知らずの植民地人に厳しい姿勢で臨むべきだという意見が論じられている。印紙法を撤回するくらいであれば、たとえ流血を伴っても「全アメリカをぶち壊す」ほうがましだと言う者もいる。軍隊を送り込んで印紙をアメリカ人の喉に押し込んでやればよいという過激な意見さえある。「不埒な騒擾と反乱」を厳しく取り締まるべきだという声や、もし我々が屈服すれば「自分の植民地の一地方」に成り下がるといった声も続けて上がる。

病床にあって長らく表舞台から去っていたピットであったが、印紙法の撤廃を求めて再び立ち上がる。くるぶしが痛風で膨れ上がり、見るも無惨な様子だったが、周囲の者を睥睨《へいげい》する突き刺すような視線は変わらない。この男は身体の中に「恐ろしい怪物」を飼っている。その怪物は嵐のように激しい言辞を生む。

まずピットは、印紙法が「得策ではなく、恣意的であり、抑圧的であり、そして、憲法に反している」法律であると断罪する。そして、印紙法が可決された時、自分が病床に伏していたことを議員たちに思い出させる。それからピットはさらに言葉を続ける。

「私の考えでは、この王国は植民地に課税する権利を持っていません。［中略］。彼らはこの王国の臣民であり、あなたたち自身とまったく同じすべての生まれながらの人権とイギリス人の特権を与えられるべきです」

ピットの考えでは、植民地人にも課税される者の自発的意思を尊重しなければならないという憲法上の論理が適用される。その論理に従えば、納税を拒否している植民地人に課税することは不当である。

印紙法の立役者であるグレンヴィルは当然ながら反論する。

「我々は、彼らにいつも十分な保護を与えてきました。彼らに庇護を与えるために国家は莫大な借金を背負いました。そして今、彼ら自身の原因で生じた公費を少しでも賄うように彼らに求めたところ、彼らはあなた達の権威を否定し、あなた達の役人を侮辱し、公然と反抗しました」

グレンヴィルが演説を終えると、他の議員が代わりに立ち上がったが、機先を制したのはピットであった。「ピット。ピット」と応援する声が上がったために議長は静粛を命じる。そして、ピットが「贅言を弄する必要はないので、もし誰もこれ以上、自分の発言を必要としなければ沈黙する」と言ったところ、「続けよ、続けよ」という声が議員の中から上がる。気を取り直したピットは再び演説を始める。

「あなた［グレンヴィル］は、アメリカが手に負えず公然と反抗していると我々に教えてくれました。むしろアメリカが抵抗していることを私は嬉しく思います。三〇〇万人の人民がすべて自由の意識を失って自ら隷属に甘んじれば、他のすべての人民も奴隷となってしまうきっかけになるでしょう。［中略］。アメリカ人は不公正によって暴虐に駆り立てられました。あなたは自分が原因で引き起こした暴虐で彼らを罰するのですか。こちらが思慮分別を示すべきでしょう。そうすればアメリカはきっとそうした模範を見倣うでしょう。［中略］。締め括りとして私の意見を伝えて議場を去りたいと思います。印紙法を絶対に完全に、そして、即時に撤廃するように。なぜ撤廃しなければならないか。それは間違った原理に基づいているからです」

ピットにはピットなりの打算がある。単にアメリカに同情しているわけではない。冷静な計算がある。今、印紙法を撤廃すれば、穏健派を味方に付けることができ、過激派は逼塞を余儀なくされる。そうすればこれまでよりもずっと植民地統治がうまくいくだろう。

言うなれば、グレンヴィルの方針は北風であり、ピットの方針は太陽である。さてどちらの方針が通るのか。

こうした議論がおこなわれる中、フランクリンは庶民院でその推移を見守っていた。そして、印紙法に対する植民地の反応について質問を受けた。

「もし印紙法が改正され、最も不快な部分が削除され、そして、課税の対象をごく一部の者に限っても、彼らは印紙法に従おうとはしないでしょうか」

「はい、彼らは決して従おうとはしないでしょう」

「もし印紙法が撤回されれば、アメリカの各植民地議会は、イギリス議会が彼らに課税する権限を認める気になるでしょうか。それとも彼らの［印紙法に抗議する］決議を撤回するでしょうか」

「いいえ、決してそのようなことはありません」

「彼らに決議を撤回させる手段はないということですか」

「私が知る限りそのような手段はありません。武力によって強制でもされない限り、彼らは決して撤回しないでしょう」

「この地上には、彼らに決議を撤回させる力は何もないということですか」

「いかなる力であろうとも、たとえどのような大きな力であろうとも、人びとに彼らの意見自体を変えさせることはできないでしょう」

結局、北風と太陽はどちらが勝ったのか。太陽、つまり、ピットの勝利である。

三月十八日、印紙法は撤廃された。しかし、撤廃は、必ずしも植民地の抗議が受け入れられた結果ではない。あくまで撤廃は、イギリス本国の政治的・経済的危機を脱することを目的にしていたので、植民地の事情を斟酌《しんしゃく》したわけではない。それは、印紙法の撤廃と同時に両院でほぼ全会一致で制定された宣言法によって明らかだ。

宣言法は、イギリス議会が植民地に対して主権を持ち、いかなる場合であれ、植民地を支配する法を制定する権利を持つことを明らかにしている。植民地への課税権に関して特別な言及はないが、イギリス議会は当然のことながら植民地に対する主権の中に課税権も含まれると考えていた。つまり、イギリス議会の至高の優越性が改めて明示されたのだ。

フランクリンは、宣言法が印紙法と「同じような反対に遭って同じような不幸を伴うだろう」と書いたが、印紙法の撤廃に喜ぶアメリカ人の中で、宣言法の制定に注意を払う者はほとんどいなかった。印紙法は実際に財布に響くが、宣言法は見たところ何も実害はない。多くの街で撤廃を祝賀するランプが家々の軒先に吊るされる。人びとは居酒屋に集って祝杯を上げる。ニュー・ヨークでは、ジョージ三世の像が記念に建立される。実は像を建立してもらったジョージ三世は、「不運にも公論に従わなければならなかった」と後悔していたのだが。

ボストンでは、教会の鐘が打ち鳴らされ、祝砲が放たれる。少年たちは屋根に上って国旗を振る。ジョン・ハンコックは、広場に面する壮麗な石造りの邸宅を開放して、訪れる市民にマデイラ・ワインを惜しげもなく振る舞う。富裕な人びとは、貧しい人びとを借金から救って債務者監房から解放する。リバティー・ツリーの下に油紙を張って作ったオベリスクが立つ。二八〇個のランプが、ピットを初め印紙法の撤廃を訴えた人びとの肖像を照らし出す。夜になると広場で花火が披露され、祝賀行事が締め括られる。一切を取り仕切ったのはハンコックである。サミュエル・アダムズは、ボストン市民が完全に戦いは終わったものだと思い込んでいるのではないかと不安を感じる。きっとイギリス本国は次の手を打ってくる。これで終わりではない。印紙法という矢を放つことで本国は取り返しのつかないことをした。アメリカ人の心に深々と刺さった矢は今、抜かれたが、深い傷跡が完全に癒えることは決してないだろう。戦いはこれから始まるのだ。抵抗運動をさらに広げなくてはならない。これまで抵抗運動を実際に担ってきたのはほとんどが持たざる者だった。これからは持てる者も巻き込んで街全体で一致団結しなければならない。

そこでアダムズが目を付けたのはハンコックだった。ハンコックが植民地議会議員に当選するように支援する。広場でおこなわれる選挙を見ていたサミュエル・アダムズは、ハンコックの当選が確実になると、その邸宅を指差して「今日、この街は賢明な判断を下した」とつぶやいた。隣にいたジョン・アダムズが「どういうことか」と聞き返すと、サミュエル・アダムズは、「街の人びとはこの若い男の財産を彼ら自身のものにしたからさ」と答えた。

マサチューセッツにおける抵抗運動の双璧と称されるサミュエル・アダムズとハンコックだが、黒鴉と孔雀のように対照的だ。アダムズは、ずんぐりとしていて痛風を患っているうえに、衣服も古びた粗末な物だ。

それに対してアダムズよりも一回り年下のハンコックはすらりとしていて、ふんだんにレースをあしらったラヴェンダー色のジャケットにライラック色のズボンという服装である。マサチューセッツの伊達男とはハンコックのことだ。

この対照的な二人が持ちつ持たれつの関係になる。ハンコックは多くの人びとから称賛される英雄になりたいと思っている。アダムズは持たざる者とハンコックの間を取り持つことでその願望をかなえてやる。その一方でハンコックは、お金のことになると何をやってもうまくいかないアダムズが負った莫大な借金の清算を手伝う。

リバティー号

印紙法の撤廃に加えて、植民地に同情的なピットの政権復帰によって、本国と植民地の関係は好転するかのように思われた。しかし、事態は予想外の展開を見せる。イギリス議会が新たにタウンゼンド諸法を導入したのである。それは、植民地が輸入する鉛、塗料、紙、ガラス、紅茶に関税を課す法律である。イギリス本国ではいったい何が起きていたのか。

ピットが病気になったのをきっかけに、大蔵大臣のチャールズ・タウンゼンドが頭角を現す。タウンゼンドは癇癪持ちで気粉れな男である。大酒飲みで「シャンパン・チャーリー」という渾名を付けられる始末である。

タウンゼンドはいったい何をしたのか。まずイギリス本国の郷紳の要求に屈して土地税を減税する。郷紳にも言い分はある。フレンチ・アンド・インディアン戦争の間、戦費を賄うために土地税が大幅に引き上げられた。しかし、今、戦争は終わり、もはや不当な課税に我慢できない。タウンゼンドは要求を呑むしかない。

そうなると税収が足りなくなる。相次ぐ増税にイギリス本国の人びとの不満は爆発寸前だ。そこで植民地に課税するタウンゼンド諸法が制定される。フレンチ・アンド・インディアン戦争で大きな利益を得た植民地に課税するのは当然だという考えである。もちろん、印紙法が植民地で激しい抵抗を受けた直後に新税を導入するのは賢明ではないという反対もあった。タウンゼンドは、そうした反対に腹を立て、足を踏みならしながら「私ならできるんだ。できるんだ」と叫んだという。

病気で引きこもっていたピットはタウンゼンドを制止できなかった。内閣の他の大臣たちも、提案を呑まなければ辞職するというタウンゼンドの脅迫に屈した。タウンゼンドがいなくなれば、政権が崩壊する恐れがあったからだ。庶民院議員の大半も自分たちの税金が安くなりさえすればよいので、タウンゼンド諸法に反対しない。

タウンゼンド諸法は植民地人の意向を完全に無視した悪法なのだろうか。そうとも言えない面がある。植民地人が印紙法に反対した際、彼らは、関税のような対外税と植民地内で適用される内国税は異なると主張した。フランクリンは、イギリス議会でグレンヴィルの質問に答えて、次のように対外税と内国税の違いを説明している。

「対外税は輸入される物品に課される税金です。最初に物品に経費として加算され、それが売られる場合に価格の一部になります。もし人びとがその値段を気に入らなければ拒絶できます。彼らは支払いを強制されません。しかし、内国税は、もし人民自身の代表によって課されたものではない場合、彼らから同意なく徴収されることになります」

つまり、対外税を植民地に課すことは、イギリス議会が通商を統制する権限を持っていることから容認できる。しかし、内国税を植民地に課税する権利を持つのは、植民地議会のみである。植民地議会による課税でなければ、植民地人の同意を得たことにならないからだ。したがって、イギリス議会による印紙法、つまり、内国税の制定は不当である。

こうした植民地の主張に従えば、印紙法の代わりに関税、すなわち対外税を課すのであれば不満はなかろうということになる。タウンゼンド諸法は関税、すなわち対外税を課す法律である。そう考えれば、タウンゼンド諸法は必ずしも悪法とは思えない。事実、イギリス議会では、タウンゼンド諸法の是非をめぐる議論はほとんど起きなかった。イギリス人は誰もが公正な法だと考えたからだ。

しかし、植民地は、新たな論理に基づく主張を始める。新しい論理は、当時、ベストセラーになっていたジョン・ディキンソンの『ペンシルヴェニアの農夫からの手紙』で展開されている。

タウンゼンド諸法に反対を唱えるために正当性を保証する論理が必要だ。そこでディキンソンは税を三つの種類に分けた。歳入を確保するための内国税、歳入を確保するための対外税、そして、貿易を統制するための対外税である。つまり、対外税を課税の目的によって二つに分けたのだ。結局、ディキンソンは何を言いたいのか。なぜ対外税をわざわざ二つに分けたのか。

まずイギリス議会は、本国の商工業を発展させるために植民地の通商を統制する権限を持つ。したがって、対外税をその権限に沿った目的で課税できる。つまり、通商を統制するための対外税であれば容認できる。しかし、たとえ対外税であっても、歳入を確保する目的で課税することは不当である。なぜなら商工業を発展させるために植民地の貿易を統制するという本来の趣旨から外れているからだ。

ディキンソンは、タウンゼンド諸法の形式（対外税）が正しくても、その目的（歳入の確保）が間違っているので容認できないと主張している。それにイギリス本国は、植民地の通商を統制することで一方的に収益を得ている。したがって、植民地はすでに十分に本国に貢献しているので、さらなる負担を求められることは不当である。


アメリカ人が新たな論理を編み出したのにもかかわらず、タウンゼンド諸法は施行された。密貿易を厳しく摘発しなければ関税をきちんと徴収できない。そこで税関吏は、「密貿易王」という異名で知られるジョン・ハンコックに狙いを付ける。サミュエル・アダムズとともに本国の抵抗運動の中枢になりつつあるハンコックを牽制しなければならない。

ハンコックが所有するリバティー号がボストン港に到着する。税関吏は、検査官から積荷のマデイラ・ワインに関する報告を受ける。おかしなことに、どうも数量があまりに少ない。前夜に積荷の大部分を秘かに荷揚げしてしまったのではないかと疑う。すると検査官が税関吏に白状する。検査しようとしたところ、船室に閉じ込められて、その間に秘かにマデイラ・ワインが荷揚げされてしまった。船室からようやく解放された後、もし真相をばらせば命はないものと思えと脅迫されたという。

ボストンの沖合には、今、イギリスの軍艦ロムニー号が投錨している。それに検査官の証言もある。税関吏は大胆な行動に出る。未明に秘かにリバティー号を差し押さえようと動く。合図を受けてロムニー号から水夫たちを乗せた平底船が警護のために到着する。

ボストン市民は黙っていない。石を投げ棍棒を振るって水夫たちを妨害する。しかし、水夫たちはどうにか勝利を収め、リバティー号を拿捕して沖合に曳航する。

腹いせに群集は、税関吏のボートを広場まで引きずり出して、喝采とともに火にくべる。税関吏の邸宅のガラスが割られる。一人の紳士が「我々は我々の手で自由と財産を守ろうとした。もう十分だろう。終わりにしよう」と呼びかける。群集は紳士の言葉に従って解散する。

税関吏は、身の危険を感じてバーナード総督に保護を求める。バーナードは、ボストンの沖合に浮かぶキャッスル島の要塞に税関吏とその家族を移す。そこなら安全だ。さらに念のために駐留部隊を派遣するように本国に要請する。

ボストン市民は、オールド・サウス礼拝堂に集まって、ハンコックへの支持を表明する。ハンコックの商売は多くの市民の生活を支えているのだ。消防団のために器具を買いそろえたのも、大火で家を失った人びとに救いの手を差し伸べたのも、礼拝堂のために多額の寄付をしたのもハンコックである。ハンコックは自己顕示欲がきわめて強かったが、それが誰かのためになるのであれば必ずしも悪いものではない。

マサチューセッツ植民地議会でサミュエル・アダムズは、タウンゼンド諸法に抗議する回状を各植民地に送ろうと呼びかける。多くの植民地議会議員は、過度に本国を刺激すると反対する。その結果、アダムズの提案は否決される。

アダムズは好機を待つ。農繁期になると地方の議員は議場を去る。穏健派は地方の議員に多い。議場から穏健派が少なくなったのを見計らって、アダムズは再び提案を持ち出す。今回はうまくいった。タウンゼンド諸法を非難する回状が各植民地に送付される。

　回状では『ペンシルヴェニアの農夫からの手紙』と同じ論理が述べられている。つまり、たとえ対外税であろうとも、歳入の確保が目的であれば受け入れられないという論理だ。ただイギリス議会が至高の優越性を持ち、通商を統制する権利を持つことは認めている。

ボストン進駐

　一七六八年十月一日、銀細工師のポール・リヴィアは、紙とペンを手に高台に立っている。秋風が潮の香りを運んで来る。抜けるような青空が広がり、対岸にボストン市街が望める。リヴィアの目は港に注がれる。

　赤地のイギリス国旗を艦尾に翻しながら一群の艦船が帆を畳み、緩やかに海面を滑っている。上陸用のボートが次々にロング埠頭に横づけする。そして船から続々と、赤い外套に黒い三角帽のイギリス兵が降り立つ。隊列が整えられ行進が始まる。鼓笛の調べとともに、兵士たちは血の

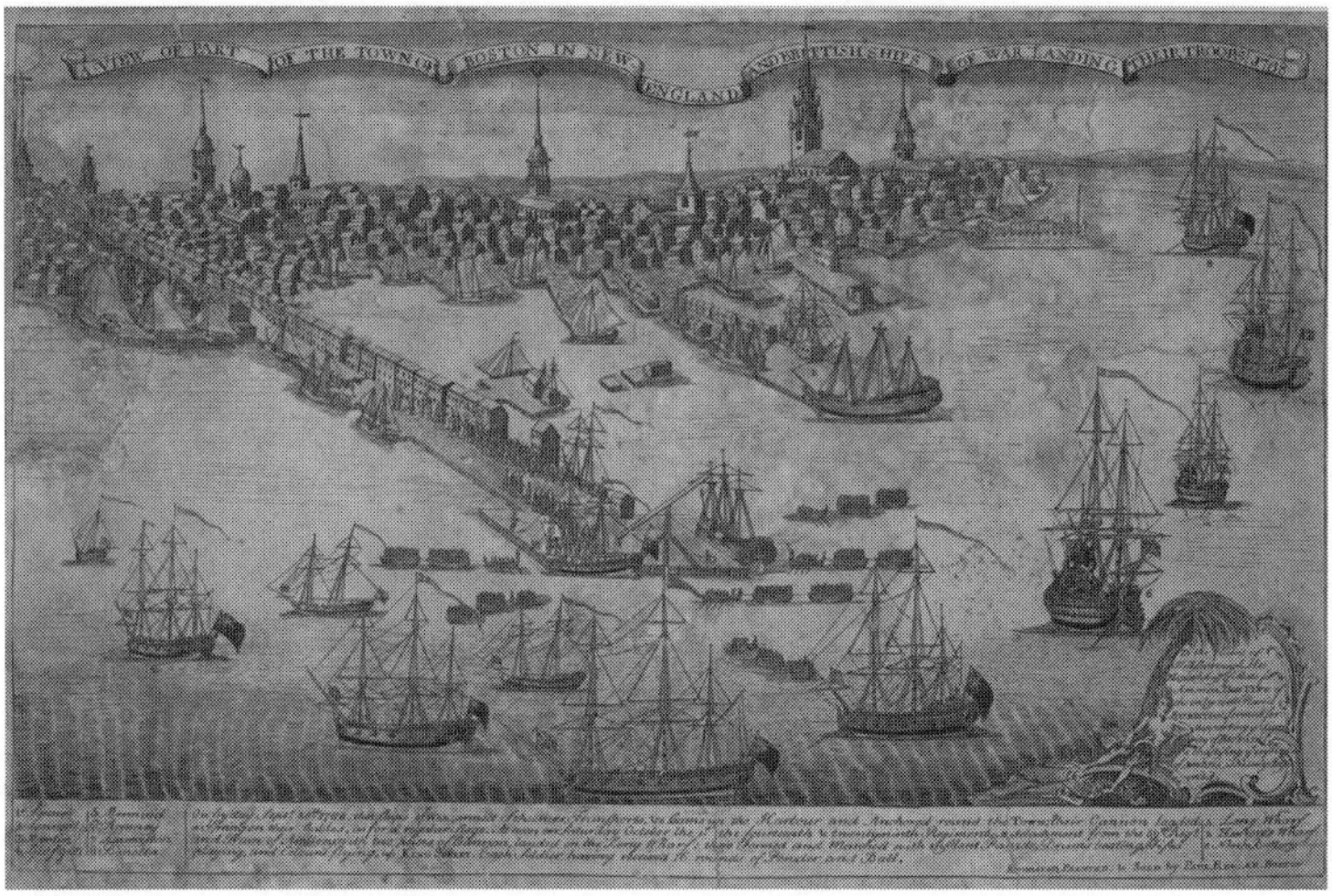

流れのような列を成して、埠頭からキング通りに向かう。その様子をリヴィアは丹念にスケッチする。そして、スケッチをもとにして版画を彫る。

リヴィアの手によって、市街の中心から手前に延びるロング埠頭にイギリス兵が上陸するという絵が完成する。バーナード総督の要請で秩序を回復するためにボストンに駐屯することになった兵士は一、〇〇〇人であったが、リヴィアの版画を見ると、まるで大軍がやって来たように見える。

それでよいのだ。リヴィアの目的はありのままの事実を伝えることではなく、ボストンが危機に陥っていることを多くの人びとに認識させることだからだ。自由の息子たちの一員としてリヴィアはサミュエル・アダムズに傾倒して、ボストンの職人たちをまとめる存在になっている。

イギリス兵を迎えたボストン市民はどのような感慨を抱いたのか。あるボストン市民は、「常備軍の配置とは大変なことになった。自由の甘露を味わった人民にとって、これ以上悪いものがあるだろうか。これできっと今、我々の中で最も急進的な者さえ反対している独立を促進してしまうだろう」と記している。とはいえ、ボストン市民の反抗は静かなものだった。市民は誰も兵士を自宅に宿営させない。

ではイギリス兵はどうやって過ごしていたのか。広場にテントを張る。街の役人にファニエル・ホールの扉を開けさせる。他にも蒸留所、製糖工場、製帆工場、倉庫などが貸し出される。もちろん費用はイギリス政府から支払われる。自宅に宿営させるのは嫌だが、そうした場所なら貸してもよいと考える者がいたのだ。

兵士の駐屯は迷惑以外の何物でもない。各所に配置されたイギリス兵が頻繁に市民たちの往来を止めて「どこへ行く」と問う。市民たちは「友人の所へ」とぶっきらぼうに答えたり、何も言わずに去った。

アポロンの間の誓い

白馬の騎兵を従えた豪奢な六頭立ての馬車がウィリアムズバーグのグロースター公爵大通りを静かに進む。その壮麗な一団は、まるで強大な王権を体現しているかのようだ。馬車の主はボテトート卿。新任のヴァージニア植民地総督である。副王の記章がきらめく馬車は、国王からじきじきに贈られたものだ。

ボテトート卿は面白い男である。植民地総督を拝命した時に、国王から「いつ出発するつもりか」と聞かれ、即座に「今夜」と答えたという。職務を忠実に四角四面に果たそうとする性格である。

ボテトート卿の手には、もしヴァージニア植民地議会がタウンゼンド諸法を非難するマサチューセッツ植民地議会の回状に賛同の意を示す場合は、ただちに議会を解散せよという本国の指示が握られている。今期の植民地議会にいかなる波乱が待ち受けているのか。

一七六九年五月十六日、植民地議会は、ヴァージニア人に課税する権利はヴァージニア人自身にのみ認められていると決議する。したがって、タウンゼンド諸法は即刻撤廃されるべきである。人民から税金を徴収する権限は植民地議会にのみ与えられている。このように議員たちは、本国の植民地政策に真っ向から対抗する姿勢を見せた。その中には、今期から新たに議員に加わったジェファソンの姿もある。

翌日、ボテトート卿は、武装兵を引き連れて議場に姿を現し、沈鬱な表情で議会に解散を宣告する。活気溢れる議場は一気に静まり返る。

いったいこれからどうすればよいだろうと悩む議員たちに一つの答えを出したのがワシントンであった。これまで寡黙なワシントンはほとんど発言することなく、先頭に立って何かをすることはめったになかった。これが初めて議員たちの中でワシントンがリーダーシップを発揮した機会になった。ワシントンはいったい何をしようというのか。

ボテトート卿の解散宣告の翌日、急進的な元議員たちは、植民地議会議事堂から徒歩三分ほどの場所にあるローリー亭のアポロンの間に集まって善後策を協議する。元議員たちが会議の場に選んだアポロンの間には、「陽気であることは叡智と贅沢の所産である」というラテン語が壁に刻まれている。しかし、元議員たちはとても陽気な気分にはなれなかっただろう。誰もが突然の解散に驚くばかりで、適切な案を出す者は誰もいない。

そこでワシントンが数枚の草稿を元議員たちに示す。すなわち、タウンゼンド諸法に抗議するためにイギリス製品に対する不買同盟を結成しようという呼びかけである。元議員たちは拍手喝采で呼びかけを支持する。さっそくワシントンを中心にした数人が、詳細を協議して詰めの作業に入る。

翌朝、再びアポロンの間に集まった元議員たちは、不買同盟の結成に合意する文書に署名した。最終的に署名者の数は九四人に上った。この不買同盟は、一七六九年九月一日以後、一覧表に示されたイギリス製品を輸入したり購入したりせず、十一月一日以後、奴隷を輸入しないと誓うように署名者に求めた。どのような品物が一覧表に入っていたか。酒類から食料品、贅沢品に布地までありとあらゆる品物である。

さらにワシントンは、不買同盟をヴァージニアが本国から輸入される贅沢品や工業製品に依存している事実を再認識する好機だと考えた。不買同盟によってイギリス本国に対する負債が減り、ヴァージニア人が節制を学ぶ良い機会になるだろう。

十八世紀にヴァージニアは、歴史家が「最初の消費革命」と呼ぶ時代を迎えていた。贅沢品が郷紳を中心に広く行き渡り始める。その結果、贅沢品の大量輸入がイギリス本国に対する負債が膨らむ一因となる。輸入を控えれば、そうした負債を減らせるのではないかと考えるのは当然の流れである。ただ贅沢品は、ヴァージニアの郷紳にとって欠くことができないステータス・シンボルになっていた。優美な舶来の陶磁器で紅茶を飲み、美麗で精緻な造りのマホガニー材の家具を並べ、ロンドンで仕立てられた流行の最先端のドレスを着る。それは郷紳の体面を保つために必要だった。

他の誰にも負けたくない。馬鹿にされたくない。だから誰も贅沢品を諦めようとしない。ではどうすればよいか。全員で一斉に止めればよい。そうなれば競い合う必要もなくなる。

それに郷紳には他の思惑もある。郷紳以外の人びともささやかだがちょっとした贅沢品を購入するようになっていた。借地農が贅沢品にお金を浪費するようになれば、結局、破産して借地代を踏み倒すかもしれない。

不買運動は、こうした問題を一挙に解決するちょうど良い機会だ。すなわち、不買運動は本国の政策に抗議するための政治運動であると同時に、これまでのヴァージニアの消費形態や慣習を変えようという社会運動でもあった。

ヴァージニアの人びとは不買同盟にどのように参加したのか。マーサ・ジャクリーンという女性は、自分が不買同盟の参加者であることをイギリス商人に伝えた。そして、ヴァージニアで作られた衣服を着て、鹿皮でできた靴を履くという決意を述べている。さらに紅茶を飲まずに済ませる。

マーサ・ジャクリーンのような女性は他にもいた。男たちが自由の息子たちを結成したように、女性たちも自由の娘たちを結成して彼女たちなりの抗議活動を開始する。アメリカで女性たちが全国的な規模で政治運動を起こした最初の機会である。ただ抵抗の方法は自由の息子たちとは違ったものであった。集会を開くところまでは自由の息子たちと同じだ。しかし、それから何をしたかが異なる。自由の娘たちは、平和的な闘争を開始する。それは、糸を紡ぎ布を織ることだった。そうすれば布地をイギリス本国から輸入する必要がなくなる。

また紅茶は健康に悪いので飲むべきではないという論調が各地の新聞で展開され、セージ、ラズベリーの葉、ローズヒップなどから「リバティー・ティー」が作られた。紅茶の代用品である。さらにコーヒーが家庭でも愛飲されるようになり、やがて「アメリカ人の朝の食卓の王様」と呼ばれるようになる。コーヒーはフランス植民地のマルティニーク島やサン・ドマング植民地から直接輸入されていたので、イギリス本国から購入する必要はない。

こうした不買運動の高まりに対してボテトート総督は、「植民地議会の独立性に関する意見が非常に高まったので、イギリス議会はもし必要があれば、早急に優越性を断言すべきです」と、本国に冷静な報告を送っている。ボテトート総督の報告に加えて、ゲージからも報告が本国に送られている。ボテトート総督の報告に比べると、さらにはっきりと植民地が独立する危険があると示唆されている。

植民地人は、独立への大きな一歩を踏み出そうとしています。植民地はあくまでイギリス本国に従属する植民地であり、独立国家ではありません。そう彼らに思い知らせるような迅速で積極的な措置をイギリス本国は講じなければなりません。

ただアポロンの間に集まった元議員たちが不買同盟の結成を誓い合った後、国王と総督、そしてイギリス臣民として享受すべき自由のために乾杯したことは指摘しておくべきだろう。それに、誰もが不買運動に積極的に参加したわけではないことは一言断っておく必要がある。

例えばリバティー・ティーではなく、やはり本物の紅茶を飲みたい者もいる。ある男が知人宅を訪問した際、飲み物を求めた。主人はウィンクすると、「白いコーヒー」を持って来るように召使に言う。出て来た飲み物は紅茶であった。本国支持派は、そうした隠語を使って秘かに紅茶を飲み続けた。本国と余計な波風を立てずに暮らしたいと思っている者も少なくなかった。

一七六九年九月、猛烈な嵐が荒れ狂う中、ヴァージニア植民地全体で例年のように選挙がおこなわれる。ワシントンは再び植民地議会議員に選出され、秋に開催された議会に出席した。

十一月七日、ボテトート卿はワシントンと会食して、イギリス本国が紅茶に対する課税を除いて、タウンゼンド諸法を撤廃する意向を示したと伝える。さらにタウンゼンド諸法の撤廃に協力すると植民地議会に約束する。アメリカ人をその目で見て親しみを感じるようになったからだ。その統治は二年間と短かったが、ヴァージニア植民地議会は感謝の意を示すためにボテトート卿の像を立てている。

ワシントンは、イギリスに対して強硬な姿勢を保つべきだと考えていたが、独立までは考えていない。その点、ワシントンは保守的である。ワシントンの考えでは、不買運動こそイギリス議会の植民地政策を撤回させる最も有効な手段だ。不買運動で商品が売れなくなれば、イギリス商人や製造業者が困る。彼らはイギリス議会に圧力をかけて、タウンゼンド諸法を撤回させようとするだろう。

しかし、誰もが不買運動に積極的に参加したわけではないと先述したように、ヴァージニアで結成された不買同盟は必ずしも成功したとは言えない。確かに不買同盟によって輸入が禁止された品目もある。しかし、禁輸品目の一覧表を見ると、大きな輸入額を占める安価な布地が除外されている。それにイギリス商人によってイギリス本国、インド、ヨーロッパ、そして、カリブ海の島々などからもたらされるちょっとした贅沢品の魅力に抗える者はそう多くない。

糸を紡ぎ布を織り始めた自由の娘たちであったが、それはあくまで政治的デモンストレーションという意味合いが強く、実質的にヴァージニアで布地を自給自足するまでには至らない。それにどうやらヴァージニアでは、自ら積極的に運動に参加した女性の数はあまり多くなかったようだ。

不買運動がヴァージニアでは期待した効果を上げなかった一方で、イギリス商人や製造業者に与えた心理的影響は大きかった。彼らはイギリス議会に陳情を開始する。イギリス議会も不買同盟によってアメリカの製造業が発展する可能性に神経を尖らせる。このまま事態を放置すれば、アメリカ人は自分たちの手で多様な工業製品を作るようになるだろう。その結果、イギリス本国から工業製品を輸入しなくなる。それはイギリスの植民地統治の仕組みそのものを根底から揺るがしかねない。

ワシントンの読み通り、印紙法の時と同様に一七七〇年三月、タウンゼンド諸法を撤廃する法案がイギリス議会に提出された。法案は無事に可決され、一七七〇年四月十二日、タウンゼンド諸法は正式に撤廃される。

なにしろタウンゼンド諸法によって国庫に納められた関税は、これまでに二万一、〇〇〇ポンド（二億五、〇〇〇万円相当）にすぎないのに、イギリス商人は不買運動のせいで、少なくとも七〇〇万ポンド（八四億円相当）もの損害を被っている。誰が見てもタウンゼンド諸法を撤廃したほうが得策だとわかる。ただし茶税の撤廃も提案されたが否決された。なぜ茶税は残されたのか。新しく政権を担うことになったノース卿は、次のように議会で弁じている。

「権利が否定された時こそ、我々の課税権を確認する好機です。逡巡することは屈服することです。もし母国の権威を保持しなければ、それは永遠に失われてしまうでしょう。アメリカが我々の足元に完全にひれ伏すまで、完全な撤廃を考えることはできません」

つまり、イギリス議会の至高の優越性を守るという目的のために茶税は残されたのだ。それでも茶税以外のタウンゼンド諸法の撤廃の効果は大きい。不買同盟による抵抗運動は下火になる。はたしてアメリカ人は、ノース卿が豪語するように、本国の足元に完全にひれ伏そうとしているのか。

血の花は雪上に咲く

パトリック・ウォーカーはボストンに駐屯するイギリス兵である。今日は非番なのでロープ工場に稼ぎに行く。非番の時、イギリス兵は、日雇いで手間賃を稼ぐことが許されていた。そうでもしなければ、給料が安くてやっていけないからだ。

工場の前で一人の工員がウォーカーに声をかける。

「兵隊さん、仕事が欲しいのかい」

「そうだ」

「それなら俺の家の屋外便所の掃除でもやってくれないか」

周りにいた工員たちは笑い声を上げてはやし立てる。イギリス兵は、規定よりも安い賃金で仕事を受けるので、工員たちからすれば邪魔者だった。そんなことをされれば、日雇いの工員たちは食べていけない。

侮辱に怒り狂ったウォーカーは工員たちに殴りかかる。工員たちは、数に物を言わせて、ウォーカーから短剣を奪い取って追い払う。安心したのも束の間、ウォーカーが八、九人の仲間を連れて戻って来る。激しい喧嘩が続く。棍棒で武装している工員たちは手強い。ウォーカーはまた姿を消す。

しばらくすると四〇人余りのイギリス兵が逆襲にやって来る。工員たちは、タールの樽を盾にして、棍棒とロープを撚るのに使う重い板で応戦する。最後には工員たちが勝利を収めて快哉を叫ぶ。

それから三日が何事もなく過ぎる。しかし、それは表面上だけで、水面下では何か恐ろしいことが企まれているという噂が飛び交っている。その恐ろしいことは何かと街の人びとに聞いても、答える者によって内容はまちまちであった。

イギリス兵も神経を尖らせる。兵士たちは、「もしこの街の住民が九時以降に通りに出ているのを見つけたら、誰であろうと神に誓ってぶちのめす」と口々に言う。さらに一人の下士官が点呼に姿を現さなかったことで緊張がさらに高まる。きっと殺されたに違いないと誰もが思い込む。しかし、しばらくして問題の下士官がひょっこり顔を見せる。酔っ払ってどこかで寝込んでいたのだろう。

一七七〇年三月五日、澄んだ夜空に上弦の月が煌々と冴えわたっている。兵卒のヒュー・ホワイトは屯所で歩哨の任務に就いている。雪が深く積もるキング通りを一人の士官が歩いて行く。街灯はなく、窓から漏れる光と月明かりだけが頼りだ。

そこへエドワード・ギャリックという鬘師見習いが通りかかる。何を思ったのかギャリックは、士官を見て大声で怒鳴った。

「見ろよ、うちの旦那に調髪代を払わなかった野郎が歩いてるぜ」

士官は気にも留めなかったのか、そのまま行ってしまう。ギャリックは何の反応もなかったのがつまらなかったのか、屯所の前で仲間たちとたむろして士官のことをさんざんこき下ろす。見るに見かねたホワイトは、屯所から出てギャリックを詰問する。

「おまえの顔を見せろ」

「顔を見せるだなんてちっとも怖かねえぞ」

恐れる様子もなくギャリックは顔を突き出す。そこへ銃床による殴打が炸裂する。夜空にギャリックの絶叫がこだまする。ホワイトは追いすがってさらにもう一撃加える。

ギャリックの仲間たちは、ホワイトを囲んで罵詈雑言を浴びせる。騒ぎを聞き付けて市民たちがそこかしこから集まって来る。ギャリックは、屯所に立つホワイトを指差して「この売女の息子が俺を殴り倒したんだ」と群集に説明する。

ホワイトはマスケット銃に弾を込め、銃剣を装着すると、近くにあった税関の階段を背に群集に向き合う。そこへ本屋を営むヘンリー・ノックスがやって来る。ずんぐりとした身体を前に進めてホワイトの説得に努める。

「もし銃を撃てば君は殺されるぞ」

「畜生め、もし奴らが俺に危害を加えようとしたら発砲する」

群集は路面から雪を剥がして悪罵とともにホワイトにぶつけ始める。

「撃てるものなら撃ってみろ」

今度は夜警が様子を見に来るが、群集の気迫に押されて何もできない。ホワイトは税関の扉を激しく叩く。扉が少しだけ開き、召使らしき男が顔を出すがすぐに引っ込む。建物の中に逃げ込めそうにない。そこでホワイトは、もはや自分だけでは対処できないと諦めて助けを呼ぶ。

「出動せよ、本隊」

群集も負けじと叫ぶ。

「地元民、出動。地元民、出動」

ホワイトの救援を求める声は当直の士官に届く。トマス・プレストン大尉という。顔に痘瘡を持つアイルランド出身の四〇がらみの男だ。

すぐに召集がかかる。伍長が一人に兵卒が六人。プレストンは、銃弾を装填せず銃剣の着用のみを命じる。そして、七人の部下を従えてただちに現場に急行する。月光に銃剣をきらめかせながら、兵士たちは通行人を威嚇する。

「いまいましい卑怯な奴ら、自由の息子たちはどこだ」

やがて兵士たちは現場に到着する。殺気立っている群集を見て銃弾を装填し始めた兵士たちを前にしてノックスは、プレストンに近づいて警告する。

「お願いだから兵士たちをおとなしくさせておくように。もし彼らが発砲したら君は殺されてしまうよ」

プレストンはうなずくとノックスを脇に押しやり、追い詰められていたホワイトに隊列に加わるように命じる。ホワイトを救出したプレストンは帰路を探す。しかし、群集があまりに多くて通れる隙間がない。

「畜生め、あばずれの息子め、撃ってみろよ。俺たちをみんな殺すことなんざできないだろうよ」

威嚇の声を聞いてプレストンは部下に防御陣形を取らせる。銃剣の先すれすれまで群集が迫る。棍棒を持った一人の男がプレストンに尋ねる。

「住民に向かって兵士たちに発砲を命じることはないだろうな」

「そんなことは絶対にさせない。絶対に」

プレストンは毅然として答える。それは嘘ではない。プレストンの立ち位置は兵士たちの前だ。もし兵士たちが発砲すれば、真っ先に銃弾の餌食になるのはプレストンだ。

ホワイトは、顔見知りの女性が群集の中にいるのを見つける。

「家に帰るんだ。さもないと殺されてしまうぞ」

そこへ治安判事が到着して治安妨害法を読み上げようとする。治安妨害法が告知されれば、一時間以内に解散に応じない群集は厳しい処罰を受ける。群集もそれを知っているので、大声を出して治安判事の声をかき消そうとする。最後まで読み上げられなければ治安妨害法は効力を発揮せず、イギリス兵は何も手出しできない。

「畜生め、悪党ども、撃ってみろ」

群集から叫び声が上がる。

「撃て。神に誓って私は君たちの味方だ。私も血を流してもかまわない。撃て」

これはイギリス兵を支持する者の声だ。少数ながらそういう市民も駆け付けている。プレストンを除いて誰もが「撃て」と叫んでいる。どうすればよいのかわからなくなった兵士たちはただじっと上官を見つめる。

棍棒が飛来する。一人の兵士が直撃を受けて地面に倒れる。

「馬鹿野郎め、撃ってみろよ」

まるで追い打ちをかけるかのように悪罵が投げ付けられる。土が混じる雪を噛んだ兵士の堪忍袋の緒が切れる。血に塗れて立ち上がった兵士は、マスケット銃を構えると群集に向けて発砲する。

一瞬、群集は後退する。次の瞬間、一斉に兵士たちに襲いかかる。必死に身を守ろうと兵士たちは次々に発砲する。再度、群集は後退する。

ほのかな月光の下、銃声が止み、硝煙が晴れる。黒々とした塊が三つ、踏みにじられた雪の上に横たわっている。

落ち着きを取り戻した群集は、最初、自分たちが目にしている光景を信じられなかった。兵士たちは空砲を撃っただけで、倒れているのは恐怖で気を失っている者たちだ。もしくは、慌てて逃げた者たちが置き忘れた外套だろう。

やがて誰もが黒い塊から何かが流れ出ているのに気づく。鼻を刺激する火薬の匂いに混じって、血の匂いが漂う。まだ生きているかもしれない。駆け寄ろうとした群集を見て兵士たちは、銃弾を再装填して即座に銃を構える。

混乱の中で奇跡的に無傷だったプレストンが再び兵士たちの前に立って絶叫する。

「止めろ、おまえたち。何に向かって発砲しようとしている」

マスケット銃を引ったくって制止する。兵士たちは落ち着きを取り戻す。

死者を前にして一人の市民がつぶやく。

「死んでいる」

それを聞いた一人の兵士が答える。

「血を見れば死んでいるのはわかるだろう。奴がそうして無様に倒れているのはいい気味だ」

群集の中で三人がその場で生命を落し、二人が怪我が原因で後に亡くなった。

ボストン市民は、兵士たちが虐殺をおこなおうとしている流言を聞いて続々と集まり始める。このままでは市民たちと兵士たちの間で市街戦が始まってしまう。危機感を募らせたトマス・ハッチンソン総督代理は、植民地議会議事堂のバルコニーに立つ。

「法は従うべき道を示す。私は法と生死をともにしよう」

法の下に公正な真相究明をおこなうというハッチンソンの訴えに動かされて、ボストン市民は解散する。ハッチンソンは、夜通し治安判事を督促して、目撃者集めに奔走する。その一方で、プレストンと兵士たちは、おとなしく牢獄につながれる。


翌朝、ジェームズ・フォレストというアイルランド商人がジョン・アダムズの事務所の扉を叩く。フォレストは、不幸な男から手紙を預かってここに来たとアダムズに言う。語りながら、フォレストの目からとめどなく涙が滴り落ちて頬を濡らしている。いったい誰からの手紙か。それはプレストンからの手紙だった。同郷の誼《よしみ》でフォレストは、プレストンの弁護を頼みに来たのだ。ボストン市民の怒りを買うことを恐れて誰もが弁護を引き受けようとしない。

「全能の神に誓って彼は無実です」とフォレストは言う。

「それは裁判によって明らかにされることです。もし彼が公正な審理を受けられれば、喜んで協力しましょう」とアダムズは答える。

フォレストから一ギニー（一万三、〇〇〇円相当）が手渡される。弁護料だ。金額の多寡は問題ではない。アダムズは、誰もが公平な裁判を受ける権利を持つという強い信念の下、依頼を受諾した。

サミュエル・アダムズとハンコックが中心になって、ファニエル・ホールで集会が開かれる。実に三、〇〇〇人ものボストン市民が集まる。事件の目撃者が次々に前に出て、イギリス兵の非道なおこないを糾弾する。彼らの要求は何か。イギリス兵を街の外に追い出すことだ。

アダムズを初め市民の代表が総督参事会の前に出る。そして、テーブルに最後通牒を置き、控えの間に退く。そこで協議の結果を待つ。

ハッチンソンは、要求をはねつけようと総督参事会で孤軍奮闘する。なぜ要求をはねつけようとしているのか。ハッチンソンは、アダムズやハンコックのような植民地の権利を声高に主張している者たちによって、アメリカの最善の利益が損なわれていると信じている。イギリス議会の至高の優越性を認めて本国とうまくやっていくことこそアメリカの利益になる。今、イギリス兵を街の外に出してしまえば奴らの思うままだ。

しかし、ハッチンソンに味方する者はほとんどおらず、誰もが総督代理に譲歩を迫る。それでもハッチンソンは屈服しない。ウィリアム・ダルリンプル大佐が、とりあえず譲歩として一個連隊だけキャッスル島の要塞に移してはどうかと提案する。協議を終えたハッチンソンは、二個連隊の中で一個連隊だけ街の外に出せると市民の代表に提案する。

午後になってボストン市民は、ファニエル・ホールからオールド・サウス礼拝堂に移る。手狭だったからだ。市民の前に姿を現したアダムズは、ハッチンソンの提案を報告する。すると群集の中から「二個連隊か、それとも否か」という言葉が次々に上がる。イギリス軍が完全撤退しなければ全面対決である。

アダムズはハッチンソンに再び面談を求める。言を左右して煮え切らない総督代理に向かってアダムズは憤然として言う。

「もしあなたが一個連隊を移せるなら、二個連隊とも移せるだろう。もし拒めばあなたの破滅になる。三、〇〇〇人が集まっている。彼らは苛立っている。さらに一、〇〇〇人が近隣から到着するだろう。あらゆる地域が立ち上がろうとしている。もうすぐ夜だ。即時回答を要求する」

ここでアダムズは、言葉をいったん切って、激しい語調で最後の言葉を吐く。

「二個連隊か、それとも否か」

その後、沈黙が続く。ハッチンソンは直立してアダムズを睨み付ける。ハッチンソンからすれば、アダムズは人民を扇動する危険人物だ。そのような人物の要求を受け入れるわけにはいかない。ハッチンソンは、後ろを顧みず扉から出ようと歩を進める。ダルリンプルは、再度、総督参事会で問題を協議したほうがよいとハッチンソンの背中に呼びかける。足を止めて振り返ったハッチンソンは再考を約束する。

総督参事会はハッチンソンの説得に努める。もし今、会談が決裂すれば、ボストンだけではなく、周辺地域から大挙して民兵が押し寄せるだろう。そうなればイギリス軍は圧殺され、戦火でボストンの繁栄は灰燼に帰す。五年前に暴徒に邸宅を略奪された義兄弟のアンドリュー・オリヴァーでさえ、ハッチンソンに譲歩を迫る。ついにハッチンソンは折れた。サミュエル・アダムズ率いるボストン市民の勝利だ。

ダルリンプルはハッチンソンを慰める。

「あなたはどうしますか」

「人びとが正気を取り戻すまでキャッスル島に移る」

「ではあなたと一緒に兵士たちも連れて行って下さい」

イギリス軍が埠頭から平底船に乗ってキャッスル島の要塞に移った後、プレストンと兵士たちの裁判が始まる。ジョン・アダムズはどのように弁護したのか。

簡単に言えば、この事件の真相はイギリス兵の正当防衛だったということだ。今でも歴史の教科書に「ボストン虐殺事件」と誤った印象を与える言葉が堂々と掲載されているのはポール・リヴィアのせいだ。リヴィアは、「キング通りで繰り広げられた血なまぐさい虐殺」と題する版画を流布させて、本国の方針を糾弾する格好の宣伝材料にしてしまった。版画を見ると、プレストンの命令の下、イギリス兵が一列に並んで

無防備な市民に向かって一斉射撃しているが、真相と異なることは明らかである。

アダムズの弁護もそうした点を突いた。プレストンの弁護では、兵士たちが命令なく勝手に発砲したことを陪審員に納得させて、見事に無罪を勝ち取った。さらに兵士たちについても、無抵抗の市民に対して無差別に発砲したという証言に真っ向から対決して、正当防衛による無罪を訴える。その結果、二人が殺人を示すMの字を親指に烙印される処罰を受けたものの、他の六人は無罪となった。アダムズは、信念を貫いて無罪を勝ち取った。

通信連絡委員会

サミュエル・アダムズは危機感を感じていた。ボストン虐殺事件の裁判が終わった後、人びとはしだいにイギリスに対する抵抗運動に興味を失い始めている。イギリス軍がキャッスル島の要塞に移されたことで、ボストン市民の反感も和らぐ。

本国と植民地の対立は凪を迎えている。嵐は過ぎ去り、遙か先まで暗雲は見当たらないようだ。ハッチンソン総督代理は、「この地域の人びとは行状を改めました。もしさらに二、三人のアダムズがこの街にまた現れない限り、我々は十分にうまくやっていけるはずです」と友人に心情を綴っている。

さらにタウンゼンド諸法の撤廃は、持てる者と持たざる者の連携に亀裂を入れた。不買運動による国内需要の高まりで恩恵を受けていた職人たちは継続を望む。その一方で、商人たちは一刻も早く商売を再開したかったので不買運動の廃止を歓迎した。

このままでは抵抗の火は完全に消えてしまうだろう。同志のジョゼフ・ウォレンがプリマスから寄せた報告によれば、近隣の街々は完全に静穏を取り戻していて、「奇跡でもなければ死者を甦らせることはできない」という。

持てる者は、暴徒の矛先が自分たちに向かうのではないかと恐れ始めて、抵抗運動に尻込みしている。そうした気配を敏感に察知したハッチンソンは、ハンコックのために総督参事会の椅子を準備する。ハンコックを自陣に取り込んで、アダムズから引き離そうという画策だ。それが成功すれば、本国に対する抵抗運動における持てる者と持たざる者の連携を崩せる。しかし、ハッチンソンの思惑通りにはならなかった。ハンコックは、ハッチンソンの手を振り解き、代わりにアダムズの手をしっかりと握る。そして、肖像画家に二人の絵を描かせる。完成した二枚の肖像画は、仲良くハンコック邸の応接間に飾られた。

持てる者同士であるのにハンコックはなぜハッチンソンの手を取らなかったのか。それは同じ持てる者であっても考え方が根本的に違うからだ。ハンコックは、もはや十分に成長したアメリカが本国の助けを必要としないと考えている。本国の政治的・経済的支配から脱却して自立すべきである。その一方でハッチンソンは、本国の庇護の下でこそアメリカがますます繁栄を遂げるはずだと信じている。思い描く国家の将来像がまったく異なるので両者が手を結ぶことはできない。

マサチューセッツの外で状況は刻々と変化している。ヴァージニアの不買同盟は自然消滅した。ニュー・ヨークは、「愛国主義という乏しい食事で飢えかけている」と言って港を開いた。他の港街もニュー・ヨークに倣って次々に港を開く。もはや各植民地はばらばらでまとまりを欠き、一致団結して共同戦線を張ろうという気構えはない。

さらにイギリス議会が植民地の官吏の給与を本国が支給すると発表したという報せが届く。サミュエル・アダムズは警戒心を抱く。なぜだろうか。一見すると植民地の経済的負担が減るので、歓迎すべきことのように思える。しかし、それは植民地議会にとって脅威であった。

なぜなら植民地議会の権力の源泉は財政監督権にあるからだ。財布の紐を握っているので総督に強い姿勢で臨める。新制度は、そうした植民地議会の権力基盤を崩壊させる恐れがあった。本国の意のままに動く官吏が植民地を屈服させようとするだろう。アダムズからすれば、自治の権利を奪おうとする狡猾な奸計である。

抵抗運動の立て直しを図るアダムズは、自由の息子たちを主導して通信連絡委員会を立ち上げる。それは、イギリス議会の動向に関する情報を共有して抵抗運動を明確に組織化する試みである。自由の息子たちは、公然とした組織ではなく、自然発生的な緩やかな政治クラブでしかなかった。かねてからアダムズは、「一貫した抵抗運動を企画して全員の同意を得ることは難しい」と思っていた。新しく組織された通信連絡委員会によって、連帯して抵抗運動を進めようという気運が醸成される。

サミュエル・アダムズの手によって書かれた通信には、独立につながるような文章がすでに含まれている。アメリカ人には生命、自由、財産を守る自然権があることを述べたうえで、もし「耐え難い抑圧」を受けた場合、「今、属している社会を去って別の社会に入る」ことは当然の権利であるという。

マサチューセッツの動きに呼応するかのように、ヘンリー、ジェファソン、リチャード・リーが四年前のようにローリー亭に集まる。リーの提案によって、通信連絡委員会を設立する決議が起草される。一七七三年三月十二日、決議はヴァージニア植民地議会に提出され、全会一致で可決される。それは、サミュエル・アダムズが発案した通信連絡委員会からさらに一歩踏み込んで、全植民地で通信連絡委員会を結成して連携を図ろうという試みである。それから一年も経たない間に、ロード・アイランドとペンシルヴェニアを除くすべての植民地で通信連絡委員会が組織され、植民地全体が一体となってイギリス議会に対抗する基盤が作

られた。

ヴァージニア総督ダンモア卿は、通信連絡委員会の結成に特に危機感を覚えていない。本国に送られたダンモア卿の報告を見ると、「植民地議会でちょっとした悪い冗談に思えるようないくつかの決議が採択されましたが、そうした決議は特に重要なものではないので、特に詳細を伝える必要はありません」と記されている。

その一方でリーは、通信連絡委員会が成功するかどうかで「アメリカが政治的に救済されるかどうか」が決定されると信じていた。はたしてダンモア卿の評価とリーの信念、どちらが正しいのか。それはしだいに明らかになる。

グリフィン埠頭の野外劇

友人たちよ、兄弟たちよ、仲間たちよ。東インド会社がこの港に向けて出荷した最悪の代物、いまわしき紅茶が今、到着したぞ。破滅の時か、それとも専制の企みに対する雄々しい抵抗が君たちを待っているぞ。


ボストンの各所にビラが貼り出される。そのきっかけを作ったのはダートマス号という船だ。一七七三年十一月二八日、紅茶を積載したダートマス号はボストン港のグリフィン埠頭に停泊する。続いて同じく紅茶を運ぶエレノア号とビーヴァー号が到着する。

本来であれば、紅茶はそのまま荷揚げされて税関を通る。そして、茶税の徴収後、ボストン市民の口に入る。しかし、今回は違う。ボストン市民は紅茶を飲むつもりはないからだ。紅茶を飲むことは茶法を認めることだ。すなわち、本国の不当な政策を認めることになる。断じて紅茶を飲めない。

ダートマス号が到着した翌日、ビラの呼びかけに応じてボストン市民が続々とファニエル・ホールに集まる。そして、いつものようにファニエル・ホールが手狭だとわかると、オールド・サウス礼拝堂に移る。集まった市民の数は六、〇〇〇人を超える。あらゆる階層の人びとが集まっている。商人、弁護士、職人、熟練工、港湾労働者、徒弟奉公人。それは持てる者と持たざる者の連携が実現したことを示している。

サミュエル・アダムズとハンコックの主導の下、ボストン市民は、紅茶の荷揚げを断固阻止して船を送り返すべきだと宣言する。そして、この措置に従わない者は祖国の敵と見なすと決議する。決議には「人民」とだけ誇らしげに署名される。他にふさわしい署名が何かあるだろうか。ポール・リヴィアを含む二五人の男たちが紅茶の荷揚げを阻止するためにグリフィン埠頭を見張る。

オールド・サウス礼拝堂での集会は翌日も続く。トマス・ハッチンソン総督は、オールド・サウス礼拝堂に保安官を送り込む。保安官は、総督の布告を通達する許可を求める。その場に集まった者たちは、保安官の要望を歓迎しなかったが、アダムズはとにかく通告を聞いてみようと説得する。説教壇に進み出た保安官によって総督の布告が高らかに読み上げられる。

「このうえない危険をもたらすような違法な集会を解散して、不法な行動を中断するように勧告する」

市民の野次を背景にアダムズの怒声が響く。

「奴が。奴が。しわくちゃの白髪頭を支えることもできない老いぼれが。奴が国王の代理人というのか」

解散しようと言う者は誰もいない。保安官は引き下がるしかない。

船主たちは、紅茶を荷揚げできずに窮地に陥る。いったん港に入れば、関税を支払わない限り出港を認められない。もし許可無く出港すれば、拿捕される恐れがある。入港から二〇日以内に関税の納入を済ませるという規則がある。納入を怠れば、積荷が押収される。さりとて市民の妨害を受けずに荷揚げできそうにもない。船主たちを代表してフランシス・ロッチが市民の代表と協議する。アダムズは、なぜ紅茶を積んだままイギリスに引き返さないのかと詰問する。ロッチは、そうしたいのはやまやまだが、出港許可が得られないと反論する。

アダムズは眦《まなじり》を決して言う。

「船は出港しなければならない。ボストン市民と近隣の住民は、それを心から望んでいる」

仕方なくロッチは税関吏に出港許可を求める。しかし、税関吏は、総督の命令に反して関税を支払っていない船を勝手に出港させられないと拒絶する。

十二月十六日午前十時、関税の納入期限を翌日に控えて、五、〇〇〇人の市民がオールド・サウス礼拝堂で集会を開く。議長はサミュエル・アダムズである。雪混じりの冷雨が重々しく降り続く中、通りに立った群衆が窓から礼拝堂の内部をうかがっている。

礼拝堂で最後の機会を与えられたロッチは、トマス・ハッチンソン総督の別荘に赴いて出港許可を求める。ハッチンソンは、ロッチの哀願を受け入れようとしない。関税を支払わずに船を出港させることは違法だから認められない。それにハッチンソンには心強い味方がいる。ボストン港にイギリスの軍艦が停泊しているのだ。軍艦の威容を目にすれば、誰もが暴挙を思い留まるだろう。

ロッチが総督の別荘に赴いている間、アダムズは、ハンコックやウォレンなど同志と語らって次の策を練る。午後六時少し前、ロッチが総督の返事を携えてオールド・ノース礼拝堂に戻る。蠟燭が灯され、さっそく返事が確認される。総督の返答は否であった。誰もが熱に浮かれたように何かをしゃべっている。喧噪の中、アダムズの声が朗々と響く。

「この集会には祖国を救う以外にできることはないのだ」

その場にいた者たちは口々に決意を述べる。

「このまま家に帰って泣き寝入りするのか。断じてそんなことはできない」

「紅茶が海にぶちこまれても誰がそんなことを気にするのか」

そこへモホーク族の装束を身にまとった男たちが鬨《とき》の声を上げる。鬨の声に呼応して勇ましい意見が飛び出す。

「今夜、ボストン港をティーポットにしよう。グリフィン埠頭万歳」

最後にハンコックが説教壇に立って市民に呼びかける。

「すべての者が自分の目で正しいと思ったことをしよう」

「グリフィン埠頭」が市民の合い言葉だ。そこには紅茶を積載している船が停泊している。これ以上の議論は無用である。議論の時間は終わり、ボストン茶会事件が幕を開ける。


ランプの煤や石炭の粉で顔を黒く塗った男たちはグリフィン埠頭に向かう。毛布で身を包み、手に手に斧やトマホーク、ピストルを握っている。偽装は当局の追及を避けるためだ。だが男たちが自由の息子たちの構成員であることは間違いない。

途中、男たちはイギリス軍士官に遭遇する。士官は柄に手を置き剣を半ば抜いて男たちを威嚇する。男たちの中から一人が進み出て言う。

「道幅は十分に広い。俺たちはおまえに興味はないし傷つけるつもりもない。もしおまえがそのまま何もせずに行くなら、俺たちも何もしないで俺たちの道を行く」

男たちはそのまま黙々と集合地点に向かう。集合地点はグリフィン埠頭の近くにある建物だ。次々に黒い顔の男たちが姿を現す。八〇人を数える。

昨夜の雨で塵埃が洗い流された空に細い月が輝く。新月からまだ二日しか経っておらず、月光はか細く頼りない。しかし、グリフィン埠頭は落ちた針を拾えるほど明るかった。ボストン市民がランプや松明を手にして集まっていたからだ。

潮が満ちる。三つに分かれた男たちがダートマス号、エレノア号、そしてビーヴァー号の甲板に次々に上がる。男たちは、船倉に至る昇降段の鍵と灯火を渡すように船長に求める。船長は装備を破壊しないでくれと懇願して、鍵とランタンを渡す。

ランタンを手に船倉に降りた男たちの目に茶箱が映る。かなり大きい。重さは小さなものでも八〇ポンド（約三六kg）以上、大きなものになると三六〇ポンド（約一六〇kg）以上もある。投棄は整然と静かにおこなわれる。まず船倉から茶箱が引き出される。滑車で吊るされて甲板に上げられる。甲板で待ち構えている者たちがトマホークで茶箱の結束を切って穴を開ける。最後に頑健な男たちが舷側から茶箱の中味を海に落とす。最後に空になった茶箱が投棄される。「魚たちのために紅茶を一杯ご馳走してやるんだ」とつぶやく声が聞こえる。

甲板の上で脇目も振らずに作業に取り組む男たちの中には、ポケットに内緒で紅茶を忍ばせるような者はいなかったが、見物する市民の中には紅茶が惜しいと思う者もいる。そういう者が紅茶をくすねようと船に乗り込む。ポケットと外套の内側に紅茶をいっぱいに詰め込むが、すぐに発見され、外套を剥ぎ取られる。

その者は、埠頭で見物していた群集に蹴られたり殴られたりして、ほうほうの体で逃げ去る。

一人の老人が茶箱の残骸から紅茶をこっそりすくい取ってポケットに忍ばせていた。群集は、寄ってたかって老人から帽子と鬘を剥ぎ取り、ポケットの中味と一緒に海に放り込んだ。老人は頭を剥き出しにしたまま走り出して難を避けた。

三時間近くかかってようやく作業が終わる。茶箱はすべてで三四二箱。海中に投棄された紅茶の総額は少なくとも八、〇〇〇ポンド（九、六〇〇万円相当）以上である。船倉から茶箱がなくなったことを確認すると、男たちは茶箱の破片を拾い集め、おがくずで甲板を清掃する。そして、茶箱以外が破壊されていないか船長に確認するように求める。茶箱以外に失われたのは、蠟が三時間分と南京錠が一つだけであった。後日、新しい南京錠が船長に届けられた。

男たちはなぜわざわざ清掃したり南京錠を弁償したりしたのか。それは今回の暴力が印紙法に対する抵抗運動の最中に起きた暴動とまったく性質が違うことを示したかったからだ。五年前、持たざる者は、富裕者の私有財産を見境なく破壊して持てる者を震撼させた。今回は違う。本国の不当な政策の象徴である紅茶のみを破棄して他の私有財産にはいっさい手を触れない。秩序ある暴力である。これならば持てる者も支持できるだろう。ボストン茶会事件は、突発的な事件ではなく、綿密な計画に基づいた事件だった。

男たちは船を降りる。靴を脱いで紛れ込んでいる紅茶を払い落とす。そして、斧やトマホークを肩に担ぎ、鼓笛の調べに乗ってグリフィン埠頭から意気揚々と出て行く。

妨害はなかったのか。わずか四分の一マイル（約〇・四㎞）先に停泊していた軍艦に騎兵隊が乗っていた。艦長は、グリフィン埠頭のすぐ近くにある友人の家から事件を見ていた。したがって、何が起きたか十分にわかっていた。それでも騎兵隊に出動を命じなかった。埠頭にいる多くの傍観者を巻き添えにすることを恐れたからだ。

グリフィン埠頭から引き上げて来る男たちが二階の窓の下を通った時、艦長は身を乗り出して叫んだ。

「おまえたち、インディアンの悪ふざけには素敵な夜かもしれんな。でも覚えておけよ、おまえたちは自分たちが蒔いた種を刈り取るはめになるぞ」

「それは面白い。ここにすぐに出て来い。そうすれば二分でけりをつけてやるぜ」

そう男たちの一人が答えると、窓はすぐに閉まった。


アメリカ史を初めて学ぶ人がよく誤解することがある。ボストン茶会事件は、茶税で紅茶の値段が高くなってアメリカ人が怒ったから起きたという誤解だ。実際はそう単純ではない。

タウンゼンド諸法が撤廃された後も茶税だけは残されたと先に述べた。つまり、それ以後、アメリカ人は茶税を支払っていた。したがって、茶税が課税されたから怒ったというわけではない。むしろイギリス本国が新たに制定した茶法によって紅茶は安くなるはずであった。それにもかかわらず、なぜ茶箱は海中に投棄されなければならなかったのか。背後には紅茶の販売を牛耳ろうとする東インド会社に対する反感があった。

現代の日本人からすれば、紅茶に課税するか否かなど取るに足らない問題に思える。しかし、紅茶という産物はイギリス人にとってきわめて重要な産物であった。

イギリスで茶が普及し始めるのは十七世紀半ば頃である。その当時、イギリスでは、貴族や上流市民の社交の場であるコーヒー・ハウスが次々と出現していた。アラビアから輸入したコーヒーとともに茶は、コーヒー・ハウスで供されるようになって普及する。

それでも茶はまだ高価であって一般庶民の手が届く物ではなかった。一般庶民まで茶が広まるにはさらに一世紀を要した。ちなみに最初に飲まれた茶は、紅茶ではなく緑茶である。紅茶がどのようにして緑茶に取って代わったかは定かではない。俗説では、中国から運搬中の緑茶が自然発酵して紅茶が偶然できたとされているが、確かな根拠はない。

十八世紀初頭から後半にかけて紅茶の輸入額は一〇〇倍以上に増加する。実にアメリカ人の三分の一、すなわち一〇〇万人近くが一日二回紅茶を飲むようになっていた。「女性たちは完全に紅茶の虜になっていて、紅茶なしで済ませるよりもむしろ夕食なしで済ますほうがよい」とフィラデルフィアに住む者は語っている。驚くべき消費革命である。

いずれにせよ、東インド会社がアジアからイギリス本国に輸出する産品の中で紅茶は首位になり、全輸出額の半分近くを占めるようになった。

東インド会社は、「会社」という名前が付いているが、現代の我々が想像する会社とは大きく異なる。一六〇〇年にエリザベス一世から特許を受けて設立された。独自の行政権を持つだけではなく、独自の軍隊さえ保有する特殊な事業体である。インド貿易の独占権を与えられて始まった東インド会社は、インド支配をめぐるフランスとの争いの中でしだいに巨大な機構へと変貌する。中央銀行であるイングランド銀行に次ぐ財政規模だ。それと同時に腐敗が横行して、経営状態が悪化する。多くの商人や政治家が東インド会社と関与していたために、イギリス議会は救済に乗り出す。国策会社なので面子にかけて潰すわけにはいかない。

経営破綻をどうすれば回避できるか。そこで目が向けられたのが莫大な紅茶の在庫である。ロンドンのテムズ川沿いに建ち並ぶ倉庫に一、七〇〇万ポンド（約七、七〇〇t）の紅茶が保管されて出荷を待っている。この在庫を市場で売り捌ければ東インド会社は息を吹き返すだろう。

では最も有望な市場はどこか。北アメリカ植民地である。しかし、困った事情があった。この当時、アメリカ人が飲む紅茶は年間七〇〇〇万ポンド（約三、二〇〇t）であったが、オランダからの密輸茶が実に五〇〇〇万ポンド（約二、三〇〇t）以上を占めていた。とにかく密輸茶は安い。ハッチンソンに言わせれば、たとえ密輸業者が途中で三分の一の積荷を失っても、まだ正規に輸入される紅茶よりも安く売れる。

もし密輸茶よりも安く紅茶を提供できればどうか。市場を奪い返すことができ、東インド会社が抱える大量の在庫を処分できる。それに植民地からオランダに富が流出するのを防止できる。一石二鳥である。

では紅茶を安くするにはどうすればよいか。まず茶税の廃止が考えられる。茶税が正規に輸入される紅茶の価格競争力を損なっていることは明らかだ。そうした障害をなんとか是正しなければならない。しかし、茶税は、本国が植民地に対する課税権を持つことを誇示するために残されていた。したがって、イギリス議会は、自らの至高の優越性を堅持するために、茶税を存続させなければならない。茶税の廃止は論外である。

イギリス議会の至高の優越性を保ちつつ、しかも正規に輸入される紅茶を安くする妙策はないか。植民地に対する課税を撤廃する代わりに、イギリス本国で課す関税を廃止すればよい。

実はアメリカに正規に輸入される紅茶は、これまで二重に課税されていたという事情がある。中国産の紅茶は、直接、アメリカに輸入されるわけではない。まず中国からイギリス本国に輸入される。そこで関税を一度支払う。そして、イギリス本国からアメリカに運ばれ、茶税の適用を受けた。

イギリス議会は、新たに制定した茶法によって、二重課税を廃止しただけではなく、これまで余分に支払われた関税の払い戻しを決定する。その結果、東インド会社が植民地に輸出する紅茶の価格は、実に一ポンド（約四五〇g）当たり二〇シリング（二万二、〇〇〇円相当）から一〇シリング（六、〇〇〇円相当）まで下がった。これでオランダからの密輸茶に対抗できるはずだ。東インド会社は、紅茶の独占販売権を得て莫大な収益を上げられる。また東インド会社に政府から一四〇万ポンド（一七〇億円相当）が貸し付けられた。これは政府による大企業救済の初期の代表的な例である。至れり尽くせりだ。

こうして制定された茶法は、オランダ商人を除けば、誰もが幸せになれるように見える。まず東インド会社は、過剰に抱え込んだ在庫を処分できて、破産の危機を回避できる。東インド会社の利害関係者も満足だろう。それにイギリス政府は、密輸茶のせいで徴収し損ねていた関税を回収できる。そして、アメリカ人はどうか。紅茶が安くなれば歓迎するはずだ。つまり、東インド会社、イギリス政府、アメリカ人が三者三様で得をする。

しかし、物事は必ずしも想定したようにはならないのが常である。オランダ商人の他にも困る者がいるからだ。これまでオランダの密輸茶を販売してきたアメリカの仲買商人だ。ジョン・ハンコックもその一人である。彼らは、もし東インド会社が独占販売権を得れば、市場から締め出される。従来、急進派の動きに距離を置いてきた保守的な商人たちは、東インド会社による経済的独占の試みに危機感を抱く。

またボストンでは、東インド会社の委託を受けて独占販売権を代行する者は五人に限られていた。その五人の中にハッチンソン総督の親族が三人も含まれているという事実も反感を買う。紅茶で成功を収めれば、それに味を占めた東インド会社は、本国政府に賄賂を贈って次々に独占の手を他の商品にも伸ばすだろう。

急進派は、そうした商人たちの鬱憤を晴らそうとボストン茶会事件という劇的なデモンストレーションをおこなった。グリフィン埠頭で持てる者も持たざる者も一緒になって観客として事件の一部始終を見ていたのはそのためだ。

ボストン茶会事件は、印紙法やタウンゼンド諸法に対する抵抗運動と本質的に異なる。東インド会社の独占に否を突き付けたことは、すなわちイギリス本国の重商主義的政策に否を突き付けたに等しい。植民地の産業は発展を遂げつつあり、もはや政治的にも経済的にもイギリス本国の隷属下に置かれることを潔しとしない。すなわち、これまでの抵抗運動は、帝国制度内で正当な権利を得ようという運動であったが、今やアメリカ人は帝国制度そのものの改変を迫っている。

ボストン茶会事件の一報は、通信連絡委員会の手ですぐに各地に広まる。急報を携えてポール・リヴィアはまずニュー・ヨークに向かう。金曜日の朝に出て四日後の夜に到着。なぜリヴィアは急いだのか。ニュー・ヨークにもボストンと同じく紅茶を満載した船が到着していたからだ。ニュー・ヨークの自由の息子たちは総督と睨み合っていた。ボストン港での事件を知ると、総督は暴力沙汰になるのを恐れて譲歩した。船は紅茶を荷揚げせずにイギリスに引き返す。

次にリヴィアが向かった先はフィラデルフィアである。紅茶を積んだポリー号が到着する前に先回りすることに成功する。クリスマスの日、ポリー号がフィラデルフィアの二〇マイル（約三二㎞）先にあるチェスターに到着する。ポリー号の船長は、紅茶を積んだままただちにイギリスに引き返すように脅迫を受けるが屈しない。さらに八、〇〇〇人のフィラデルフィア市民が集まって、もし要求を呑まなければ第二のボストン茶会事件を起こすと通告する。仕方なく船長は、積荷を降ろさずにロンドンに向けて出航した。

さらに遠く離れたヴァージニアにもボストン茶会事件の報せが届く。ヴァージニア人はどのような反応を示したのか。ある家庭教師は、「ここ［ヴァージニア］の人びとは概ね北部植民地の勇敢で愛国的な抵抗に称賛を送っている」と日記に綴っている。さらにその続きを読むと、人びとはボストン茶会事件について話し合った後、「国王、王妃、その場にいない友人たち、ヴァージニア総督と到着したばかりの総督夫人、そして、アメリカの貿易と商業の成功のために乾杯がおこなわれた」という。つまり、あくまで圧政をおこなっているのはイギリス議会であって国王ではないとヴァージニアの人びとが考えていたことがわかる。

子羊と獅子

ボストン茶会事件の報せがロンドンに届いて間もなくのことである。ベンジャミン・フランクリンは、枢密院から「闘技場」と呼ばれる談話室に出頭を求められる。闘技場には、三六人の枢密顧問官とノース卿を初めとする政権の主要人物が顔をそろえていた。

入室したフランクリンは、部屋の中央にある長いテーブルの前に導かれる。そこで一座にいる面々に向き合う。法務次官によって、植民地から届いたトマス・ハッチンソン総督の罷免を求める請願が読み上げられる。それは前置きにすぎなかった。本題は、フランクリンがハッチンソンを総督の座から引きずり下ろす陰謀に不当に協力したのではないかと糾弾することだ。

衆人環視の中、黙って立ち尽くすフランクリンに激しい非難の矛先が向けられる。法務次官の一方的な審問が一時間にわたって続く。その場にいる者たちは誰も法務次官を止めようとしない。それどころか拍手喝采を送る。法務次官は、激昂のあまりテーブルを強く叩きながらフランクリ

ンに詰め寄る。

「ハッチンソンは、反乱を起こそうとするフランクリンの悪辣な陰謀の犠牲者です。そして、フランクリンは自分自身が総督になろうと企んでいます」

その間、マンチェスター産のヴェルヴェットのスーツに身を包んだフランクリンは、彫像のようにまったく動かず一言も漏らさなかった。周囲から嘲笑が聞こえる。笑わずに真面目な顔を保っていたのはノース卿だけだったという。最後にハッチンソン総督の罷免を求める請願を却下する旨が読み上げられ、一時間に及ぶ闘技場での審問は終わった。

その日、下宿先に帰ったフランクリンは、スーツを脱ぎながら誓う。今回の屈辱が晴らされるまでこのスーツを二度と着用しないと。これまでフランクリンがたどって来た道は、本国と植民地が和解する道だった。ついにフランクリンはその道を捨てて、独立戦争へ至る道を選ぼうというのか。否、フランクリンは諦めていない。まだできることがあるはずだ。

ボストン茶会事件の余波は、フランクリンの糾弾だけにとどまらない。一七七四年三月、国王は議会で演説して事件に触れている。ボストン市民の「暴力的で法外な行動」を非難したうえで、「我々は彼らを抑制して完全に孤立させなければならない」と断言する。植民地に対して友好的なピットさえ「野蛮な主張を唱え、激情を持て余すアメリカ人に親切にする必要などないだろう」と述べる。これまでイギリス本国の人びとの間には、アメリカ人が臣民として当然の権利を獲得するために戦っているのだという同情論が少なからずあったが、そうした同情論も雲散霧消する。

こうした世論の変化を背景にノース卿は、ボストン茶会事件を「ニュー・イングランドの過激派」がイギリス議会に反抗する意思を示したものだと断定する。なんとしても反抗の意思を挫かなければならない。さもなければイギリス議会の権威は地に落ち、他の植民地人も従わなくなるだろう。

イギリス議会はボストン港閉鎖法を制定する。ボストン市民が東インド会社に賠償金を支払うまで、食料や燃料を除くすべての船荷の扱いを禁止する。税関をプリマスに、政庁所在地をセイレムにそれぞれ移す。これが世に言う懲罰諸法、アメリカ人の呼び方では「耐え難き法」の嚆矢である。そのような法律を執行するには武力が必要だと一人の議員から指摘を受けたノース卿は反駁する。

「もし軍隊が必要であっても、わが国の法への服従を強いることに一瞬の躊躇もありません」

国王も「今、賽は投げられた。植民地は屈服するか、勝利するかだ。私は、厳しい措置を取りたくないが、引き下がることはできない。そうした措置を冷徹にたゆまず追求すれば、彼らはきっと屈服するだろう」と言って、ノース卿の施策を容認する。

アメリカ人の目からすれば、懲罰諸法は「圧政」であるが、イギリス政府からすればそうではない。紅茶を安く供給したうえで茶税を徴収するという十分な配慮を示したのにもかかわらず、それに暴力的な手段で抵抗するとは許し難い。したがって、反省を促すために厳しい訓戒を与える必要がある。

また印紙法やタウンゼンド諸法の撤回に一役買ったイギリス商人たちは、ボストン茶会事件についてどのように思ったのか。アメリカ人が不買運動で本国の政策に不満を表明したのは支持できた。しかし、今回は違う。重要な商品である紅茶が無法にも投棄されたのだ。とうてい容認できない。

ボストン港閉鎖法が簡単に議会を通過したことに意を強くしてノース内閣は、続いてマサチューセッツ統治法を制定する。それはマサチューセッツ憲章の改変を意図した法律である。これまで植民地議会が選出してきた総督参事会を今後は国王が任命する。総督には、保安官と判事を単独で任命する権限が与えられる。

街の集会は年に一度、それも役人を選出する時だけに制限される。

こうした措置は、植民地の自治の精神と伝統を根底から覆しかねない。自由の息子たちは、それを絶対に受け入れられない。死刑執行人が絞首台に懲罰諸法の写しを吊り下げて火を付ける。それを見て群衆は快哉を叫ぶ。懲罰諸法に経済制裁で報復するべきだと呼びかける布告が各植民地に飛ぶ。イギリス政府の強硬姿勢に対抗しようという気運が各植民地で高まる。ボストン茶会事件をきっかけにアメリカ人は、独立戦争へ至る道で、もはや引き返せない領域に足を踏み入れた。

もちろん本国の政策に従うべきだと考える者もいたが、そうした声はかき消された。また急進的な自由の息子たちを危険視する者たちもいたが、口をつぐまざるを得ない。


懲罰諸法は、明らかにイギリス議会の政治的判断の失敗である。イギリス議会は、他の植民地がボストン市民の不当な破壊活動を支持するはずがないと思っていた。その予想に反して、本国を支持する者たちを失望させただけではなく、植民地に反感を抱かせ一致団結する機会を与えてしまった。

この当時、イギリス本国が植民地の反抗をどのように考えていたかは、トマス・ゲージ将軍が国王に語った言葉を見ればわかる。ゲージはトマス・ハッチンソンに代わって新総督に任命され、ボストンに発つ前に拝顔の栄に浴した。

「たとえ我々が子羊で植民地人が獅子であっても、我々が断固とした姿勢を保てば、彼らはおとなしくなるでしょう」

国王もイギリス議会も概ねそうした見解であった。急進派がいったい何に危機感を抱いて人民を扇動しようとしているのか正確に理解している者はイギリス本国にほとんどいない。

一七七四年五月下旬、ボストン港閉鎖法の文面がヴァージニアの首府ウィリアムズバーグにも届く。ワシントンは、ボストン港閉鎖法を「最も横暴な専制的な制度の証である」と書き留める。

五月二四日、ヴァージニア植民地議会は、ボストン港閉鎖法に抗議して、港が閉鎖される六月一日を断食と祈祷の日に指定する決議を採択する。それは、神の前でそうした抗議が正しいことを示すためだ。さらに植民地の権利を奪おうとする悪弊を取り除き、アメリカの自由を損なおうとする圧政に決然たる抗議をおこなうために、全植民地が一体となって戦い抜く誓約が記された。

もちろんヴァージニアは、断食と祈祷だけをおこなったわけではない。マサチューセッツの要請に応じて、小麦粉を送っている。ボストン港が封鎖されれば、物資の大半が入って来なくなるからだ。他にもサウス・カロライナは米を、メリーランドはライ麦とパンを、コネティカットは羊を、ノース・カロライナは義援金を、ロード・アイランドは失職したボストンの大工たちのために仕事を提供している。遠くケベックの住民からも小麦が詰まった樽が届き、近隣のマーブルヘッドは、ボストンの商人に港湾施設を斡旋する。

決議が採択された二日後、ダンモア卿は突如、ヴァージニア植民地議員を招集して次のように布告した。

「議長ならびに議員諸君、私の手元にはイギリス議会の命令書がある。国王ならびにイギリス議会の名の下に、私は植民地議会の解散が必要であると認めた。したがって、議会は解散される」

ワシントンにとってヴァージニア植民地議会の抗議は、決して過激ではなく、むしろ控え目過ぎるくらいだった。まさか総督が議会の解散のような強圧的な手段に出るとは思っていなかった。

五月二七日、元議員たちは、再びおなじみのローリー亭に集う。そして、通信連絡委員会を通じて、他の植民地と協力して「アメリカの共通の利益」を考える議会、すなわち大陸会議を開催する決定を下す。それだけではない。紅茶のみならず、東インド会社のあらゆる商品を購入しないようにヴァージニアの人びとに呼びかける布告が起草される。

「団結すれば我々は持ちこたえることができる。分裂すれば我々は凋落する」というパトリック・ヘンリーの言葉に誰もがうなずく。誰がボストンを見捨てられようか。次はわが身かもしれないのだ。

事態ここに至ってもワシントンは、自分がどのような立場をとるべきか悩んでいた。イギリス議会が植民地を屈服させようという決意を持っていれば、それに対抗する植民地の決意が試練にさらされているのではないか。しかし、もはや不買同盟はうまくいかないだろう。もっと強硬な手段を選ばなければならないのか。実力行使に訴えなければならないのか。

六月一日、懊悩するワシントンは、決議で決められた通りにブルトン教区教会に行って祈りを捧げて断食をおこなう。教会の鐘は殷々と響き渡り、市民は祈りの日を送る。

ブルトン教区教会でおこなわれた祈祷でトマス・プライス牧師は、「まことにあなたは正しい者を、悪い者と一緒に滅ぼされるのですか」とソドムの街の破壊についてアブラハムが神に対しておこなった質問を会衆に投げかけた。そしてプライスはその問いに「私はその十人のために滅ぼさないであろう」というアブラハムに対する神の言葉で自ら答えた。

プライスは何を言いたかったのか。ソドムという悪徳に染まった街でさえ、神は十人の正しい者がいれば滅ぼさないと約束した。それならば、それよりももっと正しい人びとがたくさんいるボストンの街が滅ぼされることはないと強調したかったのだ。

ワシントンが市民の中に混じって祈りを捧げていたまさに同じ日の正午、ボストン港の閉鎖は実行に移された。港に入る船は一隻もなくなった。出港はまだ許されていたが、それも十五日までと期限が決められている。

六月七日、マサチューセッツ植民地議会が、本国の指示通りセイレムで開かれる。サミュエル・アダムズは、イギリス政府に一矢報いる計画を練る。まずゲージ総督に秘かに情報を流している議員を出し抜かなくてはならない。そこで東インド会社に支払う賠償金について長々と議論する。もちろんアダムズに賠償に応じるつもりはさらさらない。一人ひとり議員に水面下で働きかけて、少しずつ味方を増やすための時間稼ぎだ。

十日後、十分な数の仲間を集めたと判断したアダムズは、かねてより温めてきた計画を実行する。まず議場の扉を閉ざすように門番に指示する。一二〇人の議員たちの誰ひとりとして議場を出ることを許されない。また外からの干渉も完全に遮断される。いったい何をしようというのか。

アダムズは一つの決議を提出する。それは、全植民地の代表を集めてフィラデルフィアで開催される会議、すなわち大陸会議に自分を含めて五人をマサチューセッツ代表として送り出す決議である。議場は喧噪に包まれる。議員の中には、すぐにここから出せと要求する者もいる。しかし、扉の鍵はアダムズのポケットの中にある。決議が可決されるまで誰も議場から出さないつもりだ。

一人の議員が気分が悪いと騒ぐ。アダムズは仕方なく退室を認める。問題の議員は、すぐに総督のもとに注進に走る。仮病だったのだ。アダムズの策謀を知ったゲージは、議会の解散宣告を持たせた書記官をただちに派遣する。子羊ではなく獅子として振る舞おう。ゲージはそう決めた。

議場の前まで来た書記官は途方に暮れる。議場の扉が固く閉ざされていて入れない。案内係の少年だけが入室を許可される。しばらくして出て来た少年は、扉がすぐに開かれることはないだろうと書記官に告げる。仕方なく書記官は、解散宣告を扉の外で読み上げる。いったい何事が起きているのかと見に来たセイレムの住民だけが聴衆だ。

閉ざされた扉の中で議員たちは、大陸会議への参加を求めるアダムズの決議を採択する。さらにボストンの救済を訴え、イギリス製品の不買を呼びかける決議が採択される。すべてが終わってから議場の扉が開かれ、議員たちは解散宣告を受け入れた。

懲罰諸法は明らかにイギリス議会の政治的判断の失敗であると先に述べた。イギリス議会はさらに失策を重ねる。ケベック法の制定である。おそらくイギリス議会は、ケベック法がアメリカ人の反感を買うとはまったく思っていなかった。そもそもケベック法は、アメリカ人を対象とした法律ですらなく、その名前の通り、ケベック、すなわちカナダ統治のための法である。つまり、本来であれば、アメリカ人と無関係のはずだ。それがなぜアメリカ人の反感を買ったのか。

カナダはフレンチ・アンド・インディアン戦争の結果、イギリスの領土になった。もともとフランス植民地であったことから、カナダにはフランス系住民が多く、イギリスの統治に反感を抱いている。

いずれにせよ、イギリス政府はカナダを円滑に統治したいと考えていた。ケベック法は、政治的緊張を緩和するための政策である。確かにフランス系住民からすれば、それは寛容な法律である。しかし、アメリカ人の目にはまったく正反対に見えた。なぜか。それは内容を見ればわかる。

ケベック法は主に三つの内容からなる。カトリック教会の権威を認め、軍政に代わる文民政府を樹立し、ケベックの領域を決定する。

カトリック教会の権威を認めることは、プロテスタントが多くを占めるアメリカ人に恐怖を抱かせる。すなわち、やがて自分たちにもカトリックの教皇権が及ぶのではないかという恐怖だ。多くのアメリカ人には、カトリックに対する根深い不信感がある。それは憎悪と言ってよいほどの強い感情だ。

特にニュー・イングランドの人びとは、イギリス本国が不当に信教の自由に介入しようとしているのではないかと警戒している。事実、ジョン・アダムズは、もしイギリス議会が我々に課税できれば、国教会をその名前の通り、「国教」としてアメリカに強制して、他のすべての宗派を禁じることもできると指摘している。

文民政府の樹立はどうか。一見すると特に問題がないように思える。自治の伝統を持つアメリカ人からすれば、たとえ対象が自分たちの領域ではなくても歓迎すべきことかもしれない。しかし、その統治機構の内実は、本国の厳しい統制下に置かれたものであり、アメリカ人が尊重する自治とはまったく異なるものであった。イギリス本国がカナダ統治を成功させれば、これまでアメリカ人に与えてきた広範な自治を撤回して、同じ桎梏の下に置こうとする恐れがある。

そして、最後のケベックの領域の確定である。現在のカナダとアメリカの国境線は五大湖の中を通っているが、ケベック法で定められた境界線は、それよりも大きく南に張り出して十三植民地を封じ込めるような形になっている。これは一七六三年の国王宣言と同じく、アメリカ人の西部への拡大という将来の展望を阻害する決定に他ならない。

懲罰諸法よりも、この決定のほうが多くの植民地人を闘争に駆り立てたかもしれない。もちろん西部の土地に投資していたワシントンにとっても許し難い決定だ。第三者から見れば、ケベック法はカナダ統治のための妥当な法律であったが、アメリカ人に及ぼす影響を考えれば、政治的失策だったと言える。

征服者の子孫

螢が飛び交う季節は終わり、盛夏を迎えようとしている。滔々と流れるポトマック川は、降り注ぐ陽光をちらちらと反射して輝く。一頭の馬が走っている。奴隷が働く耕地を抜けると、心地良い影を落とすポプラとサッサフラスの並木道が現れる。

馬上の主人は何かを考えているようで、行き先を気にしている様子はない。それでも問題ない。馬はちゃんと主人をどこに運べばよいか心得ている。通い慣れた道だ。

蛇のようにうねる並木道の先に広壮な邸宅が見える。赤く塗られたイトスギの屋根板が青空を背景にくっきりと浮かび上がる。白く塗られた壁は、一見すると緻密に組まれた石材のようだが、よく観察すると、実は粗面仕上げを施したマツ材だ。

馬は、ベルヴォアの南隣にあるガンストン・ホールからやって来た。背に乗っている主人はジョージ・メイソンである。向かう先はマウント・ヴァーノン。ガンストン・ホールとマウント・ヴァーノンは、直線距離で五マイル（約八㎞）しか離れていない。馬に一鞭入れれば、気軽に遊びに来れる距離である。

ただ今日は遊びに来たわけではない。今度、開催されるフェアファックス郡の集会に提出する決議案についてワシントンと相談するのが用向きだ。二人の寄せ合った額から何が生まれるのか。

メイソンのペンの力は、ワシントンの心の中にわだかまる思いに明確な形を与える手助けをする。ワシントンはどちらかと言えば実践家であり、思想家ではない。しかし、自らの思想を持っていなかったわけではなく、それを明確な形にする術を持たなかっただけだ。幸いにもワシントンは、そうした手助けをしてくれる優秀な人びとに恵まれた。しかもそうした手助けが最も必要である時期に。

世の中には新しい思想を紡ぎ出すことに秀でた人物もいれば、それを実践することに秀でた人物もいる。各人が持つ特性を理解したうえで協力して仕事を進めればよい。ワシントンは、自分に欠けている点を他人の長所で補う利点をよく知っていた。

一七七四年七月十八日、ワシントンは、フェアファックス郡の集会を主催する。メイソンと相談して作成した決議案が提出される。それは、イギリス本国の抑圧的な政策を非難する決議であり、主に植民地自治の原則と対英貿易の停止を謳っている。

メイソンは、自治の原則について、「[アメリカは]征服された土地として考えられるべきではない。[なぜならアメリカ人は]被征服者の子孫ではなく、征服者の子孫だからである」と端的に述べている。それは本国人も植民地人も同等だという意識の現れである。両者は共通の国王を戴くことでのみ紐帯を持つ。

植民地の同意なく課税することは憲法の原理に反している。なぜなら人民は自ら選んだ代表が制定した法律にのみ従うべきだからだ。すなわち、人民が納税の義務を負わなければならないのは、代表を議会に送って自己の利益を主張する権利を持つ場合に限られる。

権利なきところに義務はない。それにもかかわらず、イギリス議会は、植民地人の代表を受け入れることなく、税金を支払う義務だけを一方的に植民地に押し付けようとしている。

さらに決議は続く。ボストン港の封鎖は暴挙である。人民と政府の重要な誓約であるマサチューセッツ憲章の改正を強制したことは圧政である。そのような行動は、植民地に専制的な政府を樹立しようとする計画の一部である。人民の自発的な意思を体現する機関である植民地議会を解散したのもその計画の一部であり、人民を絶望の淵に追い込んで、国王を通じて結ばれている本国との紐帯を破棄させようとする試みである。

最後に決議は、植民地が相互に協力し合い、自由と財産、そして、権利を守るために強固な連帯を確立すべきであると説く。そして、全植民地が集まる会議、すなわち大陸会議によって採択される方策に従うことを拒否する者を共同体から疎外すると宣言した。

郡庁舎に集まったフェアファックス郡の住民は、フェアファックス決議を採択し、ワシントンを将来の政策を決定する委員会の長に選出する。フェアファックス決議は新聞に掲載され、他の植民地にも知れ渡る。フレンチ・アンド・インディアン戦争の終結以来、忘れられがちであったワシントンの名が再び人びとの胸の中で甦る。

大陸の指導者

一七七四年八月一日、各郡から選ばれた代表たちは、ウィリアムズバーグに集ってヴァージニア植民地総会の開催を宣告した。これまでの植民地議会とは異なり、本国から認可を受けていない「議会」である。なぜヴァージニア人は非合法のヴァージニア植民地総会を開催するという強硬策に打って出たのか。そのようなことをすれば、本国との和解がますます難しくなる。もちろんヴァージニアの支配層もそのことに気づいていた。しかし、それでも非常手段に訴えなければならなかった。

ワシントンがフェアファックス決議をフェアファックス郡の住民に提出して、その承認を得たことはすでに述べた。それは何を意味しているのか。フェアファックス郡の住民は、イギリス本国の抑圧から逃れるべきだと声を大にして主張している。それだけではない。彼らは、イギリス本国に対する抵抗運動に乗じて植民地内の改革も迫っている。

そこでヴァージニアの支配層は考える。自分たちが本国に対する抵抗運動を主導しなければならない。さもなければ、下層の人びとが自ら先頭に立ってイギリス本国の軛《くびき》から逃れるだけではなく、ヴァージニアの支配構造をも覆そうとするだろう。

ヴァージニア植民地総会が開催されたのも、下からの突き上げを受けたヴァージニアの支配層が、本国に対する抵抗運動で主導権を握ろうと考えたからだ。支配層は、ヴァージニアが無政府状態に陥ることを恐れて抵抗運動に秩序をもたらそうとした。

暴れ川を放置すれば氾濫が起きて大地は荒廃する。しかし、堤防を作ってその流れを利用すればどうか。やり方によっては大地に豊かな実りを約束するだろう。民衆が持つ力を認めたうえで、それをどこに誘導するか。アメリカの優れた為政者が常に考えてきたことである。

ワシントンもヴァージニア植民地総会の一員に選ばれている。植民地総会でワシントンはどのように行動したのか。日記は残っている。しかし、いったいどのような思いで植民地総会に参加したのかも、どのような話がおこなわれたのかも書かれていない。自分の行動に関する簡潔な記録のみを記載するのがワシントンのやり方なので、それは仕方ないことだ。そこで我々は他の記録から植民地総会の様子を探るしかない。

六日間にわたって代表たちは、フェアファックス決議に倣って植民地の権利を擁護する計画を練っている。十一月一日以降、医薬品を除く製品や奴隷の輸入、紅茶の飲用、東インド会社製品の購入、タバコの輸出などを禁止する決議が採択された。新たな不買同盟の結成である。またボストンに駐留するイギリス軍に対する非難も採択される。

ヴァージニアの防衛態勢が整えられる。イギリス本国に対抗する必要があっただけではなく、自由に目覚めようとしている奴隷の暴動にも対処する必要があるからだ。新たに独立民兵隊が結成される。独立民兵隊に入隊できる者は、「一流の資産と資質を持った郷紳」に限られた。武器や軍服を自弁でそろえることが条件なので、貧しい者は参加できない。これは明らかに支配層が抵抗運動の主導権を握ろうとして考案した条件である。

植民地総会のさらなる決定がワシントンの人生を永遠に変える。後の大陸軍総司令官、憲法制定会議議長、そして、大統領への新たな扉を開く重要な決定である。

植民地総会は、フィラデルフィアで開催される全植民地を集めた会議、すなわち第一回大陸会議に出席する七人のヴァージニア代表の一人にワシントンを選ぶ。ワシントンの獲得票は、議長を務めたペイトン・ランドルフの獲得票にわずか数票で迫り、雄弁で鳴らすパトリック・ヘンリーの獲得票よりも多くの票を獲得している。ある投票用紙には、「軍隊召集の際に司令官になるべき」とワシントンを代表に選んだ理由が書かれていた。つまり、ワシントンは軍人としての資質を期待されて代表の一人に選ばれた。

ワシントンの代表的な伝記研究者ダグラス・フリーマンは、そのことが「大陸の指導者としてジョージ・ワシントンが身を起こす決定的な一歩になった」と評している。これまでワシントンは独立戦争へ至る道で遥か先を行く者たちの背中を見ていた。しかし、今やワシントンは先を行く者たちの一員に加わった。そして、先頭に立つ日もそう遠くないだろう。

ウィリアムズバーグからマウント・ヴァーノンに戻ったワシントンは、友人に植民地総会について手紙で知らせる。

私自身の頭脳よりも優れた頭脳を持つ人びとは、イギリス議会の政策自体が自然権に矛盾するだけではなく、憲法と法律を覆そうとしていると私を完全に納得させました。［中略］。ボストンからの報せによれば、［ゲージは］マサチューセッツ湾の人びとの静かで決然とした行動や他の植民地政府が進めている政策に対して強い不快感を抱いているようです。彼は、抑圧された人びとを屈服させたり、暴力行為に駆り立てたりしていると言えるでしょう。

本当にゲージは、ワシントンが言っているように、人びとを暴力行為に駆り立てようとしていたのか。ボストンの状況はどうなっているのか。六月以来、ボストンは四、〇〇〇人のイギリス兵の膝下に置かれている。兵士たちの野営する広場が活気を帯びている一方で、波止場にある店は軒並み閉ざされている。倉庫の扉が開かれることはなく、街路に雑草がはびこる。家族を郊外に避難させた市民も少なくない。経済の大動脈であるボストン港が封鎖されたせいで街の経済は停滞する。不動産価格は毎日のように下落し、職を失う者の数は増える一方だ。しかし、ボストンは生きている。ゲージを徹底的に批判する新聞さえ発行停止処分を受けていない。夜間外出禁止令も出されていない。ボストン市民は自由だ。

戒厳令を布いてボストンを完全に軍政下に置く。ゲージはやろうと思えばできたはずだ。しかし、そのような素振りをまったく見せていない。イギリス兵や本国支持派から手ぬるいとさえ思われている。子羊ではなく獅子として振る舞おうと決意したのではないか。獅子になる勇気がないのか。それとも単なる怠惰な不決断か。そうではない。明確な方針に従ってゲージは動いている。それは本国に送られた報告を読むとわかる。

私は、無益なつまらない諍いから重大な結果が起こらないように骨を折っています。ボストンの運命がアメリカ全体の関心事となっている今、そうすることによって、和解の余地が残されている場合、イギリス政府が交渉の道を開けるように努めています。

「生ぬるい臆病者」のゲージに業を煮やした本国支持派は、抵抗運動を瓦解させようと自ら動き出す。オールド・サウス礼拝堂で開かれた集会で彼らは、通信連絡委員会を解散する決議を提出する。もちろんそのような決議を看過するサミュエル・アダムズではない。力強い言葉で反駁する。

「草の上であるギリシアの哲学者が寝ていましたが、掌を動物に噛まれて目覚めました。起き上がって掌をさっと閉じてみると、それは野鼠でした。この小さな動物をどうしようかと見ていると、野鼠はまた噛んで逃げ出しました。市民諸君、この些細な出来事からどのような教訓を引き出せばよいのでしょうか。すなわち、弱く卑しい動物でさえも自由のために戦わざるを得ない時は、自由を守るために戦うということです」

本国支持派の決議が表決にかけられる。本国支持派は「専制の息子たち」と揶揄され、その決議は圧倒的多数で否決される。通信連絡委員会を解散するべきではない。それがボストン市民の意思だった。さらに本国支持派は、自分たちも費用を負担するので、東インド会社に賠償金を支払おうと提案したが無視された。

自由の炎は静かに、そして確実に人びとの胸の中で煽り立てられる。さらに他の地域にも燎原の火のように広がり始める。ただまだ激しく燃え上がっていない。鞴《ふいご》で風を送り続けなければ、やがて火は消えてしまうだろう。しかし、小さな火が次々に受け継がれて、久遠に消えることなき炎になって世界を照らすこともあろう。

ゲージは、どうすればボストン市民と和解できるのか思案する。彼らの抵抗運動の先頭に立っている者をまず狙い撃ちにしよう。強力な毒を持つ蛇でも頭を失えば死ぬ。では誰を狙い撃ちにすればよいのか。もちろんサミュエル・アダムズだ。

逮捕して本国に送る。愚策である。そんなことをすれば、アダムズは殉教者に仕立て上げられる。それよりも簡単な方法がある。買収である。アダムズが貧しいのは有名な話だ。恩典を与えればこちら側に寝返るだろう。

ゲージの密使がアダムズのもとに赴く。もしイギリス政府に反抗するような行動を控えれば、生涯にわたって一、〇〇〇ポンド（一、二〇〇万円相当）の年金を与えよう。破格の条件だ。密使の言葉が終わると、アダムズは椅子から立ち上がって憤然と言う。

「自分だけの考えでどうしてわが国の正当な大義を捨てられようか」

そして、扉を指しながら密使に向かって吐き捨てる。

「ゲージ将軍に伝えるがよい。憤慨している人民の感情を逆撫でするようなことは止めろと。それがサミュエル・アダムズからゲージへの助言だ」


大陸会議の開催日が目睫《もくしょう》に迫ったある日のことである。サミュエル・アダムズは、自宅で家族と夕食を囲んでいた。そこへ仕立て屋が訪ねて来る。仕立て屋は、スーツをこしらえたいから寸法を測らせてほしいと言う。驚いたアダムズは、スーツを注文した覚えはないと断る。すると仕立て屋は、ある人からアダムズのためにスーツを作るように頼まれたと答える。そして、必要な作業を終えると出て行った。

仕立て屋と入れ替わりに今度は帽子屋が姿を現す。アダムズの頭の寸法を測る。さらに靴屋がやって来る。アダムスの足の寸法を測る。彼らは口をそろえてある人から頼まれたと言ったが、それが誰なのか決して明かさなかった。

数日後、アダムズの自宅の玄関先に大きなトランクが置かれていた。中にはスーツ一着、靴二足、銀の靴の締め金一つ、金の膝留め一つ、金のカフス・ボタン一式、絹の靴下六足、木綿の靴下六足、金の象嵌を施した杖一本、三角帽一個、そして、赤い外套一着。杖とカフス・ボタンには、自由の息子たちの記章があしらわれている。

それらは、大陸会議に出席するためにフィラデルフィアに旅立とうとしているアダムズへの餞別であった。いつも擦り切れたスーツを着ているアダムズを見かねての好意だ。送り主はわからないが、本国に反感を抱くボストン市民の総意だと言ってよいだろう。

ダビデの誓願

出発の日の朝、マウント・ヴァーノンは蒸し暑く、じっとりと粘るような空気に包まれていた。入道雲がくっきりと青空に浮き出ている。常ならばポトマック川から吹き渡る風が珍しく止み、ユーカリの葉はそよりとも動かない。庭師が、厳しく照り付ける日差しで萎れてしまった芝生に水をまいている。いつもと変わらない夏の日。

マーサは不安を感じている。これから夫は、パトリック・ヘンリーとエドモンド・ペンドルトンに同行してフィラデルフィアに旅立とうとしている。夫の姿を求めて窓から外を眺める。ただ夫を求めて外に出る。マーサの顔に微笑が浮かぶ。夫に心配をかけまいと。後顧の憂いなく出発してほしいと。

「あなたがしっかりできるように祈っています。ジョージ、あなたならきっとできるわ」

ワシントンは、妻の励ましに力強くうなずくと、馬上の人になる。

「神があなたたちとともにあらんことを」と扉の前に立ったマーサが最後の別れを告げる。

ワシントン、ヘンリー、そして、ペンドルトンの脳裏は、どのようにしてイギリス議会に植民地の権利を認めさせればよいかという思案で占められている。イギリス議会が妥協を拒否すれば、いったいどのような

Pyle

動乱がもたらされるだろう。こうした不安をはらみながら旅は進む。

一七七四年九月四日、三人はフィラデルフィアに入る。青年将校の頃に訪れてから十八年が経っている。ワシントンの目には、街がますますにぎわっているように見える。

ジョージア植民地を除く各植民地の代表五一人を集めて第一回大陸会議が開催されたのは翌日であった。まず代表たちはシティ亭に集合する。ウィリアムズバーグにはローリー亭があることが知られているように、フィラデルフィアにもシティ亭があることが知られている。開業して日は浅いが、ジョン・アダムズによれば、アメリカで「最も洗練された」酒場という評判を得ている。

屋根裏を含めれば四階建ての煉瓦造りの建物である。大きく張り出した日除けが目に付く。普通の居酒屋は今にも壊れそうな椅子やテーブルに悪臭が付き物だが、シティ亭はそうではない。砂をまいた床。オーク材の梁。鉛で枠囲いした窓ガラス。石造りの広い暖炉。白目の食器。もしシティ亭の壁が話せれば、さまざまな歴史的光景を紹介してくれるに違いない。

このシティ亭から歩いて五分ほどの距離にカーペンターズ・ホールがある。代表たちは、ホールに入って部屋が議場にふさわしいか検分して、口々になかなか良い部屋だからここにしようと言う。反対する者はほとんどいない。

こうしてカーペンターズ・ホールに第一回大陸会議の開催地という輝かしい名誉が与えられた。ホールという名前からつい大きな建物を想像するが、それほどでもない。この小さな建物からイギリス帝国への挑戦が本格的に始まったかと思うとおかしみを覚える。それでも一階の大広間は、五一人が一堂に会することができる程度の広さはある。

しかし、なぜわざわざカーペンターズ・ホールが選ばれたのか。フィラデルフィアには植民地議会議事堂、すなわち、後にインディペンデンス・ホールと呼ばれることになる建物がある。ずっと立派だ。そこを使えばよいのではないか。カーペンターズ・ホールから三分も足を伸ばせば着く。まさかそれだけの距離をまた歩くのが嫌だったわけはなかろう。

　実はペンシルヴェニア代表のジョゼフ・ギャロウェーは、植民地議会議事堂を議場として使うように提案していた。しかし、あまりに穏健的だと多くの代表から疑念を持たれていたギャロウェーの提案は否決された。機密情報が漏れてしまうのではないかと恐れたためだ。それにカーペンターズ・ホールは、その名前の通り大工ギルドのために建設され、職人たちにとってなじみ深い場所であった。つまり、代表たちはできる限り幅広い層の支持を得ようと考えてその場所を選んだ。

　カーペンターズ・ホールに一七六五年の印紙法会議以来、初めて各植民地の有力者が一堂に会する。互いに名前を知っていても実際に顔を合わせるのは初めてという出会いがそこかしこで起きる。

　ヴァージニア代表以外の一堂の主な顔触れを見ると、マサチューセッツからサミュエル・アダムズとジョン・アダムズ、ペンシルヴェニアからジョン・ディキンソンとトマス・ミフリン、ニューヨークからジョン・ジェイ、ニュー・

ハンプシャーからジョン・サリヴァンなどが出席している。フランクリンはまだロンドンから帰国していない。

錚々《そうそう》たる人物が顔をそろえると、誰が議長を務めるかが問題にある。それはすぐに解決する。サウス・カロライナ代表のトマス・リンチがペイトン・ランドルフを推薦すると、一同は全会一致で認めた。大陸会議議長の誕生である。ただその名前のように厳めしく重々しい存在ではない。名誉職と言ってよいだろう。

ジョン・アダムズは、「代表たちは互いの言葉、思想、見解、ならびに計画を知らない五〇人の見知らぬ人びとであった。それ故、彼らは互いを警戒して、互いを恐れ、臆病で内気であった」と記している。そこで大陸会議の代表たちがまずおこなわなければならなかったことは、互いをよく知ることであった。

会議は朝九時に始まり、午後三時に終わる。それからシティ亭で食事になり、ワインを酌み交わしながらその日の議論を振り返る。テーブルには、砂糖菓子、トライフル、シラバブなど、ジョン・アダムズがこれまで見たことがないデザートが並ぶ。アダムズは、実際に面識を得ることで大陸会議の代表たちに対する見解を改めたようだ。大陸会議が始まる前の日記には次のように書かれている。

　私は独りで考えていた。黙考して、沈思して、物思いに沈む。我々には、時代が求める人物がいない。我々には才能も教育も動機も財産もすべて不足している。私は言い知れない不安を感じている。

こうした嘆きは大陸会議が始まると一変する。ジョン・アダムスという人物は、時々、大袈裟なのではないかと思えるくらいに日記に包み隠さず自分の感情を書いてしまう。

大陸会議には、才能、美徳、そして、財産の点で大陸の中でも最も偉大な人物がそろっている。ここで私が見た度量の広さと公共の精神は、自分がさもしく欲に塗れた愚か者だと恥じ入らなければならないほどだ

まず大陸会議で問題になったのは、表決に際して各植民地がそれぞれ一票を持つか、もしくは人口に応じて各植民地に投票権を割り当てるかという問題である。前者は小さな植民地にとって有利であり、後者は大きな植民地にとって好都合である。

それぞれに論理がある。小さな植民地は、イギリスに反抗することで生じる危険は、どの植民地にとっても同じであるから当然、等しく一票を与えられるべきだと主張する。その一方で大きな植民地は、小さな植民地と同等の立場で肩を並べることを潔しとしない。

この問題は、各地域間の政治的均衡を決定する重要な問題だ。実際に後の憲法制定会議では、この問題をめぐって紛糾して、危うく新しい憲法案が流産するところであった。

重要な問題を決定するためには、腹を割って話し合うしかない。しかし、なかなか議論が進まない。腹の探り合いをするばかりで、誰も敢えて先陣を切って自分の意見を明かそうとしない。それを見かねて、灰色の粗末な服を着た壮年の男が立ち上がる。

「この困難な時機に我々は話し合いをするためにここに集まったのではないか」

代表たちは互いをつつき合う。

「誰が話しているんだ」

パトリック・ヘンリーである。ヴァージニア人以外はヘンリーの顔を見たことがなかったのだ。ヘンリー

は、その自慢の舌を振るって代表たちを叱咤する。

人口に応じて各植民地に投票権を割り当てるべきだ。確かにそれは先例のないことである。しかし、先例に拘泥していては前進できない。今こそ先例を打ち破って大陸会議は、全植民地の人民の意思を代弁しなければならない。各植民地が一票ずつ持つ方式はあくまで各植民地議会の連帯であって、全人民の連帯とは言えないからだ。

ヘンリーの熱弁は時間切れで途中で遮られる。翌日、ヘンリーは演説を再開する。

「どこがあなたの土地か、またはどこがあなたの植民地の境界か、そのようなことはもはや問題ではありません。[中略]。マサチューセッツが北アメリカの一部であり、同じくヴァージニアも北アメリカの一部であることが重要なことではないでしょうか」

さらにヘンリーが心配していたのは、決定がなかなか下されないことであった。不決断が何度も繰り返されれば、大陸会議は無用の長物になってしまうだろう。ヘンリーの言葉はさらに続く。

「イギリスの抑圧が各植民地の境界を撤廃しました。ヴァージニア人、ペンシルヴェニア人、ニュー・ヨーク人、ニュー・イングランド人などという区別はどこにも存在しません。私はヴァージニア人ではなくアメリカ人なのです」

ヘンリーについて書かれた伝記やアメリカ革命について説明する本は、概ねここで引用を終えている。ジョン・アダムズの記録によれば、ヘンリーは次の一言で演説を締め括っている。


　奴隷は問題外であり、もし自由民が人口に応じて代表されれば、私はそれで満足です。

わずか一言である。しかも最後の締め括りの言葉だ。それにもかかわらず、最後の一言を採録していない伝記や歴史書があるのはなぜか。明らかに後世のアメリカ人が書きたくないと考えたからだ。しかし、私は遠慮なく書ける。

ヘンリーの言葉を解釈すれば、奴隷はアメリカ人に含まれないことになる。だからこそ後世のアメリカ人は最後の言葉を書きたくなかったのだ。人種差別だという批判を向けられるからである。

ヘンリーの熱誠を込めた演説にもかかわらず、最終的に代表たちは各植民地が一票ずつ投じる規則を採用した。人口に応じて票数を割り当てるには、各植民地の人口に関する正確な情報が必要である。しかし、そのような情報は手元にない。したがって、どの植民地も納得できる分配は不可能であった。それならば各植民地に一票ずつ分配したほうが、事態をこれ以上紛糾させずに済む。

こうして発足した大陸会議は、あくまで臨時的な「会議」であって、なんらかの恒常的な「政府」と目されていたわけではない。正式な法的地位を持っていないので、各植民地に決議という形で勧告はできても、命令はできない。しかし、ヘンリーの演説はまったく無駄ではなかった。代表たちは、大陸会議が単なる各植民地の合議組織という性質だけではなく、全アメリカを代表する組織という性質を帯びていることを改めて認識させられたからだ。

翌朝、厳かにおこなわれた祈祷で牧師は、まるでその後の運命を暗示しているかのように旧約聖書の言葉を読み上げた。詩篇の三五篇にある言葉で、迫り来る敵に対して死力を尽くして立ち向かうことをダビデが誓うという場面である。

主よ、願わくは我と争う者と争い、我と戦う者と戦いたまえ。小盾と大盾をとりて、我が助けに立ち出たまえ。矛を掻き抱きたまいて、我に追い迫る者の途を塞ぎ、かつ、我が魂に我は汝の救いなりと言いたまえ。

詩篇の朗読を終えた牧師は、天を見据えて心からの祈りを捧げる。大陸会議のために、ボストン市民のために、そしてアメリカのために。真摯で誰も冒すことができない神聖な祈り。代表たちも佇立して静かに祈りを捧げている。

ジョン・アダムズによれば、それは「画家の腕を振るう価値が十分にある情景」だった。ワシントンもその他の代表たちとともに祈りを捧げる。ボストンの苦難を慰めるための祈祷は、代表たちの思いを一つにする。祈祷が終わった後、厳粛な沈黙を敢えて破ろうとする者はいない。まるで決意を確かめ合うように、代表たちは互いの顔を無言で見つめ合うだけであった。

大陸会議の期間中のある日、ボストンに駐留するイギリス軍士官からワシントンに手紙が届く。その手紙には、マサチューセッツの代表たちが扇動者であり、謀反人であって、本国からの完全な独立を企んでいると記されていた。そこでワシントンは、リチャード・リーとともに、マサチューセッツの代表たちの意見を聞こうとジョン・アダムズのもとを訪れる。

アダムズは、彼らが自分たちの人となりを確かめに来たのではないかと思った。いかにも郷紳にふさわしい堂々とした礼儀作法の中に、相手の人品を見きわめようとする静かな目が光っている。少し気後れを感じながらアダムズは弁解する。曰く、マサチューセッツの人びとの目的は謀反ではなく自由のためである。そして、あくまで植民地全体の世論を尊重して、それに従うのみだ。

アダムズと胸襟を開いて語り合ったワシントンはようやく納得する。そして、イギリス軍士官へ次のような返書を書く。

私はあなたとはかなり異なった考え方をしています。あなたは、マサチューセッツの人びとが反逆的で独立を求めていると言いますが、それは甚だしい誤りです。マサチューセッツ政府もその他の植民地政府も、個々であれ全体であれ、決して独立を達成しようとしているのではありません。ただ彼らは、あらゆる自由国家の幸福に欠くべからざる価値がある権利と特権を失いたくないと念願しているだけです。［中略］。私は［独立について］はっきりと否と答えられます。ただし、もしイギリス内閣が極端に物事を運ぼうと決意すれば、北アメリカの年代記で記録されてきたどのような事件よりも多くの血が、この機会に流れることになると私は考えています。そうなれば、この偉大な国の平穏に大きな傷が与えられ、時が経っても癒えることなく、記憶が薄らぐこともないでしょう。［中略］。北アメリカで良識ある者たちの中で独立を望む者はいません。むしろ熱心に時事を論じる者は、立憲的な基盤の上に平穏と静謐を回復して、内乱を防止することを真摯に願っています。私はそれを知ってとても満足しています。

この手紙を読むと、ワシントンがイギリス議会の行動に憤り、ボストン市民の窮状に同情しながらも、植民地の完全な独立をまったく視野に含んでいなかったことがわかる。ワシントンが最も恐れたのは、大陸会議で急進派が取り返しのつかない暴挙に出ることであった。ワシントンにとって幸いなことに、大陸会議に参加した代表たちは、即座に独立を求めるような急進派ばかりではなかった。確かに植民地の自由は大事だが、それを合法的な手段で獲得するべきだと考える穏健派も多くいる。むしろそのほうが多い。

穏健派の一人であるペンシルヴェニア代表のジョゼフ・ギャロウェーは、北アメリカ植民地による連合議会の設立を提案する。一見すると、それは独立のように見えるかもしれない。しかし、そうではない。

まずギャロウェーは、イギリス議会に代表を送ることでその統治に同意することが憲法の本質だと述べる。したがって、現状を打破する唯一の解決策は、イギリス議会に植民地から代表を送ることだが、実現できる見込みは低い。その代わりに連合議会を設立して本国と政治的連合を結ぶ。もちろん本国が上位で植民地が下位に置かれる。連合議会の代表は、三年ごとに各植民地議会によって選ばれる。そして、連合議会は本国によって任命される長官を頭に戴《いただ》く。連合議会に与えられる権限は、植民地に関するすべての法律を制定する権限である。

ギャロウェーの目的は本国との和解だ。同時にこれまでの植民地の不満も解決しようという提案でもある。結局、ギャロウェーの案は一票差で討議の継続が認められたものの、再び議題に上ることはなく葬り去られた。ギャロウェーは、サミュエル・アダムズの画策で自分の案が否決されたと思い込み、「彼はほとんど飲まず食わずで少ししか眠らないが、考えを十分に巡らせて、自分の目的を決然と倦むことなく追求する」と述べている。

大陸会議の代表たちにさらに一歩踏み出す気にさせたのは、ボストンからはるばる三五〇マイル（約五六〇㎞）を駆け抜けてやって来たポール・リヴィアである。リヴィアがもたらしたサフォーク決議が大陸会議の代表たちの目を開く。

サフォーク決議は、ジョゼフ・ウォレンによって起草され、ボストンを中心にするサフォーク郡の住民が採択した決議である。懲罰諸法に対する不服従とイギリスとの通商断絶を宣言している。大陸会議は、ボストン市民を支援するためにサフォーク決議を承認する。穏健派のギャロウェーさえ賛成票を投じている。ジョン・アダムズは、「わが人生の中で最も幸福な日だ。［中略］。アメリカ人はマサチューセッツを支援するか、またはともに滅びるか覚悟を決めたことを今日、私は確信した」と日記に書いている。

大陸会議は、植民地議会だけが課税と内政を決定する排他的権利を持つことを表明する。ただし植民地が求めたものは独立ではない。あくまでイギリス臣民としての権利だ。したがって、課税と内政を決定する権利を持つことを表明しながらも、イギリス議会が通商を統制する権限を否定していない。

その一方で明確に否定されたことがある。植民地議会の同意なしで平時に植民地に軍隊を駐屯させることは、憲法違反なので容認されない。また国王が意のままに任命できる総督参事会が立法権を行使することも憲法違反であり、植民地議会の自由を損なうものだ。大陸会議は、これまでイギリス議会が定めてきた印紙法、懲罰諸法、ケベック法など植民地の権利を侵害する法を列挙した後、高らかに宣言する。

このような屈辱的な法にアメリカ人は従えない。しかし、イギリス国民がこれらの法を改正して両国間の幸福と繁栄を回復することを願って、今のところはただ以下のような平和的対策を追求するだけに留める。第一に、輸入せず、取引せず、輸出しない協定、もしくは同盟を作る。第二に、イギリス国民への宣言、およびイギリス領アメリカの住民に対する声明を準備する。第三に、国王への請願を準備する。

つまり、大陸会議は、あくまでイギリス本国と和解の方途を探ることを目的にしていた。もう少し詳しく言えば、もしイギリス本国が譲歩してアメリカに高度な自治を与えれば、帝国制度内に留まろうと呼びかけたということだ。この時点では、「植民地連合」を名乗っているものの、本格的に新しい政府を作ろうとしたわけではない。

最も急進的なサミュエル・アダムズさえ、独立や新しい政府の樹立は時期尚早だと考えていた。今、そのようなことを訴えても十分な支持を得られないだろう。そうした現実的な打算に基づいてサミュエル・アダムズは、真意を隠して現状でできることを模索した。

イギリス製品に対する不買同盟、すなわち大陸不買同盟を周知徹底させるための委員会が全植民地の隅々にまで組織される。ジョン・ジェイによってイギリス国民への宣言が起草され、リチャード・リーによって植民地人への声明が記された。またカナダの人民に大陸会議への参加を呼びかける布告が準備される。さらに懲罰諸法と茶税の撤廃を国王に求める請願が採択される。

大陸会議の代表たちは、イギリス議会がすべての元凶であると信じている。だからこそ国王に変わらぬ忠誠を誓いながらも、イギリス議会に盲従するつもりはないと明言している。しかし、問題の根本はジョージ三世の性質にあった。

まず国王は、植民地に関して「イギリス本国の立法府が定めた法律に従うのがアメリカにおけるわが臣民の絶対に必要な義務である」と固く信じていた。植民地の立場を理解しようという姿勢は見られない。また国王は、自分の考えに固執しがちであり、他人の優れた見解を理解できず、絶えず自身の息子たちと諍いを起こし、娘たちを隔離するなど救い難い君主であった。国王はほとんど狂気と呼べるほどの精神状態の持ち主であり、それが非合理的な国王の行動を理解する唯一の手がかりであった。

濃霧の中から世界を見ている男。それが国王であった。濃霧が薄らぎ光が射すと、時に優れた理解力や判断を示すこともあった。良い時と悪い時の振れ幅が大きく、同じ人間に二人の別人が宿っているかのようであった。傅育官を務めた貴族は、ジョージ三世が「正しいことをしようと間違う場合を除いて間違ったことをすることはめったにない」と述べている。ジョージ三世は、できる限り優れた君主たろうとして自分が常に絶対に正しいと信じていたのだろう。そうした偏狭な考えでは、うまくいくものもうまくいかなくなる。そうなるといったいどうすればよいのかわからなくなり、自分の殻に閉じこもってしまう。確かにジョージ三世は明君ではなかったが、独立宣言でさんざんに痛罵されるような暴君ではなかった。

いずれにせよ、大陸会議の代表たちは国王の実態を知らない。慈愛溢れる国王は大臣たちに騙されているだけであり、もし迷妄から覚めれば、植民地の臣民を救ってくれるはずだ。大陸会議の代表たちは、そのように考えてさまざまな対策を打ち出した。

ジョン・アダムズは、そうした対策がはたして本当に効果があるのかと不安に思っていた。そこでパトリック・ヘンリーに疑問をぶつけてみる。なんとか意見をまとめられたが、イギリス本国に無視されるのではないか。

ヘンリーはうなずく。大陸会議の呼びかけはイギリス本国の人民を動かすかもしれない。しかし、イギリス議会が考えを改めるか否かわからない。

その答えを聞いてアダムズは、懐から手紙を取り出して読み上げる。それは、マサチューセッツの民兵隊を預かる一人の少佐からの手紙であった。

「もし我々がイギリスの課税、すべての租税、そして、イギリス議会によって定められた政体から自由になるために他の手段がなければ、我々は戦わなければなりません。それは善と悪の戦いです。正義や自由を志す者であれば誰しも［イギリス本国のやり方を］甘受できません」

アダムズの声をヘンリーは目を閉じて静かに聞いている。さらに手紙の続きが読み上げられる。

「もしイギリスが譲歩しなければ、やはり我々は戦わなければなりません」

ここでヘンリーは、目を見開いて勃然と言う。

「神に誓って私はその男と同じ気持ちだ」

つまり、ヘンリーは、植民地の請願が受け入れられず戦いになると考えていたのだ。

その一方でリチャード・リーは、まったく異なる態度を示している。リーも同じ質問をアダムズから受けたが、期待を込めて次のように言ったという。

「我々は間違いなく主張したいことをすべて言い尽くしました。きっとあなたたち［マサチューセッツ］は救われるでしょう。すべての侵害的な法は撤廃されるに違いありません。軍隊と艦隊も撤退して、イギリスは愚かな計画を断念するはずです」

こうしたヘンリーとリーの正反対の言葉は、この当時の人びとにとって、独立戦争へ至る道は必ずしも遥か先まで見通せる一本道ではなかったことを示している。後世の我々は、アメリカ人が最初から独立を目指して邁進していたと思いがちだが、決してそうではない。イギリスにとってアメリカの独立は、歴史の必然ではなく不幸な偶然が重なった結果である。

ハウ夫人のチェス

初冬のある日、最後まで和解の望みを捨てずにロンドンで活動していたフランクリンは、王立協会の会員の一人から声をかけられる。キャロライン・ハウという淑女がチェスでフランクリンを打ち負かせると豪語しているという。その会員がハウ夫人に代わって挑戦を伝えに来たというわけだ。

「ずいぶん長い間、やっていませんが、いつでもかまいませんよ」とフランクリンは答える。すると会員は今度、フランクリンをハウ夫人に紹介すると約束した。

約束の日が来る。フランクリンはチェスを楽しんだ。残念ながら勝敗はわからない。ただハウ夫人はなかなかの腕前だったようで再戦を約す。

それから数日が過ぎて、ふたたびフランクリンはハウ夫人と勝負する。勝負の合間に会話が弾む。教養豊かなハウ夫人は、フランクリンを飽きさせない。数学について語り合っていた時、突然、ハウ夫人は話題を政治に変える。

「ところでイギリス本国と植民地の間の紛争はどうなるでしょうか。内戦にならなければよいのにと思っています」

フランクリンは、急な質問にも驚かず、茶目っ気たっぷりに答える。

「すぐにキスをして仲直りしなければ。そうするしかないでしょう。争ってもどちらも得することはありませんし、両者の破滅になるだけですよ」

するとハウ夫人は真剣な表情になって言う。

「政府があなたを仲裁役に任命すればよいのにといつも言っていますよ。あなたの他に誰がうまくできるでしょうか。見込みがあると思いますか」

微笑を浮かべながらフランクリンは自らの見解を述べる。

「もし両者が和解を望んでいれば、きっと見込みがありますよ。両者には深刻な利害の衝突がないからです。本当に些細なことにすぎませんよ。分別ある者が二、三人もいれば、半時間で解決できます。そのような素敵な意見を教えてくれてありがとうございます。しかし、大臣たちは、そのような素敵な仕事に私を就かせてくれないでしょう。それどころか私を非難するだけです」

ハウ夫人の表情は明るくなったかと思うとたちまち曇る。

「ああ、彼らはあなたに失礼なことをしたんですね。本当に恥を知るべきです」


クリスマスの日もフランクリンはハウ夫人を訪問する。もちろん目的はチェスで勝負することだ。今日はどのような手を使おうかとフランクリンが考えていると、ハウ夫人が改まった表情で告げた。

「ハウ卿があなたと知己を得たいと望んでいます。とても人柄が良いので互いに仲良くなれるでしょう」

「ハウ卿のお人柄についていつも耳にしています。もし知己を得られれば無上の名誉です」

「すぐ近くにいるので呼びにやらせる時間をいただけませんか」

ハウ夫人はそう言うと、召使を呼んで走り書きを渡す。

ハウ卿は隣にある住居からすぐに顔を出す。ハウ卿ことリチャード・ハウは、独立戦争で弟のウィリアム・ハウとともにアメリカ軍に対峙することになる。しかし、ハウ兄弟はアメリカに同情的であることでよく知られていた。

二人が慕う長兄のジョージ・ハウ将軍は、フレンチ・アンド・インディアン戦争で戦死した。その時、マサチューセッツ植民地は、ウェストミンスター聖堂にジョージの記念碑を建てる資金を拠出している。

ジョージがマサチューセッツ植民地の部隊を率いていた縁である。ハウ兄弟はそれに深く感謝していて、アメリカ人を友人だと思っていた。

ハウはフランクリンと話し合って、どうにか自分がイギリスとアメリカの橋渡しをしたいと思っていた。そこで妹を使って会談の席を設けたのだ。二人は、なんとか本国と植民地を和解させる方途はないかと協議する。


翌日、フランクリンはピットにも面会する。もちろんピットが話題にしたのも和解の可能性である。まずピットは、大陸会議が「古代ギリシアとローマの政治家以来、最も誉れ高き政治家の集まり」だと称賛する。しかし、アメリカが独立を目指しているのではないかという報せも植民地から届いている。はたしてそれは本当か。

フランクリンは、アメリカが独立する可能性を言下に否定する。ただしイギリス軍がボストンに駐留している限り、アメリカ人は決して和解に応じないとピットに忠告する。フランクリンが心配していたのは、ボストン虐殺事件のような突発的な流血事件が起きて、本国と植民地の対立が修復できなくなることであった。イギリス本国は、アメリカに対する姿勢に関して一枚岩ではない。和解を推進する党派もある。代表は他ならぬピットである。確かにボストン茶会事件のような暴挙は許し難いが、アメリカ人が恭順の意を示せば、まだ和解の余地は残されている。ピットは、武力で一時的にアメリカ人を屈服させても問題は何も解決しないと信じている。

フランクリンを議会に伴ったピットは、ボストンからイギリス軍を撤退させる動議を提出する。さらに「暴力的で抑圧的な」懲罰諸法を撤廃し、植民地議会の承認がなければ課税をおこなわず、大陸会議を正当な機関として認め、植民地統治の経費を徴収する責任を持たせるという動議も提出される。そして、ピットの熱弁が振るわれる。

「税金は彼ら［アメリカ人］のものです。通商を統制する権利は我々のものです。もしアメリカ人であれば私は、通商と海運を統制するイギリス議会の至高の権限を認めるでしょう。本来、私はイギリス人ですが、アメリカ人にも彼らの不可侵の至高の財産権を認めます。その権利は、最後の最後まで守り抜く正当性を持つものです」

反対派の抵抗が強く、ピットの提案は否決される。奮闘するピットを見ていたフランクリンは、そうした提案が「非常に重要な問題であり、偉大な人物によって提案され、優れて洗練された弁舌で擁護されたのにもかかわらず、酔っ払った人夫の戯れ歌のように軽蔑をもって扱われた」と残念そうに記している。

ピットは再び病魔に倒れ、逼塞を余儀なくされる。植民地に同情的なピットがこの重大な時期に議会に立てなかったことは、イギリスとアメリカの関係にとって不運であったとしか言いようがない。ジェファソンもイギリスにいる旧師のウィリアム・スモールに、関係修復はもはや望めないと告げる手紙を送っている。

チャタム卿［ピット］の決議を知った時、和解が実現するのではないかという強い希望を抱きました。ピットが示した条件と大陸会議の提案の相違点は、もし両者が和解するつもりであれば解消できるものでした。しかし、イギリス議会は、その権威への反抗を容認できなかったようです。

ジェファソンが言っているように、イギリス議会は反抗を許すつもりはまったくない。一七七五年二月九日、ついにマサチューセッツが反乱状態にあるという宣告が下される。ニュー・イングランドの諸港を封鎖し、ニュー・ファンドランド島沖の漁業権を取り上げ、さらに六、〇〇〇人の兵士をボストンに送り込むといった強圧的な政策が打ち出される。

政権を担うノース卿は強硬派ではなかったが、植民地を力で服従させようとする国王の意思に反抗しようとまでは思っていない。独立不羈で自信に溢れたピットとは対照的な人物で、先頭に立って内閣を主導することはめったになく、自分には能力が不足していると国王に辞任を願い出るような人物である。それに国王から恩典を授かっているので義理を感じている。

強圧的な政策の一方で最後の和解案も提示されている。つまり、イギリス議会の至高の優越性を認め、植民地内の防衛、行政、司法を維持運営するための費用を自ら賄うことを約束する植民地に限って、イギリス議会は貿易統制を除いていかなる課税もおこなわず、茶税も廃止するという提案である。

ノース卿は、フランクリンに和解案を提示する。ただしイギリス議会の権威を示すためにマサチューセッツ統治法を撤回するつもりはないという条件が付く。それに対してフランクリンは答える。

「マサチューセッツの人びとは、彼らの憲章を改変するイギリス議会の法に従うくらいなら戦争のあらゆる艱難辛苦を耐え忍んだほうがましだと思っています。彼らは一時的な安逸を得るために最も大切な自由を放棄しようとは決して考えません。自由がなければ安逸もないのです」

それにフランクリンからすれば、ノース卿の和解案は大陸会議を完全に無視したものであり、植民地の連帯を切り崩そうという試みだ。もはやイギリス議会と和解する余地がないと判断したフランクリンは三月二〇日、帰国の途につく。

この世のものならぬ炎

一七七五年三月二〇日、心を浮き立たせるような早春の柔らかい日差しの下、リッチモンドにある聖ジョン教会は大勢の人びとでにぎわっている。後に南部連合の首都として有名になるリッチモンドだが、この当時は人口二〇〇人から三〇〇人ほどの小さな街だ。教会に一二〇人もの男たちが集まっている。

ペイトン・ランドルフが説教壇に立っている。信徒席を見るとワシントンやジェファソン、そして、ヘンリーが顔をそろえている。窓の外から多くの見物人が内部の様子をうかがっている。いったいこの小さな街の古い教会で何がおこなわれているのか。今、ここでヴァージニア植民地総会が開かれている。なぜリッチモンドで。総督の妨害を避けるためだ。

まず植民地総会は、第一回大陸会議で採択された決議を承認して、大陸会議に参加した七人の代表に拍手を贈る。次に植民地総会は最も重要な議題に取りかかる。「国王の忠実な臣民としての公正で神聖な権利と自由を維持する」ためにどのような措置を取ればよいのかという問題だ。

イギリス本国に対する反感が高まっていたが、それでも議場の雰囲気は穏やかであった。武力ではとうていかなわないので、経済制裁で植民地の主張を認めさせようという意見が圧倒的に多い。そして、彼らが最終的に望んでいたことは、本国と植民地の間に「幸福な日々」が再び訪れることだ。

ヘンリーは、そうした希望にすがることを危険だと考えていた。ヘンリーが恐れたのは、偽りの希望に耽ることで本国との衝突に備える時間が失われてしまうことだった。それに現状では、各郡が別々に独立民兵隊を結成しているだけで、植民地全体の防衛は考えられていない。そこでヘンリーは、植民地が一体になって軍備を整える決議を提出する。しかし、そのような決議はあまりに急進的だと反対する者が多く現れた。ヘンリーは決然と立ち上がって抵抗の道理を滔々と弁じ始める。

「過去から判断して、この十年間でイギリス内閣がおこなってきたことが本当に諸君を元気づけるような希望を与えてきたと言えるのか私は知りたいと思います。狡猾な笑いとともに我々の請願はあしらわれるだけでした。諸君、イギリス内閣を信じることなかれ。イギリス内閣は諸君を陥れようとしているのです。甘言で裏切られるのをもう我慢しないように」

ヘンリーの言葉は誇張されている面がある。しかし、聴衆を奮起させるという明確な目的がある場合、弁論は白黒がはっきりしていて激越であるほうが効果を発揮する。正確かどうかは二の次である。なぜなら理性よりも感情に訴えかけなければならないからだ。

さらに自由のための戦いを呼びかける言葉が投じられる。興味深いのは、重要な点が繰り返し述べられている点だ。単純なレトリックだが効果は絶大である。弁舌に関してヘンリーの右に出る者はいない。声に出して読んでみると、その言葉がいかに力強いかわかる。是非とも今、音読してみてほしい。

「もし我々が自由になりたいと望んでいれば、長い間、獲得しようと苦闘してきた神聖で計り知れない価値を持つ権利を我々が保持したければ、もしこれまで従事してきた闘争、すなわち、栄光ある目的が達成されるまで決して放棄しないと誓った高貴な闘争を放棄したくないと思っていれば、我々は戦わなければなりません。諸君、繰り返し私は言います。我々は戦わなければなりません。[中略]。諸君、我々には選択肢がありません。たとえ我々が卑劣な選択肢を望んだとしても、もう戦いから身を引くには遅すぎるでしょう。撤退はすなわち屈従と隷属なのです」

ここでヘンリーは、まるで鎖につながれているような身振りをする。ガレー船に乗せられた重罪人の漕役夫が足枷を引きずりながら待ち受ける運命を嘆くかのように眉をしかめ、手首を交差させる。本当に手枷がはめられているかのように。

「我々をつなぐための鎖が鍛造されています。鎖の立てる音がボストンの平野で響き渡っています。戦争はもはや避けられず、すぐそこまで迫っています。諸君、もう一度言います。戦争はすぐそこまで迫っています。諸君、事態をなんとか穏便に済ませることはもうできません」

その場にいた者は、ヘンリーの瞳の中に「この世のものならぬ炎が燃えている」のが見えたと記録している。首筋が白く浮き上がるとともに、声はしだいに大きくなり、壁を震わすだけではなく、聴衆を嵐のように激しく揺さぶる。

「諸君は平和、平和と叫ぶかもしれません。しかし、平和は決してありません。戦争はすでに実際に始まっているのです。北方から吹いて来る強風は、今や高鳴る武器の響きを我々の身にもたらすでしょう。我々の同胞はすでに戦場にいるのです。我々はどうしてここで無為を貪っているのでしょうか。諸君はいったい何を願っているのでしょうか。そして、彼らは何を願っているのでしょうか。鎖と隷属の代価で購われる生命はそれほど高価であり、また平和はそれほど甘美なものなのでしょうか」

ヘンリーは腕を伸ばして目に見えない鎖を自ら解き、短剣を突き立てるかのように、拳で左胸を激しく叩き絶叫する。

「そのようなことは神が許しません。私は他の人がいかなる道

を選ぶか知りません。しかし、私に自由を与えよ、然らずんば死を」

以上が歴史に名を留める「自由か死か」演説である。この言葉は、フランス革命や二月革命、そしてカール・マルクスの著作にも使われている。この言葉以上に革命を表現した有名な言葉は他にない。

ヘンリーが演説を終えて席に座った時、まだその最後の絶叫が教会の中でこだましていた。烈日のような気概に圧倒されて、誰もが拍手すら忘れている。人間は本当に魂を揺り動かされた時、どのように感動を示せばよいかわからなくなるのだ。静寂がその場をしばらく支配する。しかし、やがて時は動き出す。

今度はリチャード・リーが立ち上がってヘンリーの演説に花を添える。さらにいつもはほとんど発言しないジェファソンさえ席を蹴って、ヘンリーを支持する論を展開する。ヘンリーの熱狂が乗り移ったかのように。ワシントンも無言であったが、その表情に浮かぶ興奮を隠せず、これからヴァージニアに待ち受ける運命について沈思黙考している様子だった。

こうしてヘンリーの演説で総会の雰囲気は一変した。代表たちは口々に「武器を取れ」と唱える。穏健派もいたが、議場の熱気によって沈黙を余儀なくされた。もちろんヘンリーの言葉だけですべてが変わったわけではない。

ある者は、ヴァージニア人が「すべて自由に熱狂している」と記している。つまり、ヘンリーの言葉が受け入れられる下地がすでに整っていたと言える。乾燥した藁の上に燃えさかる業火が落ちたようなものだ。特に郷紳は、結局、否決されたものの、イギリス議会で「ヴァージニアと南部植民地の高慢ちきな精神を挫く」ために奴隷を全面解放するという提案がおこなわれたと聞いて強い怒りを覚えていた。

軍事衝突の可能性に備えてヴァージニアの防衛案を考える委員会がただちに設立され、ワシントン、ジェファソン、ヘンリー、そして、リーなど十二人が委員に任命された。また総会は、ワシントンを再び大陸会議の代表の一人に選出した。一〇八人の投票者の中でワシントンの選出に反対した者はたった二人。議長のペイトン・ランドルフに続いてわずか一票差で二位であった。これは、ヴァージニアの有力者の間でワシントンに対する期待が高まっていたことを意味している。代表に選ばれた日にワシントンは、弟ジョンに向かって「我々が従事している大義に私の生命と財産を捧げることが私の究極の意向です」と手紙で決意を語っている。

コリンズ大尉の極秘任務

四月十五日夜のことである。ジェームズ川に停泊するマグダレン号から一つまた一つと人影が川岸に降り立つ。その数は全部で十六人。満月に煌々と照らされた姿を見ると、それは水兵たちのようだ。人影に加えて何か大きな影がある。おぼろげながら荷馬車だとわかる。荷馬車はダンモア卿から手配するように命じられたものだ。

彼らの目的地はウィリアムズバーグ。一隊を率いるヘンリー・コリンズ大尉は、車輪の軋《きし》む音を心配している。それに水兵たちも人目を気にするように周囲をうかがっている。どうやら彼らは、付近の住民に姿を見られたくないらしい。そのまま一隊は、総督官邸の裏にある木立の中に身を隠す。

ダンモア卿が窓から一部始終を見ていた。もちろん遠目では影が動いているくらいしかわからないが、それでも命令通りコリンズの一隊がやって来たことはわかる。

それから五日経った深夜、コリンズが水兵たちを従えて再び姿を現す。なぜ五日間も木立の中に隠れていたのか。月が欠けるのを待っていたからだ。極秘任務の遂行に満月は具合が悪い。さてコリンズ率いる水兵たちはどこに向かおうとしているのか。

総督官邸からまるで緑の帯のように南に向かって公園が延びている。その両脇を二本の道路がグロースター公爵大通りに向けて走っている。彼らが選択したのは東側の道だ。黙って進軍を続ける一隊の行く手には、黒々とした木立が並ぶ。

そのまま一隊は街の中心に向かう。道は真っ直ぐだが、街路樹が影を落としているせいで先を見通せない。目的地はグロースター公爵大通りの向こう側にある。八角形の煉瓦造りの小塔が木々の隙間からようやく見える。それは六〇年前に奴隷の反乱に備えて築かれた弾薬庫だ。

このような夜更けに彼らは弾薬庫にどのような用事があるのか。知っているのは彼ら自身と命令を下したダンモア卿だけだ。

コリンズは、ダンモア卿から預かった鍵を懐から出して弾薬庫の扉を開ける。扉の軋む音にコリンズは思わず手を止めて息を呑む。夜空に浮かぶ半月が雲に隠れ、漆黒の闇は静まり返っている。床に置かれたランタンから漏れ出す光に寄ってくる蛾の羽音さえ聞こえそうだ。

気を取り直してコリンズは、身振りで内部にある弾薬を荷馬車に移すように水兵たちに合図する。水兵たちはすぐに仕事に取りかかる。次から次へと弾薬が運び出される。その量は全部で十五個の半樽に上る。積み荷を確認したコリンズは出発を命じる。

静かに街の中をすり抜けた荷馬車と一隊はジェームズ川のほとりまでやって来た。昇ったばかりの朝日が川面を照らして輝かせている。

ここまで来れば大丈夫だとコリンズは安堵の息をつく。この極秘任務の遂行で失われたのは、ボートに乗り込む時にうっかり落とした銃剣の鞘だけであった。

こうして独立民兵隊の機先を制して弾薬を安全な場所に移すというダンモア卿の画策は成功したかのように見えた。弾薬さえ奪っておけば、民兵隊は敢えて反抗に踏み切ることはないだろうとダンモア卿はほくそ笑む。

しかし、それで事態は終わらない。好事魔多し。弾薬が持ち出されるのを見ていた者がいた。その者の口から、昨夜の出来事が住民の間に広まる。手に手にまちまちの武器を持った住民がマーケット広場に集まり始める。昼頃にはその数は一、五〇〇人に達する。彼らは殺気立って、今にも総督官邸を襲撃しそうだ。

マグダレナ号に戻っていたコリンズは、葡萄弾を大砲に装填して有事に備える。しかし、総督官邸には、群衆に対抗できるだけの兵士はいない。唇を噛みながらダンモア卿は、総督官邸の窓から群衆の代表たちがやって来るのを見た。

群衆の代表たちは何をしに総督官邸に姿を現したのか。ダンモア卿に請願を手渡すためだ。ペイトン・ランドルフを中心にした街の有力者が、暴力に訴えず、代わりに請願を提出するように人びとを説得したからだ。流血を避けて穏便に事態を収拾するにはそうするしかない。

「できればどのような動機で、そして、どのような特別な目的で弾薬をそのような方法で持ち去ったのか閣下に明らかにしてほしいと望みます。我々は、弾薬の返却を速やかに命じるように閣下に真摯に要求します」

代表たちの請願をダンモア卿は黙って聞いている。請願は驚くほど穏やかな内容であった。安心したダンモア卿は次のように答える。

「近隣の郡で反乱が起きたことを聞いて私は、弾薬が安全ではないと考えて安全な場所に移しました。もし反乱が起きて弾薬が必要になればいつでも、半時間以内に届けることを名誉にかけて誓います。私は、余計な警戒心を引き起こさないように夜に弾薬を移しました。コリンズ大尉は命令通りに動いただけです。こうして人びとが武装して集まったことに私は驚いています。このような場合に、人びとの手にすぐに弾薬を引き渡すのは賢明ではないと考えました」

集まった群衆は、ダンモア卿の回答を聞いて解散する。しかし、ダンモア卿の回答は完全な嘘だ。身の危険を逃れるための詭弁であった。

弾薬が持ち去られたという報せは各地に波及する。フレデリックスバーグには、七〇〇人の独立民兵隊が集結していた。定期訓練をおこなうためだ。当初、郷紳しか参加を認めていなかった独立民兵隊は、緊張が高まるにつれて、しだいに階層の枠を超えた軍隊に変貌していた。新たな入隊者の多くが「自由か死か」というヘンリーの言葉を服に縫い付けていたという。

持たざる者は、イギリス本国に対する抵抗運動に進んで身を投じようとしている。なぜだろうか。イギリス本国の植民地政策に腹を立てていたからか。確かにそれはある。しかし、それよりももっと強い動機がある。抵抗運動で自分たちが中心的な役割を果たせば、イギリス本国の軛《くびき》から逃れて、自分たちの手で新しくヴァージニア政府を創立できるだろう。

独立民兵隊を率いる郷紳たちは、下からの突き上げに抗えない。そこで指揮官のヒュー・マーサーは、使者を派遣してワシントンの指示を仰ぐ。ウィリアムズバーグに向けて進軍するべきか否か。

ヴァージニアは、マサチューセッツに倣って独立戦争へ至る道を一気呵成に進もうというのか。ここで進軍命令が下されれば、もう引き返せなくなる。

四月二六日のワシントンの日記には、「独立民兵隊と落ち合うためにアレクサンドリアに向かった」と書かれている。おそらくアレクサンドリアでマーサーと会談して軽挙妄動に走らないように戒めたのだろう。その日、ワシントンはすぐにマウント・ヴァーノンに帰っている。イギリス軍の実力を決して過小評価していなかったワシントンは、本格的な衝突が起きれば独立民兵隊の力だけでは対抗しきれないと判断した。それに後に誤報とわかったものの、ノース卿が辞任してアメリカ人に好意的な人びとがイギリス議会で勢いを得ているという報せが入っていた。つまり、まだ衝突回避の希望は残っている。そうなれば印紙法が撤回された後のように、ふたたび植民地は平穏を取り戻すだろう。

結局、ランドルフとワシントンの反対によって、独立民兵隊はウィリアムズバーグへの進撃を断念した。マーサーはおとなしく決定を受け入れたものの、ダンモア卿を非難する文書を送り付けることは止めなかった。その文書の末尾には「アメリカの自由万歳」と書かれていた。

その一方でパトリック・ヘンリーは、地元のハノーヴァー郡で独立民兵隊の指揮官に選ばれ、「総督官邸へ」と叫んで気勢を上げている。今こそ武器を取るべき時だ。

五月三日には、ヘンリー率いる一五〇人の民兵がウィリアムズバーグから十六マイル〔約二六㎞〕の地点まで迫る。ダンモア卿夫人は、子供たちを連れてヨークタウンに停泊している軍艦フォイ号に逃れた。その一方でダンモア卿は、ボストンに援軍を依頼する使者を送るとともに、総督官邸の前に大砲を配備する。徹底抗戦の構えだ。

街の近くに滞陣していたヘンリーは、ウィリアムズバーグからやって来た使者を引見する。ウィリアムズバーグの住民は戦いに巻き込まれたくない。戦いを回避するためには、ヘンリーとダンモア卿の間を取り持つしかない。

使者によると、もし敵対する民兵隊がウィリアムズバーグに押し入ろうと試みた場合、街に向かって砲弾を発射するとダンモア卿が言ったという。さらにヨークタウンを砲撃せよとフォイ号に命令が下っているという噂が広まっている。ヘンリーは脅迫に屈せず、押収された弾薬が補償されるまで民兵隊を解散しないと使者に通告する。

睨み合いが続く中、引き続いて交渉がおこなわれ、三三〇ポンド（四〇〇万円相当）の補償金が収税官から支払われることで、合意がようやく成立した。ただこうした交渉は、ダンモア卿が知らない間に住民の手で勝手に進められていた。交渉の結果を知らされたダンモア卿は、ヘンリーが収税官から国王の財産を詐取したとして厳しく取り締まる旨を宣告した。ただダンモア卿の宣告はまったく効果がなかった。ヘンリーは、民兵に送られて、第二回大陸会議に出席するためにフィラデルフィアに向けて発った後だった。

ヘンリーを送り出した後、ハノーヴァー郡の独立民兵隊は、帰郷する途上で同じくウィリアムズバーグに駆け付けようとしていたオレンジ郡の独立民兵隊に出会った。オレンジ郡の民兵隊の隊列には、小柄で生真面目な表情をした青年が加わっていた。後の第四代大統領ジェームズ・マディソンである。

穏健将軍の決断

ヴァージニアで騒擾が起きていた頃、四月十九日にイギリス正規軍と植民地民兵が銃火を交わしたという報せが植民地全体を駆け巡った。レキシントン＝コンコードの戦いである。これから始まる独立戦争は一七八三年まで八年間も続くことになる。ヴェトナム戦争が起きるまでアメリカ史上最長の戦争だった。この長い期間に、母国との血塗られた戦いで植民地はあらゆる艱難辛苦を経る。もちろんそれは敵であるイギリス、そして母国に味方する本国支持派も同じであったが。

時は少し遡る。イギリス軍は、不測の事態に備えるためにボストンの対岸にあるチャールズタウンの弾薬庫から二五〇個の半樽の弾薬を運び去る。ケンブリッジからも二門の大砲が接収される。

もちろんこうした措置は、マサチューセッツの人びとに警戒心を抱かせる。ボストンが炎に包まれ、六人の植民地人が殺害されたという噂が流れる。教会の鐘が打ち鳴らされ、丘の上で狼煙が焚かれる。女たちと子供たちは、薬莢や弾薬を作り、ビスケットを焼き、男たちを家から送り出す。すぐに周辺から二、〇〇〇人から三、〇〇〇人の民兵がボストンを目指して殺到する。しかし、ボストンに何も変わったところがないのを見た民兵はすぐに解散した。

ボストンから広がった騒動は、収まるどころか拡大する様相を見せる。この頃、マサチューセッツを訪れた旅行者は、「戦争という悪弊が我々の周りを取り巻いているように見える。この地方は戦争を予期していて、隷属に甘んじるのであれば自由民として死ぬほうがよいと決意しているようだ」と記している。

マサチューセッツ各地の街や村は、新たに組織された植民地総会に代表を送り出す。もちろん本国の許可を得た合法的な議会ではない。植民地総会の招集は、本国から独立したマサチューセッツ政府を新たに作り出そうという革新的な試みであった。ジョン・ハンコックが植民地総会議長に選ばれる。

植民地総会で決定されたことは、マサチューセッツ植民地を防衛するために設立された治安委員会の下、一万八、〇〇〇人の民兵をいつでも出動できるように準備しておくことであった。さらにマサチューセッツ植民地総会は、コネティカット、ニュー・ハンプシャー、そしてロード・アイランドに一致協力を呼びかけ、民兵を即座に動員できる態勢を整えるように求める。

こうして緊張が高まる中、マサチューセッツの治安委員会は、迫り来る対決に備えて着々と準備を進める。多くの市民が協力してイギリス軍の目をごまかして、ボストンから軍需物資を持ち出す。大砲や砲弾を載せた荷車を干し草や肥料で覆って偽装する少年がいるかと思えば、市場で普通に使われているバスケットの奥に弾薬を隠して運ぶ農婦もいる。蠟燭の箱に薬莢を隠した者もいる。こうして二〇門の野砲、四門の迫撃砲、五、〇〇〇挺のマスケット銃がボストンから流出する。

かねてからゲージは、本国に迅速な措置をとるように要請していた。すなわち、反抗を扇動する指導者を反逆罪で逮捕してロンドンに移送する。要請には次のように書かれている。

> 一万人の兵士で十分だと考えるのであれば、二万人送って下さい。大規模な軍隊は彼らを恐れさせ、多くの者たちがこちらの味方になるでしょう。たとえ反抗を扇動する者がいたとしても仲間を得られないはずです。

さらにゲージの要請は続く。反乱の芽をできるだけ早く小さなうちに摘み取るべきだという考え方だ。失敗すればかえって反乱を助長する危険な賭けであるが。

ボストンの街だけを静穏に保っても紛争を終わらせることはできません。地方にまで軍隊を行進させる必要があります。［中略］。すべての目は、イギリスが決然とした行動に出るか注視しています。

このような文面を見ると、ゲージがいかにも好戦的な将軍に見えるが、実際はそうではない。将兵からはその慎重な姿勢から「おふくろ」や「婆さん」と呼ばれて、半ばからかいの種にされ、国王からも「穏健将軍」と命名されている。大部分の将兵は、植民地人が臆病者にすぎず、たいしたことはできないと見くびっていた。

イギリス政府は、ゲージの要請を検討した結果、地方にまで作戦の範囲を拡大して「ボストンの暴徒の首謀者たち」と「紅茶を破棄した者たち」を逮捕せよとゲージに命じる。本国は、具体的な成果を上げるために「力は力によって駆逐されるべきだ」と行動を求めている。ただし戦争を始めるつもりはない。それは以下の文面を読むとわかる。

今回、十分に慎重に対処して、実行の段階まで措置［首謀者の逮捕］を秘密にできれば、失敗する可能性はほとんどなく、血が流されずに済むだろう。

つまり、反乱の芽をできるだけ早く小さなうちに摘み取るべきだというゲージの考え方とあまり変わらない。ただし最初に大規模な兵力を投入する必要があるというゲージの提言は認められなかった。

ゲージは本国からの指令を検討する。自分が提言したような「決然とした行動」は、十分な兵力がなければ実行不可能だ。今できることは何か。反抗の首謀者を逮捕する。それは自分から要請したことであり、本国の指令にもあるが、不十分な兵力しかない現状では賢明な策とは言えない。逮捕しようとすれば、追い詰められた首謀者は人民を扇動して一斉に決起するかもしれない。もしそうなれば鎮圧するのは大変だ。では最善の手段は何か。事前に抵抗の手段を奪っておくことだ。つまり、弾薬を押収する。弾薬がなければ、手も足も出ないはずだ。

弾薬は、ボストンから離れたウスターとコンコードに蓄えられている。なぜそのようなことをゲージが知っているのか。マサチューセッツ植民地総会の一員から情報を買っていたからだ。他にも重要な情報がある。どうやらマサチューセッツ植民地総会の中で穏健派が強い影響力を保ち、即時決起を呼びかけるサミュエル・アダムズの訴えに気乗り薄であるという。そして、他の植民地と協議する時間を設けるために休会に入った。今、活動しているのは治安委員会だけだ。

さらにゲージは思案する。先手を打って抵抗の手段さえ奪ってしまえば、もはや誰も反抗しようとは思わなくなるだろう。そうすれば急進派は孤立する。人心が落ち着いた後にゆっくりと首謀者を逮捕すればよい。今はとりあえず弾薬の押収だけを考えよう。そのためにさらに詳しい情報が欲しい。

そこでゲージは密偵を放つ。しばらくして無事に帰還した密偵にゲージは質問する。

「どれくらいの兵士を送れば、ウスターにある弾薬を接収できそうか」

「思った通りにあらいざらい答えます。一万人の兵士と砲兵隊をウスターに派遣する必要があるでしょう。

ウスターはここから四八マイル［約七七km］離れています。道は曲がりくねっていて急です。住民は自由か死を選び取る決意を固めているので、十分な兵力がなければ、一人も生きて帰って来れないでしょう」

「それではコンコードはどうか」

「夜の闇に紛れて五〇〇〇人の騎兵隊を派遣すれば、軍需物資を破壊して無事に戻れると思います。しかし、もし一、〇〇〇人の歩兵で押し寄せれば、民兵が非常招集され、兵士の大部分が殺されるか捕虜にされるでしょう」

密偵の報告を聞いてゲージは、ウスターに進軍する計画を諦める。しかし、コンコードであればなんとかなりそうだ。残念ながら手元には騎兵隊はなく歩兵隊しかないが、一か八かやってみるしかない。こうして作戦目標はコンコードに決定された。

月光に踊る馬影

四月十八日午後八時、ゲージの本営に士官たちが召集され命令を受ける。午後十時までに進軍の準備を整えよ。集合地はバック湾に面する広場。兵士たちを小さな集団に分けてできる限り静かに集合させるように。作戦目標は後に伝える。

指揮官に任命されたフランシス・スミス中佐さえ、どこに向かうべきか知らされていない。ゲージはあらかじめ指令書をスミスに渡していたが、密封のうえ出発の直前まで見ないように命じたからだ。

下士官は肩を叩いて兵士たちを起こす。そして、小声で指示を伝える。兵士たちは寝ぼけ眼をこすりながら兵営の裏から出て、ボストンの通りを歩いて集合地点に向かう。足音だけが路面に響く。私語は厳しく禁じられている。指揮官でさえ行き先を知らされなかったのだから、兵士たちが知る由もない。

夜更けのことでバック湾のほとりには人影はない。もともとこの辺りは街の中でも人気が少なく寂しい場所だ。犬が兵士たちの姿に驚いて吠え立てるが、すぐに銃剣で刺し殺される。

午後九時、ゲージは、初めて機密の作戦目標をヒュー・パーシー将軍に明かす。そして、二人はしばらく作戦について協議する。

協議が終わった後、パーシーは、本営から自分の持ち場に歩いて帰る。その途中、何人かの市民が広場に整列している兵士たちを見ているのに遭遇する。

「イギリス兵は目標を捕捉できないだろうな」と一人の男がつぶやく。

それを聞いたパーシーは何気なしに質問する。平服なのでイギリス軍士官だと悟られる恐れはない。

「目標とはなんだい」

「ああ、コンコードにある大砲さ」

その答えはパーシーの肝を冷やすものだった。今、パーシーがゲージから明かされたばかりの内容そのままだ。誰も知らないはずなのに、どうして作戦目標が露見したのか。慌ててパーシーはゲージに報告に戻る。

報告を受けたゲージは考える。今、作戦を実行しておかなければ、せっかく摑んだ情報が無駄になる。武器弾薬はどこか別の場所に隠匿されてしまうだろう。いまさら作戦を中止できない。そこで市民は何人《なんぴと》も市街を離れてはならないという布告が出される。

それにしても、なぜイギリス軍の機密は露見したのか。それはマサチューセッツが効率的な諜報網を築いていたからだ。元締めはジョゼフ・ウォレンである。

ウォレンは治安委員会を束ねている。ボストンにおける抵抗運動を一貫して指導してきたのはサミュエル・アダムズだ。しかし、アダムズはボストンだけではなくマサチューセッツ全体の抵抗運動を一つに組織しようとしていた。そこで右腕とも言うべきウォレンにボストンが委ねられた。

治安委員会の会合の場は、後に「革命の本営」と呼ばれるようになる緑竜亭である。そこで諜報員から集められた情報が分析される。諜報員と言っても、スパイ映画に登場するような人物がいるわけではない。召使、水夫、商人、医師、弁護士、売春婦などありとあらゆる職業の人びとが諜報員になった。普段と変わりなく生業に勤しむ中で情報を聞き取り、それを報告する。ゲージ将軍のアメリカ生まれの妻まで含まれていたという。

兵士たちの集合が命じられる前に、すでにイギリス軍の動きは察知されていた。鍛冶屋がイギリス軍士官から仕事の依頼のついでにちょっとした話を聞く。ゲージの本営の厩番が士官たちの立ち話を小耳に挟む。銀細工師のポール・リヴィアも諜報網の一員であり、イギリス軍の動きを昼夜分かたず仲間たちと交代で見張っていた。

一部の兵士たちの日課がいつもと違うようだ。多数のボートが準備されている。青い外套を着た士官たちが馬を飛ばして街の外に出て行った。それらが意味するのは何か。リヴィアはウォレンに相談する。二人は、イギリス軍がボストンから出ようとしているという見解で一致する。その目的は、コンコードにある武器弾薬を押収することで間違いない。

そこでまずレキシントンにいるサミュエル・アダムズとジョン・ハンコックに警告することにした。なぜ二人はこの大事な時にボストンではなくレキシントンにいたのか。コンコードで開かれていたマサチューセッツ植民地総会に出席するためだ。二人はレキシントンにあるハンコックの従姉妹の家に滞在してコンコードに通っていた。その時、すでに植民地総会は終わっていたが、二人はボストンに帰らなかった。正確にいえば、帰ることができなかった。ボストンに戻れば、反逆の首謀者として逮捕される恐れがあるからだ。

そこで仕方なくレキシントンにそのまま滞在して、第二回大陸会議が開かれるフィラデルフィアに直接向かう準備をしていた。

リヴィアは、アダムズとハンコックに急を告げる使者として発つ。詩人ヘンリー・ロングフェローが歌い上げた『リヴィアの騎行』のおかげで、その名は独立戦争の中で不朽の地位を獲得している。

始まりは音もなく静かだった。堂守のロバート・ニューマンは、二階の窓からこっそり自宅を抜け出す。母親が一階をイギリス兵に貸し出していたからだ。イギリス兵には知られたくない事情がある。

ニューマンは、夜道をたどってオールド・ノース教会に至る。そこで教区委員のジョン・プリングが待っていた。ニューマンの手によって鍵が開かれる。二人は鐘楼に通じる狭い螺旋階段を駆け上がる。そして、最も高

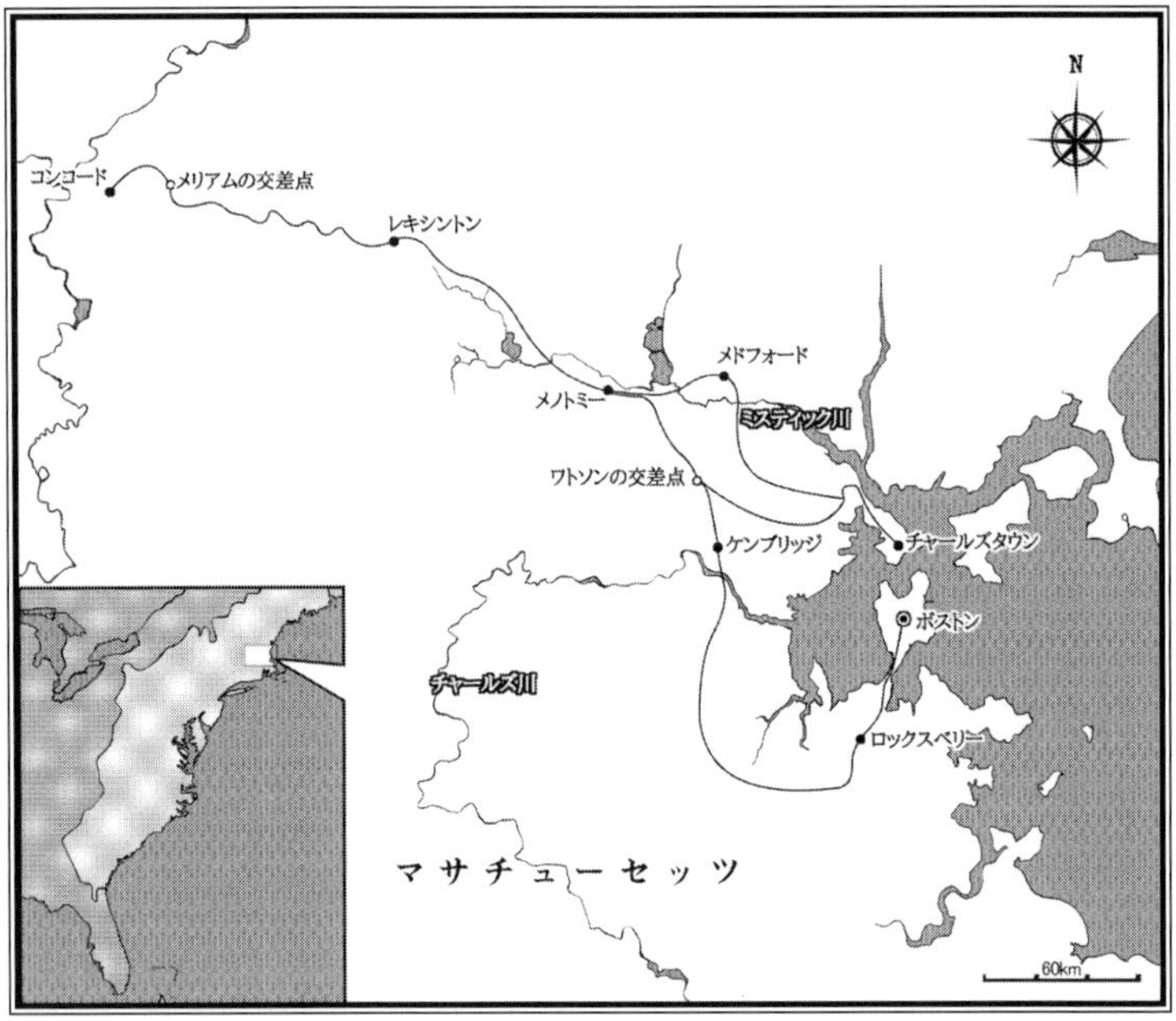

い場所にある窓へ。

家々の屋根とコップス丘陵の黒い影の先にチャールズ川の河口が見える。チャールズタウンの方角を見ると、ほのかな光が水上で明滅している。イギリスの軍艦だろう。

二人は夜風に当たりながら景色を楽しみに来たわけではない。リヴィアから託された重大な任務のためにここまで来た。

暫くして北西の窓に二つのランタンが吊るされる。鐘楼の高みで瞬くランタンの光は遙か遠くからでも見えた。それはイギリス軍が動いたという合図である。陸路の場合は一つ、水路であれば二つと事前に決めてあった。数分後に光は見えなくなる。あまり長い間ランタンを灯し続ければ怪しまれるからだ。

オールド・ノース教会から歩いて五分ほどの距離にリヴィアの自宅がある。きっとリヴィアの目にもランタンの光は見えただろう。自宅から通りに出たリヴィアの背後に従う影は犬だけだ。やがて二人の仲間が合流する。対岸のチャールズタウンにボートで渡る手助けをするためだ。

ボートがつないである岸辺に向かった三人と一匹であったが、忘れ物に気づく。オールが軋《きし》む音を抑える布と拍車がない。三人の中の一人が自分の恋人が近くに住んでいると言う。少し回り道をしてその家に向かう。男が口笛を吹くと、女が窓から顔を出す。事情を話すと、女はいったん窓から顔を引っ込め、すぐにフランネルの下着を投げ落とす。下着はまだ女の体温で温かった。

とりあえず布は調達できた。しかし拍車がない。犬が黒々とした瞳で心配そうに主人を見上げている。リヴィアは犬にお使いを頼むことにした。自宅で待つ妻に宛てて一筆書いて首輪に挟む。忠実な犬は喜び勇んで走り去り、闇に姿を消す。時間はあまりかからなかった。すぐに拍車がリヴィアの手元に届き、無事に対岸のチャールズタウンに渡る。

チャールズタウンにはイギリスの軍船が停泊していたが、静まり返っている。気づかれた恐れはない。数人の男たちがリヴィアを迎える。ランタンの光を見て、馬の準備を整えて待っていたのだ。

使命を果たせるか否かは馬の脚しだいだ。腹帯の締まり具合を確認して鐙の長さを調整する。馬身に手を滑らせてみると、たくましく隆起する筋肉を感じ取れる。その間、馬はおとなしくされるがままになっている。萎縮しているわけではない。それは静かな威厳ともいうべき落ち着きであった。満足したリヴィアは、男たちから手綱を受け取り、馬に一鞭入れてケンブリッジに向かって疾駆する。

午後十時、ゲージの密命でフランシス・スミス中佐率いる八〇〇人の擲弾兵と軽歩兵が、ボストンからボートに乗って対岸のレックミア岬に向かう。すべての兵士を運ぶのに二往復を要した。時刻は午前一時を回っている。手際が悪かったせいでかなり時間を無駄にした。

上陸地点のレックミア岬には湿地が広がっている。膝まで泥に塗れながら兵士たちは重い足を引きずる。ボートが食料を運んで来るのを待つ。届いた食料が兵士たちの間に行き渡り、午後二時になってようやく行軍が開始される。

レキシントンに至る道を進むスミスの耳に夜陰を切り裂く銃声が届く。もちろんイギリス兵が発砲したわけではない。発砲は厳禁されている。地元の住民が警報のために撃ったのだ。教会の鐘の音も聞こえる。作戦を秘密裡におこなう計画は頓挫した。しかし、スミスは進軍を続けることにした。いまさら、戻るわけにはいかない。

夜の風を切り払って馬で駆け行くのは誰だ。それはリヴィア。使命を胸にケンブリッジに向かう。わずかに欠けた月が遙か先まで伸びる道と左手に広がる水面を煌々と照らす。規則正しく繰り出される馬脚の影が月光を浴びて踊る。

しばらく行くと道は二つに分かれる。右はメドフォードへ、左はケンブリッジへ。リヴィアは左を選ぶ。レキシントンまで最短距離だからだ。

ケンブリッジまで残りあとわずかという場所で、二人の男が木陰にたたずんでいるのが見える。馬に乗っている。ピストルに花形記章が光る。イギリス軍士官だ。それは往来を見張るためにゲージがあらかじめ配置していた騎兵である。ゲージは急使が派遣されることを見越していた。

リヴィアは馬首を返す。士官たちが馬を駆って追う。なんという幸運だろう。後ろから迫っていた馬が泥濘に足を取られて嘶《いなな》く。もう一騎も追い付く距離ではないと諦めて馬首を返す。

虎口を脱したリヴィアは、ミスティック川に架かる橋を渡ってメドフォードに入る。民兵隊の隊長を起こした後、家々の間を駆け抜けながら「正規兵が出撃」と叫ぶ。街は喧騒に包まれる。女たちは子供たちの手を引いてすばやく金目の物を集めると、近くの沼地に身を潜める。男たちはマスケット銃を取り出す。馬に乗って近隣に警告に走る者もいる。

リヴィアがレキシントンに到着した時、日付が変わり、四月十九日になっていた。レキシントンは、現代の我々から見れば大きな街ではない。人口は七五〇人。なだらかな丘陵に囲まれた豊かな農地が広がっている。

まずリヴィアは、サミュエル・アダムスとジョン・ハンコックの逗留先に向かう。二人が滞在しているハンコック＝クラーク邸は街の中心から少し離れた場所にある。八人の民兵が護衛に付いている。最初、彼らは、リヴィアが何をしに来たのかわからず、追い払おうとした。就寝した家族を騒音で起こさないように隊長が注意すると、リヴィアは憤然と言う。

「うるさいとは何か。それどころではない。正規軍が出撃したのだ」

リヴィアは、彼らを押しのけて扉に手をかける。窓から顔を出した家主のジョーナス・クラーク牧師がリヴィアに用向きを尋ねる。リヴィアは、ハンコックと面会したいと答える。クラークは、夜更けに見知らぬ者を家に入れることはできないと断る。そこへまだ起きていたハンコックが絹のガウンを纏って姿を見せる。

「入ってくれ、リヴィア。我々は君を恐れているわけではない」

リヴィアは、事態を告げるウォレンの手紙をハンコックに手渡す。アダムズも顔を出して一緒に手紙を読む。

手紙を読み終わったハンコックがまず口にしたのは、自ら民兵隊を指揮してイギリス軍を迎え撃つという決意だった。愛国心からだろうか。それだけではない。ハンコックは、常に他人から注目されたいと強く願う男であった。もし果敢な抵抗をすれば、自分の名前は誰からも敬意をもって扱われるだろう。そうした虚栄心がハンコックをくすぐる。

リヴィアに続いて靴職人のウィリアム・ドーズがハンコック＝クラーク邸に駆け付ける。実はドーズもリヴィアと同じ内容の手紙を帯びてボストンを出発していた。ただリヴィアが北に進路をとった一方で、ドーズは南に向かってボストン地峡を駆け抜け、ロックスベリーとケンブリッジを通ってレキシントンに至る。遠回りなので、到着時刻はリヴィアの三〇分後である。異なる経路を選んだのは用心のためだ。

ドーズとともにリヴィアは、さらに警告を広めるためにコンコードに向かって馬を走らせる。その途中、サミュエル・プレスコットに出会う。

プレスコットはコンコードの内科医で、その日、レキシントンにいる恋人に会っていた。事態を知って自

らコンコードに急を伝えようと馬を飛ばした。ドーズとリヴィアに向かってプレスコットは、コンコードの住民である自分の口から事態を告げたほうが信頼されるだろうと説得する。二人はそれもそうだと納得して
プレスコットを仲間に加える。

　レキシントンから三マイル（約四・八㎞）ほど進んだ所で、またもや見張りの士官たちが姿を見せる。

二〇〇フィート（約一八〇m）ほど先行していたリヴィアは、ドーズとプレスコットに警告を発したが、手遅
れだった。四人の士官たちが行く手を阻む。

「おい止まれ。もし少しでも動いたら殺すぞ」

　後に続くドーズとプレスコットはうまく逃れたが、リヴィアは、運悪く藪に引っかかって進めない。士官
たちは手綱を摑み、リヴィアの胸にピストルを突き付けて降りるように命じる。そして、尋問が始まる。

「どこから来たのか」

「ボストンから」

「いつ出発したのか」

「午後十時」

　士官たちは少し驚いたようであったが、尋問を続ける。

「あなたの名前をお聞かせ願いたい」

「私の名前はポール・リヴィア」

「ポール・リヴィアと言ったのか」

「そうです」

「他の者たちはあなたを妨害したかもしれないが、恐れることはない。誰もあなたを傷つけようとはしな

い」

リヴィアは、士官たちにこのような夜更けに何をしているか逆に質問する。

「目的を達成できていないようだが」

「そんなことはない。我々はこの道を通るはずの脱走兵を探しているだけだ」

白を切る士官をリヴィアはさらに追及する。

「私は事情を知っている。あなたたちが何をしようとしているかも。道すがらあなたたちのボートが上陸したことを知らせている。すぐに五〇〇人の民兵が集まるはずだ。一、五〇〇人と言う者もいる」

それを聞いた士官たちは不安になる。一刻も早く報告に戻らなければならない。この不審な男をどうすればよいか。急がなければならないので、連行するのは足手まといだ。さりとてそのまま行かせるわけにはいかない。

士官たちが困っているところへ上官がやって来る。事情を聞き取った上官は、リヴィアのこめかみにピストルを当てて、本当のことを言わなければ頭を撃ち抜くと脅す。それでもリヴィアは先ほど言ったことを繰り返す。

リヴィアの答えに満足した上官は、武器を所持していないことを確認すると騎乗を許す。しかし、手綱は士官の手にあるので逃げることはできない。逃げないので手綱を返してほしいとリヴィアが訴えると、上官は信用できないと言って拒む。

一行がレキシントンに向かって歩いていると、さらに数人の兵士が四人の捕虜を連れて合流する。ドーズとプレスコットの姿がその中にないのを確認して、リヴィアは秘かに安堵の息をつく。

しばらくしてレキシントンの方角から銃声が響く。

「今の銃声は何か」

上官がリヴィアに聞く。

「周囲への警報だ」

リヴィアの答えを聞いて上官は、捕虜を連行する時間はないと判断する。上官の命令で捕虜の馬はすべて手綱を切られる。そして、兵士が馬の尻を強く殴る。馬は高く嘶《いなな》いてどこかへ走り去った。

リヴィアの馬だけが残る。一人の兵士が良馬であることに目を付けて譲渡するようにリヴィアに迫る。ここまで無事に自分を運んでくれた馬に感謝して、リヴィアは首筋を優しく撫でる。馬は大きな瞳でリヴィアを見つめながら軽く嘶く。忠実な馬と別れなければならなかったが、リヴィアは解放され自由になる。


星が瞬く夜空の下、解放されたリヴィアがハンコック＝クラーク邸に戻ろうと墓地の中を歩いている頃、街の広場に民兵が顔をそろえる。広場は道が二股に分岐する場所にあり、広さは二エーカー（約〇・八ha）ほどだ。礼拝堂、小さな学舎、バックマン亭などに囲まれる街の中心である。

バックマン亭で協議が始まる。接近しつつあるイギリス軍にどのように対応するか。誰もが自由に発言できる。ジョン・パーカー大尉がその場を仕切る。

普通の軍隊と違って民兵隊には協議に次ぐ協議が欠かせない。士官の選出方法は地方によって異なるが、ここでは民兵たちの手によって選ばれる。命令も上から下に一方的に伝えられるわけではない。士官はどちらかと言えば民兵たちの意見のとりまとめ役だ。民兵たちは、地元民なので互いに顔見知りであったり親戚であったりする。自警団と言ったほうがわかりやすいだろう。

指揮官に選ばれたパーカーは、とりあえず向かって来るイギリス軍の位置と進路を確認しようと二人の斥候を送り出す。民兵隊は斥候が帰還するのを待つ。状況がわからないままで迂闊に動くのは危険だ。

ハンコック＝クラーク邸でアダムズは、兵士たちの先頭に立って戦うと主張するハンコックをなんとか止めようとしている。ハンコックは、アダムズの説得を無視して広場の様子を見に行く。広場まで十分もあれ

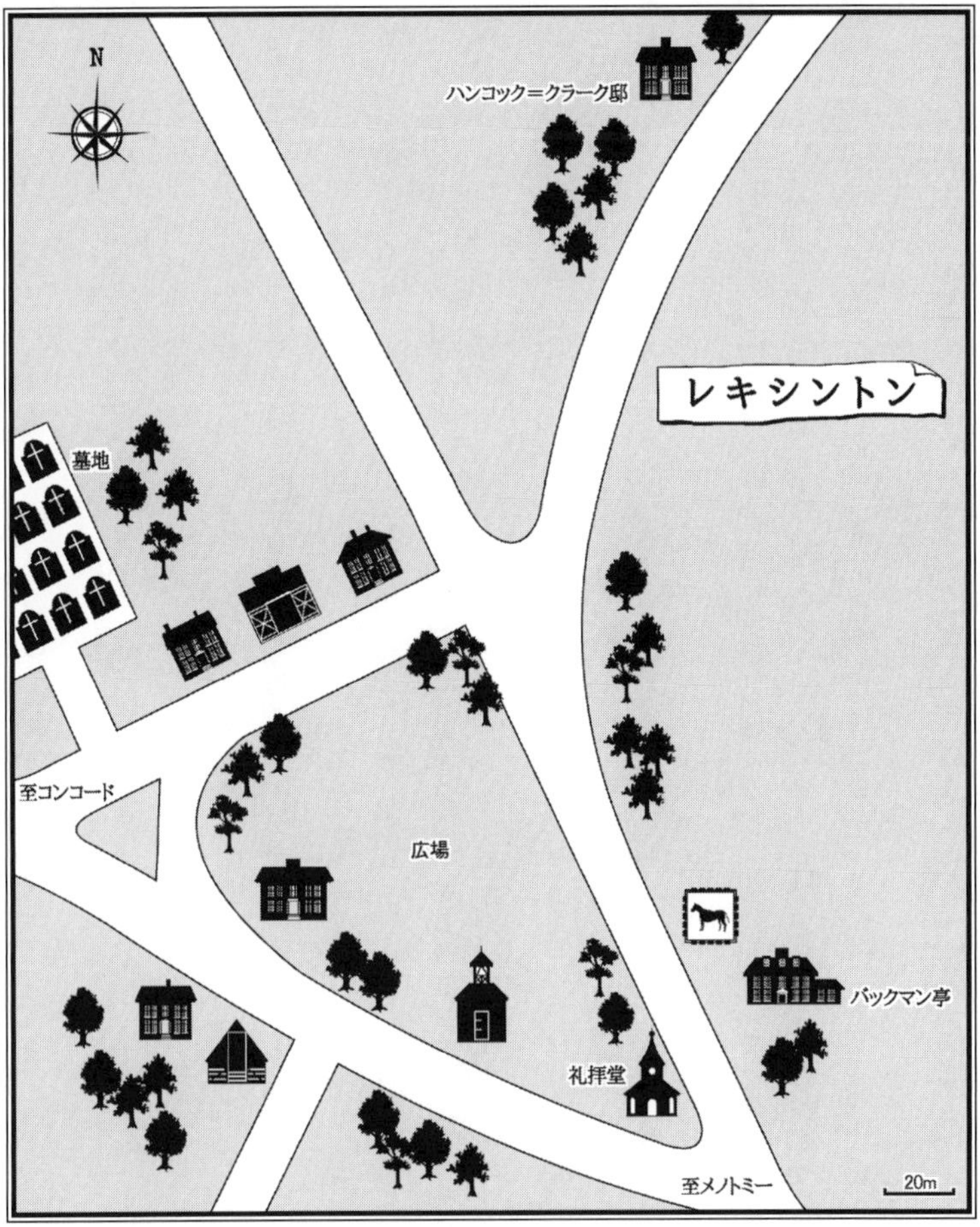

ば歩いて往復できる。帰って来るとハンコックは、なおも自分も戦うと言って譲らない。そこでアダムズはハンコックの肩を叩いて言う。

「それは我々のやるべきことではない。我々はもっと重要なことに関わっているのだから」

つまり、アダムズは、ハンコックの役目は戦うことではなく、第二回大陸会議で代表を務めることだと言っている。さらに自分たちが捕まれば、敵を勝ち誇らせることになると注意を促す。アダムズの説得を受けると、ハンコックは従うことが多い。今回も説得に応じて、ハンコック＝クラーク邸から逃れることにようやく同意する。

出発を直前に控えてさらに一悶着起きる。ハンコック＝クラーク邸に一緒に滞在していたハンコックの婚約者のドロシー・クインジーと叔母のリディア・ハンコックが同行せずに残ると言い出す。ドロシーは、ボストンに置いてきた父親のことが心配だったのだ。

「お嬢さん、イギリス兵の銃剣がボストンに残っている限り、君を行かせるわけにはいかないよ」とハンコックはなんとかなだめようとする。

「ハンコックさん、私はまだあなたのものになったわけではありませんのよ。明日、父の家に戻ります」とドロシーは言い放つ。

叔母のリディアもドロシーに同行すると言って味方する。結局、ハンコックは、説得を諦めて、用が済んだらすぐに合流するように二人に約束させた。その一方でハンコック＝クラーク邸からすぐに発つことになった面々は、アダムズとハンコックに加えて民兵隊の士官、ハンコックの秘書、そして、リヴィアであった。

痛風で関節が痛むので、アダムズは馬に乗りたがらない。そこで馬車が準備される。戦闘に参加できないことに未練があったのか、去り際にハンコックは、「もしマスケット銃を持っていれば、兵士たちに背を向けなくて済むものを」とつぶやく。

一行は、レキシントンの北に広がる森の中を進む。しばらくして文書を入れたトランクを宿泊先のバックマン亭に置き忘れたことに秘書が気づく。もしトランクがイギリス軍に奪われれば、仲間たちに累が及ぶ。秘書は、リヴィアとともにバックマン亭に向かう。


午前五時頃、トマス・ピトケアン少佐率いるイギリス軍の先遣部隊が、レキシントンからわずか一マイル（約一・六㎞）先に姿を現す。白々とした朝日が昨夜からの進軍で泥に塗れたイギリス兵の身体をほのかに浮かび上がらせる。

この時、ピトケアンはすでに警戒を怠っていなかった。リヴィアが言ったように、五〇〇人、もしくは一、五〇〇人の民兵が集結中という話を耳にしていたからだ。兵士たちは銃弾を装填するように命じられる。その後方では、スミスが念のために増援要請をボストンに送っていた。

パーカーが放った斥候は、先遣部隊の進軍を察知したが、彼らの進軍があまりに迅速だったので、復命する時間がなかった。それに先遣部隊は、道行く人びとをすべて拘束して、情報を漏らさないように厳重に警戒していた。

リヴィアは、バックマン亭の二階の窓からイギリス軍が迫って来るのを見る。赤い服に斜めにかけられた飾帯が目を引く。銃剣が朝日を反射してきらめく。呆然と見ている場合ではない。今、大事なことは、重要な書類が入ったトランクを持ち出すことだ。

パーカーもイギリス軍の接近に気づいて民兵を再召集する。バックマン亭に残っていた民兵はごく一部にすぎず、その大半は家に戻っていたからだ。明らかに優勢なイギリス軍に対抗するつもりはまったくない。ただどう行動するべきか対策を協議しようと考えただけだ。そこで合図のために空砲が撃たれ、太鼓が打ち鳴らされる。

合図を聞いて、何人の民兵が再び集まったのか。秘書とともにトランクを運んでいたリヴィアは、広場に整列した民兵を横目で見ている。その数は五〇人から六〇人であった。「正規軍を通過させよ。奴らが手を出さなければ妨害するな」と命じるパーカーの声がリヴィアの耳に入る。

もしパーカーが最初からイギリス軍と交戦するつもりであれば、広場に民兵を再召集しなかっただろう。それは先述のように対応を協議するためか、もしくは整列することで威を示して、イギリス軍と話し合うためで交戦の意思はない。

なぜそう断言できるのか。開けた場所である広場、つまり、イギリス軍にとって圧倒的に有利な場所をわざわざ選んで民兵隊を配置する理由が他にないからだ。圧倒的に優勢なイギリス軍に寡兵で立ち向かうのは自殺行為だと誰にでもわかるだろう。相手の数は二〇倍である。

もちろんイギリス軍の進軍があまりに迅速でパーカーがその総数を把握していなかったという点は注意しなければならない。しかし、目の前にまず姿を現したピトケアンの先遣部隊に限っても数倍はいた。自軍が劣勢であることはわかったはずだ。

いずれにせよ、民兵隊には戦う意思がなかったと考えるのが妥当だろう。イギリス軍にも戦う意思はなかった。つまり、両陣営とも戦争を始めるつもりはまったくなかった。戦争はしばしば意図しない時に意図しない始まり方をするものだ。

広場に通じる舗装されていない道を騎乗して進むピトケアンは、太鼓の音を聞いて民兵隊が戦列を整えている最中だと思い込む。無理もない。一、五〇〇人の民兵が待ち構えているという報告を受けていたのだ。警戒を強めるのは当然と言える。どれくらいの民兵が広場に集まっているかわからない。三階建ての礼拝堂が手前にあって視界を遮っているからだ。とにかく用心に越したことはない。

進軍停止が命じられる。兵士たちはいつでも戦闘態勢に入れるように戦列を組む。ピトケアンは、「よし我々は奴らを見つけたぞ」と叫ぶ。その言葉に兵士たちは吠えるような喝采で答える。ただし発砲は禁じられている。そのまま兵士たちは礼拝堂の右側を通って前進する。その一方でピトケアンは、騎乗した士官たちを従えて礼拝堂の左側を通って民兵隊から五ロッド（約八・四m）から六ロッド（約十m）の距離まで迫る。

「この悪党め、この反徒め、解散、解散せよ」

ピトケアンが声を張り上げる。

「おまえたちの武器を置け。おまえたちはなぜ武器を置かないのだ」

ピトケアンの怒号が響く。

パーカーは、発砲を禁じるだけではなく、解散を命じる。突然の解散命令は無秩序に緩慢に実行される。したがって、すべての民兵が即座にその場から身を引いたわけではない。素直に命令に従って去るべきだと考える者がいるかと思えば、敵を前にして退くことなどできないと考える者もいる。ただ「武器を置け」というピトケアンの命令に従った者は誰もいない。

その時、数発の銃声が響いて、その場にいる者すべての耳をつんざく。驚いたイギリス兵は、銃声を合図に一斉射撃する。ピトケアンは、剣を振り回して発砲を制止しようとしたが無駄であった。

武器を手に後退しつつあった民兵であったが、一斉射撃を受けて反撃する。バックマン亭と礼拝堂からも銃弾が飛来する。士官の命令を無視してイギリス兵は勝手に発砲を続ける。戦列から次々に外れて銃剣を手に民兵を追い立てる。完全に狂乱に陥っている。

リヴィアも銃声を聞いて振り返る。木立のせいで全体の様子は見えない。イギリス兵の前に硝煙が立ち上り、怒号が飛び交う。それがリヴィアの見聞きしたすべてであった。何がどうなっているのかわからない。わかるのは戦闘が起きたということだけだ。そのままリヴィアは、ベドフォードに至る道をたどってアダムズとハンコックの後を追う。書類が入ったトランクをなんとかイギリス兵の手の届かない場所へ持って行かなければならない。

ドロシーとリディアもハンコック＝クラーク邸の二階の窓から衝突を見ていた。正確には見ていたとは言えないだろう。見えたのは立ち昇る硝煙だけだ。響く銃声がその中で何が起きているかを示していた。一発の銃弾がリディアの頭をかすめる。リディアは思わず「いったい何」と叫ぶ。すると「それは銃弾だ」と誰かが答える声が聞こえた。

遅れて広場に到着したスミス中佐は、混乱を知ると、

硝煙の中から士官を見つけ出して太鼓兵を連れて来るように命じる。すぐに太鼓が打ち鳴らされ、ようやく秩序が回復する。

落ち着きを取り戻した兵士たちであったが、不安そうに広場の周囲に並ぶ建物を見ている。民兵の姿はどこにも見えないが、建物からいつ狙撃してきてもおかしくない。このままだと殺気立った兵士たちが建物に押し入って乱暴狼藉を働こうとするかもしれない。そこでスミスは、兵士たちを家屋に立ち入らせないように注意せよと士官たちに命じる。

ジョーナス・クラーク牧師によれば、この衝突で「八人が死んで地面に残され、十人が負傷したが、民兵隊の残りの者たちは、善なる神のおかげなのか、奇跡によるものなのか、この残忍な交戦の中で無傷で済んだ」という。死者の中には、広場のかたわらにある自宅の軒先で事切れた者もいれば、広場から少し離れた場所で撃たれた者もいる。これが独立戦争で最初に死者から流された血となった。その一方でイギリス軍は、一人の軍曹とピトケアンの乗馬が軽傷を負っただけだ。

最初の銃弾がイギリス兵によるものか、それとも民兵によるものかは定かではない。広場の外にいた誰かが撃ったのか、もしくは銃の暴発という単なる事故であったのか。結局、真相は闇の中である。

銃声は、逃亡中のアダムズとハンコックの耳にも届く。アダムズは「なんと輝かしい朝なのだろう」とハンコックに向かって言う。ハンコックは、このような時になぜ天気のことなど気にしているのだとでも言いたげな顔をしている。そこでアダムズは、「アメリカにとってということだがね」と抜け目なく言い足す。

この発言の真意は何か。どのような考えから生まれた言葉か。ボストンをめぐる膠着状態を打破することがアダムズの最優先課題であった。それにはどうすればよいか。選択肢は二つある。

イギリスと和解して帝国内に留まる。

もしくはイギリスと決別して独立する。

アダムズは前者を完全な敗北であり、植民地の頽廃であると考える。後者が望ましい。しかし、もはや後戻りできないような劇的な事件が起こらない限り、植民地が一丸となって独立を目指すことは難しい。アダムズが最も恐れていたのはマサチューセッツの孤立である。

ノース卿が和解案を植民地に提示したことはすでに述べた。もう一度確認しよう。植民地内の防衛、行政、司法を維持運営するための費用を自ら賄うことを約束する植民地に限って、イギリス議会は貿易統制を除いていかなる課税もおこなわず、茶税も廃止するという提案である。

もし和解案を受け入れる植民地が一つでも現れれば、それに倣う植民地が次々に出るだろう。その結果、マサチューセッツは孤立する。そして、その先に待ち受けているのは不名誉な屈服しかない。

レキシントン＝コンコードの戦いは、アダムズにとって植民地を一致団結させるまたとない好機であった。これから向かう先に待ち受ける第二回大陸会議は、前回よりも独立に向かって遙か先に進むだろう。だからこそ「輝かしい朝」なのであった。

世界に響き渡る銃声

イギリス軍は、万歳三唱して空砲を放って勝利を祝うと、コンコードを目指して移動を開始する。レキシントンの広場で費やされた時間は三〇分もない。

固く閉じていた家々の扉が次々に開き、青ざめた顔の女たちが転《まろ》び出る。愛する者の変わり果てた姿を見て泣き崩れる女たちに、仲間を殺されて怒りに震える男たちが加わる。ほとんどの遺体が背中から銃弾を受けていた。略奪を恐れて家々では銀食器が埋められ、礼拝堂では聖具が隠される。

レキシントンの男たちは、パーカーの召集を再三にわたって受ける。何のための召集か。復讐のために決まっている。再び太鼓が打ち鳴らされ、レキシントンの民兵隊が編成される。先刻の流血で怪我をした者も、手当を受けて隊列に加わる。いざコンコードへ。

石壁を飛び越えて逃れたプレスコットのおかげで、コンコードは警告を受けていた。午前一時を少し過ぎた頃だ。すぐに鐘が打ち鳴らされ、レキシントンと同じく民兵が集合を始める。

コンコードの街並みは、レキシントンから六マイル［約九・六㎞］先の丘陵の麓に広がっている。マサチューセッツの街の中で、磯の香りが届かない内陸部に建設された最初の街である。一六三五年の入植以来、ニュー・イングランド各地を結ぶ交通の要衝として栄え、人口は一、五〇〇人に達している。街を取り巻く耕地には整然と石垣が巡らされ、牛や豚の侵入を阻んでいる。周辺には農園が散在している。そうした農園は、ノース橋とサウス橋で街の中心と結ばれている。

ライト亭に陣取ったジョン・バットリック少佐を中心に会議が開かれる。この時、集まった人数は二五〇人に達していた。協議の後、結論が下される。こちらからイギリス軍の様子を見にレキシントンへ向かおう。太鼓を打ち鳴らしながら民兵隊は出撃する。彼らは、レキシントンで流血があったことをまだ知らない。したがって、イギリス軍に抵抗する決意を固めたわけではない。

街から一マイル半（約二・四㎞）出た所で、イギリス軍が勇壮な軍楽を奏しながら進軍して来るのが見えた。その様子を一人の民兵は、「太陽が昇って奴らの武器を照らしていた。赤い外套ときらめく武器で、奴らは

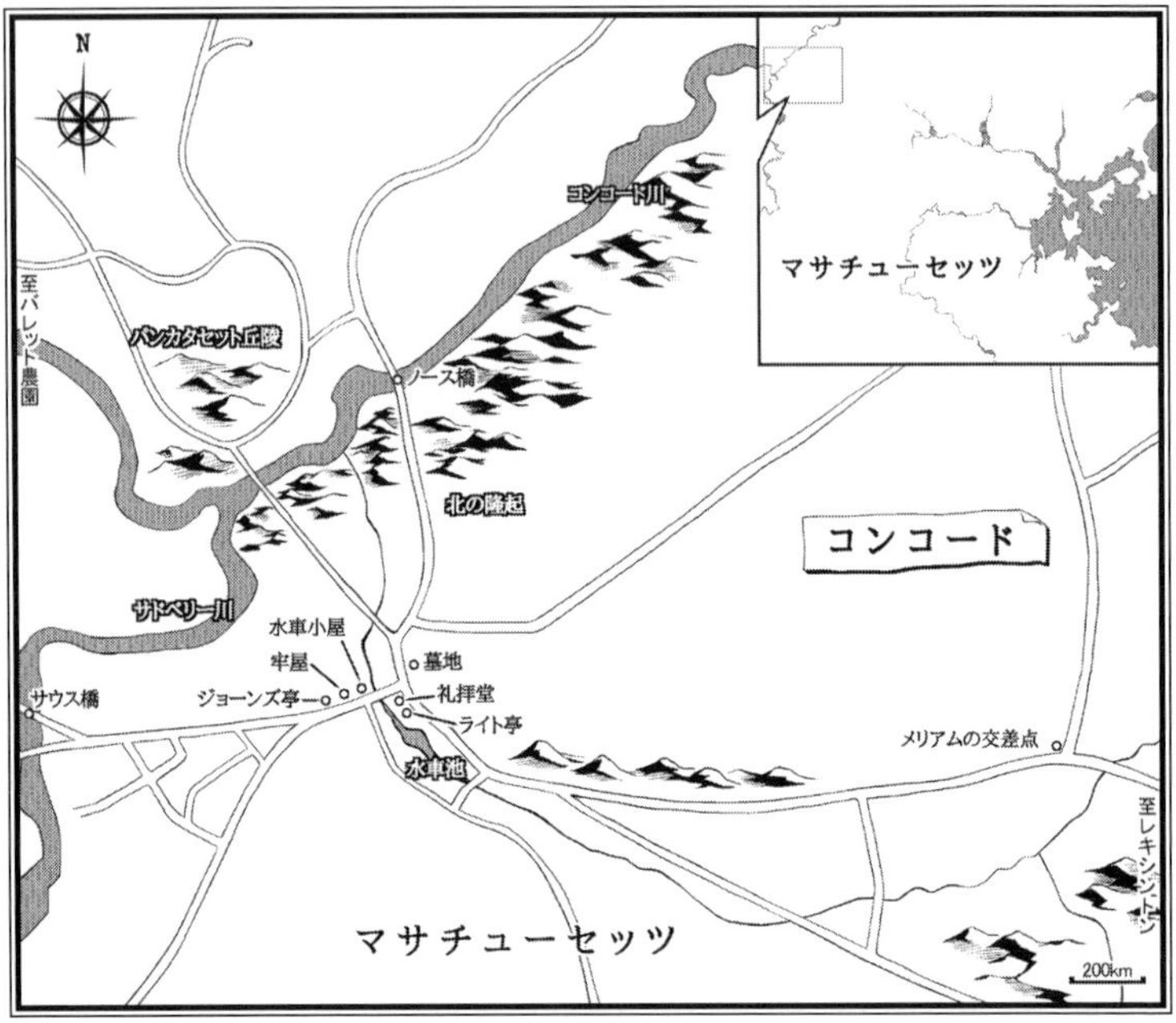

いかにも強そうに見えた」と記している。

　このまま直進すれば、イギリス軍と衝突する。ここでバットリックが驚くべき命令を下す。一八〇度転回してそのまま太鼓を鳴らしながらイギリス軍を背にして行軍せよ。両軍は、一〇〇ロッド（約五〇〇m）の距離を保って、そのまま行軍を続ける。

　コンコードに至る道の右手には険しい丘陵が連なっている。もし民兵がそこに伏せていれば、イギリス軍は一方的に銃火を浴びせられる。そこでスミスは、軽歩兵を派遣して付近を捜索させた。隠れていた民兵は、交戦を避けて撤退する。

　コンコードの民兵隊は、イギリス軍に先んじて街の中心に入る。小高い場所にある墓地の周りに非常召集の男たちが顔をそろえている。適齢ではないので通常は召集されない男たちだ。彼らと合流した民兵隊は、さらに北の隆起に移る。眼下には、コンコード川に架かるノース橋が望める。

八時頃、朝日の下、擲弾兵が銃剣を輝かせながら水車池に沿った道をたどって街に入って来るのが見えた。伏兵の警戒に当たっていた軽歩兵も街の中心で合流する。ボストンから十時間かけてついに目的地に到達した。これまで踏破した距離は十七マイル（約二七㎞）に及ぶ。

街には人の気配がない。ほとんどの住人は民兵隊に身を投じるか、郊外の農園や森の中に難を避けている。

スミスとピトケアンは墓地に立つ。スミスは、ゲージから預かった地図を見ている。その地図には武器弾薬の隠し場所が記されている。実地でどこに当たるのか確認しなければならない。墓地からは水車池のほとりにあるライト亭や礼拝堂、他にいくつかの建物が見える。サウス橋に向かって真っ直ぐに伸びる道を見渡すと、耕地とその奥に広がる森が目に映る。空を流れる雲は少なく、暖かい日差しが緑萌ゆる大地に降り注いでいる。スミスが街の様子を見ている一方でピトケアンは、半マイル（約〇・八㎞）先にある北の隆起を望遠鏡で眺めて、民兵隊の動きを探っている。


北の隆起では、民兵たちが作戦会議を開いている。作家ラルフ・エマソンの祖父に当たるウィリアム・エマソン牧師は、「踏みとどまって戦おう。もし我々が死ぬのであれば、ここで死のう」と率先して唱える。しかし、民兵たちの意見はまちまちだ。「奴らをやっつけに行こう」と勇ましく言う者がいるかと思えば、「戦争を始めるのは我々ではない」と穏やかに諭す者がいる。

その場にようやく到着したジェームズ・バレット大佐が意見をまとめる。最終的に、エマソンの悲壮な決意は認められず、慎重論がその場を支配する。イギリス軍に匹敵する兵力がそろうまで、近隣から駆け付ける応援を待つ。決定に従って民兵たちは、ノース橋を渡って安全なパンカタセット丘陵まで後退する。パンカタセット丘陵は周りを川で囲まれているので容易に接近できず、街の様子をうかがいながら守りに徹するには最適の地だ。

協議を終えたバレットは、自分の農園に隠した軍需物資を移動させるためにその場を離れて道を急ぐ。バットリックが代わって指揮を執る。


スミスは、隊を三つに分けて各隊に任務を命じる。まず一隊は街の中心に残って家屋を捜索して武器弾薬の発見に努める。もう一隊は、サウス橋を確保して交通を遮断する。そして、残りの一隊は、ノース橋を渡って、軍需物資が隠されているバレット農園に押収に向かう。

各隊が作戦行動を開始するのを確認するとスミスは、ピトケアンとともに桜の木の下に置かれた椅子に腰を下ろして報告を待つ。スミスの肉厚の瞼は、心なしか夢見がちに垂れ下がっている。


目にも綾なる桜は今を盛りと咲き誇る。見目麗しい少女が一人、飽きもせず小川に繽紛と舞い落ちる花びらを眺めている。

陽光を反射してきらきらと輝く巻き毛が、金の刺繍のように白いサテンのドレスを縁取っている。素足には草の汁のしみがついている。陽光を浴びながらも、地上に影を落とすことはない。少女は美しいと言うにはあまりに幼かったが、その瞳は深海で明滅する海螢のようなどこか遠い光を宿している。その視線の先で花びらは、水車に巻き込まれて跳ね踊る。

獰猛な目をした鷲の雛が鳥籠から嘴を突き出して花びらをついばもうとしている。雛の大きさからすれば、鳥籠は少し狭いようだ。鳥籠から飛び出して自由になる日はそう遠くはないだろう。

少女の指先が鳥籠のほうへ、つと差し出される。雛の嘴が指先を食い破る。血が玉のように盛り上がり、川面に転がり落ちる。この小さな街での戦いがアメリカ全土を巻き込む独立戦争の序章になり、桜の花びらが散るように数多の生命がこれから失われるとは誰も思っていない。桜の花びらの代わりに、血が川面を朱に染めることになろうとは誰も知らない。

桜の木陰に置かれた本の頁が風にあおられて開く。地獄の業火のような赤銅色の文字が輝く。

川に架かる粗末な橋のかたわらで彼らの旗は自由の風をはらんで翻る。戦列を整えた農夫たちが立ちはだかり、世界に響き渡る銃声を放つ。

兵士たちは、軍需物資が隠されていないか確認せよと命令を受けている。ただし住民に丁重に接するように念を押されている。レキシントンで起きたような厄介事をまた引き起こしたくないからだ。

住民の一人のティモシー・ウィーラーは、やって来た兵士たちを機智で迎え撃つ。納屋には、軍用の小麦粉が大量に置いてある。それをどうごまかすか。ウィーラーは、薄ら笑いを浮かべて、いかにも愚鈍そうに兵士たちに言う。

「おらっちは粉屋でごぜえます。水車小屋で粉挽きをして食っております。こりゃあ、おらっちの粉袋。こりゃあ、小麦粉。こりゃあ、トウモロコシ粉。こりゃあ、ライ麦粉。こりゃあ、おらっちの粉袋。こりゃあ、おらっちの小麦。こりゃあ、おらっちのライ麦。こりゃあ、すべておらっちのだ」

延々と続くウィーラーの言葉に辟易した兵士たちは、何とも言えない表情をして言った。

「我々は個人の財産には手を触れない」

軍用の小麦粉がウィーラーの納屋から押収されることはなかった。もちろんすべての場所で無事に済んだわけではない。はっきりと抵抗の意思を示した者もいる。ジョーンズ亭の主人と牢屋番を兼ねるイーフリイム・ジョーンズは、居酒屋と牢屋の扉をすべて施錠して閉ざしてしまった。渡したくない物があるからだ。断固としてイギリス兵に協力しない構えである。

できるだけ丁重に応対するように命じられている兵士たちは困ってしまう。そこで桜の木の下に鎮座しているピトケアンに来駕を乞う。すぐに姿を見せたピトケアンは、ただちに扉を破るように兵士たちに命じ、牢屋の中庭に入る。そこに大砲が埋めてあることはすでにわかっている。しかし、ジョーンズは、どこに大砲が埋めてあるか口を割ろうとしない。

牢屋の敷地も大砲も個人の資産ではない。だから強制でも問題ない。そう判断したピトケアンは、ピストルをジョーンズに突き付けて埋めてある場所を白状させた。やがて三門の二四ポンド砲が見つかる。砲耳と弾薬が破壊される。

牢屋には、二四ポンド砲の他に本来の住人である二人の囚人が収監されていた。一人は、本国支持派であることがわかって解放された。もう一人は本国支持派ではないので、そのまま捨て置かれる。

その一方で居酒屋の捜索も進む。ある部屋に兵士たちが入ろうとすると、一人の少女が立ちはだかる。ハンナ・バーンズという召使の少女だ。彼女は、この部屋は自分の部屋だから入って来てほしくないと言う。兵士たちは素直に従う。実はその部屋には、マサチューセッツ植民地総会の会計官が持って来た金庫が置かれていた。

一仕事終えたピトケアンは、ジョーンズに朝食を注文する。ジョーンズはいつもと変わらず朝食を出し、いつもと変わらず請求書をピトケアンに渡す。請求書はきちんと支払いを受ける。

コンコードで発見された軍需物資は、期待したほどの量ではなかった。そこで納屋や馬小屋から荷車や馬車が集められ、火を放たれる。運搬手段さえ奪っておけば、まだ何か軍需物資を隠していたとしても、容易に他に移せないだろう。

火の勢いがあまりに強く建物に飛び火する。街の治療所に残っていた老婆は、火を見て外に飛び出し、兵士たちを消火作業に回してほしいとイギリス軍士官に訴える。士官はせせら笑うだけで何もしようとしない。なおも食い下がる老婆に士官は言う。

「おまえさんに危害を加えようとしているんじゃないから、気にすることはないじゃないか」

それでも老婆は引き下がらない。根負けした士官は兵士たちに消火を命じた。もし民兵たちがこうした顚末を知っていれば、さらなる流血は起こらなかっただろう。

バレット農園に押収に向かった一隊はどうなったのか。一隊を率いる任務を委ねられたのはローレンス・パーソンズ大尉である。人数は二〇〇人に満たない。

パーソンズは、兵士たちを率いてノース橋までやって来た。二〇〇ヤード（約一八〇m）先に聳《そび》えるパンカタセット丘陵を見上げる。四〇〇人の民兵がこちらの様子を油断なく見張っている。ノース橋を渡らなければ、さらに二マイル（約三・二㎞）先にあるバレット農園に行くことはできない。目の前の敵軍の数は自軍の二倍である。そのうえ任務は二つある。すなわち、バレット農園の捜索とノース橋の確保だ。

迷っている時間はない。パーソンズは結論を出す。七個中隊の中から一個中隊を割いてノース橋に配置する。そして、残りの兵士はバレット農園に急行する。さらに四分の一マイル（約〇・四㎞）進んだ場所に二個中隊を置く。最後に残った四個中隊でバレット農園を捜索する。

民兵隊は、パンカタセット丘陵の上からイギリス軍が展開するのを黙って見ていた。何も妨害しようとしない。あまつさえ一人の民兵は、マスケット銃を仲間に預けると、丘を下ってイギリス兵と雑談しに行った。そして、帰って来るなり「俺は家に帰る」と言った。

午前九時頃、コンコードから煙が上がっているのを民兵たちは見た。その煙は、先述のようにイギリス軍が荷車や馬車を焼く煙であった。しかし、民兵たちはそれを知らない。ジョゼフ・ホズマー中尉が前に進み出て叫ぶ。

「イギリス人が村々を思うままに蹂躙しながら我々の土地を行進しているのに、我々は何もできないでいると言われているのを私はしばしば聞いた。まさかそれが本当だと私が思うようになろうとは」

言い終わるとホズマーは、煙を指してバットリックに詰め寄る。

「あなたは街が焼かれているのをそのままにしておくつもりか」

バットリックの代わりにアイザック・デイヴィス大尉がすぐに答える。

「いいや、あちらに向かうことを恐れる者は誰もいないだろう」

家族があそこで帰りを待っているのだ。なんとしても火を消さなければならない。

ジェームズ・バレット大佐は、銃弾を装填するように指示する。ただしイギリス兵が撃つまでこちらから発砲してはならないと厳命する。そして、民兵隊は、パンカタセット丘陵を下ってノース橋に足を向ける。

ノース橋の袂に配置されたイギリス軍の一個中隊は、近傍の二個中隊と合流して警戒を強める。

民兵隊が迫る。

三個中隊は狭い橋を背にしている。急いで橋を渡らなければならない。

増援を求める伝令が馬に鞭を入れて駆け去る。その間に三個中隊はなんとか橋を渡り終える。慌てていた

せいか橋板を外そうとする者さえいる。そんなことをすれば、バレット農園に向かった部隊が橋を渡れず孤立する。

民兵隊の先頭に立つバットリック少佐は、「橋板を外すな」とイギリス兵に向かって怒鳴る。イギリス兵は橋板を外すのを止めた。バットリックの言葉に従ったわけではない。敵軍が接近してきたので、それどころではなくなったからだ。狭い橋を渡って急いで後退したせいで、イギリス兵は戦列を整えられず混乱している。

銃弾が飛び、戦闘が始まる。

レキシントンと同じくアメリカ側とイギリス側のどちらが先に発砲したかは定かではない。その場にいたイギリス軍士官の意見も分かれている。イギリス側が先に発砲したと言う者がいるかと思えば、逆にアメリカ側が先に銃撃したと言う者がいる。一致している点は、アメリカ側もイギリス側も誰も発砲命令を下していないのにもかかわらず、銃撃が起きたということだ。

「畜生め、奴らが撃ってきたぞ」

民兵隊の士官が叫ぶ。二人が倒れ、三人が負傷する。

「戦友たちよ、撃て、とにかく撃て」

続いてバットリックが民兵たちを叱咤する声が響く。

両軍は、ノース橋を挟んで五〇ヤード（約四五m）の距離で銃火の応酬を始める。

イギリス兵は、じりじりと街の中心に向かって後退し始める。濛々と硝煙が立ち昇る中、首周りから汗を滴らせながらスミスが増援を率いて到着する。息を切らせてどうにか駆け付けたスミスであったが、不安は尽きない。バレット農園に向かったパーソンズの四個中隊をどうすればよいのか。民兵隊が橋板を外してしまえば、四個中隊は孤軍になる。

増援が到着するのを見た民兵隊は、それ以上、深追いするのを止めた。街に火が放たれた様子もない。それならば慌てて攻撃する必要はない。民兵たちは各自で思い思いの場所に散る。ある者はパンカタセット丘陵に戻り、またある者は石壁の背後で撃鉄を起こしたまま、銃を構えてイギリス兵を監視する。いずれにせよスミスは、ノース橋を完全に放棄せずに済んだ。

スミスは、軍事物資の破壊という任務を十分に果たしたと判断した。バレット農場に捜索に向かっていた部隊も無事に合流する。そもそも今回の遠征は戦いが目的ではない。その証拠に今回の行軍には軍医が随行していない。軍医の手当てが必要になるような戦闘が起きるとは考えられていなかったからだ。そこで負傷者の治療は地元の医者に委ねられる。

負傷者が治療を受けている間、スミスは士官たちを連れてライト亭でブランデーを楽しむ。伝説によれば、ピトケアンは血塗られた指をブランデーに浸しながら「夜になる前にヤンキー［アメリカ人の蔑称］どもの血で染めてやる」と豪語したという。あまりにできすぎた話ではあるが。

ノース橋で戦闘が起きてからボストンへの帰還が命じられるまで二時間が過ぎた。なぜ全軍がそろった時にすぐに出発を命じなかったのだろうか。各地から駆け付ける民兵たちの数が増える一方であったのにもかかわらずである。時間が経てば経つほど敵軍の数は増える。

スミスは、ゲージに送った増援要請の返答を待っていた。スミスの考えでは、援軍が来るまで街に留まれば安全だ。民兵隊が自分たちの街を戦場にするはずがない。いずれにせよ、無為に過ぎた時間が民兵隊を利する結果につながったことは間違いない。

血路を切り開く

正午、ようやくイギリス軍は帰還の途につく。座して援軍を待ってはいられない。重傷の二人の士官を乗せた馬車が先に出発する。軽歩兵が左右に展開して脇を固める。

イギリス軍は、入って来た時とは対照的に軍楽を奏することもなく静かに街を出る。コンコードの中心部から一マイル（約一・六㎞）離れたメリアムの交差点まで特に何事も起きなかった。民兵の姿は嘘のようにどこにも見えない。静寂が漂う。

鬼門になったのがメリアムの交差点だ。メリアムの交差点から東のレキシントンに向かう道と北のベドフォードに向かう道が分岐している。衝突の報せを聞いて北方に点在する街々から民兵隊が殺到する。コンコードになんらかの地縁や血縁を持つ者がほとんどである。故郷と親類を守るための戦いだ。パンカタセット丘陵を下った民兵隊も耕地を突っ切って南から先回りしている。地理に通じた民兵隊ならではの芸当だ。

総勢一、一〇〇人。全軍をまとめる指揮系統はないが、その数はイギリス軍を上回っているので十分な脅威だ。一人の民兵は、「すべての者たちが自分自身の司令官である」かのように自発的に行動したと回想している。

メリアムの交差点のすぐ近くを流れる小川には橋が架かっている。イギリス軍がコンコードからレキシントンに直進するのであれば、必ずそこを通らなければならない。橋の幅は狭い。したがって、進軍速度が落ちる。つまり、隙が生じる。

三方から銃弾が交錯する。岩陰からも姿の見えない敵が狙撃してくる。生け垣の背後や家屋の窓からも銃が火を噴く。堂々と姿を現して発砲する敵もいるが、銃弾を放つとすぐに身を隠す。敵の数がどれくらいいるかわからない。ある士官は、「五、〇〇〇人は下らない」数の敵兵が取り囲んでいると感じた。イギリス軍は反撃を試みるが、ほとんど姿を見せない敵には効果がない。

イギリス兵にとって、それはまさに悪夢だった。通常の戦いであれば、敵の姿がはっきりと見える。敵と味方は互いに戦列を組んで発砲し合って堂々と勝負する。勝負はすぐに決まる。しかし、今回はそうではない。いつどこから銃弾が飛んで来るか、皆目見当がつかない。肩を負傷したある士官は、民兵たちを「悪党」と呼び、「姿を隠した卑怯者」と罵る。その士官によれば、堂々と姿を現さず隠れた場所から狙撃することは、戦闘ではなく不当な殺人だ。

イギリス軍はどうして道から離れようとしなかったのか。道を進軍すれば容易に進路が読まれ、格好の標的になる。

イギリス軍にとって最優先すべきことは、できる限り迅速に脱出することだ。それには道を進軍するのが最善である。さらに道から外れれば間違った方角に進む可能性もあるうえに、全軍が分断されるかもしれない。たとえ不利とわかっていても道を使うしかなかった。

もちろんイギリス軍も腹背に敵を受ける不利を理解していて、側面を守るための部隊を配置している。しかし、そうした措置は必ずしも万全とは言えない。本隊の腹背を守れても、その部隊の腹背は誰が守るのか。

ベドフォードの民兵は、次のように書いている。

多くの民兵が石壁を飛び越えて森の中に身を潜める。我々は敵を迎えるのにちょうど間に合う。奴らが進む道の反対側にもアメリカ人が身を潜める木立がある。今、敵は両側からの銃火に挟まれる。銃火は止んだかと思うとまた激しくなる。奴らは、腹背を守る部隊を左側に展開して、大きな木の陰に隠れるアメリカ人を追い払おうとする。しかし、格好の標的になっただけだ。

狙撃手を追い立てようと銃弾が飛んで来た方角に向かうと、今度は別の方角から銃弾が飛んで来る。腐肉にたかる蝿を追うようなものだ。ある一隊を追えば、その間に別の一隊が先回りして、新たな罠を作って待ち構えている。イギリス軍は、破れた革袋から水が漏れるように次々と兵士を失う。

スミスも足に重傷を負う。兵士たちはスミスの肥満体をなんとか馬に押し上げる。しかし、馬に乗っていれば格好の的になることにスミスは気づく。そこで馬を下りて、おびただしい汗をかきながら重たい足を引きずる。

代わってピトケアンが陣頭に立つ。怯えた乗馬は、棹立ちになった後、駆け去ってしまう。鞍にピストルを差したままだ。地面に振り落とされたピトケアンであったが、すぐに立ち上がって指揮を執る。

何度も何度も執拗な攻撃を受けながらイギリス軍は、レキシントンを目指して後退を続ける。腹背をなんとか守ろうとする作戦はうまくいかない。一人の士官は次のように記している。

我々がレキシントンから一マイル［約一・六km］までやって来た時、我々の弾薬は尽き始め、腹背を守っていた軽歩兵は疲弊してしまい、ほとんど動けない状態になった。多くの負傷者のせいで前進が難しくなり、混乱をもたらした。［中略］。我々は整然とした撤退ではなく、敗走を始めた。［中略］。士官たちは、兵士たちの前に出て銃剣を突き付け、もし前進を続けなければ死あるのみと叱咤した。ようやく兵士たちは激しい銃火の中で隊列を組み始めた。

こうして潰走を免れたイギリス軍であったが、勢いは鈍り、反撃もままならない。それに負傷者は増える一方だ。一頭の馬で四人の負傷者を運ぶこともあったという。それでもなんとかレキシントンの広場までたどり着く。そこで凱歌を上げたのはわずか数時間前のことだ。もしここで最期を迎えることになれば、それは運命の皮肉になるだろう。

民兵隊の容赦ない攻撃が続く。その中には仲間たち

のために復讐しようと手ぐすねを引くレキシントンの民兵隊の姿もある。

その時のことだ。スミスの耳に轟音が響く。そして、砲弾が礼拝堂の壁を砕いた。さてイギリス軍の運命はこれからどうなるのか。


時は前夜に遡る。ヒュー・パーシー将軍からボストン市民の立ち話を聞かされ、ゲージが作戦目標の漏洩を知ったことは先に述べた。そこでゲージは、午前四時までに増援部隊の出撃準備を整えておくようにパーシーに命じていた。出動予定の兵士の数は一、二〇〇人である。もし午前四時に援軍が出発していれば、コンコードで衝突が起きた時にちょうど間に合っていただろう。しかし、多くの手違いが重なって実際に増援部隊が出発した時刻は午前九時である。

ボートを準備している時間はない。昨夜にスミスの部隊が使ったボートを使えば準備する手間を省けたはずだ。しかし、そのボートは、スミスの部隊の帰りを対岸で待っている。今から連絡しても遅い。

そこで遠回りになるが、ボストン地峡からロックスベリーを通って、まずケンブリッジに向かう。パーシーは、ヤンキー・ドゥードルを軍楽隊に演奏させながら進軍する。音楽に合わせて兵士たちは歌う。

「ヤンキー・ドゥードルが火打ち式銃を買いに街に出た。我々は奴にタールを塗って羽毛を擦り込んでやろう。それからジョン・ハンコックにも我々はそうするのだ」

ケンブリッジを通過するには、南に架かるグレート橋を渡らなければならない。しかし、橋板が外されている。桁だけが残っていて隙間から水面が見える。これでは渡れない。民兵の妨害工作だ。時間の浪費は許されない。ぐずぐずしていれば友軍が殲滅されるかもしれない。

対岸を見ると積み上げられた橋板が見えた。橋板を持ち去るだけの人手がなかったのだろう。パーシーは、身軽な兵士を集めると、桁を伝って対岸に渡り、橋板を元に戻すように命じる。とりあえず大砲を通せればかまわない。応急修理だけ済ますと、軍需物資を積載した荷馬車を後に残して先に進む。

イギリス軍はハーバード大学の前を通る。今は春の休暇中で学生の姿はほとんどない。たまたま見つけた学生にレキシントンへの道を聞くが要領を得ない。そこへ通りかかった教師から正しい道を聞く。

パーシーは、沿道の家々がすべて扉を閉じていて静まり返っていることに気づく。人影は一つも見当たらない。事態が今、どうなっているのかわからないが、その静けさがかえって深刻さを示している。援軍は足を速める。

メノトミーでパーシーは、重傷の二人の士官を乗せた馬車に遭遇する。スミスの本隊よりも先に出発した馬車だ。何が起きたか詳しい事情をパーシーはようやく知る。友軍は危機に陥っている。弾薬もほとんど尽きて孤立無援になっているはずだ。援軍はさらに足を速める。

午後二時、レキシントンまで半マイル（約〇・八㎞）の辺りまでやって来た時、パーシーは絶え間なく続く銃声を耳にする。小高い丘に立って状況を確認する。すると眼下に目を疑う光景が広がる。赤い外套のイギリス兵が四方八方から銃撃を浴びせられ、ほとんど抵抗できずに縮こまっている。

パーシーは、レキシントンの礼拝堂に大砲を撃ち込むように命じる。礼拝堂の破壊が目的ではない。スミスに援軍が到来したことを知らせるためだ。確かにスミスはその報せを受け取った。砲声に驚いたのか、民兵は蜘蛛の子を散らすようにいなくなり、しばらく銃声が止む。

午後二時半、援軍と合流してスミスの部隊の兵士たちはようやく安堵の息をつく。三〇分の休息が与えられた。兵士たちは、「狩りをした後で犬が舌を出すように舌を出していた」という。こうして新手を得たイギリス軍であったが、安全なボストンまでまだ道半ばだ。

ここから全軍の指揮はパーシーが執る。レキシントンの広場から半マイル（約〇・八㎞）離れたモンロー亭が仮の本営に定められた。負傷者は、モンロー亭で手当てを受ける。

パーシーは全軍を再編成する。これまでの交戦から腹背が最も狙われやすいとわかった。そこで疲弊して戦力を失っているスミスの部隊を先頭に配置する。新手はその背後を守る。本隊の腹背を守る部隊を派遣して、石壁や建物の陰に身を潜める民兵たちを駆逐する。午後三時四五分、進軍が再開される。

こうしてイギリス軍が息を吹き返した一方で、民兵側にも新しい動きがあった。レキシントンにすべての民兵隊を統率する指揮官が到着した。これまで各地から来援した民兵隊は、指揮系統もなく、独自の判断で戦っていた。全軍の戦略を調整する必要がある。そう考えてウィリアム・ヒースはやって来た。

ヒースは、少将という仰々しい肩書きを帯びているが、軍事経験はないに等しい。その肩書きを与えたのはマサチューセッツ植民地総会である。独立戦争で最初にアメリカ軍の陣頭指揮を執った将軍として記録にその名を留めている。ヒースは自分の特徴について「背丈は普通で血色が良く太っていて禿げ上がっている」と述べている。ロックスベリーの農夫であったが、軍事書を読みふけるのが何よりも楽しみであった。『自伝』の中で自分のことを「わが将軍」と呼ぶ愉快な男だ。

ヒースはさっそく仕事に取りかかる。ケンブリッジの南に架かるグレート橋から橋板を外すために一隊を派遣せよ。それがヒースの口から出た最初の命令であった。さらにグレート橋の南側に兵力が配置される。パーシーの部隊が通り過ぎた後の話だ。

こうした命令は、イギリス軍の退路を断つためである。先に逃げ道を塞いでおこうという考えだ。おそらくパーシーは、往路と同じ経路を復路として選択するだろう。橋を遮断しておいて背後から攻撃すれば、イギリス軍は窮地に陥るはずだ。

イギリス軍がメノトミーまでたどり着いた頃には、周りを囲む民兵隊は二、〇〇〇人以上に膨れ上がっていた。その中には伝令を送り出した後、ボストンから抜け出してきたジョゼフ・ウォレンの姿もある。

パーシーは、民兵隊に対処する方針を全軍に伝える。もし狙撃手を家屋の中で見つけたら殺害せよ。必要があれば建物を焼き払ってもかまわない。激しい攻撃を受けたら大砲で民兵を追い散らせ。そして、常にボストンに向かって足を止めずに進め。

一つの家、一つの石壁をめぐる熾烈で血なまぐさい戦いが始まる。道を通過するイギリス兵を狙撃しようと民兵たちが石壁の背後に隠れていた。そこへ本隊の腹背を守るために派遣された部隊が急襲を仕掛ける。本隊を安全に通過させるために危険を排除しなければならない。民兵たちは近くにあったジェイソン・ラッセルの家に退避する。

家主のラッセルは初老の男で、足が不自由であった。妻と子供たちを安全な場所に逃がした後、独りで自宅に戻っていた。隣人から避難するように勧められたが、「イギリス人にとって家は城だ」と言って断った。ラッセルが自分を「イギリス人」だと言っているのは面白い。確かにまだアメリカは独立していないのでそう言ってもおかしくない。そして、自分の城を守るために玄関先に積み上げた屋根板を盾にして銃弾を放つ。それだけに飽き足らずラッセルは、危険を顧みず外に出て、逃げて来た民兵たちを迎え入れる。そこをイギリス兵に襲われる。二度も撃たれ、十一回も銃剣で刺された。

ラッセルの遺体を背後に残して、イギリス兵はラッセルの家になだれ込む。たちまちそこは戦場と化す。狭い場所での戦闘はイギリス兵に分がある。銃剣の扱いに慣れているからだ。追い詰められた民兵たちの中には降伏した者もいる。しかし、銃剣の餌食にされる。ラッセルの家で十一人の民兵が生命を落した。ラッセルの妻が自宅に帰って来た時、犠牲者の遺体は台所に並べられていた。遺体から流れた血でくるぶしまで染まるほどであった。血の跡は家が改装されるまで数十年経ってもはっきり見えたという。ラッセルの家は現存していて、銃弾で空いた穴を今でも見ることができる。

七八歳になるサミュエル・ホイットモアも他の民兵たちと同じく石壁の陰に身を潜めた。ホイットモアは、若い頃に竜騎兵として活躍した勇士である。そこは危険なので別の場所に移るように勧めた仲間に対して、ホイットモアは、「もし俺が俺の街の敵を一人も殺せないなら安らかに死ねやしない」と言って断った。

同じ頃、ホイットモアが潜む石壁のすぐかたわらにあるクーパー亭では、二人の男が暢気に酒を飲んでいる。居酒屋の主人は、妻とともに地下室に隠れ、二人にもそうするように勧める。しかし、二人は気にする様子もなく主人に答えた。

「あともう一杯だ。奴らはまだ来ねえさ」

その一方でホイットモアは、石壁の背後でそのままじっと待つ。通りかかったイギリス兵を狙撃する。見事に命中。しかし、イギリス兵は一人ではない。すぐに新手が姿を見せる。ホイットモアは、二挺のピストルを取り出して発砲する。二人目を撃ち殺し、三人目に致命傷を負わせる。

数人のイギリス兵が続いて姿を現す。再装填する時間はない。そこでホイットモアは、襲って来る兵士たちに剣を手に独りで立ち向かう。しかし、銃弾を顔面に浴びてホイットモアは倒れ、さらに銃剣で何回も刺される。「老いぼれの反逆者を殺したぞ」と言い捨てて兵士たちはそのまま去る。血の海に倒れている老人を見て、放っておけば死ぬと思ったのだろう。四時間後、ホイットモアは救い出され、生き長らえて独立戦争の勝利を見ることになる。
ホイットモアを片づけた兵士たちは、次にクーパー亭に押し入って室内を調べる。見つかったのは酔っ払いが二人。兵士たちが去った後に残されたのは二体の遺骸であった。狙撃に苛立っていたイギリス兵は、尋問もせず、罪のない酔っ払いを殺してしまった。

ジョゼフ・ウォレンも自分の持ち場で戦っていたが、鬢を撃ち抜かれた。銃弾がもう少し下を通過していれば生命を落としていただろう。戦いが終わった後、ウォレンの姿を見た母は、どうか生命を危険にさらすようなことは止めて欲しいと涙を流して懇願した。母の涙に対してウォレンは、「母上、危険がどこかにあれば、あなたの息子はきっとそこに現れることになります。アメリカの息子たちが危険から逃れる暇などありません。アメリカを自由にするか、死ぬかです」と優しく諭したという。
そもそもウォレンは、おとなしく戦いを傍観するような性格ではない。血気盛んで、イギリス軍の歩哨に誰何された時に喧嘩になって素手でぶちのめしたという前科を持つ。「奴ら［本国支持派］は我々に戦うなと言う。しかし、神に誓って私は膝まで血に浸かって死にたいのだ」とも言っている。熱血漢という言葉はウォレンのためにある。

メノトミーからケンブリッジへの道中だけで四〇人のイギリス兵が戦死した。民兵も四〇人が生命を落とした。レキシントン＝コンコードの戦いの中で最も熾烈な激闘である。レキシントン＝コンコードの戦いとは別に、メノトミーの戦いと呼ばれることもある。民兵に多くの戦死者が出ているのは、それだけイギリス軍の側面を守る部隊が奮闘したということだ。

民兵の数は増える一方で三、六〇〇人に達している。中には三〇マイル（約四八km）以上離れたウスターから駆け付けた者もいる。

チェルムズフォードでは母親が今、まさに家から出ようとしている息子を止めようとしている。しかし、息子は言う。

「母さん、僕は銃声を聞いた。行かなくちゃ」

そう言って彼は出て行った。

ウォータータウンでは、ある男が一目散に納屋に走って馬を引き出すと、妻への別れの挨拶もそこそこに駆け去った。

ウェストンでは二人の若者が納屋を建てていたが、足場から飛び降りて銃を掴むとただちに出発した。

牧師は聖書を置いて代わりに銃を手に取り、教師は生徒を残して教室を立ち去り、かつてインディアンと戦った老人は火打ち石銃を肩にかついで馳せ参じる。

そのような光景が四〇以上もの街や村で繰り広げられる。

その一方で戦況が刻一刻と不利になる中、パーシーは迅速な決断を下さなければならない。日が落ちるまで時間がない。このまま闇の中で迷走すれば、死傷者がさらに増える。

どうにかワトソンの交差点まで来た。民兵隊が樽の後ろに隠れて攻撃を仕掛けようとしていたが、側面を守る部隊によって追い散らされる。

ここで道は東と南に分かれる。そのまま東に進んでチャールズタウンを通って船でボストンに渡るか。南下してケンブリッジを通って陸路でボストンに戻るか。

パーシーは、東と南の様子をそれぞれうかがう。東に多くの敵影が見える一方で、南に敵の気配はない。

どちらを選ぶべきか。パーシーは東を選択する。それは賢明な選択だ。

なぜか。思い出して欲しい。ヒースが着任して最初に何を命じたかを。ケンブリッジの南に架かるグレート橋から橋板を外しておけ。それがヒースの命令であった。つまり、南にイギリス軍を誘い込み、橋を渡れずに立ち往生しているところを叩くという戦略だ。

パーシーは、ヒースがイギリス軍を南に誘い込もうと仕掛けた罠を見抜く。罠を避ける他にも東に進む利点はある。チャールズタウンまで出れば地の利がある。半島の丘陵地帯に布陣して地峡を扼すれば安全である。腹背を突かれる恐れがなく、前面だけに集中すればよい。チャールズタウンに停泊している軍艦の援護を受けることもできる。それに歩く距離が少なくて済む。消耗しきった兵士をこれ以上、行軍させるのは得策ではない。

東の進路を選択したパーシーは、大砲を先頭に出す。放たれた砲弾が、進路を妨害しようと道を封鎖していた民兵隊を追い散らす。すぐに進軍が再開される。プロスペクト丘陵にも民兵隊が布陣して待ち構えていたが、大砲に援護されたイギリス兵の攻撃の前に後退を余儀なくされる。一路、チャールズタウンへ。

午後八時、パーシーは、チャールズタウン半島に聳《そび》えるバンカー丘陵に立つ。レキシントンから十二マイル（約十九㎞）を踏破するのに四時間近くを要した。兵士たちは、小さな池を発見して喉を潤し、汗に塗れた身体を洗う。そこへチャールズタウンの代表がやって来て、抵抗する意思はないと述べる。

実は先にボストンからチャールズタウンに使者が到着して、銃を携えている者は誰であれ「不快な結果」を招くと警告していた。さらに停泊している軍艦が砲門を街に向けている。それが何を意味するのかわからない者は誰もいないだろう。

パーシーは、脅迫で得られた有利な立場を悪用しなかった。道を空けて疲れた兵士たちに食事と飲み物を供する。街の代表に求めたことはそれだけだ。パーシーの部隊がバンカー丘陵に残って警戒に当たる一方で、スミスの部隊は先に街に入り、食事と飲み物を街の人びとから受け取る。

ヒースは、バンカー丘陵に陣取るイギリス軍を見て、「追撃を停止せよ」と全軍に命じた。こうして偶発的な衝突から起きたレキシントン＝コンコードの戦いは幕を閉じた。

レキシントン、コンコード、そして、メノトミーで、民兵隊は四九人の死者、三九人の負傷者、そして五人の行方不明者を出した。クーパー亭の二人の酔っ払いのような傍観者も含まれている。死傷率は二・五パーセントである。その一方で、イギリス軍は七三人の死者、一七四人の負傷者、そして二六人の行方不明者を出した。死傷率は実に十五パーセントに達する。

損害の点から見れば、民兵隊の勝利である。ただ戦略的に見ればそうとは言えない。まず民兵隊は、統合された戦略をほとんど持たず、兵力差を活かせず、イギリス軍を完全に打ち破るには至らなかった。もちろん民兵隊の作戦目標は、イギリス軍を自分たちの街から追い出すことであったが。

その一方でイギリス軍は、コンコードの軍需物資を部分的であれ破壊して、当初の作戦目標を達成した。勝利と言えなくもない。とはいえ、作戦行動全体を通じて手際の悪さが目立つだけではなく、作戦目標を部分的にしか達成できなかったわりには犠牲があまりにも大きい。

植民地人はこの戦いをどのように思ったのか。植民地人の感情を最も強く揺さぶったのがウォレンである。ウォレンは、治安委員会の名の下にレキシントン＝コンコードの戦いについて告知する回状を書いている。自ら戦いに参加したウォレンが書くからこそ重みがある。

諸君。今月十九日水曜日、我が同胞に対して野蛮な殺人がおこなわれたが故に、無慈悲な兵士たちの殺戮の手から我々の妻子を守るために軍を編成することが絶対に必要である。兵士たちは血塗られた進路の先にある障害に苛立ち、戦場から追い出されたことに腹を立てて、機会があればすぐにこの愛すべき土地を銃火と剣で荒廃させようとするに違いない。したがって、すべての大切な物とすべての神聖な物に誓って我々は求める。あなた達が軍を編成するのにあらゆる協力を惜しまないように。我々すべてが危機にさらされている。あなた達が荒廃を即座に招く。逡巡は死と荒廃を即座に招く。一瞬一瞬が貴重なのだ。一時間の遅れがあなた達の土地を血で浸すことになり、殺戮を生き延びたわずかな子孫も永遠に奴隷にされる。我々は懇願する。あなた達が神に誓ってできる限りの手段を尽くして軍を編成するために男たちを集めるように。そして、風雲急を告げる重大な事態に間に合うように、男たちをケンブリッジに送ってほしい。

見事な檄文だ。しかし、レキシントン＝コンコードの戦いで実際に何が起きたかは檄文を読んでもわからない。具体的な地名も登場せず、どのように戦闘がおこなわれたかも示されていない。

事実が重要なのではない。そもそも事実を伝えることが目的ではない。プロパガンダである。戦いに参加した民兵たちによって概要はすでに伝わっているだろう。それに明確な解釈を与えることがウォレンの仕事であった。事実はそのままではただの事実だ。事実は解釈されることで初めて真価を持つ。たとえそれが誇張され歪曲された「事実」であっても。そのような思惑に基づいてこの回状は書かれた。

この回状に続けて、マサチューセッツ植民地総会によって戦いに関する証言が集められ、公式記録がまとめられた。公式記録は、内容こそウォレンの回状よりも詳しいが、言っていることは変わらない。イギリス軍が不当にも残虐行為を働いたというプロパガンダだ。

その効果は絶大であった。新聞には、黒く塗り潰された四〇基の棺の絵の下に「イギリス軍による血なまぐさい虐殺」という見出しが躍る。ジョン・アダムズは、「四月十九日のレキシントンの戦いは戦争の手段をペンから剣に変えた」と記している。またある者の手紙には、「恐ろしい日がついに来た。本当に内戦が我々の土地で始まった。我々は最悪の事態を予期して備えなければならず、わが国を神が守ってくれるように願う」と書かれている。

マサチューセッツだけではなく、コネティカット、ロード・アイランド、ニューハンプシャーからも民兵が集まる。夜、ボストンの周りにある丘陵には、民兵隊が燃やす篝火が延々と連なり、朝になると立ち昇る煙が見える。一週間もしない間にゲージは、イギリス軍が九、〇〇〇人以上の民兵隊に包囲されていることを知った。

すべての民兵隊の指揮は、ウィリアム・ヒースからアーテマス・ウォードの手に委ねられた。さらにウォレンの尽力によって、レキシントン＝コンコードの戦いに触発されて集まった民兵は、統一された植民地軍に姿を変える。まさにサミュエル・アダムズが望んでいたように。

鞘から抜かれた剣

歴史の教科書では、レキシントン＝コンコードの戦いが独立戦争の発端になったと説明されるが、当時の人びとはまだ戦いを「独立戦争」と見なしていない。確かにこの戦いは植民地の人びとの目を覚まさせたが、すべての人びとが熱狂に浮かされたわけでもなく、すべての母親が息子を喜んで戦地に向かわせたわけでもなく、すべての民兵が戦争に進んで身を投じようとしたわけでもない。具体的な数は不明だが、おそらく全人口の三割から四割の人びとが戦争に反対していた。

戦争という集団的暴力行為に踏み切るには大義名分が必要である。明確な目的がなければ多くの人びとは動かない。レキシントン＝コンコードの戦いが勃発した当初、戦いに加わった者に何のために戦っているのかと聞いても、答えられる者はわずかだったはずだ。

明確な目的がない戦争に疑念を持つ人びとがいてもおかしくはない。敢えて言えば、植民地の権利をイギリス本国に認めさせることが戦争目的であった。したがって、本当の「独立戦争」が始まるのは、独立宣言が発表された後だと言ってよいだろう。

そもそも植民地人としてアメリカ人は、立憲君主制というイギリスの政治制度の下で長く暮らし、それなりに愛着を持っていた。その当時、イギリスの政治制度は最善の制度だと見なされていたと言っても過言ではない。政治的自由は歴史上の他のどのような政治制度よりもイギリスの立憲君主制によってより良く保障されていると考えられていた。なぜならイギリスの政治制度は、古典的な政治哲学において伝統的に解決不可能だと思われてきた問題、つまり、アリストテレスが定義した君主制、貴族制、民主制がそれぞれ持つ欠陥を解決できる理想的な政治制度だったからだ。

もちろんそれはあくまで理想論である。アメリカ人は、イギリス政府が各種の恩典や官職を与えることで議員に不当な影響を与えること、すなわち腐敗で真の政治的自由が死文と化していると感じている。それでも多くのアメリカ人は、本国が過度に干渉しなければ、高度な自治で満足して、特に独立の必要性を感じなかっただろう。

しかし、歴史の趨勢によってレキシントン＝コンコードの戦いで始まった武力衝突は、独立という戦争目的を得て独立戦争に姿を変えることになる。それはこれから語る内容になるが、独立という戦争目的が明確になった後でもアメリカ人は一丸となってその実現に邁進したわけではない。独立を支持する者は「愛国派」と呼ばれ、独立を支持せず本国に味方する者は「王党派」と呼ばれた。

実は私は「愛国派」という呼称を使いたくない。なぜなら王党派も王党派なりに国を愛していたと思うからだ。「王党派」は「国王派」や「忠誠派」とも呼ばれるが、本国支持派、もしくは反独立派という表現が適当だろう。

「愛国派」について私が思うことは、独立を認めることだけが愛国心だと本当に言えるのかということだ。国の愛し方は一つではない。しかし、歴史は勝者によって書かれる。敗北した本国支持派が残した史料は少ない。私ができるささやかな抵抗は、「愛国派」という用語をできる限り使わないことだ。敗者に注ぐ温かい眼差しこそ歴史を書く者が持つべき重要な資質ではなかろうか。

植民地時代を締め括る前に、長らく登場しなかった主人公の動向を簡単にまとめておこう。レキシントン＝コンコードの戦いが勃発したことを知った時、ワシントンは第二回大陸会議に出席するためにフィラデルフィアに向けて出発する直前であった。

マウント・ヴァーノンには、友人のブライアン・フェアファックスとホレーショ・ゲイツが滞在していた。三人は今後の情勢について語り合う。かねてより植民地と本国の衝突に心を痛めていたフェアファックスは、もはや我々の楽しい生活は終わりを告げるだろうと悲しむ。そして、たとえイギリス本国の政策が間違っていたとしても、粘り強く交渉すべきであり、反乱を起こすべきではないとワシントンを説得しようとした。

その一方でゲイツは、事態が軍事力を必要とする局面に入り、自分が活躍する場ができたと喜ぶ。

ワシントンもフェアファックスと同じく武力衝突が起きたことを悲しく思っていたが、もはや対決は避けられないと覚悟を決める。とはいえ、当時の多くの人びとと同じく、イギリス軍を「国王軍」と呼ばずに「議会軍」と呼ぶあたり、まだワシントンが国王の慈悲を信じて忠誠を誓っていたことが示されている。つまり、自分たちが謀反人などではなく、臣民として当然の権利を要求して抵抗しているだけだという意識をワシントンは持っていた。遠く離れたイギリスにいるジョージ・フェアファックスに宛てた手紙を読むと、ワシントンの悲嘆が目に見えるようだ。

兄弟の剣が鞘から抜かれて兄弟の胸に突き立てられ、アメリカの幸福で平和な平原が血で染まり、「イギリス議会に従属を余儀なくされた」奴隷が住まう地になるのを見ることは悲しいことです。「抵抗を決意することは」なんと悲しい選択でしょうか。しかし、見識ある者がその選択に躊躇することはありえるでしょうか。

戦争を求める声であらゆる場所が覆われている。もはや問題は武力抵抗をおこなうべきか否かではなく、どのようにおこなうかに変わった。

今こそ革命の剣はその真実の姿を現そうとしている！　巻き起こる戦雲、兵馬《へいば》倥偬《こうそう》、そして、交錯する人びとの想いの中で、ワシントンはこれからどのように時代を駆け抜けるのか。

あとがき

アメリカ史は面白い。そう思うようになったのは実は大学院生になってからのことです。それまでアメリカ史にはほとんど興味がなく、ほとんど何も知りませんでした。どちらかと言えば、戦国時代や明治維新、三国志といった歴史分野が好きでした。

私を変えたのは『ザ・フェデラリスト』という本との出会いです。合衆国憲法について書かれた二〇〇年以上前の古典的名著です。一読して私は驚きました。こんなすごいことを考える人びとがいたのだと。そして、建国の父たちと呼ばれる人びとがいたことを知りました。

もともと私はアメリカ史なんて短いうえにたいして面白く無いだろうと思っていました。すぐにそれが間違いであることを知りました。建国の父たちが時には争い、時には切磋琢磨しながらアメリカという国家を作り上げていく様子は最高のドラマです。

しかし、アメリカが日本と非常に深い関係を持つ国であるのにもかかわらず、アメリカ史は人気のある分野ではありません。なぜでしょうか。書店のアメリカ史のコーナーを見て私は考えました。そして、答えを見つけました。

まず戦国時代や明治維新、三国志が面白いのはなぜでしょう。それは魅力ある人物がたくさん登場するからです。しかし、アメリカ史のコーナーに並ぶ本を見ていると人間の群像を描いた本がほとんどありません。もし魅力的な人物がたくさん登場するアメリカ史を書けば、きっと私と同じくアメリカ史を好きになってくれる人が増えるはずだと考えました。それに歴史を知れば、アメリカを少しでも理解する助けとなるでしょう。そうした思いから『アメリカ人の物語』は生まれました。

ただこうして今、読者の皆さんのお手元に『アメリカ人の物語』が届くまで非常に長い年月がかかりました。始まりは二〇一三年九月十五日のことです。その日、私はホームページ上に『大統領のリーダーシップ』と題する一連の投稿を掲載しました（現在、インターネット・アーカイブにトップページのみ記念に残してあります）。これまで研究してきたジョージ・ワシントンの一生を物語風に紹介したものです。それを読んでくれた人から書籍にまとめてみてはどうかというメールをいただきました。私は良い考えだと思って数十社の出版社にシリーズの構想を送ってみました。しかし、「うちで出します」と言ってくれるところはなかなか現れませんでした。無理もないことです。出版不況の中、大規模なシリーズを出版するのは大きな賭けですし、もともと私自身もアメリカ史なんて短いうえにたいして面白く無いだろうと高を括っていました。なかなか理解されないのは仕方ないことです。

そこで私は電子書籍で自分で発売するという形を選びました。媒体はアマゾンのキンドルです。広告も宣伝もなく、ランキングで上位になることもありませんでしたが、二〇一五年十月五日の発売以来、底堅く売れています。また多くの親切な読者のおかげで内容を改善できました。その結果、こうして本の出版に漕ぎ着けることができました。ただ残念なことに紙幅の都合上、削らざるを得なかった内容があります。それは今後、ホームページで「アメリカ史の窓」として隔週で公開していきます。参考文献一覧も掲載します。アナログ（本）とデジタル（電子書籍とホームページ）の融合という新しい出版の形を模索したいと考えています。

本書所収の地図をわかりやすく工夫してつくってくださった岡崎幸恵さん、本書本文の組版からカバーデザイン、それに迫力あるパンフレットを作成してくださった尾崎美千子さん、そして、本シリーズの企画を快くお引き受けくださり、編集制作に携わってくださった悠書館の長岡正博さんに感謝の意を表したいと思います。

西川秀和

図版一覧

これらの図版は、パブリック・ドメインの扱いになっておりますので、どなたでも自由に使用できます。また、上記の図版に加えて、紙数の関係で収録しきれなかった多くの関連図版も弊社ホームページで、カラーで紹介しています。併せてご参照ください。

西川秀和（にしかわ・ひでかず）

「アメリカ史の伝道師」を自ら名乗る。その使命は歴史の面白さを伝えること。現在、大阪大学外国語学部非常勤講師。ジョージ・ワシントンと「合衆国憲法の父」ジェームズ・マディソンに関する国内第一人者。ワシントンに傾倒して、同じ体格 (身長 183cm・体重 79kg) になるべくトレーニングに励む。主著に『アメリカ歴代大統領大全シリーズ』(大学教育出版、2012 年～)。

アメリカ人の物語
第1巻
青年将校　ジョージ・ワシントン

George Washington : Guardian of the Frontier

2017年1月20日　初版発行

著　者　西川秀和

地図作成　岡崎幸恵
ブックデザイン　尾崎 美千子
発行者　長岡 正博
発行所　悠書館

〒113-0033 東京都文京区本郷2-35-21-302
TEL. 03-3812-6504
FAX. 03-3812-7504
http://www.yushokan.co.jp/

印　刷　㈱理想社
製　本　㈱新広社

ISBN978-4-86582-020-1

定価はカバーに表示してあります

西川秀和［著］

アメリカ人の物語

第Ⅰ期　建国期の躍動

第1巻　『青年将校　ジョージ・ワシントン』
第2巻　『革命の剣　ジョージ・ワシントン』（上）
第3巻　『革命の剣　ジョージ・ワシントン』（下）
第4巻　『建国の父　ジョージ・ワシントン』（上）
第5巻　『建国の父　ジョージ・ワシントン』（下）

第Ⅱ期　大陸国家への道程

第6巻　『革命のペン　トマス・ジェファソン』
第7巻　『民主主義の哲学者　トマス・ジェファソン』
第8巻　『ニュー・オーリンズの英雄　アンドリュー・ジャクソン』
第9巻　『演壇のナポレオン　ジェームズ・ポーク』

第Ⅲ期　南北戦争の動乱

第10巻　『民衆の人　エイブラハム・リンカン』
第11巻　『スプリングフィールドの賢者　エイブラハム・リンカン』
第12巻　『偉大なる解放者　エイブラハム・リンカン』(上)
第13巻　『偉大なる解放者　エイブラハム・リンカン』(下)